객체지향 교전

객체지향 교전
Skirmishes : With Friends, Enemies, and Neutrals

지은이	ISBN
그레이엄 하먼	978-89-6195-405-1 93100
옮긴이	도서분류
안호성	1. 객체지향 철학
	2. 사변적 실재론
펴낸이	3. 현대철학
조정환	4. 존재론
	5. 철학비평
책임운영	6. 철학 논쟁
신은주	
	카테고리
편집	카이로스총서 118 Mens
김정연	
	값
디자인	28,000원
조문영	
	펴낸곳
홍보	도서출판 갈무리
김하은	1994. 3. 3. 등록
	제17-0161호
프리뷰	서울 마포구 동교로18길 9-13 2층
김운하 · 나우혜 · 이원진	T. 02-325-1485
	F. 070-4275-0674
종이	www.galmuri.co.kr
타라유통	galmuri94@gmail.com
인쇄 · 제본	Graham Harman, *Skirmishes:*
영신사	*With Friends, Enemies, and Neutrals.*
	ⓒ 2020 by Graham Harman
	Korean translation copyright
라미네이팅	ⓒ 2025 by Galmuri Publisher
금성산업	Korean edition published
	by arrangement with the author,
초판 인쇄	Graham Harman
2025년 10월 20일	Originally published in English
	by punctum books under a
초판 발행	Creative Commons BY-NC-SA 4.0
2025년 10월 25일	International license

일러두기

1. 이 책은 Graham Harman의 *Skirmishes : With Friends, Enemies, and Neutrals*, Earth : punctum books, 2020을 완역한 것이다.

2. 인명, 책 제목, 논문 제목, 전문 용어 등 고유명사의 원어는 맥락을 이해하는 데 꼭 필요하다고 생각되는 경우를 제외하고는 본문에서 병기하지 않았으며 찾아보기에 모두 수록하였다.

3. 단행본, 전집, 정기간행물에는 겹낫표(『 』)를, 논문에는 홑낫표(「 」)를 사용하였다.

4. 영어판에서 이탤릭체로 강조된 것은 고딕체로 표기하였다.

5. 대안 번역어가 있지만 원문과의 관련성을 위해 다른 번역어를 사용한 경우에는 대괄호([ ])를 사용하여 대안 번역어를 추가하였다(ex. 객체[대상]object).

6. 본문에서 인용된 문헌의 상세 서지사항은 모두 참고문헌에 수록하고, 각주에서는 간략히 표기했다.

차례

5　한국어판 지은이 서문

8　서론

1부
12　1장 톰 스패로 『현상학의 종말』
56　2장 스티븐 샤비로 『사물들의 우주』
116　3장 피터 그래튼 『사변적 실재론』
238　4장 피터 울펜데일 『객체지향 철학』

2부
368　5장 알베르토 토스카노
378　6장 크리스토퍼 노리스
393　7장 단 자하비
410　8장 스티븐 멀홀

433　옮긴이 후기
442　참고문헌
458　인명 찾아보기
461　용어 찾아보기

:: 한국어판 지은이 서문

저는 2007년 4월 런던에서 지금은 유명해진 사변적 실재론 워크숍이 열리기 전까지 거의 10년 동안 객체지향 존재론을 발전시켜 왔습니다. 사변적 실재론 그룹은 2009년 4월 브리스틀에서 두 번째 워크숍이 열릴 때까지 2년간 더 지속되었습니다. 한 달 후, 이 그룹은 지적 및 개인적 의견 충돌로 인해 해체되었습니다. 그렇지만 사변적 실재론은 저와 레이 브라시에, 이에인 해밀턴 그랜트, 퀑탱 메이야수를 포함하는 원조 구성원들의 작업 속에서 그 명맥을 이어 왔습니다.

어떤 분야에서든 새로운 움직임이 있을 때마다 늘 그렇듯이, 찬사를 보내든 비판을 하든 외부인들은 이 새로운 철학적 추세에 달려들었습니다. 비판 대부분은 블로그, 트위터, 페이스북에서 종종 실명 사용을 두려워하는 사람들에 의해 모욕적인 말이라는 조잡한 형태로 이루어졌습니다. 그러나 사변적 실재론에 대한 좀 더 진지한 문헌도 발전했습니다. 2014년에 외부인이 이 주제를 다룬 첫 학술 서적 네 권이 출간되면서 이러한 문헌은 일찍이 정점에 달했습니다. 비판의 정도가 낮은 순서에서 높은 순서대로 나열하자면, 이러한 문헌은 각각 톰 스패로, 스티븐 샤비로, 피터 그래튼, 피터 울펜데일에 의해 집필되었습니다. 이 책의 처음 네 장은 각각 이 중 하나를 다루고 있습니다. 스패로와 샤비로는 제 개인적인 친구이며, 그들의 저서에 실린 사변적 실재론 비판은 균형이 잡혀 있었고 유익했습니다. 스패로와 저는 주로 현상학이 정합적인 철학적 학파인지에 관해서 의견이 다릅니다(스패로는 아니라고 보고, 저는 그렇다고 봅니다). 샤비로와의 의견 충돌은 좀 더 중대하지만, 여전히 크게 벌어진 것은 아닙니다. 샤비로는 제가 그런 것보다 과정철학에 좀 더 동조적이며, 이사벨 스탱거처럼 질 들뢰즈와 알프레드 노스 화이트헤드를 지적으로 매우 밀접한 관계로 독해하는데, 저는 이를 명시적으로 부정합니다.

2014년에 출간된 두 권의 부정적인 저서는 그래튼과 울펜데일이 집필한 것이지만, 이 두 책 역시 그 성격은 상당히 다릅니다. 그래튼의 저서는 일견 균형이 잡혀 있고 적당하게 비판적인 설명인 것처럼 보입니다. 그러나 실제로는 사변적 실재론의 원조 구성원들이 읽기에는 불쾌하지만 외부 독자들에게는 보이지 않도록 주의 깊게 설계된 부정직한 발언들로 가득 차 있습니다. 울펜데일은 영국 뉴캐슬 출신으로, 브라시에와 지적으로 밀접한 관련을 맺고 있습니다. 울펜데일은 그래튼과는 차원이 다른 수준의 악의를 보여주며, 강렬한 논리적 엄격함을 가장하지만 실제로는 허술한 논증에 개인적인 앙심을 담아 400쪽이 넘는 책을 써냈습니다. 그럼에도 불구하고 이 책 『객체지향 교전』은 울펜데일의 견해가 얼마나 허술한지를 보여줄 좋은 기회였습니다.

여기까지가 책의 전반부입니다. 나머지 장들에서는 제 철학에 대한 더 짧은 비판들을 다룹니다. 저는 이 비판들을 중요한 철학적 쟁점들을 명확하게 만들 기회로 삼았습니다. 이 비판들 중 첫 번째는 알베르토 토스카노의 짧은 논평이었습니다. 토스카노는 브라시에의 지적 동맹에 속한 또 다른 인물로, 브뤼노 라투르와 제가 2008년 런던 경제 대학에서 나눈 토론에 대해, 라투르와 제가 모두 G. W. 라이프니츠의 모나드론에 지나치게 사로잡혀 있다고 주장하며 반응했습니다. 두 번째 비판은 크리스토퍼 노리스에게서 유래했는데, 노리스는 데리다주의적 해체주의와 과학적 실재론의 낯선 조합을 지적으로 표현하며,

이제는 폐간된 저널 『사변』에 실린 그의 논문에서는 메이야수의 철학과 제 철학에 관한 여러 가지 조잡한 오해를 드러냅니다. 세 번째 비판은 오늘날 현상학을 대표하는 덴마크 코펜하겐의 단 자하비로부터 제기되었습니다. 자하비는 스패로의 저서 『현상학의 종말』에 대한 다소 짜증 섞인 리뷰 과정에서 저를 비판했습니다. 네 번째이자 마지막으로, 저는 2018년에 출간된 저의 저서 『객체지향 존재론』에 대해 『런던 리뷰 오브 북스』에 대체로 비판적인 서평을 남긴 스티븐 멀홀에게 응답합니다.

몇몇 사람은 철학적 논쟁을 "사소한 것"으로 격하하고, 철학자들은 연민 어린 부처처럼 서로를 대해야 한다고 제안합니다. 이는 인간적인 이상으로서는 바람직할지 몰라도, 철학의 세계는 그런 상황과는 매우, 매우 거리가 멉니다. 따라서 격렬한 논쟁은 설령 그것이 모욕으로 변질되는 경우에도 개인적 모욕의 연속에 지나지 않는다고 여겨져서는 안 됩니다. 오히려 긍정적으로 보자면, 정열적인 의견 충돌은 냉정한 논증보다 철학의 기본 문제를 명확히 하는 데 훨씬 더 유용한 경향이 있습니다. 이런 이유로, 지금까지 제가 저술한 24권의 책 중 가장 마음에 드는 책이 바로 『객체지향 교전』입니다.

캘리포니아 롱비치에서
2025년 2월 1일
그레이엄 하먼

:: 서론

『객체지향 교전』에 관한 원래 계획은 몇 년 전에 작성되었지만, 여러 이유로 인해 늘어나는 직업적 책무에 가려져 묻히게 되었다. 이 저서에 관한 나의 첫 번째 발상은 다음과 같았다. 즉 이 발상이 떠오른 시점까지 사변적 실재론Speculative Realim(이하 SR) 또는 객체지향 존재론 Object-Oriented Ontology(이하 OOO)에 관해서 비판을 전개한 거의 모든 이에게 알파벳 순서로 응답하는 것이었다. 이러한 밀접하게 관련된 철학적 조류들에 관한 문헌 ― 긍정적이든 부정적이든 ― 이 오늘날에 이르러서는 상당량 등장했음을 고려해 볼 때, 그 계획은 더 이상 유효하지 않다. 대신, 나는 1부에서 OOO에 책의 전체 또는 일부를 할애한 네 권의 책을 다루고, 2부에서는 몇몇 비평가와 일련의 짧은 교전을 치를 것이다. 2부에 등장하는 절들의 순서는 시간순이나 무작위가 아니라 독자에게 유용할 것으로 예상되는 방식으로 배치되었다.

먼저 1부에 관해 말해 보겠다. 2014년은 나와 내 동료들에게 일종의 이정표와도 같은 해였다. 그해에는 SR과 OOO에 관한 첫 네 권의 단행본이 출판되었다. 어조에 있어서 가장 긍정적인 것부터 가장 부정적인 깃까지 순서대로 정리하면 다음과 같다.

- 톰 스패로,『현상학의 종말 : 형이상학과 새로운 실재론』
- 스티븐 샤비로,『사물들의 우주 : 사변적 실재론과 화이트헤드』
- 피터 그래튼,『사변적 실재론 : 문제와 전망』

- 피터 울펜데일, 『객체지향 철학 : 벌거벗은 본체』

지하철 관계자처럼 말하자면, 이 지도는 측정을 위한 것이 아니다. 샤비로는 스패로보다 부정적이라고 말하기 힘든 반면, 울펜데일의 공격은 그래튼의 조롱 섞인 설명보다 훨씬 더 솔직하게 적대적이다. 목록에 있는 처음 세 권의 저서는 얇으며 빨리 읽는 것이 가능하지만, 네 번째 저서는 너무 방대하고 책의 활자체와 물리적 형태가 너무 불편해서 다른 저서들과 함께 카페로 가지고 가는 것은 꿈도 꾸지 못할 것이다. 그러나 그 저서들을 함께 묶어서 고려하면, 그것들은 SR과 OOO 조류에 어느 정도 주목한 현대의 철학자들 사이에서 발견되는 다양한 태도에 대한 좋은 표본을 제공한다. 지금은 잠잠해진 블로그 영역에서 한때 볼 수 있었던 빠른 속도의 논쟁을 유지할 수 있도록, 나는 이 모든 저서가 출판된 직후 즉시 응답할 계획이었다. 그러나 모든 예상을 벗어나, 앉아서 이 작업을 끝내는 데는 예상보다 더 오랜 시간이 걸렸다.

    2부에서 나는 OOO의 다른 몇몇 비평가에 관한 간략한 설명을 첨가했다. 등장 순서대로 이름을 나열하자면, 알베르토 토스카노, 크리스토퍼 노리스, 단 자하비, 그리고 스티븐 멀홀에 관해 언급할 것이다. 이 책에서 논의하기에 적절하지만 이런저런 이유로 제외된 다른 몇몇 비평가가 있다. 이 중에서 나는 특히 『사유의 기술』에서 이언 제임스가 보여준 노력에 대해 감사의 마음을 전한다.[1] 아마도 다른 곳에서 그에게 응답할 기회가 있을 것이다. 엘리자베스 포비넬리와 에이드리언 J. 이바키브에 의한 OOO 비판도 내 레이더에 포착되었으며, 기회가

---

1. Ian James, "The Relational Universe," in *The Technique of Thought*.

된다면 가까운 시일 내에 검토를 시도할 것이다.2

한 세대가 정확히 15년 동안 지속된다는 호세 오르테가 이 가세트의 주장을 잠정적으로 받아들인다면, 2014년의 폭발적인 비판적 반응은 내가 사는 시카고의 아파트에서 객체지향 철학이 탄생한 이후 한 세대에 걸쳐서, 그리고 사변적 실재론자들이 린던에서 처음 만난 이후 대략 반 세대에 걸쳐서 일어났다. 우리는 더 이상 우리의 목소리를 들어주기를 바라는 아웃사이더가 아니라, 자크 데리다, 미셸 푸코, 그리고 소수의 관련 작가 ─ 이들 거의 모두가 프랑스어나 독일어를 모국어로 사용한다 ─ 에게 끊임없이 호소하며 1990년대에 정착된 영어권 대륙철학의 오래된 담론을 선호하는 사람들의 적으로 인식되었다. OOO와 SR에 관한 공적 담론이 무르익어 가고 있다는 또 다른 증거는 2014년의 네 명의 저자 모두가 기본적으로, 심지어 내가 보기에 그들이 표적을 맞추지 못한 순간에도, 자신들이 무슨 말을 하고 있는지 알고 있다는 사실에서 엿볼 수 있다. OOO에 관한 최악의 비평가들과는 대조적으로 울펜데일의 신랄한 공격조차도 감복할 만한 성실함을 보여준다.

이 저서를 쓰도록 나를 설득하고 예상치 못한 지연에도 인내심 있게 기다려준 아일린 A. 조이에게 따뜻한 감사를 전한다. 그리고 그동안 매우 철저하게 원고를 편집해준 릴리 브루어와 이 아름다운 작품을 제작한 빈센트 W. J. 판 헤르멘 오에이에게 감사의 뜻을 표하는 바이다.

---

2. Elizabeth Povinelli, *Geontologies* ; Adrian Ivakhiv, *Shadowing the Anthropocene*.

1부

1장 톰 스패로 『현상학의 종말』
2장 스티븐 샤비로 『사물들의 우주』
3장 피터 그래튼 『사변적 실재론』
4장 피터 울펜데일 『객체지향 철학』

1장

톰 스패로

『현상학의 종말』

『현상학의 종말』은 톰 스패로가 출간한 세 권의 용기 있는 저작 중 두 번째이며, 다른 저서로는 『풀려난 레비나스』(2013)와 『플라스틱 신체들』(2015)이 있다. "용기 있는"이라는 단어 선택에서 알 수 있듯 이 저작 중 어느 것도 스패로의 향후 십 년 경력에 가장 도움이 될 수 있는 분야에서 따뜻한 환영을 받지 못했다. 스패로는 자신이 진리라고 고려하는 것을 말하고 어떤 유형의 학문적 거물에게도 아부하기를 거부한다. 『현상학의 종말』은 뒤의 7장에서 내가 반격의 표적으로 삼을 것이기도 한 X세대 현상학의 최대 문지기, 단 자하비의 글에서 이미 가혹한 질책을 받았다.[1] 『플라스틱 신체들』은 적절한 출판사를 찾기도 전에 몇몇 익명의 주류 현상학자에 의해 부당한 방식으로 남용되었다. 스패로의 머리와 기개는 내 격려가 필요 없을 만큼 충분히 강하다. 내가 이 사건들을 언급하는 이유는 언젠가 유사한 방식으로 방해

---

1. Dan Zahavi, "The End of What? Phenomenology vs. Speculative Realism," *International Journal of Philosophical Studies*.

받을지도 모르는 젊은 독자들을 위해서이다.

사실을 적시하기 위해 나는 『현상학의 종말』이 내가 직접 편집한 사변적 실재론 시리즈의 에든버러 대학 출판사에서 출판되었다는 점을 말해두어야겠다. 분명 우리는 마커스 가브리엘과 특히 에이드리언 존스턴과 같은 나와 철학적으로 중대한 의견 차이를 보이는 작가들이 집필한 양질의 저서를 그 시리즈에 포함하기로 했다.[2] 스패로의 저서는 다른 유형의 사례이다. 퀑탱 메이야수에 관한 나 자신의 저서 외에 이 시리즈에서 내가 진심으로 동의하는 작품은 아마도 없을 것이다.[3] 『현상학의 종말』은 현상학이 반실재론의 부정성에 사로잡혀 있으며, 따라서 우리를 "사물 그 자체로" 인도하는 임무에서, 그 임무를 수행하고 있다는 현상학의 습관적 주장에도 불구하고 부적합하며, 사변적 실재론은 현상학에서 본질적으로 불가능한 방식으로 실재의 현수막을 달았다고 주장한다. 나는 현상학에서 "실재론"이라고 추정되는 것이 공개되는 순간에 관한 스패로의 회의주의적 관점을 포함해서 이 주장에 전적으로 동의한다. 무엇보다도, 근래의 심리철학에 미친 영향으로 인해 에드먼드 후설 자신보다도 영향력을 가졌다고 말할 수도 있는 모리스 메를로-퐁티의 저서에서 그 사례를 찾아볼 수 있다.[4] 전반적으로, 스패로에 대한 나의 반대는 사소한 것에서 중간 정도의 범위에 이른다. 그러한 반대 중 하나는 내가 리 브레이버의 "파계적 실재

---

[2]. Markus Gabriel, *Fields of Sense* ; Adrian Johnston, *Adventures in Transcendental Materialism*.
[3]. Graham Harman, *Quentin Meillassoux*.
[4]. Maurice Merleau-Ponty, *Phenomenology of Perception* [모리스 메를로-퐁티, 『지각의 현상학』] ; Merleau-Ponty, *The Visible and the Invisible* [모리스 메를로-퐁티, 『보이는 것과 보이지 않는 것』] ; Edmund Husserl, *Logical Investigations* (2001) [에드문트 후설, 『논리 연구』 2-1·2-2].

론"transgressive realism에 스패로보다 덜 열광하고 있다는 것이다. 이 "파계적 실재론"은 실재론과 반-실재론의 이점을 혼합하면서도 두 진영의 결점을 회피하는 것으로 추정되는 제3의 길이다.[5] 다른 하나는 스패로가 현상학에 명확한 방법론이 있을 수 있는지 의심하는 반면, 나는 그런 방법론이 있다고 확신한다는 것이다.

『현상학의 종말』에서 내 철학에 관한 스패로의 글을 읽은 사람들은 이언 보고스트, 레비 R. 브라이언트, 티머시 모턴이 객체지향 존재론의 동료 실천가인 것처럼 스패로 역시 객체지향 존재론의 동료 실천가라고 오해할 수도 있다.[6] 그렇지 않다. 스패로와 나의 지적 유대는 그보다는 느슨하지만, 어쩌면 그들과의 유대만큼 오래 지속될 것이다. 즉, 스패로와 나는 둘 다 각자의 철학적 형성기를 현상학과 함께했고, 현상학의 한계에 좌절하면서도 현상학의 가장 위대한 통찰을 소중히 간직하고 있다. 그렇다면, 현상학은 소중히 여겨야 할 어떤 것이고, 그다음에는 통렬하게 비판해야 할 어떤 것이며, 그다음에는 다른 무언가의 뒤에 남기고 떠나야 할 어떤 것이라는 우리의 합치에는 기본적인 공감대가 있다. 현상학에 대한 이러한 특유의 관계는 왜 나와 스패로가 현상학을 향해서 유사한 태도를 보이는 알폰소 링기스라는 인물과 그의 저작에 그렇게 강하게 끌리는지도 설명할 수 있다.[7]

이와는 대조적으로, 사변적 실재론에서 나와 한때 동료였던 사람들을 고려해 보라. 현상학을 향한 레이 브라시에의 본능적 혐오―이

---

5. Lee Braver, "On Not Settling the Issue of Realism," in *Speculations IV*.
6. Levi R. Bryant, *The Democracy of Objects* [레비 브라이언트, 『객체들의 민주주의』] ; Ian Bogost, *Alien Phenomenology, or What It's Like to Be a Thing* [이언 보고스트, 『에일리언 현상학, 혹은 사물의 경험은 어떠한 것인가』] ; Timothy Morton, *Hyperobjects* [티머시 모턴, 『하이퍼객체』].
7. Tom Sparrow, ed., *The Alphonso Lingis Reader*.

는 주로 현상학이 자연계를 "판단중지"bracketing하는 것에 기인하는데—는 그가 후설의 사고방식을 언급할 때마다 거의 숨김없이 드러난다.[8] 이에인 해밀턴 그랜트는 현상학에 거의 무관심한 것처럼 보이며, 그의 가장 열렬한 관심사는 철학사에서 완전히 다른 분야인 독일 관념론과 질 들뢰즈이다. 퀑탱 메이야수의 경우, 비록 그가 때때로 현상학을 예찬하지만, 현상학에 관한 그의 칭찬은 현저하게 모호하고 희미하다. 메이야수는 한 인터뷰에서 이렇게 말한 적이 있다. "나는 위대한 현상학자들의 성실한 독자이다 … 현상학은 나에게 소여의 복잡성에 관한 가공할 만한 기술적 기획으로 남아있다."[9] 이러한 진술이 가진 첫 번째 문제는 현상학이 오직 "기술"description에 관한 것이 아니며, 심지어는 "기술"이 그것의 주된 주제도 아니라는 것이다. 스패로의 비판적인 말을 빌리자면, "오늘날, 경험에 관한 어떤 주관적인 기술이 포함되는 한 모든 것이 현상학이라고 불린다."[10] 그러나 이것이 전부였다면, 스패로가 지적하듯, 그것은 "멜빌〔은〕 고래잡이의 현상학자, 소로는 걷기의 현상학자, 푸코는 권력의 현상학자"(5)라는 곤혹스러운 결론을 끌어낼 것이다. 현상학에 관한 메이야수의 예찬이 지니는 두 번째 문제는 그가 기술에 높은 철학적 지위를 부여하지 않으며, **연역**과 대조해서 상대적으로 업신여긴다는 것이다. 따라서 현상학의 기술적 능력에 관한 그의 예찬은 기껏해야 비아냥이다.[11]

OOO는 사변적 실재론 중에서 후설주의 현상학을 접근법의 핵심

---

8. Ray Brassier, *Nihil Unbound*.
9. Quentin Meillassoux, 다음에서 재인용. Harman, *Quentin Meillassoux*, 219.
10. Tom Sparrow, *The End of Phenomenology*, 9. 이후 본문에서 이 책으로부터의 페이지 참조는 괄호로 표기됨.
11. Quentin Meillassoux, *After Finitude*, 38 [퀑탱 메이야수, 『유한성 이후』].

에 포함시킬 여지를 남기는 유일한 가지인데, OOO 전체가 그렇다고 볼 수도 없다. 나의 객체지향 동료 중에서, 브라이언트의 경우에 지향적 객체[대상]와 그것의 음영^{adumbration} 사이의 현상학적 긴장이 "국소적 표현"이라는 단 하나의 용어를 채택함으로써 사라지기 때문에, 브라이언트는 자신의 입장을 위해서 후설로부터 아무것도 끌어내지 않는 들뢰즈주의자이다.[12] 보고스트는 『에일리언 현상학』이라는 책을 썼지만 그것은 분명 후설주의적 의미의 현상학이 아니다.[13] 모턴의 철학적 배경은 일차적으로 데리다를 통해 형성되었으며 모턴은 비록 후설을 깊이 존중하지만, 링기스, 스패로, 나와 같은 방식으로 현상학에 정서적인 애착을 가지고 있지는 않다. 스패로가 그의 저서에서 "하먼은 후설을 쌀쌀맞게 추방하는 것을 용납하지 않는다"(116)라고 말할 때, 비록 이 말이 자하비 같은 현상학 집행자에게 불충분하다고 할지라도, 스패로 자신에 관해서도 같은 것을 말할 수 있다. 이것이 스패로와 나 사이에 성립하는 지적 동맹의 본성이며, 현상학에 대한 우리의 존중은 현상학을 향한 우리의 공통된 비판에서 살아남는다. 우리에 대한 현상학적 비평가들이 최소한 이 점을 인지한다면 좋을 것이다.

대륙철학의 실재론과 반실재론

스패로의 저서에서 중심적인 논증은 현상학이 "반실재론의 부정성"(ix)에 대한 책임이 있으며, 사변적 실재론은 이 특유의 결함을 피함으로써 현상학에서 사물 그 자체를 향한 전환이라고 알려진 것의

---

12. Levi R. Bryant, *Difference and Givenness* ; Bryant, *The Democracy of Objects* [브라이언트, 『객체들의 민주주의』].
13. Bogost, *Alien Phenomenology* [보고스트, 『에일리언 현상학』].

진정한 계승자가 된다는 것이다. 말할 필요도 없이 나는 이 평가에 동의한다. 그러나 내가 이에 동의하는 이유를 설명하기 위해, 우리는 스패로의 저서 이야기로 돌아가기에 앞서 철학적 실재론에 관한 몇몇 일반적인 성찰로부터 시작해야 한다.

"실재론"realism은 다양한 분야에서 때로는 정반대의 의미를 지니기도 하는 수많은 의미를 지닌 유연한 용어이다. 정치적, 수학적, 문학적, 그리고 회화적 리얼리즘pictorial realism은 자동으로 철학적 동맹이 되지 않는다. 사실, 그것들은 종종 우리를 반대 방향으로 이끈다. 예를 들어, 수학적 실재론이 완벽한 숫자와 모양이라는 이상적 영역의 현존을 고수한다면, 정치적 리얼리즘(토머스 홉스, 칼 슈미트)과 문학적 리얼리즘(에밀 졸라, 시어도어 드라이저)은 대신 그 모든 추함 속에서 적나라한 물질적 현존을 직면하도록 요구하면서 완벽을 향한 모든 희망을 조롱한다. 다른 사례는 회화적 리얼리즘인데, 회화적 리얼리즘에서는 본격적인 추함을 보여줄 필요가 없으며, 비잔틴이나 입체파 추상화나 초현실주의 회화의 기이한 인물들과 대조적으로 그럴듯한 3차원 장면의 환영주의를 고수하기만 하면 된다. 심지어는 철학 내부에서조차 단어에 관한 혼란의 여지가 있다. 조지 버클리는 서구 역사에서 가장 반실재론적인 것으로 알려진 주류 철학자임에도 불구하고, 정신이 보는 이미지는 우리가 바랄 수 있는 실재의 모든 것이며 존 로크의 경우처럼 단지 정신 외부에 있는 어떤 것의 "표상"이 아니라고 주장했다는 점에서 때때로 "직접적 실재론자"라고 불린다.[14] 하지만 이것은 실재론이라는 용어의 파생적 용법이다. 대부분의 사람이 철학

---

14. George Berkeley, *A Treatise Concerning the Principles of Human Knowledge* [조지 버클리,『인간 지식의 원리론』] ; John Locke, *An Essay Concerning Human Understanding*, 2 vols. [존 로크,『인간지성론』1·2].

적 실재론의 의미로 이해하는 것은 실재가 인간의 정신과 독립된 현존을 가지고 있다는 견해이다. 비록 나는 이 정의가 여전히 부적합하다고 주장하겠지만, 그럼에도 이 정의는 논의의 정당한 출발점이 될 수 있다. 남아있는 모든 문제는 논의가 진행되면서 다루어질 수 있다.

몇 년 전에 보고스트는 최근에 세상을 떠난 리차드 로티의 기록 보관소를 방문했다. 보고스트는 로티의 미공개 논문들에서 찾은 한 가지 재미있는 발언을 내게 공유했었는데, 내가 기억하는 한에서 되는 대로 인용해 보면 이렇다. "약 10년마다", 그 철학자가 말하길 "누군가는 『실재론과 관념론을 넘어서』 같은 제목으로 책을 쓴다. 그리고 언제나 실재론과 관념론 너머에 있는 것은 **관념론**이라는 것이 밝혀진다!" 로티는 아마도 고전적인 실재론/반실재론 논쟁을 넘어섰다는 분석철학 내부의 간헐적인 주장에 관해 언급하고 있었을 것이다. 그러나 대륙철학의 상황은 이보다 훨씬 더 나쁘다. 왜냐하면 이 하위분야 전체가 오랫동안 암묵적으로 우리가 두 대안 모두를 "넘어섰다"라는 주장을 고수해 왔기 때문이다. 부분적으로 이 주장은 G. W. F. 헤겔로 거슬러 올라갈 수 있는데, 칸트의 숨겨진 본체를 나타나는 것의 특별한 경우로 길들였다는 헤겔의 주장은 대륙철학에서 종종 더 이상의 언급 없이 받아들여진다.15 그러나 헤겔보다 훨씬 더 큰 책임이 후설, 하이데거, 그리고 그들의 느슨한 동맹들이 속한 현상학적 전통에 귀속되어야 한다. 왜냐하면 여기야말로 실재론의 문제를 "유사-문제"pseudo-problem로 취급하는 것이 관례이기 때문이다 : 결국, 우리는 객체를 지향하거나 도구를 다루면서 "언제나 이미 우리 자신의 외부에

---

15. G. W. F. Hegel, *Phenomenology of Spirit* [게오르크 빌헬름 프리드리히 헤겔, 『정신현상학』].

있다." 비록 때때로 초기 대륙철학(니콜라이 하르트만 또는 뮌헨 현상학자)의 실재론적 경향에서 반례를 찾아볼 수 있지만, 이 부분적 예외는 헤겔, 후설, 하이데거가 수십만 명의 독자에게 영향을 미친 데 비해 다른 인물들은 일반적으로 소수의 전문가에게만 읽혔다는 것을 보여주며 오히려 규칙을 증명한다. 실재론도 반실재론도 대륙철학에서 큰 관심을 끌지 못했는데, 그 이유는 이 두 가지 선택지를 소박하고 이미 극복된 것으로 보는 것이 대륙철학의 요지 전체였기 때문이다. 좀 더 최근의 대륙 사상에서는 1990년대 초 토리노에서 활동했던 마우리치오 페라리스 덕분에 초기적인 실재론적 경향의 급증이 있었다.[16] 영어권 대륙철학의 흐름에서는 2002년 마누엘 데란다의 『강도의 과학과 잠재성의 철학』과 더불어 나의 『도구-존재』를 통해 실재론이 다시 전면에 등장했다.[17] 이 두 책에 의해 야기된 논란은 때때로 분석철학자들의 조롱으로 이어졌는데, 그들의 하위분야에서는 실재론/반실재론 논쟁이 시작부터 공개적으로 논의된 주제였다. 그러나 『논리연구』에서 후설의 "명목적 행위"nominal acts에 관한 논의가 크립키와 루스 바컨 마커스, 그리고 핀란드 출신의 여러 사상가 사이의 지독한 우선성 논쟁으로 이어진 통찰을 선점한다는 점에서, 우리는 솔 크립키의 지시이론theory of reference이 분석철학에 충격을 주었던 것을 비웃으며 쉽게 조롱 게임의 판세를 뒤바꿀 수 있었다.[18] 언제나 어떤 철학자의 통찰

---

16. Maurizio Ferraris, *Manifesto of New Realism*.
17. Manuel DeLanda, *Intensive Science and Virtual Philosophy* (London : Continuum, 2002) [마누엘 데란다, 『강도의 과학과 잠재성의 철학』] ; Graham Harman, *Tool-Being*.
18. Husserl, *Logical Investigations*, 2:169 [후설, 『논리 연구』 2-1 · 2-2] ; Saul Kripke, *Naming and Necessity* [솔 크립키, 『이름과 필연』] ; Ruth Barcan Marcus, "Modalities and Intensional Languages," *Synthese*.

에 대한 선구자를 찾아냄으로써 그 철학자의 가치를 떨어뜨리려고 시도할 수 있겠지만, 후대의 철학자가 철저하게 무식하거나 선대 철학자의 작업을 훔치는 드문 경우에만 두 번째 사건이 첫 번째 사건에 아무것도 더하지 않는다. 오늘날의 대륙철학적 실재론은 이 책이 몇 가지 명료한 방식으로 보여주는 대로 왕년의 실재론과는 결이 다르다.

이 주제에 관한 중요한 공헌은 2007년에 브레이버의 뛰어난 저작 『이 세계의 사물 : 대륙철학적 반실재론의 역사』를 통해 이루어졌다. 이 책은 이 책을 포함한 지난 10년 동안 대륙 사상이 세운 귀중한 업적 중 하나가 되었다. 브레이버의 저서에는 수많은 강점이 있지만, 특히 두 가지가 탁월하다. 첫째로, 그는 더 이상 대륙철학이 어떻게든 자신을 실재론/반실재론 논쟁 너머에 서 있는 것처럼 어정쩡하게 제시하는 것을 허용하지 않는다. 내 기억에 처음으로, 그리고 아마도 역사상 처음으로 그는 대륙철학을 **반실재론적** 운동으로 솔직하게 기술한다(브레이버의 이야기에서 신기하게 후설이 부재한 것은 하나의 유감스러운 빈틈이다). 더 나아가, 그는 대륙철학이 반실재론의 길을 따라간 것은 지금까지 오히려 성공적이었다고 여긴다. "전반적으로, 나는 대륙 사상가들이 그들의 상대인 분석 사상가들보다 더 멀리 그리고 더 일관되게 반실재론의 함축을 끌고 나갔다고 생각한다."[19] 둘째로, 브레이버는 "실재론"이라는 용어의 모호성에 관한 모범적인 의식을 보여준다. 그러므로 그는 실재론이 지닌 여섯 가지 다른 의미(R1-6)와 그에 상응하는 반실재론적 억견(A1-6)을 짝을 지어 나열해 놓은 세심한 용어집으로 책을 시작한다. 일찍이 나는 브레이버의 저서에 관한 리뷰에서 그가 일곱 번째 쌍을 놓치고 있다고 주장했고, 데란다는 나

---

[19]. Lee Braver, *A Thing of This World*, 514.

중에 여덟 번째와 아홉 번째 쌍을 추가했다.[20] 그의 목록에 관한 우리의 반박을 어떻게 여기든, 브레이버의 최초 기획은 전문적으로는 소외되었지만 영향력 있는 하위분야인 대륙철학의 미래를 위해 핵심적으로 중요한 것으로 남는다. 대륙 사상은 좀 더 직접적으로 실재론의 문제를 직시할 필요가 있으며, 또한 "실재론"이라는 용어 자체의 다양한 변형을 더 잘 의식해야 한다. 비록 브레이버는 반실재론을 대표해서, 사변적 실재론은 반대 용어를 대표해서 이 역할을 수행하지만, 두 경향은 많은 공통점을 가지고 있다. 이 장의 끝에서 나는 2007년 이후로 브레이버의 입장이 명시적인 반실재론에서 좀 더 제한된 것처럼 보이는 입장으로 바뀌는 과정에 관해 다룰 것이다.

주류 대륙철학자들은 일반적으로 실재론—그들은 통상적으로 "소박한" 실재론이라고 부르지만, 그것이 어째서 소박한지에 관한 입증은 찾을 수 없다—을 묵살하지만, 본격적인 대륙철학적 관념론자를 찾기도 그만큼 어렵다. 비록 헤겔주의자들이 헤겔은 단순히 어떤 주관적인 입각점에 갇히지 않은 "객관적" 관념론자라고 재빨리 주장하기는 하지만, 통상적으로 헤겔주의자들이 본격적인 대륙철학적 관념론자에 가장 가깝다. 간단히 말해서, 대륙철학 진영의 거의 모든 사람이 실재론/반실재론 논쟁을 자신 있게 "넘어선다." 이것이 실질적으로 의미하는 바는 사고와 세계가 독립적으로 존재하는 것이 아닌 서로 상관관계에 있을 때만 존재하는 것으로 취급된다는 것이다. 언젠가 메이야수는 자신이 2002년 또는 2003년에 "상관주의"라는 용어를 만든 이유는 칸트가 "관념론 논박"을 제공하고 후설이 우리가 지향적 객체

---

20. Graham Harman, "A Festival of Anti-Realism," *Philosophy Today*. Manuel DeLanda and Graham Harman, *The Rise of Realism* [마누엘 데란다·그레이엄 하먼, 『실재론의 부상』].

를 통해 언제나 이미 우리의 외부에 있다는 것을 알고 있었다는 점을 토대로 사람들이 자신은 관념론자가 아니라고 말하는 것에 너무 싫증이 났기 때문이라고 말한 적이 있다. 이전에 나는 "접근의 철학"이라는 용어를 거의 같은 의미로 사용했지만, 메이야수가 만든 용어의 탁월한 유연성과 관련성을 재빨리 인식했다. 나는 상관주의라는 용어가 철학 용어 사전에 영구적으로 실릴 것으로 생각한다.[21] (그러나 나는 니키 영이 최근 두 용어를 구분해야 한다는 강력한 주장을 펴고 있음을 지적해야겠다.[22]) 그러나 많은 비평가는 내가 일반적으로 속 좁고 얄팍하다고 여기는 이유를 가지고 상관주의라는 용어를 받아들이기를 거부해 왔다.[23] 지금 나의 목표는 스패로의 현상학 논의를 위한 장을 마련하는 것일 따름이기에, 여기서는 상관주의를 벗어나기 위해 내가 실패한 것으로 간주할 수밖에 없는 메이야수 자신의 시도에 관해 다른 곳에서 쓴 것을 반복하는 것으로 충분하다.[24] 우리는 먼저 메이야수가 이 학설의 "약한" 변종과 "강한" 변종을 구별한다는 점에 주목해야 한다. 약한 상관주의는 우리가 적어도 물자체에 관해 의미 있게 말할 수 있고 사고를 넘어서는 **물자체**를 생각할 수 있지만, 그것을 알 수는 없다는 칸트주의적 테제를 통해 예시된다. 이와 대조적으로 강한 상관주의는 지금 말한 것조차 불가능하다는 견해를 취한다. 만약 우리가 사고 외부의 물자체에 관해 말한다면, 이것은 그 자체로 사고이며, 따라서 메이야수가 상관주의적 순환이라고 부르는 것에서 벗

---

21. Harman, *Tool-Being* ; Meillassoux, *After Finitude* [메이야수, 『유한성 이후』].
22. Niki Young, "On Correlationism and the Philosophy of (Human) Access," *Open Philosophy*.
23. 예를 들어 David Golumbla, " 'Correlationism' : The Dogma That Never Was," *boundary 2*를 보라.
24. Harman, *Quentin Meillassoux*, 14~23.

어날 방법은 없다. 요약하자면, 약한 상관주의는 유한성의 철학이지만, 강한 상관주의는 정확히 메이야수 자신과 마찬가지로 강한 반-유한성의 철학이다. OOO는 이와 다르게 진행된다. 칸트의 약한 상관주의에서 시작하여, 우리는 유한성을 부정함으로써가 아니라 그것이 인간뿐만 아니라 모든 객체를 특징짓는다고 주장함으로써 그것을 급진적으로 만든다. 추가로 이것은 상관주의가 통상적으로는 실재에 관한 "불가지론적" 입장으로 취급되지만, 그 입장은 내재적으로 불안정한 것임을 보여준다. 강한 상관주의자는 "사고 외부의 사물을 생각하는 것은 그 사물을 생각하는 것이고, 따라서 그것은 자동으로 사고 내부의 사물이 된다"라고 말하는 자이다. 그러므로 물자체는 **무의미한 것**이 되고, 강한 상관주의자는 이미 관념론자라는 점이 뒤따른다. 그러나 메이야수는 우리가 그-자체를 **생각**할 수 없다고 해서 그것이 필연적으로 **존재하지 않음**을 의미하지는 않는다고 대략적으로 말함으로써 자신의 요지를 세우고자 한다. 그러나 이 논증은 실패하는데, 왜냐하면 메이야수는 오직 (a) 우리가 그-자체를 **생각**할 수 없다는 것과 (b) 그-자체가 **존재**할 수 없다는 것 사이의 차이라고 추정되는 것을 통해서만 관념론을 회피할 수 있기 때문이다. 그러나 우리는 사고 외부의 결코 생각할 수 없는 그-자체가 사전에 ─ 상관주의적 순환에 의해 ─ 사고에 대한ᶠᵒʳ 그-자체로 변환되었다는 메이야수 자신의 가정 때문에 선택지 (b)를 구상할 수조차 없다. 이러한 이유로, 강한 상관주의와 메이야수가 제안한 사변적 유물론은 모두, 그들이 아무리 자신들을 "유물론자"라고 칭하더라도 사실 관념론의 한 형태일 뿐이다. 한편, 약한 상관주의자는 사실 일종의 실재론자인데, 물자체에 우리가 직접적으로 접근할 수 없더라도 그것이 존재한다고 여기기 때문이다.

만약 나의 제안대로 우리가 이 실재론적 대안을 채택한다면, 그것은 지식의 실재론과 구별되어야 한다. 지식의 실재론은 정신 외부에 실재가 존재할 뿐만 아니라, 우리가 그것을 포착할 수 있다고 주장한다. 이러한 유형의 실재론은 일차적으로 상대주의를 공격하는 것에 관심을 두는 폴 보고시안의 『지식의 공포』처럼 실재적인 것을 포착하는 우리의 모범적인 수단으로서 자연과학에 거의 항상 아첨한다.[25] 이와는 대조적으로, 수학에 우선성을 두는 철학(예를 들어 메이야수와 알랭 바디우)은 통상적으로 "유물론"이라는 알리바이로 위장한 채 관념론을 향해 나아간다.[26] 직접적 지식을 얻을 수 있다고 자신하는 실재론자의 또 다른 전형적인 예시는 분석철학자 마이클 데빗에게서 찾아볼 수 있는데, 그는 "강한 과학적 실재론"을 정신 외부에 실재가 존재할 뿐만 아니라 실재가 "과학의 법칙에 (근사적으로) 순종한다"라는 견해로 정의한다.[27] 이 강한 과학적 실재론은 그가 조롱하듯이 명명한 "약한, 혹은 눈속임Fig-Leaf 실재론"과 다르다. 눈속임 실재론에서는 "무언가가 정신에 독립해서 객관적으로 존재한다."[28] 이 "눈속임" 유형의 실재론이 가진 문제에 관해서, 데빗은 "너무 약해서 재미없지만, 소위 실재론자라고 불리는 많은 사람이 전념하고 있기에 언급할 가치가 있다"라고 말한다.[29] 아마도 데빗에게 있어서 눈속임 실재론의 "재미없는" 특징은 그것이 반실재론에 빠지는 것에 대한 알리바이로서 단순히 실재론을 제창한다는 점에 있으며, 그가 보기에 참된 실재론자는 "정신에 독립해서 객관적으로 존재"하는 "무언가"에 접근

---

25. Paul Boghossian, *Fear of Knowledge*. 이 책에 관한 비판으로는 Graham Harman, "Fear of Reality : Realism and Infra-Realism," *The Monist*를 보라.
26. Alain Badiou, *Being and Event* [알랭 바디우, 『존재와 사건』].
27. Michael Devitt, *Realism and Truth*, 347.
28. 같은 책, 23.
29. 같은 책.

하는 탁월한 경로로서 자연과학에 전념해야 한다. 다른 말로 하자면, 우리는 자연과학의 관점에서 실재를 말할 수도 있고, 혹은 자연과학을 묵살하고 지나칠 수도 있으며, 눈속임 실재론자는 이 후자의 선택지에 국한된다는 것이 데빗의 요점인 것처럼 보인다. 대륙철학적 관념론자들은 때때로 OOO가 "부정신학"에 불과하다는 유사한 반론을 제기한다. 다른 곳에서 나는 이 계통을 따라가는 에이드리언 존스턴의 비판에 응답했다. 내 응답의 요지는 외부 세계에 관한 우리의 논의가 "과학 아니면 실패"가 아니며, 심지어는 "산문 담론적 명제 아니면 실패"도 아니라는 것이다.30 사실, 인간 인지의 대부분은 개념을 통해 실재를 담론적으로 포착하는 것과는 무관한 수준에서 일어난다. 예술은 이에 대한 하나의 좋은 예시이고, 소크라테스주의적 **필로소피아** philosophia는 또 다른 좋은 예시이다.31 너무나 많은 사람이 철학을 자연과학의 시녀로 바꾸는 데 기뻐한다는 사실은 그들이 소크라테스의 반복적이고 단호한 무지의 고백을 통해 증언된 철학과 지식 사이의 차이,『메논』의 교훈을 얼마나 망각하고 있는지를 보여주는 증거이다.32

다른 하나의 대안적인 실재론 모델은 접근 불가능한 물자체 같은 것에 전념하는 것이다. 물자체는 아마도 서양철학 역사상 가장 불운한 개념일 것이다. 오늘날 철학자 대부분은 칸트 철학이 우리의 학문에서 혁명적인 변화를 표시했다는 점에 동의할 것이다. 유한한 인간의 인지로는 도달할 수 없는 물자체가 낡은 "독단적" 형이상학을 불가능하게 만드는 한, 그것은 분명 칸트 체계의 중심축이다. 그럼에도 불

---

30. Adrian Johnston, "Points of Forced Freedom," in *Speculations IV*; Graham Harman, *Immaterialism*, 29~32 [그레이엄 하먼,『비유물론』].
31. Graham Harman, "The Third Table," in *The Book of Books*, 540~42.
32. Plato, *Meno*, 870~97 [플라톤,『메논』].

구하고, 오늘날 "눈속임 실재론자" 혹은 "부정신학자"라고 불릴 위험을 감수하고 **물자체**를 옹호하려는 사람은 사실상 아무도 없다. OOO의 뚜렷한 특징 중 하나는, 지식이나 다른 어떤 수단을 통해서도 직접적으로 현재하는 것으로 만들어질 수 없지만, 간접적으로 감지될 수 있는 효과를 통해 항상적으로 우리를 감싸는 본체를 집요하게 주장한다는 점이다. 블랙홀이 직접적으로 보이지 않는다는 사실이 우리가 블랙홀에 관해 많은 것을 말하고 배우는 것을 막지는 않으며, 물자체에 관해서도 같은 것을 말할 수 있다. 우리는 철학이 과학의 가장 최신 성과에 관해 사후적으로 논평하는 것 외에 다른 역할을 맡지 않기를 바라는 과학주의적 경향을 억제하기만 하면 된다. 그 귀결로 미적 현상과 비유적, 수사학적 담론은 우리 시대에 통상적으로 차지하는 것보다 더 강력한 위치를 우리의 철학에서 차지해야 한다.

그러나 우리가 애초에 물자체를 주장하는 이유는 무엇인가? 우리가 물자체를 주장하는 데는 몇 가지 근거가 있으며, 그중 일부는 여기서 반복할 필요가 없는 하이데거 철학에 관한 해설을 포함한다. 아마도 실재론의 필요성을 설명하는 가장 단순한 방법은 다음과 같을 것이다. 본격적인 버클리주의 관념론자가 아니라면 누구나 지식과 그 지식이 아는 사물은 동일한 것이 아니라는 데 동의할 것이다. 태양에 관한 우리의 지식은 아무리 광범위하더라도 그 자체로는 태양이 아니다. 이것은 사소한 것으로 들릴지도 모르지만, 어떤 존재자와 그것에 관한 우리의 지식이 왜 서로 다른지 사문해 보면 더욱 흥미로워진다. "강한 과학적 실재론"(또는 메이야수의 입장이라고 부를 수도 있는 "강한 수학적 유물론")의 실천가는 태양과 태양에 관한 우리의 지식이 양자 모두에서 "동일한" 일정한 형상적 특성으로 구성되어 있지만, 태양의 경우에 그러한 형상은 "죽은 물리적 물질"이라고 불리는 어떤 것에 어떻게든 내재하여 있다고밖에 말할 수 없다. (이 문제는 올펜데일과 연결해서 4장에서 다시 다룰 것이다.) 그러나 누구도 형상 없는 물질을 발견하지 못했기에 ─ 미래에도 결코 발견하지 못할 것이다 ─, 물질에 관한 이 관념은 그 자체로 태양과 태양에 관한 나의 지식이 동일하다는 본격적인 관념론적 학설을 방지하기 위한 "눈속임"에 지나지 않는다. 이 입장을 실제로 "눈속임 유물론"이라고 불러보자. OOO가 권하는 대안은 태양의 형상과 태양에 관한 나의 지식의 형상은 매우 다른 두 사물이며, 태양의 형상은 **번역**을 거치지 않고 내 정신에 들어올 수 없다는 것이다. 이 지점에서 OOO에 가장 큰 영향을 끼친 것은 브뤼노 라투르지만, 어떤 의미에서 이것은 예수회 사상가 프란시스코 수아레즈가 **한정된 질료**materia signata에 관한 토마스주의적 개념화를 거부한 사건을 부활시킨다.33

그러므로 우리는 본체의 "재미없는" 현존에 전념하는 것이 아니라 직접적인 명제적 담론의 방식을 통해서가 아니더라도 그것에 관해 말할 것이 많다는 견해에 전념하는 것이다. 다시 말하지만, 이것은 우리를 소크라테스의 명예로운 계통으로 되돌릴 뿐이다. 그것은 또한 OOO를 "잔여 실재론"이라고 불릴 수 있는 것과 구별하는데, 잔여 실재론은 인간의 접근 외부에 있는 일종의 잔류물을 세계 그 자체 속에서 어떤 구성적인 역할도 맡게 함이 없이 단지 수용하는 것이다. 이러한 초과 또는 잔류물 이론 중 일부는, 스패로 스스로 언급하는 빌헬름 딜티와 막스 셸러의 "저항"에 관한 논의에서 볼 수 있는 바와 같이, 외부 세계의 충격, 트라우마, 혹은 저항에 호소하는 것을 "실재론"의 증

---

33. Francis Suarez, *On Individuation*; Bruno Latour, "Irreductions," in *The Pasteurization of France* [브뤼노 라투르, 『프랑스의 파스퇴르화』].

거로서 포함하는데, 일단 증거로서 제출되고 나면 그것은 거의 발전되지 않는다(43). 자크 라캉의 실재계는 순전히 정신분석학적 관점에서는 흥미로운 것이지만, 마찬가지로 눈속임 실재론이다. 왜냐하면 그것은 모두 인간 주체를 요구하는 상징계와 상상계의 얽힘을 통해서만 존재할 수 있기 때문이다.34 나는 장-뤽 마리옹의 "소여"와 "포화된 현상"saturated phenomenon의 개념, 자크 데리다의 흔적-구조, 심지어는 내가 가장 좋아하는 철학자 중 한 명인 에마뉘엘 레비나스의 "타자성"alterity에 관해서도 같은 말을 할 것이다.35 OOO를 잔여 실재론과 구별하는 것은 OOO에서 실재적인 것은 인간을 놀래고 초과하기 위해서만 존재하는 것이 아니라는 점에 있다. 이것이 철학적 실재론의 통상적인 정식화—"정신 외부의 실재가 존재한다"—가 부적합한 이유이다. 정신이 외부를 가진 유일한 사물이 아니기 때문이다. 정신과 실재적 사물의 관계는 그저 수많은 다른 종류의 관계 중 하나일 뿐이다. 혜성과 달, 또는 빗방울과 타르 사이 상호작용의 경우처럼, 수많은 관계에서 인간 정신은 조금도 현재하지 않는다. 실재론이 진정으로 가리키는 바는 각각의 모든 객체가 그 자체로 자율적 실재라는 것이며, 그 객체는 그것이 정신이나 다른 어떤 것에 우연히 미치는 효과에 의해 번역될 수 없거나 소진될 수 없다는 것이다. 요컨대, 현상/본체 구분은 일차적으로 인간과 비인간 사이의 구별이 아니라 그 자체로 실재인 것과 그것이 다른 무언가와 맺는 관계 사이의 구별이다. 실재론과 반실재론에 관한 몇 가지 다른 접근법이 사변적 실재론, 그리

---

34. Jacques Lacan, *The Sinthome*.
35. Jean-Luc Marion, *Being Given* ; Jacques Derrlda, *Voice and Phenomenon* [자크 데리다, 『목소리와 현상』] ; Emmanuel Levinas, *Totality and Infinity* [에마뉘엘 레비나스, 『전체성과 무한』].

고 OOO와 어떻게 관련되어 있는지 명확히 했으니, 이제 우리는 현상학 자체에 관한 스패로의 훌륭한 논의로 눈을 돌린다.

현상학과 사변적 실재론

스패로의 저서는 즉시 현상학을 상관주의로 식별하는 데 착수한다. 서론에서 그가 우리에게 "현상학이 실재론과 반실재론의 언어를 막는 데 얼마나 큰 노력을 기울였는지 생각해 보라!"(xiii)라고 요청할 때, 그의 감탄은 헛된 것이 아니다. 좀 더 긍정적인 용어로 말하자면, "현상학은 … 사고와 존재 사이의 상관관계 내에서 형성되는 인간 경험의 차원만을 조사하는 데 전적으로 전념한다"(2). 스패로는 현상학에 필수적인, 주체성과 세계 사이의 상관관계에 관한 자하비의 예찬을 인용하고(15), 메를로-퐁티를 상관주의자 동맹으로 설득력 있게 묘사한다(35).36 그러나 현상학에서 우리가 발견하는 상관주의는 약한 것과 강한 것, 두 종류 중 어느 것인가? 불가지론적 물자체를 수용하는 약한 상관주의는 칸트주의적 그 자체$^{\text{an sich}}$를 병적 부조리로 여겼던 후설에게는 확실히 적절하지 않을 것이다. 그러나 바로 같은 이유로 칼 아메릭스는 후설이 이미 진정으로 실재론자라고 주장한다. 스패로는 이 문제를 다음과 같이 요약한다. "메이야수는 현상학이 옹호하는 종류의 상관주의가 **강한** 상관주의라고 명시하며, 이는 그 자체가 알 수도 생각할 수도 없다는 견해를 의미한다. 그러나 만약 아메릭스가 후설에 관해 맞았다면, 후설은 **약한** 상관주의를 표상한다"(35).

---

36. 스패로는 Dan Zahavi, *Husserl's Phenomenology* [단 자하비, 『후설의 현상학』]를 인용한다.

그러나 아메릭스의 독해에는 심각한 문제가 있으며, 스패로는 우리에게 그 이유를 상기시킨다. "(아메릭스에 따르면) 물자체에 대한 후설의 거부나 '우리 자신의 외부 세계'가 부조리하다는 그의 주장은 … 그가 실재론을 포기하게 하지 않는다. 우리는 그의 초월론적 관념론이 **주관주의**로 끝나지 않는다는 것을 볼 필요가 있을 따름이다"(33, 강조는 하먼). 여기서 다시 우리는 헤겔주의자들이 가장 좋아하는 수법을 볼 수 있다. 헤겔주의자들은 이 수법을 통해 종종 대화의 주제를 관념론에서 주관주의로 바꾸는데, 후자가 헤겔이 해결하기 더 쉬운 걸림돌이라는 것을 알고 있기 때문이다. 독일 관념론에 관한 프레더릭 바이저의 영향력 있는 책의 부제가 "주관주의와의 투쟁"이었던 것을 고려해 보라.[37] 스패로가 지적하듯, "후설의 입장이 형이상학적으로 중립적이지 않은 것이 참이더라도, 그것은 실재론으로 기울지 않는다. 그것은 상관주의의 불가피성을 변함없이 고수하면서 관념론, 심지어는 절대적 관념론으로 기운다"(34).

이제 비판적인 독자라면 스패로가 자신에게 유리하게끔 규칙을 변경했는지 물을지도 모른다. 그는 처음에 현상학이 상관주의의 한 형태라고 주장했지만, 이제는 더 나아가 현상학이 전면적인 관념론의 한 형태라고 부르는 것처럼 보인다. 사실, 같은 비평가가 메이야수 스스로 같은 우를 범했다고 지적할 수 있는데, 메이야수는 때로는 칸트의 약한 상관주의를 포함하는 방식으로 상관주의를 정의하기도 하고, 또 다른 곳에서는 우리가 물자체에 관해 의미 있게 말할 수 없다는 강한 형태의 상관주의로만 정의하기도 한다. 비록 메이야수가 나중에 『유한성 이후』에서 자신이 용법을 더 정확하게 사용했어야 했다고 말

---

37. Frederick C. Beiser, *German Idealism*.

했지만, 여기에는 모순이 없다.38 왜냐하면 우리는 "약한" 버전과 "강한" 버전이 모두 상관주의를 말할 수 있는 두 개의 다르면서 동등하게 정당한 방식임을 보았기 때문이다. 약한 버전은 상관주의를, 우리가 사고 혹은 세계를 서로에 대해서 독립적으로 말할 수 없고 그 원시적 상관관계나 친밀관계를 통해서만 말할 수 있다는 철학으로 정의한다. 이 입장은 명백하게 칸트를 포함한다. 그러나 메이야수 스스로 선호하는 것처럼 보이는 강한 버전은 상관주의를 상관주의적 순환—우리가 사고 속으로 넣음이 없이 사고 외부의 사물을 생각할 수 없으며, 그러므로 사고 외부의 사물을 순환 속으로 되돌린다는 논증—에 의해 초래되는 것으로 정의한다. 이 버전은 칸트를 포함하지 않지만, 후설과 **물자체**에 대한 그의 부정을 **포함한다**. 그런데 후설은 스패로가 책의 앞부분에서 말한 것처럼 "강한 상관주의자"인가, 아니면 지금 말하는 것처럼 "관념론자"인가? 내가 보기에 이것은 스패로에게 문제가 되지 않는다. 메이야수가 그것들 사이에 쐐기를 박아야 한다고 시급하게 요청함에도, 애초에 강한 상관주의와 관념론 사이에는 존재론적 구분이 없기 때문이다. 사실, 강한 상관주의는 정말로 속임수가 첨가된 관념론에 불과하다. 이 문제에 관해 메이야수가 무엇을 주장하든, 우리가 사고 외부의 사물에 관해 의미 있게 말할 수조차 없다고 말하는 것은 사고 외부에는 아무것도 존재하지 않는다고 말하는 것과 마찬가지이다. 만약 후설이 아메릭스가 주장하는 것처럼 정말로 약한 상관주의자였다면, 칸트에게 그랬던 것처럼 우리는 후설의 관념론 혐의를 벗길 수 있다. 즉, 물자체에 대한 그의 상정에 주의를 환기함으로써 후설을 관념론으로부터 해방시킬 수 있다. 그러나 후설은 단순히 물자체를 상정

---

38. Quentin Meillassoux, "Iteration, Reiteration, Repetition," in *Genealogies of Speculation*.

하지 않을 뿐만 아니라 명시적으로 거부한다. 이는 후설이 실제로 강한 상관주의자이며, 따라서 독일 관념론자들이나 메이야수처럼 빠르게 관념론으로 빠져든다는 것을 의미한다. 그것은 오히려 정말 간단한 것이다. 즉, 만약 당신이 사고 외부의 사물을 말하는 것은 "부조리"하다는 개념을 받아들인다면, 당신은 관념론자다. 이것이 메이야수, 슬라보예 지젝과 같은 현대 대륙철학적 관념론자들이 주제를 바꾸어서 대신 유물론에 관해 말하는 것을 선호하는 이유이다.

스패로가 "현상학의 증거는 포스트칸트 철학의 반실재론적 경향과 연루되어 있다"라고 말한 것은 적어도 대륙철학 전통을 고려하는 한에서 정확하다(80). 그는 현상학자가 "외현상적extraphenomenal이거나 초현상적transphenomenal, 비현상적nonphenomenal 존재자"에 관해 말하기 시작할 때 현상학 자체의 규칙을 위반하는 것이라고 정당하게 지적한다 (80). 다르게 표현하자면, 요점은 우리가 세계를 보고 있지 않을 때 세계가 현존하는지를 후설이 아는지가 아니라, **후설의 철학**이 그 점을 아는지가 문제라는 것이다. 이것이 "외부 세계의 현존"에 관한 명목적인 신앙 선언이 그러한 신앙을 선언하는 사람들에 의해 너무도 자주 제공되는 걷잡을 수 없는 형태의 관념론을 완화하는 데 아무런 도움이 되지 않는 이유이다. 그러므로 비록 후설의 경우에 관념론은 시간이 지날수록 더욱 확연해지지만, 우리는 관념론을 찾기 위해 후설의 후기 경력을 찾아볼 필요가 없다. 하이데거에 관해서 스패로는 다음과 같이 설명한다. "〔비록〕『존재와 시간』에서 이미 〔그는〕 명목상으로만 현상학에 전념하고 있는 것처럼 보이지만, 그가 그럴 때 그것은 반실재론처럼 들린다"(26, 구두점 수정은 하먼). 종종 미래지향적이고 유사-실재론적인 혁신가로 묘사되는 메를로-퐁티의 경우, 실재론이 의미하는 바에 대한 명료한 감각을 가진 사람이라면 누구나 그의 저서를 읽을 때 관념론의 분위기에 압도당할 것이다. 스패로의 말을 빌리자면 "메를로-퐁티의 주요 교훈 중 하나는 지각에 관한 한에서, 즉 모든 지식의 토대 자체에 관한 한에서, 그 자체를 지각하는 것은 가능하지만, 이 그 자체는 언제나 우리에 대한 그 자체일 뿐이라는 것이다"(89). 스패로가 테드 토드빈의 저서에 대한 응답에서 추가로 논평하듯, "메를로-퐁티의 자연철학이 근본적으로 인간중심주의적인 입장에서 떠오르지는 않더라도, 그럼에도 그것은 자연의 토대, 또는 그가 '야생적' 및 '가공되지 않은' 존재자라고 부르는 것을 인간/자연 얽힘의 중심에 위치시킨다"(154). 이러한 요인은 스패로가 급진적인 조언을 하도록 촉발한다. "현상학은 실재론을 포기하고 대신 가공할 만한 관념론으로 자신을 포장해야 한다"(12). 좀 더 구체적으로, 그는 현상학자들에게 유망한 새 동맹으로서 헤겔주의 관념론을 제시한다(188~89).

스패로의 저서 전반에 걸쳐서 나는 현상학의 약점에 관해 그가 말하는 거의 모든 것에 동의한다. 그러나 나는 후설주의 현상학을 헤겔주의 관념론으로 급진화하는 것이 그토록 쉬운 일인지에 대해서는 확신이 서지 않는다. 비록 이 두 철학이 종종 관념론을 포용하면서도 "그 너머에" 있는 것으로 묘사되지만, 나는 헤겔 철학보다 후설 현상학의 실재론자 알리바이가 더 흥미롭다고 생각한다. 비록 스패로가 후설의 알리바이를 추적하고 그것이 사기임을 훌륭하게 드러내지만, 나는 그것이 곧 설명될 이유로 인해 여전히 매력적이라고 생각한다. 스패로는 책의 서두에서부터 현상학은 "형이상학적 실재론이 아니라, 실재론의 미사여구에 동의할 수 있을 뿐이다"라고 적절하면서도 무자비하게 주장한다(xiv). 그는 예시를 들면서 공격을 서슴지 않는다. "메를로-퐁티가 특징적으로 풍부하고 환기적인 날씨 기술을 제공하고, 그다음에 기상 사건의 자율적이고 정신-독립적인 실재성을 진심으로 믿는다고 덧붙인다고 해서, 현상학이 그에게 실재론자가 될 수 있는 권한을 부여하지는 않는다"(xiv). 형이상학적 관점에서, "현상학은 실제로는 결코 집 밖으로 나가게 놔두지 않으면서 그것의 실천가들이 바깥쪽을 향해 몸부림치게 만드는 막다른 골목으로서 나타난다"(1). 구체성에 관해 현상학이 수행하는 수사의 많은 부분이 "체화"embodiment(13)와 묶여 있지만, 데란다는 "몸"the body이 마치 순수한 백인 기업 이사회를 순수하지 않게 만드는 명목상의 소수 비-백인 구성원처럼 반실재론 철학을 위한 실재론자 알리바이라고 말했을 때 옳았다.39 메를로-퐁티가 언제나 지각의 "불투명성"opacity(30)과 주체와 객체를 연결하는 우주적 "살"flesh 속 주체와 객체의 영속적인 결합성(49)에 관해 증언하기 위해 소환될 수 있다는 것은 사실이다. 그러나 스패로는 "경이로운[현상적인] 논쟁이 본체에 대한 증거가 되는 것은 아니다"(82)라고 덧붙임으로써 그러한 주장의 약점을 보여준다.

현상학의 이러한 반실재론적 결함과 대조적으로 스패로가 사변적 실재론, 특히 OOO의 실재론 자격에 낙관적이라는 점을 언급하게 되어 기쁘다. 그의 친절한 말 중 일부는 여기서 인용될 필요가 있는데, 이는 그것들이 이후 자하비에 의해 아주 격렬하게 거부되었을 따름이기 때문이다. 책의 서문에서 스패로는 다음과 같이 주장한다. "실재론을 향한 접근으로서 현상학을 향한 문을 닫는 것이 궁극적으로 필요하다 … 사변적 실재론은 현상학의 종말을 예고한다"(xi). 게다가 "사변적 실재론만이 실제로 칸트의 그늘에서 우리를 벗어나게 할 수 있고"(1), 사변적 실재론은 사물 그 자체로 되돌아가는 임무를 위한 "새로운, 더 나은 장비를 갖춘 선봉대"(12)이다. 스패로의 책의 마지막 단

---

39. DeLanda and Harman, *The Rise of Realism*, 116 [데란다·하먼, 『실재론의 부상』].

락은 다음과 같다. "너무도 오랫동안 우리는 현상학이 사물 그 자체로 데려가기에 최적의 장비를 갖춘 철학이라고 믿어 왔다. 사변적 실재론이 출현한 결과로 이 믿음은 점점 더 믿을 수 없는 것이 되는 것처럼 보인다"(190).

반복하자면, 나는 현상학이 지닌 "반실재론의 부정성"에 관한 스패로의 사례가 결정적이라고 생각한다. 그러나 이미 언급했듯, 나는 현상학이 헤겔주의적 관념론의 한 형태로 급진화되어야 한다는 그의 견해에는 설득이 되지 않는다. 왜냐하면 후설과 헤겔이 각자 관념론을 전개하는 방식 사이에는 중요한 차이가 있기 때문이다. 헤겔의 옹호자들은 그들의 영웅에 대한 관념론 비난을 누그러뜨리려 종종 "객관적 관념론" 카드를 사용하지만, 아무도 헤겔을 실재론자라고 부르지 않는다는 것에 주목할 필요가 있다. 현상학의 옹호자들 또한 후설을 실재론자라고 자주 부르지는 않지만, 나는 현상학을 위한 실재론자 **알리바이**가 그들에게 부인할 수 없는 매력과 표면적 설득력을 가지고 있다고 언급했다. 그 이유는 현상학이 관념론일지라도, **객체지향 관념론**이기 때문이다. 헤겔을 객체의 철학자로 묘사하려는 로버트 스턴의 노력에도 불구하고 헤겔은 여기에 해당할 수 없다.[40] 현상학적 전통에는 아무리 그 전통의 주요 사상가들이 관념론자임이 불가피하게 밝혀지더라도, 우리가 혈기 왕성한 형태의 실재론에 참여하고 있다고 생각하게 만드는 항상적 유혹이 있다. 레비나스는 타자성에 관한 자신의 논의를 가지고 진정한 실재론을 확보하지 못할지도 모르지만, 그의 저서는 빵, 담배 라이터, 그리고 훌륭한 새 자동차와 같은 예시들로 가득 차 있다. 메를로-퐁티의 "불투명성"과 "살"은 현재진행

---

40. Robert Stern, *Hegel, Kant and the Structure of the Object*.

형인 관념론적 기획에 대한 표지에 불과하며, 그가 말하는 "모든 곳에서 본 집"은 그의 저작에서 우리가 발견하기를 희망했을지도 모르는 실재론적인 집이 아니다.[41] 그러나 이 저자들이 우리가 헤겔로부터는 결코 기대할 수 없는 방식으로 특정한 일상 객체에 관한 매혹적인 기술을 제공할 수 있는 데는 타당한 이유가 있다. 레비나스나 메를로-퐁티만큼 유려한 문장가는 아니지만 동일한 점이 이미 후설에 대해서도 참이다. 특정한 객체들이 이전의 관념론자들에게는 결코 흥미로울 수 없는 방식으로 현상학적 글쓰기의 여러 페이지를 채운다. 그리고 "불투명성"에 관한 메를로-퐁티의 논의가 아무리 부적합할지라도, 거기에는 헤겔에게는 완전히 생경한 실재론적 함축이 있는 것처럼 보이며, 우리는 헤겔이 중심적 주제로서 불투명성을 말하는 것을 결코 상상할 수 없다.

윤곽과 그림자놀이를 향한 현상학적 충성에는 어떤 이유가 있는가? 후설이 헤겔과 거의 같은 방식으로 단순히 본체의 현존을 부정할 뿐이기에, 우리는 본체가 현상과 어떻게 관계되는지에 관한 문제를 다루는 데 그를 거의 추천할 수 없음을 보았다. 그러나 현상의 영역 안에서 후설은 그 이전의 철학이 놓친 많은 것을 발견한다. 경험주의 전통은 객체를 "성질들의 다발"로 환원하여 현상으로부터 객체를 제거하려고 시도했음을 상기하라. 로크가 이 진영의 전형적인 예시이다.

내가 선언한 바와 같이, 정신은 감관에 의해 수송되는 수많은 단순 관념으로 채워져 있다. 그 단순 관념들은 외적 사물로부터 발견되거나, 정신 자체의 조작에 대한 반성에 기인한다. 또한, 일정 수의 단순 관념

---

41. Merleau-Ponty, *Phenomenology of Perception*, 149 [메를로-퐁티, 『지각의 현상학』].

이 항상 함께 간다는 점에 유의해야 한다 (··· 그러므로) 우리는 그것들이 존재하는 곳이자 그로부터 그것들이 초래되는 어떤 **기체**를 가정하는 데 익숙해지고, 우리는 이를 **실체**라고 부른다.42

경험주의의 경우, 정신에 즉각적으로 현재하는 성질들 이상의 "객체"에 대한 증거는 없으며, 성질들을 단결시키는 빈 기체의 사례는 없다. 대신, 객체의 이름은 "바나나", "가스램프", "폭스테리어"와 같이 고유명사를 가질 만큼 자주 함께 나타나는 성질들에 대한 집합적인 별명일 뿐이다. 하나의 동일한 객체가 동일한 객체로 남으면서 다른 시간에 가변적인 성질들의 집합("음영")을 지원한다는 사실을 우리에게 경고함으로써 이 경험주의적 개념을 뒤집은 것은 후설 자신이다. 분명히 하자면, 아리스토텔레스는 실체가 다른 시간에 다른 성질을 지원한다는 점에 이미 주목했지만, 이러한 아리스토텔레스의 실체는 정신 외부의 실재적 세계에 위치했던 반면, 후설의 지향적 객체는 현상적 경험의 영역에서 새롭게 발견된 "지향적 객체"이다. 이런 방식으로, 후설은 경험 속에서만 발견되는 얼마간 존속 가능한 지향적 객체와 항상적으로 변화하는 음영 사이의 새로운 긴장을 우리에게 소개한다. 더 나아가, 후설은 가변적인 우유적 음영과 함께 지향적 객체가 한 찰나에서 다음 찰나까지 그 자신으로 남기 위해 필요한 **본질적인** 성질을 가지고 있음을 알아차렸다. 이것은 현상학자가 궁극적으로 지향적 객체의 **형상**eidos에 도달하기 위해 그것의 우유적 특징을 제거하는 유명한 **형상적 환원**eidetic reduction을 통해 우리가 얻는 것이다. 이것은

---

42. Locke, *An Essay Concerning Human Understanding*, 1:390~1 [로크, 『인간지성론』 1~2].

직접적인 "본질의 직관"을 통해 일어난다고 가정되며, 더군다나 그것은 지적 직관이지 결코 감각적이지 않다고 말해진다.

이런 방식으로 후설의 극단적 관념론은 그의 철학적 발전에 유익한 것으로 판명되었다. 많은 근대 철학자를 사로잡은 실재와 현상 사이의 관계에 관심을 둠이 없이, 후설은 지성이 직관할 수 있는 형상적 성질과 감각에 의해 포착된 우유적 음영 사이가 찢어진 지향적 객체를 가지고 현상적 영역 자체 내에서 새로운 차원의 질감과 복잡성을 찾을 수 있었다. 이것이 바로 스패로가 "현상학은 사실상 후설로 시작했고 후설로 끝났다"(xi)라고 말하거나, "현상학의 착상에는 정합적인 중심이 없다"(xiii)라고까지 주장할 때 내가 동의할 수 없는 이유이다. "현상학이 그 방법, 범위, 그리고 형이상학적 책무를 적합하게 명시하는 데 실패"(xiii)해 왔고, 현상학적 방법의 의미에 관해 "어떤 합의도 존재하지 않으며"(4), 그래서 심지어는 "'현상학'은 만약 이미 공허한 의미가 되지 않았다면, 공허한 의미가 되기 직전에 있다"(189)라는 것이 참일 수도 있다. 그리고 실제로, 스패로는 더못 모란Dermot Moran이 한나 아렌트의 연구에서 현상학적 방법의 흔적을 거의 찾을 수 없음에도 한나 아렌트를 현상학자라고 부르는 사례[43]처럼 현상학을 너무 포괄적으로 정의하려는 여러 시도를 인용한다(4~5). 그러나 나는 철학과 예술, 문학의 학파 대부분이 수많은 경합적 정의들을 가지고 있으며, 그 대부분은 충분히 명확하지 않다고 반박하고 싶다. 그뿐만 아니라, 어떤 운동을 설립하기 위해 풀타임으로 고군분투하는 그 운동의 창시자가 종종 후계자들보다 그 운동을 정의하는 데 능숙하지 못한 것은 참이다. 우리가 당면하고 있는 사례를 보자면, 후설은 사실 현

---

43. Dermot Moran, *Introduction to Phenomenology*, 189.

상학의 의미를 설명하는 데 후계자 대부분보다 뛰어나며, 적어도 수많은 구절에서 그 의미를 설명하고자 시도한다. 그렇다고 하더라도, 현상학을 이해하는 더 좋은 방법은 하이데거의 『시간 개념의 역사』 첫 백 페이지 정도를 읽는 것일 수도 있다. 정통 후설주의자들은 현상학이 "의식에 대한 현전"으로서의 존재라는 개념에 사로잡혀 있으며, 후설이 존재의 의미에 관한 물음을 제기하는 데 실패했다는 하이데거의 주장을 싫어하지만, 그 명쾌한 강의에서 후설에 관한 하이데거의 설명은 기본적으로 호의적이다. 하이데거는 현상학을 그가 생각하는 세 가지 기본 개념, 즉 지향성, 범주적 직관, 그리고 **선험성**a priori의 원래 의미(인식론적 개념이라기보다는 존재론적 개념으로서)를 통해 훌륭하게 분석해 낸다. 하이데거는 또한 현상학적 방법을 "그 선험성에 있어서의 지향성에 관한 분석적 기술"(79)로 정의하며 올바르게 이해한다. 그러나 하이데거조차도 그가 밝힌 세 가지 기본 개념보다 더 중요한 네 번째 기본 개념, 지향적 객체를 놓치고 있다. 다행히도 스패로 자신은 이 네 번째 개념을 놓치지 않으며, 오히려 그것이 후설에 관한 OOO 해석의 열쇠라는 것을 깨닫는다(116~13).

후설이 되었든 그의 경쟁자가 되었든, 혹은 그의 동맹이 되었든, 혹은 그에 관해 연구하는 학자가 되었든, 지향적 객체에 관한 논의 대부분은 그것이 정신의 내부에 존재하는지 정신의 외부에 존재하는지, 아니면 완전히 다른 어떤 곳에 존재하는지에 초점을 맞추고 있다. 사변적 실재론의 관점에서 다시 진술하자면, 그것은 후설이 관념론자인지, 실재론자인지, 혹은 상관주의자인지에 관한 끝없는 논쟁이다. 달리 말하면 그것은 고양이 같은 지향적 객체와 지향적 객체가 아닌 다른 곳에 존재하는 실재적 고양이 사이에 어떤 간극이 있는지에 관한 논쟁이다. 후설은 명백하게 그러한 간극을 무의미하거나 부조리한 것으로 간주하는 반면, 나는 본체의 문제에 관해서 칸트의 편을 든다. 그러나 하나의 중요한 의미에서, 이 끊임없는 논쟁은 후설을 통해 입증되는 것으로 발견되는 두 가지 다른 간극으로부터 우리의 주의를 돌리게 할 뿐이다. 그 두 가지 다른 간극이란, (a) 지향적 객체와 그것의 무수한 음영, 즉 수만은 다양한 각도와 거리에서 보았을 때의 고양이처럼 감각 지각 속 지향적 객체의 다양한 나타남 사이의 간극, 그리고 (b) 지향적 객체와 그것이 그것으로 있기 위해서 본질적으로 필요로 하는 성질들—이는 음영이 아닌데, 만약 음영이라면 모든 것이 순전히 우유적이거나 비본질적인 것이 된다—사이의 간극이다. 후설을 둘러싼 실재론/반실재론 논증은 OOO가 **공간**이라고 명명하는 간극과 관련이 있지만, 후자의 두 간극 또는 긴장은 우리가 각각 **시간**과 **형상**이라고 부르는 것이다.[44]

우리는 다른 방향에서 이 점에 접근할 수 있다. 19세기에 후설의 스승 프란츠 브렌타노에 의해—정신 속에 내재한 객체라는 의미에서의—지향적 객체의 개념이 부활했다는 것은 잘 알려져 있다.[45] 이러한 객체를 향하는 지향적 행위는 세 가지 기본 유형, 즉 현시·판단·가치평가로 나뉜다. 브렌타노는 현시를 가장 기본적인 유형으로 취급하는데, 그 이유는 지각을 통해서든 기억을 통해서든 정신에 먼저 현재하지 않으면 그 무엇도 판단되거나 사랑받거나 미움받을 수 없기 때문이다. 이것은 첫눈에 보기에 충분히 논리적으로 보이지만, 후설은 지향적 경험이 현시에 기초한다는 브렌타노의 핵심적 관념을 거부한다. 이 거부는 거의 논의되지 않지만, 그것은 후설 철학에 매우 핵심적

---

44. Graham Harman, *The Quadruple Object* [그레이엄 하먼, 『쿼드러플 오브젝트』].
45. Franz Brentano, *Psychology from an Empirical Standpoint*.

이어서 우리는 그 거부 속에서 브렌타노뿐만 아니라 경험주의적 전통까지 넘어서는 그의 발전 전체를 발견한다. 현시에서 지향성의 본질을 찾는 것이 가진 문제는 다음과 같다. 현상학이 분명히 그렇듯이 우리가 경험의 객체가 지닌 본질적 특징에 관심이 있다면, 현시는 언제나 너무 많은 정보로 우리를 산만하게 한다. 예를 들어 우리가 만약 고양이를 지향한다면, 우리는 고양이를 볼 뿐만 아니라 특정 빛의 성질 아래, 한정적 각도와 거리에서 특정 가구 위에 앉아 있는 것으로 본다. 우리가 고양이를 지향하기 위해서 이러한 지나치게 특정적인 세부사항 중 어느 것도 필요하지 않다는 점은 상당히 명백하다. 그리고 후설은 형상적 환원의 과정에서 이 우유적 성질들을 벗겨내라고 요구할 것이다. 고양이를 지향하기 위해서, 우리는 고양이의 특정한 세부적 현시보다는 단순히 이this **고양이**라는 지향적 객체를 지향할 필요가 있다. 이것이 바로 후설이 『논리연구』에서 브렌타노가 틀렸다고 말하는 이유이다 — 지향성은 "경험된 내용"에 관한 것이 아니라 "객체-부여 행위"object-giving acts에 관한 것이다.46 좀 더 간단히 말하면, 우리는 불가피하게 지향적 객체와 묶여 오는 모든 과잉적인 지각적 세부사항보다는 지향적 객체를 지향한다. 우리는 후설의 이 중심적 교훈에 놀랍게도 아리스토텔레스적 풍미가 있고, 그것이 아리스토텔레스 자신과는 달리 관념론적 영역에서 일어난 것이기는 하지만, 본질과 우유성 사이의 고전적 구분과 다르지 않다는 것을 보았다.

    이것이 내가 현상학의 의미는 충분하게 명료하지 않다는 스패로에게 동의하지 않고, 현상학이 "그 **선험성**에 있어서의 지향성에 관한 분석적 기술"에 관한 것이라는 하이데거에게도 동의하지 않는 이유

---

46. Husserl, *Logical Investigations*, 1 : 276 [후설,『논리 연구』 2-1· 2-2].

이다. 현상학이 실제로 다루는 것은 지향적 객체가 그것이 함께 가지고 나타나는 수많은 성질 혹은 음영과 어떻게 다른지, 그리고 감각으로 결코 마주할 수는 없지만 그 지향적 객체를 그 자신으로 있게 하는 **형상적** 성질들과 지향적 객체가 어떻게 다른지를 탐구하는 일이다. 스패로는 이러한 내 견해를 알고 있지만, 이를 현상학의 포괄적 정의로 평가하기보다는 현상학자들이 자신들의 작업을 가장 모호한 방식으로밖에 정의하지 못한다는 널리 퍼진 무능함에 초점을 맞춘다. OOO에서 우리는 지향적 객체를 **감각적** 객체라고 부른다. 이는 ― 독자들은 주목하기를! ― 영어 "sensibility"가 아니라 "sensuality"에서 파생된 형용사이다. 우리는 감각과 지성의 핵심적 구별에 관한 후설의 주장을 받아들이지 않는다. 우리는 또한 후설이 지향적 객체와 그 감각적 성질들 간에 긴장 관계가 현존한다는 점을, 그리고 지향적 객체와 그 실재적 성질들 간에 긴장 관계가 현존한다는 점을 발견했다고 주장한다. 우리는 후설이 그의 지향적 객체 ― 즉, 감각적 객체 ― 를 넘어선 실재적 객체의 현존을 인정하기를 거부하는 관념론자라고 확고하게 주장한다. 그러나 후설에게서는 여전히 배울 점이 충분히 남아 있기 때문에, 그의 관념론은 종종 결정적인 문제가 되지 않는다.

브레이버의 파계적 실재론

현대의 대륙철학에서 리 브레이버보다 더 중요한 저서를 쓴 작가는 거의 없을 것이다. 그의 데뷔작 『이 세계의 사물』은 학문적 종합의 가공할 만한 힘과 학문의 협소한 경계를 넘어서는 철학적 사변의 재능을 보여준다. 만약 세상이 공정했다면, 영어권 대륙 사상은 브레이버의 책이 출판된 직후 실재론과 관념론을 "넘어섰다"는 허세에서 좀 더 솔직한 반실재론의 변종으로 바뀌었을 것이다. 이와는 대조적으로, 브레이버의 저서가 널리 읽히고 인용되었음에도 불구하고, 그의 저서는 독자들에게 존재론적 솔직함을 크게 불러일으킨 것 같지는 않다. 비록 내가 브레이버의 저작에 감탄하지만, 나는 그의 출판물과 그와의 개인적인 서신을 통해 철학적 문제에 관해서 우리가 거의 언제나 동의하지 않는다는 점을 발견했다. 이것은 브레이버의 첫 번째 저서뿐만 아니라, 나중에 출판된 그의 두 중요한 논문에 관해서도 참이다. 이 논문들은 그의 반실재론적 입장을 현저하게 완화하는데, 이는 아마도 사변적 실재론과 조우한 결과일 것이다.

『이 세계의 사물』은 반실재론에 대한 거침없는 변호였으며, 브레이버는 반실재론을 대륙철학에서 가장 타당한 발전 노선이자 분석 전통에 대한 상대적 우월성의 원천으로서 제시했다. 그의 후기 논문인 「대륙철학적 실재론에 관한 간략한 역사」(2012)와 「실재론의 문제를 해결하지 못하는 것에 관해서」(2013)의 제목을 보고 우리는 그의 명시적으로 반실재론적인 첫 번째 저서 이후로 브레이버가 견해를 바꾸었다고 생각하게 될 수도 있다. 이 글들이 작성된 연도는 브레이버가 먼저 대륙 사상에서 생략된 실재론적 가지를 고려하게 되었고 두 번째 글에서 좀 더 불가지론적인 입장으로 자리 잡았음을 시사하는 것처럼 보일지 모른다. 실제로는 그렇지 않다. 대신, 두 논문에서 모두 브레이버는 "파계적 실재론"이라고 부르는 새로운 입장에 호소한다. 그리하여 그 논문 중 어느 쪽도 고전적 실재론에 가깝지 않다.

브레이버의 파계적 실재론에 대해 스패로가 일반적으로 긍정적인 반응을 표한다는 것을 고려할 때, 파계적 실재론이 『이 세계의 사물』에서 볼 수 있는 명시적인 관념론과 얼마나 다른지 질문해 볼 수 있을 것이다. 답은 무엇인가? 생각보다 다르지 않다는 것이다. 예를 들어,

2013년 논문에서 브레이버는 다음과 같이 말한다. "나는 진심으로 사변적 실재론을 받아들이기에는 여전히 너무 반실재론자이다. 내가 보기에는 우리가 우리에게서 독립적으로 존재하는 세계를 고려할 때 언제나 우리의 사고를 개입시키기 때문에, 어떤 절대적 독립성도 자동으로 제한된다."[47] 그러나 그 직후 그는 중요한 고백처럼 들리는 것을 말한다.

> 그러나 반실재론자들이 경험을 미리 형성하는 것의 포괄성을 과장했을 수 있다는 사변적 실재론자들의 지적은 옳다. 우리의 정신이 정보를 처리하는 방식에 의해 경험이 완전히 사전에 소화되어 있다면, 우리는 결코 놀라움을 경험할 수 없을 것이다. 특정적이고 존재적인 놀라움은 물론 있겠지만, 그러나 존재하는 것에 관한 우리의 개념을 위반하고 변형시키는 급진적인 놀라움은 없다. (NSI 12)

그는 이어서 다음과 같이 말한다. "최근에 나는 세계가 무엇인지에 관한 우리의 모든 감각이 뒤바뀌는 혁명적인 경험의 찰나에 관심을 두게 되었다"(NSI 12, 강조는 하먼). "최근"이라는 단어는 적어도 나라는 독자에게는 진실로 들린다. 브레이버의 좀 더 최근의 논문은 우리 세계가 구성되는 방식처럼 보이는 것의 구조 자체를 뿌리째 뽑아버리는 놀라움에 관한 높은 관심을 보여준다. 우리는 또한 ─ 기억해 보자면 ─ "파계적 실재론"이라는 용어가 『이 세계의 사물』에는 전혀 나타나지 않는다는 점에 유의해야 하며, 따라서 우리는 그것이 나중에 만

---

47. Braver, "On Not Settling the Issue of Realism," 12. 이하 본문에서 페이지 참조는 NSI 로 표기됨.

들어졌다고 추정해야 한다. 심지어 현재 브레이버가 파계적 실재론의 창시자로 묘사하는 쇠렌 키르케고르조차도 브레이버의 초기 저서에서는 거의 언급되지 않으며, 언급된다 하더라도 주로 키르케고르가 왜 대체로 배제되었는지를 설명하기 위한 것이다. 요약하자면, 비록 2013년의 브레이버는 "나는 여전히 … 반실재론자"라고 말하지만, 그의 입장은 분명히 어떤 방식으로 바뀌었다. 그는 자신이 부분적으로 유효한 실재론의 요구라고 보는 것을 충족시킬 수 있는 급진적인 외부를 위한 여백을 만들려고 한다.

스패로가 이러한 전진에 전적으로 무비판적인 것은 아니다. 스패로가 현명하게 지적하듯이, "무언가가 우리를 놀라게 한다고 해서 그것이 필연적으로 내재의 존재론적 파열을 지시하는 것은 아니다"(59). 여기서 스패로가 분명하게 감지하는 것은 "놀라움"의 실재론이 딜티와 셸러의 사례에 관해서 그가 이미 비판했던 "저항"의 실재론과 거의 같은 기반에 있다는 것이다. 어떤 저항 철학도 외부를 인간의 걸림돌로 환원함으로써 그것을 길들이는 데 여전히 책임이 있다. J. G. 피히테는 자아를 견제하거나 제한하는 자극anstoß과 자아를 직면시키고, 라캉은—앞서 우리가 보았듯—인간 주체의 제한성이나 트라우마로서만 존재하는 실재계를 상정한다. 그러나 그것들은 모두 외부를 인간의 걸림돌로 환원하고 있는 것이다.[48] 그런데 스패로의 저서 다른 곳에서, 그는 브레이버의 시도에 관해 좀 더 낙관적이다. "나는 브레이버가 대륙철학의 미래를 위해 중요한 것을 알아냈다고 생각한다. 그것은 반실재론과 실재론 사이의 중도, 그러면서도 현상학의 이름을 함의하지 않는 중도이다"(52). 그리고 이것이 스패로의 저서와 내가 견해를

---

[48] J. G. Fichte, *The Science of Knowledge*.

달리하는 마지막 지점이다. 나는 학자로서의 브레이버에 관한 그의 긍정적인 평가에는 동의하지만, 반실재론과 실재론 사이에 "중도"라는 것은 존재하지 않으며, 따라서 브레이버의 최근 논문에서 볼 수 있는 회유적 정신에도 불구하고 브레이버를 강경한 반실재론자 이외의 것으로 볼 수는 없다고 생각한다.

「실재론의 문제를 해결하지 못하는 것에 관해서」에서 볼 수 있는 한 가지 이상한 점은 메이야수가 이름으로 언급되는 유일한 사변적 실재론자이고 나는 완전히 생략된 반면, 이 논문은 사실 나 자신의 철학과 더 많은 공통점을 가지고 있다는 것이다. 메이야수가 수학화를 통해 실재의 일차 성질을 적합하게 알 수 있다고 주장할 때, 그것은 분명히 브레이버가 염두에 두고 있는 종류의 실재론이 아니다. 대신 브레이버는 놀라움, H. P. 러브크래프트의 공포 소설, 실재에 대한 특권화된 접근 양태로서의 미학에 관해 이야기한다. 이 모든 것이 OOO에서 중요한 문제이지만, 러브크래프트를 제외하고 메이야수에게는 그렇지 않다. 또한 이 논문은 브레이버가 실재론에 관한 "개방성"을 호소하는 것으로 끝나는데, 이는 내가 지식에 대항해서 소크라테스주의적 필로소피아에 호소하는 것과 정확히 같은 것처럼 들린다. "문제를 해결하려고 시도함이 없이 문제에서 배우고, 문제를 해결하지 않음으로써 우리 자신을 타개할 수는 없는가? 결코 지혜를 소유하는 법이 없이 그것을 끊임없이 사랑해 가는 것, 그 점을 우리 스스로 받아들이는 데서 지혜를 찾을 수는 없는가?"(NSI 14). 문제는 브레이버의 파계적 실재론자 입장이 그가 요구하는 것처럼 보이는 개방성을 실제로는 허용하지 않는다는 것이다. 메이야수와 마찬가지로, 브레이버는 사고된 것이 무엇이든 그것은 우리에 의한 사고이므로 원리상 그 무엇도 사고와 세계의 상관주의적 순환 외부에 놓일 수 없다는 관념론자에 동의한다. 또다시 메이야수를 따라 브레이버 또한 우리가 두 비생명 객체의 충돌에 관해 말할 수 없고, 그 충돌에 관한 우리의 사고에 관해서만 말할 수 있다고 확신한다. 브레이버는 단지 때때로 실재에 관한 우리의 감각 자체를 약화하는 충격적인 방식으로 우리가 놀란다는 추가적인 주장을 덧붙일 뿐이다. 그러나 존재론으로서 이것은 특별히 "개방적"이지는 않다. 왜냐하면 브레이버는 놀라기 위해서 현장에 언제나 인간이 있어야 한다고 주장하기 때문이다. 요약하자면, 나는 객체지향 실재론이 자신의 관념론과 실존주의의 혼합보다 덜 개방적이라는 브레이버의 주장에 동의하지 않는다. 또한 나는 진정한 실재론이 되기 위해서는 철학이 인간-세계의 상관관계를 넘어선 무언가에 대해 개방적이어야 한다고 생각한다. 그렇지 않으면 우리는 또 다른 잔여 실재론으로 끝날 것이기 때문이다. 브레이버가 "본체는 칸트의 체계에서 전통적인 형이상학의 잔재를 표상한다"라고 말할 때, 그는 본체의 접근 불가능성이야말로 칸트가 전통적인 형이상학을 **말살**할 수 있게 해준 것이라는 점을 편리하게 생략한다(NSI 10). 이런 방식으로 브레이버는 다시 그의 참된 반실재론적 색깔을 드러낸다. 실재론/반실재론 논쟁을 완전히 넘어선다고 주장하는 그의 최근 전술적 변화는 사실 그의 첫 번째 저서가 내포한 주요 미덕 ― 관념론을 지지하는 데서 나오는 거침없는 솔직함 ― 을 약화한다.

이제 그의 2012년 논문 「대륙철학적 실재론에 관한 간략한 역사」로 돌아가 보자. 우리는 『이 세계의 사물』이 대륙철학의 역사를 반실재론적 사상의 역사와 대체로 동일시했던 것을 기억한다. 그는 주요 대륙 사상가들에게서 잔존하는 실재론의 오묘한 예시를 대거 발견했지만, 이는 생산적인 실재론 전통의 증거로서보다는 퇴행적 절충의 증상으로 취급되었다. 그렇다면 그가 갑자기 대륙철학적 실재론에 관심을 가지게 된 이유는 무엇인가? 최근에 브레이버가 사변적 실재론과 조우한 것이 이 글을 집필한 동기로 작동했음은 상당히 명백한 것처럼 보인다. 그러나 더 당혹스럽고 이상한 점은 이 학파가 각주 51을 제외하고는 브레이버의 논문 어디에서도 언급되지 않는다는 것이다. 각주 51에서 "사변적 실재론자들과 퀑탱 메이야수"라고 이상할 만큼 짧게 언급되며, 메이야수와 나머지 사람들 사이의 괴리는 설명되지 않은 채로 남아있다. 브레이버는 자신이 이전에 의식하지 못했던 대륙철학적 실재론의 가닥에 주목한 것이 우리와 무관한 척을 하기보다는 우리를 지명하고 문제 삼는 편이 좀 더 관대한 논의 진행방식이었을 것이다.

어쨌든 2012년 논문의 요점은 파계적 실재론을 위한 역사적 근거를 제공하는 것이다. 개요에서 진술된 바와 같이, "키르케고르는 우리가 실재라고 부를 수 있는 어떤 것과도 우리가 어떻게든 접촉하고 있어야 한다는 헤겔의 주장(그러므로 본체를 거부한다)과 실재는 근본적으로 우리의 지성을 초과하며 인간 이성은 실재적인 것의 기준이 되지 말아야 한다는 칸트의 믿음을 융합하는 입장을 만들었다."[49] 사실 이것은 브레이버의 입장에 관한 정확한 요약이다. 브레이버는 물자체에 관해서 칸트에 반대하는 헤겔에게 완전히 동조한다. "헤겔의 객관적 관념론은 본체라는 관념을 폐기함으로써, 칸트의 현상적 '지식'에서 주의 환기용 인용부호를 신의 관점[아르키메데스 점]에 의존함이 없이 제거한다"(HCR 266). 초기 형태의 실재론에 대한 키르케고르의 공헌이라고 추정되는 것도 충분히 설득력이 있다. "칸트와 헤겔이

---

[49] Lee Braver, "A Brief History of Continental Realism," *Continental Philosophy Review*, 261. 이하 본문에서 페이지 참조는 HCR로 표기됨.

도덕성을 전적으로 우리의 권한 안에 두지만, 키르케고르는 우리가 도덕성이 무엇이고 무엇이 될 수 있는지 모두 알고 있다고 감히 주장할 수 없으리라고 주장한다. 요컨대 윤리와 이성은 외부를 획득한다. 헤겔의 거부와 대조적으로 외부가 존재할 뿐만 아니라, 칸트의 거부와 대조적으로 우리는 외부와 조우할 수 있다"(HCR 270). 게다가 "키르케고르의 초월성은 방해받지 않는 고립 속에 안주하지 않고 우리와 접촉한다. 이 경험은 우리의 정신 구조에 틀어넣어지는 법이 없이 오히려 그 구조를 위반하며, 우리의 범주에 과부하를 일으키고 이를 재형성한다"(HCR 271). 거기에는 이전까지 광적인 반실재론자였던 브레이버가 헤겔의 "오만한 반실재론"(HCR 272)을 피하는 키르케고르를 예찬하는 예상치 못한 순간도 있다.

이제 사변적 실재론의 다양한 브랜드와 반대되는 것으로서 파계적 실재론이 가진 미덕으로 추정되는 것은 무엇인가? 브레이버는 그의 논문에서 이 질문을 전혀 고려하지 않기 때문에, 우리는 오직 추측할 수 있을 뿐이다. 그러나 나는 내 추측의 직접적인 텍스트 증거로만 제한하려 한다. 다음은 그러한 증거 중 하나이다. "파계적 실재론은 내가 주장하는 바와 같이 하나의 중도$^{via\ media}$, 형언할 수 없는 우리의 케이크와 그에 관한 형언을 같이 챙길 수 있는 길을 제공한다. 그것은 우리의 사고방식을 초월하는 실재를 제공하지만, 그에 대한 모든 접근을 초월하지는 않는다"(HCR 272). 그런데 어떤 종류의 실재론이 형언할 수 없는 것에 대한 모든 접근을 초월하는 형언할 수 없는 것을 상정할까? 이 주장은 칸트에 대항해서 성립할 수 있을지도 모른다. 하지만 칸트의 경우에는 인간의 윤리적 자유를 가정함으로써 인간의 본체적 측면에 대한 일종의 간접적인 접근이 있고, 심지어 판단력을 통한 예술작품과 생물학적 생명체에 대한 간접적인 접근도 있다.[50] 그러나 브레이버의 비판이 OOO에 불리하게 작용할까? 전혀 그렇지 않다. 왜냐하면 OOO는 형언할 수 없는 실재로 추정된 것에 대한 모든 접근을 부인하는 것이 아니라 지식이 (객체를 그것의 구성요소를 통해 아래로 환원하든 그것의 효과를 통해 위로 환원하든) 실재를 소진할 수 있다는 것을 부인할 따름이기 때문이다.[51] 이것이 내가 예술은 실재적인 것을 그 소여성으로 환원하지 않으면서 실재적인 것에 대한 다른 종류의 접근을 수행한다는 브레이버의 주장에 동의하는 이유이다. 게다가 나는 그 논증을 철학 자체로까지 확장한다. 철학은 그것이 자연과학의 비판적 부속물이 되기를 바라는 사람들의 소피아보다는 소크라테스적 필로소피아의 의미에서 이해되어야 한다.

브레이버는 내가 가장 좋아하는 작가들이기도 한 하이데거와 레비나스를 그의 파계적 실재론자 동맹의 일부로 명명한다. 그리고 실제로, 두 철학자 모두 실재가 그 불투명성을 통해 인간 인지를 괴롭히는 것 이외에는 거의 아무 역할도 맡지 못하는 잔여의 실재론으로 끝나는 지점이 있다. 그렇다 하더라도, 나는 브레이버가 이 두 인물에 관한 모든 것을 적절하게 파악했다고 생각하지 않는다. 예를 들어, 브레이버는 하이데거에 관해 다음과 같이 말하고 있다. "존재와 현상, 있음과 나타남 혹은 현현을 동일시하는 현상학이라는 하이데거의 배경은 곧바로 그를 본체의 적 중 하나로 배치한다"(HCR 273). 실재론/반실재론 논쟁에 관한 하이데거의 빈번한 멸시적 설명에서 알 수 있듯이 이러한 규정은 어느 정도 참이지만, 브레이버는 대부분의 하이데

---

50. Immanuel Kant, *Critique of Practical Reason* [임마누엘 칸트, 『실천이성 비판』] ; Immanuel Kant, *Critique of Judgment* [임마누엘 칸트, 『판단력 비판』].
51. Graham Harman, "Undermining, Overmining, and Duomining : A Critique," in *ADD Metaphysics*.

거 학자를 따라서 적어도 하나의 현저한 반대 사례를 무시한다. 나는 『칸트와 형이상학의 문제』 후반의 심각하게 무시된 구절을 언급하고 있다. 거기서 하이데거는 다음과 같이 대담하게 선언한다. "칸트가 쟁취한 것, 즉 … 인간 유한성의 문제에 관한 독창적 전개와 탐구적 연구에 대한 망각이 점점 더 증가하고 있는 것을 제외하고, '물자체'에 대항해서 독일 관념론이 개시한 투쟁의 의의는 무엇인가?"52 하이데거가 이 구절에서 정말로 강조하는 것이 인간 유한성이라는 점은 분명 참이다. 하이데거는 기본적으로 존재가 **현존재**에 자신을 드러내는 방식 외에는 존재에 거의 관심을 가지지 않는 칸트주의적 상관주의를 결코 벗어나지 않았다. 그럼에도 불구하고, 데리다의 근거 없는 반대 주장과 달리, 하이데거에게서 존재가 **현존재**에 대한 그것의 현현으로 소진된다는 증거는 없으며, 본체에 대한 하이데거의 긍정적인 언급은 주목할 가치가 있다.53 내가 생각하기에 브레이버는 또한 하이데거의 "몰입된 대응absorbed coping에서 관조적 관찰disengaged observation로 태도를 전환하는 것"(HCR 273)에 너무 많은 강조를 두는 것처럼 보인다. 인간의 실천적 태도와 이론적 태도 사이의 차이가 철학적으로 큰 의미가 있는지 불분명하기 때문이다.54 때때로 브레이버는 하이데거가 후설과 결별했다는 것을 완전히 잊은 것처럼 보인다. "하이데거가 유일하게 합법적인 존재론이라고 여기는 현상학의 암묵적 존재론은 우리가 조우할 수 있는 것에 실재를 제한하는 객관적 관념론과 합치한다"(HCR 273).

---

52. Martin Heidegger, *Kant and the Problem of Metaphysics*, 251~52 [마르틴 하이데거, 『칸트와 형이상학의 문제』].
53. Jacques Derrida, *Of Grammatology*, 22~23 [자크 데리다, 『그라마톨로지』].
54. Harman, *Tool-Being*; Graham Harman, *Heidegger Explained*.

레비나스의 경우, 절대적 타성Otherness을 향한 그의 매료를 감안할 때, 그에게는 실제로 파계적 실재론과 유사한 측면이 있다. 브레이버는 레비나스로부터 다음의 관련 구절을 인용한다. "후설의 관념론은 모든 객체, 즉 동일화들의 종합의 극이 정신에 침투할 수 있으며, 역으로 정신은 그것을 이해하지 않고는 아무것도 조우하지 못한다는 것에 대한 긍정이다. 존재는 결코 정신에 충격을 주지 못한다. … 세계의 무엇도 주체에게 절대적으로 이질적일 수 없다."55 그리고 더 나아가, "타자the Other가 지식의 지평에 들어올 때, 그것은 이미 타자성alterity을 포기했다. … 그것은 지식의 경계를 무한히 넘친다."56 "급진적 타자성"에 관한 이 논증이 레비나스의 가장 유명한 양상이지만, 나는 그것이 레비나스의 가장 중요한 공헌이라는 착상에 이의를 제기할 것이다. 바로 그 "무한성"으로 인해 레비나스의 타자는 칸트의 숭고 개념이 지닌 가장 큰 문제 중 하나를 공유하기 때문이다—즉, 만약 모든 숭고 경험이 **절대적으로** 큰 것으로 여겨진다면, 그것들을 서로 구분하는 것이 어려워진다. 만약 내 형제가 하나의 무한한 타자이고 골목에 있는 위협적인 낯선 자가 또 하나의 무한한 타자라면, 이 무한성 속에서 그들은 동일한 것이며, 그들 사이의 어떤 분화differentiation도 그들 모두를 삼키는 윤리적 타성의 **아페이론**을 숨기는 표면-효과일 것이다. 이 말이 너무 과격하게 들리지 않도록, 나는 이 문제가 레비나스의 초기 문헌인 『존재에서 존재자로』에서 예견된 것 이상이라는 점을 지적하고 싶다. 『존재에서 존재자로』에서 존재 자체는 형태 없는 **일리야**il y a 또는 "거기 있음"으로 취급되는 반면, 모든 특정한 존재자

---

55. Emmanuel Levinas, *Discovering Existence with Husserl*, 68~69.
56. Emmanuel Levinas, *Basic Philosophical Writings*, 12.

는 오로지 인간 정신에 의해서 수행되는 "홀로서기"hypostasis로부터 비롯되는 것으로 취급된다.57 나는 이 비판에 관한 브레이버의 선제공격에 동요하지 않는다. "파계적 사상가들은 사고의 테두리 밖에서 울부짖거나 경험의 장판 아래에서 우르릉거리는 초기 혼돈을 상정하지 않는다⋯ 오히려, 우리의 포착을 초과하는 것은 정확히 우리의 포착을 초과하기 때문에 우리에게 충격을 준다. 그것은 이전까지의 범주들을 잡아당겨 찢어지게 만들고, 범주화될 수 없는 것들이 잡다하게 뒤섞인 역설적 범주들로 꿰매어진 개념적 누더기를 우리에게 남긴다."(NCR 284~85). 내가 이 구절을 이해해 보자면, 브레이버의 요점은 타자성의 초과가 그 자체의 무정형 과잉으로 판단될 것이 아니라 그것이 세계에 대한 우리의 내재적 이해를 변형시키는 방식으로 판단되어야 하며, 그래서 내 형제는 나와 다른 사람들에게 미치는 다른 효과들을 통해서만 골목의 낯선 자와 다르다는 것처럼 보인다. 그러나 그 경우, 우리는 그들이 같은 **아페이론** 덩어리라면 애초에 어떻게 다른 효과를 낼 수 있는지 의문을 가져야 한다. 이는 브레이버의 레비나스는, 그가 현대판 아낙시만드로스일 뿐이라고 말하는 것보다 의미 있는 방식으로 "실재론자"일 수 없다는 것을 의미할 따름이다. 다른 말로 하자면, 레비나스가 실재론자인 한에서, 그는 세계의 무한한 타자성에 대한 다양한 화신incarnation을 설명할 수 없는 일원론자이기도 하다. 이러한 이유로, 나는 개체적 사물의 향유에 관한 레비나스의 놀라운 논의에서 볼 수 있는 것처럼 그가 실재의 표면에 관한 사상가로서 훨씬 더 강력함을 발견한다.

궁극적으로, 어째서 브레이버는 객체-객체 관계에 관한 철학적 논

---

57. Emmanuel Levinas, *Existence and Existents* [에마뉘엘 레비나스, 『존재에서 존재자로』].

의를 잘라내고 인간 존재자가 직면하는 불가해한 트라우마에만 자신을 제한하려고 하는가? 브레이버의 가장 명료한 정당화는 이전에 논의되었던 논문 「실재론의 문제를 해결하지 못하는 것에 관해서」에서 찾을 수 있다. 거기서 그는 다음과 같이 말한다.

> 사변적 실재론자들에 반대하여, 나는 여전히 우리가 실재에 관해 말할 수 있도록 실재가 우리와 어떤 방식으로 접촉하고 있어야 한다고 생각한다. 나는 우리가 모두 잠자리에 든 후에 비생명 객체들이 어둠 속에서 서로를 "경험"하거나 "조우하는" 방식에 관한 논의가 어떻게 단순한 사변 이상의 것일 수 있는지 알지 못한다. 단지 이 접촉은 반실재론자들이 생각했던 방식대로 우리의 개념에 언제나 깔끔하게 들어맞지는 않을 뿐이다. (NSI 22)

이것은 내가 이 책의 2부에서 존재-분류학$^{\text{Onto-Taxonomy}}$이라고 명명할 근대성의 특징을 훌륭하게 요약한다. 이에 대한 간략한 비판을 미리 해둘 필요가 있다. 브레이버의 요점은, 칸트의 유명한 주장처럼 우리 인간은 불가피하게 인간 경험에 제한되어 있기 **때문에** 다른 어떤 존재자의 경험이 어떠한 것일지 사변하는 것은 불가능하다는 점인 것으로 보인다. 그러나 이것은 두 가지 별개의 문제를 혼합하고 있는 것이며, 이는 브레이버 혼자만의 혼동이 아니다. 내가 박쥐나 개, 점균이 되는 것이 어떠한 것인지 정확히 알 수 없고, 좀 더 작은 규모에서 내가 여성, 아프리카계 미국인, 혹은 21세기 미국의 억만장자가 되는 것이 어떠한 것인지조차 알 수 없다는 것은 분명 참이다. 그러나 이러한 예상은 너무 높은 관문을 설정한다. 왜냐하면 나는 여성, 아프리카계 미국인, 혹은 억만장자가 내가 모든 측면에서 유한한 것처럼 그들 또한 유한하리라고 주장하기 위해 그들이 될 필요가 없기 때문이다. 다르게 진술하자면, 나는 50년 넘게 내 삶을 살아온 경험을 통해 나 자신의 유한성에 대한 감각을 얻었기 때문에 내 동료 인간이나 다른 피조물 또한 유한한 것인지의 여부를 열어 두어야 하는 것이 아니다. 오히려 유한성은 우리가 물자체를 창조하지 않았으므로 (신과 달리) 그것을 알 수 없다는 칸트의 **철학적 논증**에 따른 결과이다. 이것은 인간이나 다른 살아있는 피조물이 참여하지 않는 관계를 포함해서 어떤 관계도 그 관계항을 소진할 수 없다는 점에 호소할 따름인 유한성에 관한 나 자신의 논증으로부터 취한 형태가 아니다. 우리는 억만장자, 개, 점균의 유한성을 우리 자신의 유한성을 연역하는 것처럼 쉽게 연역할 수 있다. 우리는 그것을 수행하기 위해 그들의 입장에 설 필요가 없다. 그것은 일정 정도의 공감을 요구하는 종류의 교훈이 아니다. 이러한 가능성을 차단함으로써 브레이버는 인간-세계 관계를 다른 모든 관계의 철학적 뿌리로 삼는 (메이야수를 포함하는) 근대철학의 주류에 합류한다. 이러한 이유로, 나는 파계적 실재론에서 중요한 장래성을 보는 스패로를 따를 수 없다.

2장

스티븐 샤비로

『사물들의 우주』

    스티븐 샤비로는 영화, 맑스주의, 과학소설, 화이트헤드와 들뢰즈의 철학에 이르기까지 다채로운 관심사를 가지고 있다.『사물들의 우주』는 표면상 목록에 있는 다른 항목들보다 화이트헤드에게 더 많이 주목하지만, 우리는 들뢰즈가 지배적인 영향을 미치는 것처럼 보이는 핵심 지점과 조우하게 될 것이다. 샤비로는 지극히 공정하고 관대한 비평가이며, 나는 그를 싫어하는 사람을 상상할 수 없다. 적어도 나는 그런 사람을 의심스럽게 볼 것이다. 샤비로는 인위적인 조화를 위해 함부로 동의하는 사람은 아니지만, 그 안의 직설적인 뉴요커는 직설적인 것을 어딘가 모르게 무해한 방식으로 전달한다. 나는 샤비로에게 단 한 순간이라도 불쾌함을 느꼈던 기억이 없다.
    샤비로와 나는 많은 것에 동의하며,『사물들의 우주』는 나와 샤비로의 지적 중첩에 대한 수많은 예시를 제공한다. 그 외에는 아마도 세 개의 심각한 반대 지점이 있을 수 있으며, 독자들은 이 부분에 더 막대한 관심을 가질 가능성이 크다.

1. 우리 둘 다 미학의 중요성을 강조하지만, 샤비로는 숭고보다 아름다움을 선호한다. 왜냐하면 숭고는 샤비로에게 낡아빠진 근대주의적 비유라는 인상을 주기 때문이다. 그는 화이트헤드를 따라 아름다움의 본성을 "패턴화된 대비"로 취급하고, OOO가 숭고에 과도하게 투자하는 것을 비판한다. 여기서 나와 샤비로 간 반대의 뿌리는 OOO가 실제로 아름다움에 대해 숭고의 편을 들지 않는다는 점에 있다.

2. 화이트헤드와 들뢰즈 모두에 관해 샤비로가 매력을 느끼는 점은 그들이 공통으로 공유하는 것처럼 보이는 과정과 생성을 향한 초점이다. 이와 대조적으로, 그는 OOO를 절망적으로 정적인 세계의 모델을 제공하는 것으로 본다.

3. 인지와 관련하여, 샤비로는 화이트헤드주의에 영감을 받은 범심론적 이론을 지지하며 단호하게 비근대적인 방식으로 나아간다. 또한 그는 인지를 관계론적 용어로 다루고 OOO가 비관계론적 존재자의 모델을 주장하는 것을 비판한다.

이러한 각각의 반대 지점은 길이가 동등하지는 않더라도 각각 하나의 절로 집중해서 다룰 만한 가치가 있다. 아름다움과 숭고에 관한 반론은 이미 두 번이나 다른 인쇄물에서 다루었기 때문에 여기서는 간단한 재답변으로 충분할 것이다.[1]

---

[1] Graham Harman, "Response to Shaviro," in *The Speculative Turn* ; Graham Harman, *Art and Objects*, 45~47 [그레이엄 하먼, 『예술과 객체』].

아름다움과 숭고

샤비로 저서의 마지막 페이지[278쪽]를 인용하며 논의를 시작해 보자. "모든 경험의 원초적인 형식은 미적인 것이며, 그렇기에 모든 행동과 관계의 형식은 미적인 것이다. 미학이 '인간 경험의 국소적 현상'이 아니라 '인과관계를 포함한 … 모든 관계의 뿌리'라고 선언하는 하먼이 옳은 것은 이 때문이다."[2] 우리는 이 점에 관해 동의하는데, 이는 인간 사고를 하나의 영역으로 취급하고 자연을 오직 과학만이 들어갈 수 있게 허락된 다른 하나의 영역으로서 취급하며, 동물과 식물은 상황에 따라 편리한 쪽으로 던지는 근대주의적 존재-분류학에 여전히 지배받고 있는 철학계에서 우리를 이단아로 만들기에 충분하다. 메이야수가 아무리 잠재적 신virtual God에 관해 자유롭게 사변하더라도, 한쪽에는 사고와 다른 한쪽에는 "죽은 물질"을 두는 표준적인 근대적 균열을 인내심 있게 준수한다면 근본적인 조롱을 받는 일은 면하게 될 것이다.[3] 샤비로와 나는 "비인간적인 동인이 어떻게 인간적인 동인과 마찬가지로 행위하고 자신의 욕구와 가치를 표현하는지"(5 [23])에 관한 공통된 관심사로 인해 합리주의자가 기획하는 히피-죽이기의 표적이 될 개연성이 더 높다. 또한 우리는 화이트헤드가 "인간의 경계를 넘어 모험을 감행하는 … 대담하면서도 희귀한 철학자"(6 [29])라는 점에 동의하는데, 인간이 자기-반성성의 감옥에 갇혀서 사고의 외부에 있

---

2. Steven Shaviro, *The Universe of Things*, 156 [스티븐 샤비로, 『사물들의 우주』, 278쪽]. 이하 본문에서 페이지 참조는 괄호로 표기됨[한국어판 쪽수는 대괄호 속에 넣었다]. 여기서 내 저작에 대한 참조는 Graham Harman, "On Vicarious Causation," in *Collapse II*, 221를 보라.
3. Quentin Meillassoux, "Appendix : Excerpts from *L'Inexistence divine*," in *Quentin Meillassoux*.

는 것을 즉시 사고로 바꾸지 않고는 생각할 수 없다고 가정하는 사람들에게 이는 분명 미덕이 아니다. 샤비로 자신의 말을 빌리자면, "인간 주체를 포함한 어떠한 개별적 존재자도 형이상학적 우월성을 주장할 수 없으며, 특별한 중재자 역할을 맡을 수 없다. 모든 존재자는 크기나 규모가 어떻게 되었든 똑같은 정도의 실재성을 갖는다. 그들은 모두 같은 방식으로 서로와 상호작용하며, 모두 같은 유의 특성을 예시한다"(29 [66]). 이것은 우리 시대의 근대주의적 존재-분류학을 따르는 주요 사변적 분파의 대표자인 바디우, 메이야수, 혹은 슬라보예 지젝 같은 인물들에게서 들을 수 있는 무언가가 아니다.

다르게 진술하자면, 샤비로와 나는 한 종류의 존재자를 존재론적으로 가장 중요한 것으로 여기는 중세(신) 및 근대(사고)와 달리 모든 존재자를 같은 기반 위에 놓는 "평평한 존재론"을 긍정하는 화이트헤드에게 합류한다. 또한, 우리는 미적 경험을 지적 경험보다 더 기본적인 것으로 취급하며, 지적 경험을 코스모스에서 오직 드물게만 일어나는 각별히 복잡한 형태의 경험으로 본다는 점에서도 화이트헤드에게 합류한다. 그런데 이제 우리는 급격히 갈라진다. 하지만 샤비로가 생각하는 방식과는 좀 다르게 갈라진다. 샤비로에 따르면,

> 화이트헤드와 하먼 사이의 차이는 아름다움의 미학과 숭고의 미학 사이의 차이로 이해하는 것이 최선이라고 보인다. 화이트헤드는 아름다움을 "강렬한 경험"을 만들기 위해 차이들이 서로 조화되고 적응되어 "패턴화된 대비로 짜인 것"으로 정의한다. 하먼은 숭고의 관념에 호소한다. 물론 하먼 자신은 숭고라는 용어를 사용한 적이 없지만, 대신 하먼은 그가 매혹이라 부르는 것, 또는 자신의 깊숙한 곳으로 물러난 어떤 것의 매력을 말한다. … 매혹을 숭고한 경험이라 하는 것은 적절하

다. 매혹은 관찰자를 힘의 한계에 도달시키고 어떠한 포착도 빠져나 가는 경계로까지 뻗어 나가기 때문이다. (42 [88])[4]

매혹과 그 숨겨진 깊이에 대한 샤비로의 대안은 "변태"metamorphosis라는 용어로, 인정컨대 화이트헤드주의적 과정철학과 더 잘 어울린다. 그가 말하듯,

> 변태에서 나를 끌리게 하는 것은 자신의 성질 이상으로서의 사물 자체가 아니다. 오히려 나를 앞으로 끌어당기는 것은 그 사물의 불안정성이다. 불안정성은 물결치며 움직이는 일종의 변화무쌍한 흔들림이다. … 그러므로 변태는 화이트헤드가 말하는 "모든 현실적 존재가 다른 모든 현실적 존재 안에서 존재"하는 방식을 반영한다. 매혹은 움직임에서는 사물이 자신의 문맥에서 폭력적으로 출현하면서 의미들의 연결망을 파열시킨다. 그러나 변태의 움직임에서는 사물이 나를 잃고 조각난 자신의 흔적들이 네트워크를 이루어 무한히 전파된다. 거기서 의미들의 연결망은 증폭되고 연장되며, 메아리치고 왜곡된다 (54 [108]).[5]

이 아름다운 기술은 다음과 같은 구별을 끌어낸다. 매혹은 숨겨짐, 혹은 실재적 객체와 그 접근 가능성 사이의 격차에 관한 것인 반면에, 변태는 존재자와 그 존재자의 자체적인 변화무쌍한 주마등 같은 패턴

---

4. Alfred North Whitehead, *Adventures of Ideas*, 252, 263 [알프레드 노스 화이트헤드, 『관념의 모험』] ; Graham Harman, *Guerrilla Metaphysics*, 141~4.
5. Alfred North Whitehead, *Process and Reality*, 50 [알프레드 노스 화이트헤드, 『과정과 실재』].

사이의 균열에 집중되며, 그것은 어떤 종류의 깊이로도 후퇴하지 않는다. 비록 샤비로는 그가 나의 이론보다 화이트헤드의 이론을 더 선호하는 것은 취향의 문제라고 친절하게 진술하고 있지만(41 [87]), 때때로 그는 여기서 화이트헤드가 역사의 옳은 편에 서 있다고 생각하기 때문에 이것은 그 이상의 문제이다. 나의 매혹 이론은 칸트의 숭고와 매우 유사하기 때문에 ─ 혹은 샤비로가 그렇다고 주장하기 때문에 ─ 그것은 "오늘날까지 연장된 모더니즘 전통에 매우 잘 들어맞는다"(43 [90]). 이와는 대조적으로, 화이트헤드에게서 영감을 받은 변태 이론은 21세기 문화와 더 잘 어울린다고 말해진다. "모든 문화적 표현 방법이 디지털 부호화 사이를 가로질러 전자적으로 보급되는 세계, 유전적 물질이 자유자재로 재조합되는 세계, 물질을 원자 및 아원자적 규모에서 직접 조작할 수 있게 된 세계, 우리는 그런 세계에서 살고 있다. 무엇도 비밀스러울 게 없으며, 더는 숨겨진 깊이라고 말할 것도 아니다"(43 [90]).

왜 내가 샤비로에 의한 화이트헤드주의적 미학과 OOO 미학 사이의 대비가 제대로 이루어지지 않았다고 생각하는지 지금부터 설명하겠다. 첫째로, 화이트헤드가 아름다움을 "패턴화된 대비"로 정의하는 것은 현저하게 불충분하며, 나는 패턴화된 대비를 사상가로서의 화이트헤드가 보여주는 가장 강력한 순간 중 하나로 여길 수 없다. 그것은 "갑작스러운 부조화"sudden incongruity, "온건한 위반"benign violation, "방어기제"defense mechanism, "에너지 절약"economy of energy 등과 같은 많은 유머 이론에서처럼, 반례에 의해 반례로 너무 쉽게 전복되는 잘 꾸며진 근사식이다. 조금도 아름답지 않은 패턴화된 대비의 예시를 떠올리는 것은 어렵지 않기 때문이다. 그러나 매혹은 모호함 뒤에 숨지 않는 정확한 아름다움 이론을 제시한다. 즉, OOO에서 매혹은 실재적 객체와 그것의 감각적 성질들 사이의 균열에서 비롯된다. 이 이론은 다른 이론들과 마찬가지로 반대될 수 있지만, 그것에 대한 명백한 반례는 없다.

둘째로, 샤비로는 "매혹을 숭고한 경험이라 하는 것은 적절하다… 매혹은 관찰자를 힘의 한계에 도달시키고 어떠한 포착도 빠져나가는 경계까지 뻗어 나가기 때문이다"라고 말하면서 매혹을 칸트주의적 숭고와 동일시할 때 틀렸다. 이 방정식은 두 가지 이유로 실패한다. 하나는 관찰자가 자신의 힘의 한계에 도달하는 장소를 찾기 위해 우리는 칸트의 **숭고**에 주목할 필요가 없다는 것이다. 이것은 이미 칸트의 아름다움 개념에 대해 참인데, 정의상 아름다움은 환언될 수 없고, 개념화될 수 없으며, 오직 취향을 통해서만 접근할 수 있다. 이 요점에 관해 나는, 숭고에 지나치게 초점을 맞추는 최근 수십 년간의 경향을 유감스럽게 생각하는 자크 랑시에르와 뜻밖의 동맹을 맺고 있다.6 하지만 또 하나, 더 핵심적인 요점이 있다. 샤비로는 숭고의 깊이와 불가해함을 올바르게 강조하지만—그것이 아름다움에 대해서도 참임은 놓치면서—그는 숭고가 절대적인 용어로도 정의된다는 것을 주목하지 못한다. 칸트가 『판단력 비판』 제2권에서 말한 것처럼, "**절대적으로 큰 것을 숭고라고 부른다**〔… 즉, 그것이 의미하는 바는〕 **일체의 비교를 넘어서서 큰 것이다.**"7 그는 더 나아가 절대적인 크기(수학적 숭고)와 절대적인 힘(역동적 숭고)을 구분하지만, 둘 다 인간의 규모를 절대적으로 넘어선 무언가를 예시한다. 이것이 칸트의 숭고와 OOO의 매혹이 무관한 이유이며, 나는 매혹을 대신 아름다움과 동일시한다. 이 점을 보는 가장 좋은 방법은 티머시 모턴의 "초객체"hyperobject 개념을 고려하

---

6. Jacques Ranciere, *The Emancipated Spectator*, 64 [자크 랑시에르, 『해방된 관객』].
7. Immanuel Kant, *Critique of Judgment*, 103 [임마누엘 칸트, 『판단력 비판』].

는 것이다. "초객체"라는 용어는 일차적으로 생태학적 목적을 위해 만들어졌지만, 칸트의 숭고에 대한 날카로운 비판으로도 전개될 수 있다. 모턴은 절대성과 무한성에 관심을 가지지 않으며, 그것들을 은밀하게 인간중심주의적인 용어로 받아들인다. 대신, 초객체는 극도로 큰 유한한 양에 관련된다. 모턴이 말하듯, "무한성은 대처하기 훨씬 쉽다. 무한성은 정신이 우리의 인지력을 향하도록 이끈다. … 그러나 초객체는 영원하지 않다. 그것이 제공하는 것은 대신 **아주 큰 유한성**이다. 나는 무한을 생각할 수 있다. 그러나 10만까지는 셀 수 없다."[8] 간단히 말해서, 모턴은 숭고보다는 초객체적인 것에 관심이 있고, 나 또한 그렇다. "절대적으로" 크거나 강력한 것은 그저 밤, 모든 블랙홀과 쓰나미가 극소한 인간 형상을 동등하게 가리는 밤이다.

샤비로가 "변태"라고 부르는 것은 OOO에서 시간(또는 SO-SQ 긴장)의 이름 아래에서 이미 설명되었고, **매력**charm의 이름 아래에서 칸트에 의해 설명되었다. 눈 덮인 오두막의 난로에서 점멸하는 불꽃처럼, 그것은 사물과 시간의 경과에 따른 그 사물의 다양한 짜임새 변화 사이에서 볼 수 있는 유쾌한 잔물결 놀이와 관련이 있다.[9] 칸트는 이것은 아름다움의 부수적 형태로서 위대한 미학적 고도까지 올라갈 수 없다고 본다. OOO의 경우, 이 SO-SQ 긴장은 가장 넓은 의미에서 네 가지 기본적인 종류의 미학 중 하나로 간주된다.[10] 그러나 그것은 아름다움을 설명할 수 없다. 아름다움은 실재적 객체의 물러남과 감상자에 의한 그 객체의 연극적 대체물을 요구한다.[11] 나는 이미 다른

---

8. Timothy Morton, *Hyperobjects*, 60 [티머시 모턴, 『하이퍼객체』].
9. Kant, *Critique of Judgment*, 95 [칸트, 『판단력 비판』].
10. Graham Harman, *The Quadruple Object* [그레이엄 하먼, 『쿼드러플 오브젝트』].
11. Graham Harman, "A New Sense of Mimesis," in *Aesthetics Equals Politics*.

출판물에서 이 주제를 다루었으므로, 우리는 다른 반대 지점으로 넘어가야 한다.[12]

생성과 정태

OOO가 실재에 대한 지나치게 정적인 개념화를 제공한다고 비판한 최초의 사람은 샤비로가 아니다. 샤비로는 대신 새로움과 생성에 관한 화이트헤드주의 진영에 자신을 위치시키며 다음과 같이 말한다.

> 화이트헤드는 결단을 내리는 존재자들이 이루는 역동적인 세계를 마음에 그린다. 아니, 정확하게는 그들 스스로 내리는 결단으로 스스로가 구성되는 존재자들의 세계를 그린다. 그에 반해 하먼의 존재자는 자율적으로 행위를 하는 것도, 결단을 내리는 것도 아니다. 그것은 그저 거기에 있는 것일 뿐이다. 하먼에게 존재자의 성질들은 아무튼 사전에 이미 존재하는 것이다. 화이트헤드에게 이러한 성질들은 재빠르게 생성된다. (40 [84~5])

샤비로의 경우, 정태에 대한 생성의 선호는 OOO로 구현된 비관계론적 존재론에 대한 관계론적 존재론의 선호와 직접적으로 연결된다. 나의 철학은, 그가 주장하건대, "화산의 현실태를 긍정하기 위해 화산을 세계에서 고립시키고 화산의 역동성을 척박한 표현으로 환원시키는 것이다. 화산은 다른 어떤 존재자에도 직접적인 영향을 끼치지 못

---

12. 가장 간결한 논증으로는 아마도 Graham Harman, "Materialism Is Not the Solution," *The Nordic Journal of Aesthetics*를 보라.

한 채, 단순히 그러한 것이 된다"(41 [86]). 앞서 언급했듯이, 이 감상은 샤비로 혼자만이 보이는 것이 아니다. 한 세기 이상 동안, 우리는 항상 적 유동 이론이 사후에 관계에 관여하는 정적인 독립된 실체 이론보다 실재에 더 진실하다는 말을 후렴처럼 들어 왔다. 나 역시 학부 시절 우리의 슬프도록 정적인 인도-유럽 어족의 명사/동사 문법보다 호피어가 최신 양자 이론에 더 적합했다는 벤자민 리 워프의 논증을 읽었을 당시의 감동을 기억할 수 있다.[13] 좀 더 최근에는 들뢰즈와 질베르 시몽동에 의한 베르그손주의적 추세의 부활이 "완전히-형성된 개체"를 향한 OOO의 관심에 의심을 심어주면서 개체화 과정을 더욱 강조하기에 이르렀다.[14] 마이클 오스틴과 미구엘 페나스 로페스는 이 방향에서 내 저작을 비판적으로 접근한 두 젊은 작가일 뿐이다.[15] 그러나 아마도 샤비로의 말이 가장 강하게 비판적일 것이다. "화이트헤드가 덧없음과 미래성(그가 '창조적 전진'이라 부르는 것)을 모두 고려할 때, 하먼은 어느 쪽에도 별로 관심을 가지지 않는다"(40 [86]).

샤비로 자신은 사물의 내재적 불안정성에 지대한 관심을 보이며, 책의 첫 페이지에서 화이트헤드가 그렇게 한 것을 예찬한다. "화이트헤드가 말하기를 세계는 사물이 아닌 과정으로 구성되어 있다"(2 [19]). 그에게 "현실적 존재자"로 알려진 경험의 궁극적인 원자는 "단순하고 자기동일적인 실체라기보다는 능동적이고 정교하게 연결되는 과정들 — 경험들 혹은 느끼는 순간들 — 인 것이다"(3 [21]). 그리고

---

13. Benjamin Lee Whorf, *Language, Thought, and Reality*.
14. Henri Bergson, *Time and Free Will*; Gilles Deleuze, *Bergsonism* [질 들뢰즈, 『베르그손주의』]; Gilbert Simondon, *L'individuation à la lumière des notions de forme et d'information* [질베르 시몽동, 『형태와 정보 개념에 비추어 본 개체화』].
15. Michael Austin, "To Exist Is to Change," in *Speculations I*; Miguel Penas López, "Speculative Experiments" in *Speculations V*.

마침내 샤비로는 이렇게 말하는데, "세계가 정적인 것이 아니며, 닫힌 채로 완성된 것도 아님을 의미한다. 각각의 생성 과정은 **새로움**을 낳는다. 생성은 이전에는 존재하지 않았던 어떠한 새로운, 특별한 것을 낳는다. 사물은 '있기 위해서 힘쓰는 것'(스피노자의 **코나투스** 정의), 내가 나로 있기 위해 힘쓰는 것이라기보다는 자신을 스스로 개변하고 변형하는 것이다"(4 [21]). 또한, 내가 화이트헤드를 정당하게 다루는 데 실패했다고 추정되는 진술도 있다. "하먼은 '영속적으로 소멸하는' 계기들에 반대하여 존속하는 실체들에 집착하면서, 변화에 관한 화이트헤드의 설명을 과소평가했다"(38 [81]).

샤비로의 다음 단계는 사람들이 좋아하는 것을 시작으로 자신의 과정지향 세계관을 위한 동맹 목록을 작성하는 것이다. "화이트헤드 사상을 향한 관심의 부활은 화이트헤드의 과정지향 사고가 프랑스 철학자 질 들뢰즈의 사상과 밀접하다는 것이 인식되기 시작하면서 박차가 가해지기도 했다"(4 [22]). 샤비로는 어떤 점에서는 나와 화이트헤드가 유사하다는 점을 인정하면서 다른 점에서는 우리를 구별한다. "화이트헤드의 현실주의가 그를 하먼과 연결해 주듯이, 과정과 생성을 향한 그의 집착, 즉 관계에 대한 집착은 그를 들뢰즈, [이에인 해밀턴] 그랜트와 연결해 준다"(33 [76]).[16] 샤비로는 또한 이사벨 스텡거가 저술한 화이트헤드에 관한 책에 찬사를 바치는데(9 [22]), 이 책은 최근 화이트헤드 연구에서 적어도 두 학자가 "넘어서야 할 책"이라고 불렀고, 스텡거 역시 화이트헤드와 들뢰즈 사이의 친밀한 연결고리를 보고 있다.[17] 그런데 샤비로는 화이트헤드가 창조적이고 관계

---

16. Iain Hamilton Grant, *Philosophies of Nature after Schelling*.
17. Isabelle Stengers, *Thinking with Whitehead*; Randall E. Auxier and Gary L. Herstein, *The Quantum of Explanation*, 18.

론적인 새로움의 대가이고 나는 정적인 실체성에 갇혀 있다는 견해를 밝히면서도, 화이트헤드가 관계와 개체성에 관한 상충된 주장의 **균형**을 이루는 사상가이기도 하다고 주장한다. 샤비로는 존재론적 고립이 OOO의 주장처럼 평범한 것이었기를 바랄 뿐이라고 말한다. 대신, 샤비로가 말하기를 "우리의 근본적인 조건은 언제 어디에나 있으며 결코 도망칠 수 없는 접촉 중 하나로 보인다. 우리는 끊임없이 관계에 시달리며, 관계에 억눌리고 질식당한다"(33 [74]). 더 나아가, "내가 보기에는 관계와 인과적 결정이 보편적인 조건이자 고질병이며, 자기 창조나 독립은 배양하는 것이고 또 찬사받아 마땅한 것, 희귀하고 연약하며 비범한 성취이다"(34 [74~5]). 나는 철학자들이 자신들의 논증을 형성하는 배경 경험을 공유하는 순간들에 언제나 감사하며, 샤비로가 여기서 그에 관해 밝혀준 점에도 분명하게 감사하는 바이다. 만약 그가 현대 생활에서 관계들의 떼거지에 너무도 압박당한다고 느낀다면, 그의 "취향"이 그를 OOO가 아닌 화이트헤드로 이끄는 이유가 궁금해질 것이다. 내가 보기에 그 이유는 화이트헤드의 관계주의가 샤비로가 갇혔다고 느끼는 위태로운 과연결 상황을 전면에 내세우고 있기 때문이다. 그리고 샤비로가 객체지향 사상가들의 방식을 따라 그런 상황이 단순히 존재하지 않는다고 상정하기보다는 그 상황에서 벗어나는 방법을 강구하기 때문이다. 어쨌든, 샤비로는 내가 화이트헤드의 이중성 업적을 충분히 존중하지 않는다고 생각한다.

화이트헤드는 "우주를 구성하는 '진정으로 실재하는' 사물"을 "현실적 존재자"나 "현실적 계기"라고 칭한다. 그것은 사물이자 사건이다. 존재자의 이러한 두 양태는 서로 다르지만, 그럼에도 마치 근대 물리학에서 "물질이 에너지와 동일한 것으로 간주되어 왔듯이", 그 둘은 동일시될 수 있다. 하먼이 관계에 관한 화이트헤드의 주장을 거부할 때, 하먼은 화이트헤드의 존재론이 가진 이중적 측면에 주의를 기울이고 있지 않았다. 이는 다른 방식으로 말해 볼 수 있다. 하먼은 객체가 가진 **사밀성**의 차원에 관한 화이트헤드의 설명을 생략하고 있다. (35 [76~7])[18]

이에 따른 귀결은 심각한 것인데, 이유는 다음과 같다. "(화이트헤드는) 이행과 덧없음이라는 우주적 아이러니 역시 느끼고 있었다. 바로 이 후자를 하먼에게서는 찾을 수 없다"(36 [78]).

이러한 문제에 관한 샤비로의 근본적인 주장은 개체적 실체의 철학이 불가피하게 정태와 고정성으로 이어진다는 것이다. 이것은 샤비로를 화이트헤드와 동맹을 맺게 하는데, 화이트헤드는 본질적으로 비-관계론적인 사물이라는 옹호될 수 없는 관념과 함께 "실재론적 철학에 항상 붙어 따라다니는" "공허한 현실태"의 예시로서 실체의 개념을 일축한 것으로 유명하다.[19] 우리는 이 특수한 논쟁을 관계에 관해 다루는 다음 절의 논의를 위해 남겨둘 것이다. 그러나 아리스토텔레스의 실체 이론에 관해 단도직입적으로 말해질 **수 없는** 한 가지는 그것이 덧없음과 변화에 둔감하다는 것이다. 이 요지는 우리의 논의와 관련이 있다. 왜냐하면 OOO는 한순간 이상 존속할 수 있는 개체적 사물을 강조하는 모든 이론과 마찬가지로, 궁극적으로 아리스토텔레스에게서 그 조상을 찾을 수 있기 때문이다. 아리스토텔레스가 살았던 시대의 맥락에서 볼 때, 아리스토텔레스는 사실 역동적 변화

---

18. 이 단락에서 인용된 구절은 Alfred North Whitehead, *Modes of Thought*, 137 [알프레드 노스 화이트헤드, 『사고의 양태』]를 보라.
19. Whitehead, *Process and Reality*, 29 [화이트헤드, 『과정과 실재』].

의 열렬한 옹호자인 것처럼 보인다. 이는 단지 플라톤의 영원하고 완벽한 형상에 대한 아리스토텔레스의 잘 알려진 반대, 부패하기 쉬운 생물학적 사물에 관한 그의 획기적인 연구, 변화와 운동에 관해 아주 큰 비중을 쏟은 그의 자연학에 기인하는 것이 아니다. 무엇보다도, 아리스토텔레스야말로 **파괴될 수 있는** 존재자를 자신의 철학의 중심에 둔 최초의 철학자였다고 말하는 것이 타당할 것이다. 우리는 소크라테스 이전의 사상가들이 물, 공기, 함께 혼합된 네 가지 원소, 원자, 존재, 혹은 형상 없는 아페이론과 같은 세계를 이루는 근본적 요소에 관한 최고의 형태를 제공하기 위해 경쟁했음을 기억한다. 그러나 이러한 모든 선택지가 영원히 존재하는 것이었음에 유의하라. **아페이론**의 태곳적 파괴를 믿었던 소크라테스 이전의 두 사상가조차도 영원한 것에서 그 후계자를 찾았는데, 피타고라스에게 그것은 수였고 아낙사고라스에게 그것은 미시적 **호모이오메레이**homoiomereiai였다. 이와 대조적으로, 아리스토텔레스의 실체들 횡렬은 대부분 필멸하는 살아있는 피조물로 이루어져 있다. 이것이 내가 아리스토텔레스에 관해 말해두고 싶은 첫 번째 요점인데, 그는 일차적으로 변화와 운동의 철학자이지 고정성과 정태의 철학자가 아니라는 것이다. 아리스토텔레스의 제일 실체가 죽기 전에 몇 시간, 몇 주, 혹은 수십 년 동안 존속할 수 있다는 사실이, 그를 플라톤이나 기독교의 영원성 이론과 동일한 진영에 소속시켜야 할 이유가 되지는 않는다. 오직 화이트헤드가 생성에 그렇게 높은 기준—즉, 그 무엇도 일순간을 넘어 지속할 수 없는 "영속적 소멸"—을 설정했기 때문에, 이와 비교해서 아리스토텔레스는 정적인 늙은 심술쟁이처럼 보일 수 있다. 요약하자면, 우리는 아리스토텔레스 전통이 일반적으로 변화를 설명하는 데 꽤 잘 작동하고 있다는 점을 인정해야 하고, 만약 누군가가 변화의 철학에서 **시간적 존속이라면**

2장 스티븐 샤비로 **69**

무엇이든 폐기하기를 요구한다면, 우리는 그 이유를 물어야 한다. 이것은 샤비로와 화이트헤드뿐만 아니라 내가 가장 좋아하는 살아있는 철학자 브뤼노 라투르에게도 해당한다. 라투르는 "모든 것은 오직 한 번, 한곳에서 일어난다"라고 말하며 행위자가 일순간을 넘어 존속하는 것을 배제한다.[20] 그런데 샤비로에게 직접적으로 불리하게 작용하는 것은 아니지만, 아리스토텔레스에 관해 세워야 할 요점이 하나 더 있다. 즉, 아리스토텔레스에게서 가장 중요한 이원론 중 하나는 연속체the continuous와 이산체the discrete 사이의 구별이라는 점이다. 아리스토텔레스의 가장 위대한 두 저작 『자연학』과 『형이상학』이 각각 그중 하나를 주로 다루기에 우리는 이 점을 알고 있다.[21] 아마도 『자연학』의 중심 주제는 연속체일 것이다. 당신이 지금 그 안에서 이 책을 읽고 있는 방을 고려했을 때, 방은 얼마나 많은 부분을 가지고 있는가? 우리는 방을 자의적으로 2개, 7개, 900개, 혹은 아마도 10억 개의 조각으로 분할할 수 있다. 주어진 공간의 일부 분할은 다른 분할보다 더 실용적인 의미가 있을 수 있지만, 절대적인 관점에서 우리는 공간을 **잠재적으로** 원하는 만큼, 원하는 수의 조각으로 분할할 수 있다. 물론 이것은 방이 그 자체로 실제로 그렇게 분할된다는 것을 의미하지는 않는다. 주어진 공간은 언제나 단일한 연속체이지, 한정된 수의 작은 공간적 요소들의 집합적 산물이 아니다. 샤비로에 관한 이 장을 읽는 데 소요되는 시간에 관해서는 어떤가? 이 시간의 폭은 얼마나 많은 조각으로 되어 있는가? 다시 말하자면, 그것은 연속체이다 ─ 부분의 한정적 개

---

20. Bruno Latour, "Irreductions," in *The Pasteurization of France*, 162 [브뤼노 라투르, 『프랑스의 파스퇴르화』].
21. Aristotle, *Physics* [아리스토텔레스, 『자연학』] ; Aristotle, *Metaphysics* [아리스토텔레스, 『형이상학』].

수는 정해져 있지 않지만, 우리의 편의에 따라 3개의 시간 범위, 5개의 시간 범위, 147개의 시간 범위, 혹은 그 밖에 원하는 개수로 분할할 수 있다. 우리는 0과 1000 사이의 수가 몇 개인지 묻는 경우에도 같은 것을 말할 수 있는데, 왜냐하면 각각의 동등한 정당성을 가지고 정수, 분수, 십, 또는 백으로 셀 수 있기 때문이다. 이 테제에 따른 여러 귀결 중에서도 아리스토텔레스는 제논의 유명한 역설 중 일부를 논박하기 위해 그것을 사용하는데, 그것은 제논의 역설에서 시간과 공간이 이산적 단위체로 구성되어 있다는 오해에 의존하고 있음을 보여줌으로써 논박한다. 그러나 『형이상학』은 어떠한가? 여기서 초점은 연속체에서 이산체로 전환된다. 지금 방에는 얼마나 많은 개체적 실체가 당신과 함께 있는가? 우리가 실체로 간주하는 것에 관한 정의에 동의한다고 가정하면, 그 방에는 원리상 표로 나타낼 수 있는 **정확한 수**의 실체가 있다. 방에는 10개, 75개, 900개, 혹은 다른 개수의 실체가 있다. 아리스토텔레스에게, 이것은 우리가 연속체를 자를 때와는 달리 자의적인 변덕에 종속되지 않는다. 그러므로 우리는 『자연학』과 『형이상학』이 연속체로 정의될 수 있는 실재의 일부 양상과 이산적 단위체로 구성된 실재의 다른 양상과 함께 분업을 확립하는 것을 본다.

이제 연속체와 이산체 사이의 차이는 인간 사유의 모든 분야에서 중심적인 이원론 중 하나가 되고는 한다. 어떤 사람이 무엇을 생각하든 그 사람은 이 두 가지 상반된 것을 어떻게 통합할 것인가에 대한 어떤 결단에 이르러야 한다. 그러나 물론 아리스토텔레스의 분업이 그것을 할 수 있는 유일한 방법은 아니다. 그러므로 연속체를 이산체로 환원하거나 반대로 이산체를 연속체로 환원하는 것을 추구하는 다양한 극단주의적 입장이 수 세기에 걸쳐 일어났다는 것 또한 놀라운 일이 아니다. 이산체의 가장 확고한 극단주의자는 명백히 중세 이슬람에 처음 등장했다가 다소 다른 이유로 초기 근대 유럽에 다시 등장한 기회원인론자^{occasionalist}이다.22 기회원인론에는 사실 우리가 "공간적" 및 "시간적"이라고 부를 수 있는 두 가지 다른 기회원인론적 테제가 있으며, 모든 기회원인론적 사상가가 두 가지 모두를 옹호한 것은 아니다.23 "공간적" 기회원인론은 어떤 두 존재자도 서로 직접적으로 영향을 미칠 수 없으며, 따라서 신이 일어나는 모든 일에 대한 보편적인 인과적 행위자가 되어야 한다는 개념이다. "시간적" 기회원인론은 세계가 한 찰나에서 다음 찰나까지 자동으로 존재하는 것이 아니라 신에 의해 계속해서 재창조되어야 한다는 관점을 말한다. 그러나 오늘날 훨씬 더 인기 있는 연속체의 극단주의자 또한 존재한다. 들뢰즈와 시몽동은 이 집단의 지도적 인물 중 두 명이며, 개체적 존재자$^{individual\ entity}$로 보이는 것이 단순히 좀 더 원시적이고 통합된 생산 흐름의 "지체"^{retardation}라는 견해를 고려할 때 그랜트 역시 이 집합에 속해 있다.

각 집단은 상대방의 중심적인 관심을 자신이 사로잡힌 관심으로 환원하려고 한다는 명백한 이유에서, 이산체의 극단주의자와 연속체의 극단주의자의 상충을 해소하는 것은 어렵다.24 이것은 샤비로와 스텡거가 화이트헤드를 그들이 공동으로 좋아하는 또 다른 철학자 들뢰즈와 같은 철학적 팀에 배치하고자 하는 데서 심각한 어려움을 초래한다.25 샤비로는 **적어도** 화이트헤드가 한 찰나에서 다음 찰나까지 세계가 자동으로 존속하지 못한다는 견해를 밝힌다는 점에 있어서는 시

---

22. Majid Fakhry, *Islamic Occasionalism and Its Critique by Averroes and Aquinas* ; Dominik Perler and Ulrich Rudolph, *Occasionalismus* ; Steven Nadler, *Occasionalism*.
23. Graham Harman, "A New Occasionalism?" in *Reset Modernity!*.
24. Graham Harman, "Whitehead and Schools X, Y, and Z," in *The Lure of Whitehead*.
25. Steven Shaviro, *Without Criteria* [스티븐 샤비로,『기준 없이』].

간적 기회원인론자라는 점을 잘 알고 있다. "화이트헤드에게는 심지어 죽음과 부활마저 일상적인 사건이다. 객체는 끊임없이 자신을 갱신함으로써 존속한다. 모든 것은 '영속적 소멸'이라는 시간의 규칙에 종속된다. '어떤 생각하는 사람도 두 번 생각하지 못한다. 좀 더 일반적으로 말하자면, 어떤 주체도 두 번 경험하지 못한다'"(23[57]).[26] 나는 곧 언급할 이유로 인해 화이트헤드가 공간적 기회원인론자이기도 하다고 보는 경향이 있다. 이와 대조적으로, 샤비로는 화이트헤드가 이 두 번째 주제를 완전히 피한다고 생각한다. "그러한 존재자들 간의 간극을 메꾸어야 할 필요는 없다"(39[83]). 이 주장이 지닌 문제는, 지난 세기의 기회원인론자들과 마찬가지로 화이트헤드가 신을 보편적 인과적 매개자로서 끌어들이고, 신에 포함된 "영원한 객체"(대략적으로 말하면 성질)를 통해 존재자들이 서로를 파악하게 한다는 것이다. 이것은 화이트헤드가 공간적 기회원인론자이기도 하다는 점을 수반한다. 왜냐하면 화이트헤드는 관계가 매개체를 통해서만 일어난다는 것을 인정하기 때문이다.

이제 베르그손, 들뢰즈, 혹은 시몽동의 저작 어딘가에 "영속적 소멸"의 학설이 있다고 말하는 것은 단순히 거짓일 것이다. 이 세 사람은 스펙트럼의 한쪽 끝에 있는 극단주의자이며, 라투르와 함께 화이트헤드를 가장 최근의 지도적 구성원 중 한 명으로서 포함하는 기회원인론자의 반대편에 있다. 샤비로는 시간과 관련해서 이 점을 인정하며, 공간에 관해서도 인정해야 한다. 베르그손, 들뢰즈, 시몽동과 같은 연속체 극단주의자들과 화이트헤드, 라투르와 같은 현대적 기회원인론자들을 통합시키고자 할 때, "과정철학"의 깃발 아래로 결집한 오

---

26. Whitehead, *Process and Reality*, 29 [화이트헤드, 『과정과 실재』].

늘날의 작가들은 길을 잃는다. 마지막으로 언급된 인물에 관해서는 모든 것이 오직 한 번, 한곳에서 일어난다는 그의 1981년의 발언을 떠올릴 필요조차 없다. 좀 더 최근의, 그리고 아마도 더 강렬한 것은 존재 양식에 관한 라투르의 2012년도 저작에서 찾아볼 수 있는 명확한 반-베르그손주의적 지적이다. 그 책에 수록된 15가지 양식 중에서 우리는 재생산reproduction을 찾아낼 수 있다.27 이 양식이 충족하는 목적은 다름 아닌 연속적 창조라는 오래된 기회원인론적 기능이다.

내가 OOO의 우주론을 어떻게 보는지에 관한 간략한 개괄로 이 절을 마무리하겠다. 왜냐하면 샤비로와 다른 사람들의 시각과 달리 그것은 정태나 고정성과는 아무런 상관이 없기 때문이다. 첫째로, 나에게 "모든 것이 소통한다"는 것이 옳은지 "아무것도 소통하지 않는다"는 것이 옳은지는 문제가 아니다. 어떤 것들은 우리에게 영향을 미치고 다른 것들은 그렇지 않다. 롱비치에 있는 우리 집 안뜰에서 노래하는 핀치새들은 나를 행복하게 하고, 이 책 『객체지향 교전』을 저술하는 것은 나를 결의에 차게 만든다. 핀치새와 책은 내가 아니며, 나와 현재 관계를 맺고 있지만 다른 환경에서는 그렇지 않을 수도 있는 나 외부의 사물이다. 화이트헤드가 파악의 학설을 가지고 상상하는 것처럼 "부정적"이거나 파생적인 의미에서라도 우주의 모든 것이 지금 나에게 영향을 미치고 있다는 것이 거기에 뒤따르지는 않는다. 당면한 질문은 이것이다. 우주가 총체적인 존재론적 유동으로 간주된다면, 왜 항상적으로 변화하지 않는가? 메이야수는 자신만의 독특한 칸토어주의적 방식으로 이 문제를 다루면서 가능세계의 총체화 불가능성에 호소한다.28 나 자신의 견해에 따르면, 나는 사물이 스스로 그러

---

27. Bruno Latour, *An Inquiry into Modes of Existence*, 91 [브뤼노 라투르, 『존재양식의 탐구』].

한 것이며, 메이야수와 다른 사람들처럼 "시간"을 독립적인 파괴력으로 물상화reification할 이유가 없기에 변화는 전제되기보다는 설명되어야 하는 것이라고 말할 것이다. 변화는 항상적이기보다는 간헐적이다. 그것은 두 개의 분리된 존재자가 대리적 결합을 통해 하나의 존재자가 되는 것에서 유래하고, 그러고 나서 그 하나는 자신의 구성요소들에 소급적으로 영향을 미친다.29 예를 들어, 수많은 구조물을 파괴하고 진원지에서 수백 마일 떨어진 곳의 삶을 변화시키는 대규모 지진처럼, 이러한 영향은 때때로 다양한 수준의 실재를 거쳐 전달되고 심대한 파문을 초래한다. 그러나 그러한 대규모 사건이 가능하기 위해서는, 매 순간이 대규모 지진을 경험해서는 안 된다. 어떤 선생님, 친구, 혹은 연인은 우리를 깊이 변화시키고, 다른 사람들은 거의 변화시키지 않는다. 어떤 책들은 평생 우리의 뇌리를 떠나지 않고 다른 책들은 우리를 무감각하게 남겨 둔다. 샤비로와 달리, 나는 우리의 삶이 항상적인 관계들의 떼거지에 압박당한다고 보지 않는다. 오히려 나는 우리와 여타의 객체들을 세계라는 극장에서 부분적으로 후퇴해 있는 것으로 보며, 우리를 변화시키는 소수의 운명적인 조우들에만 이끌리는 것으로 본다.30 나는 라투르주의적 행위자-네트워크 이론과 마찬가지로 화이트헤드의 과격한-관계론 철학에서도 중요한 관계와 중요하지 않은 관계 사이의 차이를 설명할 방법이 없다고 본다. 왜냐하면 화이트헤드에게서도, 모든 극미한 사건 하나하나가 어떤 존재자를 그 핵심에서 흔들고, 모든 순간이 동등하게 재앙적이기 때문이다.

---

28. Quentin Meillassoux, *After Finitude* [퀑탱 메이야수, 『유한성 이후』].
29. Graham Harman, "Time, Space, Essence, and Eidos," *Cosmos and History*.
30. Graham Harman, *Immaterialism* [그레이엄 하먼, 『비유물론』].

관계와 인지

이제 나와 샤비로 사이의 핵심적인 철학적 차이로 눈을 돌려보자. 우리는 관계론적 존재론과 비관계론적 존재론 사이의 논쟁에 주목해야 한다. 샤비로의 관계론적 입장은 그를 화이트헤드뿐만 아니라 우리가 아는 한 살아있는 가장 위대한 관계론적 존재론자인 라투르와 연합시킨다. 라투르에게 존재자는 본질적으로 행위자이며, 행위자는 그것이 "수정, 변형, 교란, 혹은 창조"하는 것에 지나지 않기 때문이다.[31] 이와 대조적으로, 나의 비관계론적인 입장은 하이데거와 한때 그의 바스크인 학생이었던 자비에르 주비리에게서 유래한다.[32] 나는 하이데거와 주비리의 많은 또는 대부분의 추종자가 애초에 그들이 비관계론적 존재론자라는 점을 받아들이지 않는다는 것을 잘 알고 있다. 비관계론적 입장은 그들의 철학에 관한 나 자신의 해석에서 비롯된 것이다. 우리는 어떤 특정한 철학이 그 철학자가 자신의 철학에 수반된다고 일견 생각한 것과 같지 않다는 것을 기억해야 한다. 예를 들어, 하이데거는 그의 도구-분석에 관한 **관계론적** 해석을 앞장서서 수용했을 것이다. 이 해석에서 모든 도구equipment 항목은 총체적 체계 속에 함께 짜여 있으며, 그 의미는 궁극적으로 그것의 존재에 대한 현존재의 관심에서 유래하고, 거기서 독립적 혹은 자율적 항목은 전체로서의 체계의 파생적인 "눈-앞에-있음" 사례화이다. 하이데거와 그의 제자들이 여기서 놓치고 있는 것은 도구도 **망가지거나 오작동을 일으킨다는 것**, 그리고 도구가 이미 도구로서의 효용성을 받는 도구-체계

---

31. Bruno Latour, *Pandora's Hope*, 122 [브뤼노 라투르, 『판도라의 희망』].
32. Xavier Zubiri, *On Essence*.

이상의 무언가가 아닌 한 도구는 이를 수행할 수 없다는 것이다. 만약 사물에 관한 인간의 사고나 지각이 사물을, 그것의 가장 깊은 존재에 대한 제한된 캐리커처로 환원한다는 것이 참이라면, 이는 사물과 다른 도구 또는 사실상 다른 어떤 것과의 상호작용에도 적용된다. 이런 의미에서 하이데거의 체계는 모든 존재자가 그것의 나타남이나 상호작용 이상의 과잉임을 요구한다. 주비리의 경우, 그가 사물의 역동적인 활동에 관심이 있는 것은 참이지만, 그의 핵심 사상은 사물을 다른 사물과 "관련된 것"respective으로 취하는 것이 아니라 "스스로"de suyo 현존하는 것으로, 혹은 "그 자체의 권리"로 현존하는 것으로서 취하여야 한다는 것이다.[33] 사물들이 관계할 수 없다는 것이 아니라, 그 관계들이 어떤 관계를 통해서도 온전히 표현되지 않는 존재자의 파생물이라는 것이다. 이것이 바로 샤비로가 거부하는 것인데, 그는 사물의 "사밀성"을 다른 방식으로 설명할 수 있는 화이트헤드를 선호한다.

그럼에도 불구하고 비평가로서 샤비로가 지닌 근본적인 공정성은 화이트헤드와 마찬가지로 내 입장에도 무언가 가치 있는 것이 있다는 점을 인정하도록 이끈다. 샤비로가 보기에 화이트헤드와 나는 모두 유효한 직관에서 출발한다. "내게 무슨 일이 일어나든, 나는 같은 나일 것이라는 깊은 감각이 있다. 그러나 내 경험, '살아있는 계기의 역사적 경로'를 통해 나는 돌이킬 수 없이 달라진다는 동등하게 깊은 감각이 있다"(32 [72]).[34] 샤비로는 두 개의 "동일하게 깊은" 진리 사이의 논쟁을 해결하기 어렵거나 심지어는 불가능한 사변적 이율배반으로서 제시한다. 우리가 주로 "가차 없는 함의와 관여"(33 [74])의 관계 무리에

---

33. Xavier Zubiri, *Dynamic Structure of Reality*.
34. Whitehead, *Process and Reality*, 119 [화이트헤드, 『과정과 실재』].

압박당하고 있다는 샤비로의 견해를 감안할 때, 우리는 그가 대체로 개인적인 이유에서 화이트헤드의 비전을 선택하는 것을 보았다. 간단히 말해서, 샤비로는 "관계들로 구성된 하나의 체계"35(114 [210])로서의 화이트헤드의 세계 개념을 선택하고, 마셜 매클루언이 전통적인 부족 문화와 새로운 전자 매체 부족 문화 모두를 "전체론의 편집증"이라고 진단한 것, "모든 것이 상시로 모든 것에 영향을 미치기 [… 때문에] 공포란 평범한 상태"36(59 [117])라고 말한 것에서 추가적인 근거를 찾는다. 말할 필요도 없이, 모든 것이 상시로 모든 것에 영향을 미치는 것이 아니라 어떤 것들은 어떤 것들에 영향을 미치고 다른 어떤 것들에는 영향을 미치지 않는다는 것이 우리의 일상적인 경험이다. 샤비로/화이트헤드/매클루언의 "편집증" 입장으로 이동하려면 모든 것이 다른 모든 것에 영향을 미친다는 가정의 형태에 대한 추가적인 지원이 필요하다. 그리고 만약 누군가가 그런 견해를 받아들인다고 해도, 내가 그 무엇도 다른 어떤 것에 영향을 미치지 않는다는 정반대의 주장을 하고 있는 것이 아니라면, 그것은 이율배반으로 이어지지 않을 것이다. 그러나 사실 이러한 잘못된 상충 사이에서 적절한 균형을 이루는 것은 OOO이다. 왜냐하면 OOO는 관계가 아무리 편재한 것처럼 보여도, 어떤 주어진 사물에 실제로 문제가 되는 효과는 상대적으로 드물다는 생각을 가지고 있기 때문이다. 비록 새 셔츠를 사거나 물 한 잔을 마시는 것조차 어떤 방식으로 나에게 영향을 미친다는 것은 사소하게 참이지만, 이러한 행위들은 보통 어떤 중요한 수준에서 내가 누구인지에 영향을 미치지 않는다. 행위자-네트워크 이론은 이미

---

35. Alfred North Whitehead, *The Concept of Nature*, 32 [알프레드 노스 화이트헤드, 『자연의 개념』].
36. Marshall McLuhan, *The Gutenberg Galaxy*, 32 [마셜 매클루언, 『구텐베르크 은하계』].

중요한 행위와 중요하지 않은 행위를 구별하는 데 어려움을 겪고 있으며, 샤비로도 같은 어려움에 직면한다. 『비유물론』에서 나는 네덜란드 동인도회사라는 특정 역사적 존재자가 첫눈에는 소용돌이치는 항상적 관계 집합처럼 보일지라도 관계들의 집합으로 독해될 수 없다는 것을 보여주고자 했다. 수명 전반에 걸쳐 어떤 의의 있는 방식으로 한 존재자를 변형시키는 사건은 6개 정도인 점이 밝혀졌다. 진화 생물학자인 린 마굴리스의 용어를 차용하여, 나는 이 사건을 매우 빈번하게 일어나는 단순한 관계와 반대되는 "공생"이라고 부른다.[37]

말할 필요도 없이, 샤비로는 여기에서 나를 따르지 않는다. "이미 보았듯이 하먼은 관계를 본질적이지 않은 것으로 격하시킨다"(40 [85]). 윌리엄 제임스의 탁월한 근거를 바탕으로 그는 "하먼처럼 관계성을 환원주의적 결정론으로 풍자하기에는 관계란 너무도 다양하며 '다양한 친밀성의 정도'를 가지고 끼어든다"[38](40 [85])라고 주장한다. 나는 다른 곳에서 제임스의 논문을 다루었다.[39] 간단히 말해서, 나는 관계가 다양한 종류와 "다양한 친밀성의 정도"를 가지고 끼어든다는 데 반대하지 않는다. 그러나 샤비로가 "인과적 효과성의 영역에서 우리는 오히려 일종의 총체적 접촉, 객체들 사이의 난잡한 교류와 관련이 있다"(56 [111])라고 대담하게 진술하는 한, 그는 그가 나에게 귀속하는 관계에 대한 일면적인 견해로부터 자유롭지 않다. 만약 총체적 접촉이 있다면, 모든 것이 처음부터 동등하게 난잡하기 때문에,

---

37. Harman, *Immaterialism* [하먼, 『비유물론』] ; Lynn Margulis, *Symbiotic Planet* [린 마굴리스, 『공생자 행성』].
38. William James, *Essays in Radical Empiricism*, 44 [윌리엄 제임스, 『근본적 경험론에 관한 시론』].
39. Graham Harman, "Object-Oriented Philosophy vs. Radical Empiricism," in *Bells and Whistles*.

정의에 따라 난잡함의 "정도"는 없다. 그렇다면 샤비로는 우리가 언제나 모든 것과 접촉 중이지 않은 것처럼 보인다는 사실을 어떻게 설명할 것인가? 화이트헤드처럼, 그는 이것을 의식적 삶에서 발견되는 비교적 드물고 높은-등급의 관계에 따른 인공물로 취급한다. "불가피하게 한계 및 실패와 부딪히는 현시적 즉각성의 영역에서만, 우리는 '실재적인' 것과 구별해야 하는 '감각적 객체'라는 하먼의 역설과 마주하며, 기회원인론이나 대리적 인과관계와 마주하게 된다"(56 [111]). 만약 우리가 의식적 삶에서 발견되는 심화된 후기 형태보다는 인과관계 그 자체를 고려한다면, 내가 주장하는 사물 속 "깊은 본질적 성질들"이 없다는 것을 알게 될 것이다(141 [254]). 여기서 샤비로는 제임스, 화이트헤드, 그리고 라투르처럼 메이야수와 내가 서로 다른 이유로 유지하는 것, 즉 일차 성질과 이차 성질 사이의 구별을 거부하게 된다. 로크에게 이것은 사물의 물질적 특성(일차)과 이러한 사물을 감지하는 다른 사물과 조우할 때만 발생하는 성질(이차) 사이의 차이였다.[40] 로크가 근본적인 물질에서 일차 성질을 찾는 반면, 메이야수는 수학화될 수 있는 것에서 일차 성질을 찾고, 나는 사물의 본질적이고 비-관계론적인 특성, 다른 어떤 것이 그 사물과 조우하든 그렇지 않든 간에 그 사물이 가지는 특성에서 일차 성질을 찾는다. 그러나 샤비로에게 그러한 뉘앙스는 무관하다. 샤비로가 보기에 일차/이차 균열은 "인식론적인 문제이지 존재론적 문제가 아니다"(116 [213]). 이상하게도 그는 우리가 사고 외부의 사물을 사고로 돌리지 않고는 그것을 생각할 수 없다는 것을 부인하며 ─ 메이야수에 반대하여 ─ 나와 통상적으로 동맹을 맺고 있음에도 불구하고, "상관주의적 순환"과 매우 유사한 것에

---

40. Locke, *An Essay Concerning Human Understanding*, 178 [로크, 『인간지성론』 1·2].

호소하는 이 평결에 의존한다. 결국, 샤비로는 "우리는 어떠한 매개체를 거치지 않고 … 성질들에 접근할 수 없으며, 이는 '일차'와 '이차' 양쪽 모두에 대해서 말할 수 있는 것"(117 [214])이라고 생각한다.

샤비로의 견해는 현시적 즉각성의 수준에서는 상관주의적 순환을 벗어날 수 없지만, 일단 우리가 인식되지 않은 파악들의 화이트헤드주의적인 우주적 수준으로 이동하면, 모든 것이 다른 모든 것과 갖는 직접적이고 난잡한 인과관계 덕분에 우리는 그 순환을 선행적으로 탈출한 상태에 있었다는 점을 수반한다. 샤비로는 내가 나의 상호작용 이론을 의식적 사고와 지각의 영역으로 제한하지 않는다는 것을 알고 있기에, 그는 오직 내가 알든 모르든 비생명 상호작용을 의식적 상호작용으로 잘못 환원한다고 주장함으로써 이 점을 나에게 불리하게 돌릴 수 있을 뿐이다. 관계의 보편적 특징이 캐리커처임을 보여주려는 나의 끊임없는 노력을 그가 알고 있을 뿐만 아니라, 가장 유명한 사례인 면직물을 태우는 불길을 직접 인용하기까지 했다는 점을 감안하면, 이는 다소 무리한 주문이다. 샤비로는 불길이 인간 관찰자와 마찬가지로 면직물의 **모든** 특성과 접촉할 수 없다는 것에 동의하는 것으로 시작한다. 이곳이야말로 우리가 모두 화이트헤드주의자라고 할 수 있는 지점이며, 결국, 다른 모든 것의 기초에 인간-세계 관계를 두는 칸트주의적 배치에 반대하며 적들에게 포위된 소수라고 할 수 있다는 것의 의미이다. 그러나 샤비로에게 면직물과 불길의 이러한 제한된 조우는 여전히 "인식론적"(106 [196])으로 간주되며, 나는 이 용어를 지배적인 근대 인간-세계의 균열을 위해 상비해두는 편을 선호한다. 그러나 불길과 면직물의 만남이 인식론이라는 용어의 확장된 의미에서 단순히 "인식론적"이라면, 그것을 뒷받침하는 "존재론적" 수준은 어디에 있는가? 샤비로의 경우, 그것은 불길 자체가 포착할 수 없는 화재-효과의 수준에서 발견된다. 그가 말하듯, "면직물이 불타면서, 불길이 전혀 감지할 수 없던 특성들 역시 같이 대체되었거나 파괴되었다. 불길은 스스로 '알' 수 없는 면직물의 양상들조차 **바꾸고 있다**"(106 [196]). 이를 바탕으로, 샤비로는 지식이 인간적-의미보다-넓은 의미에서 사용된다는 것을 염두에 두면서 내 이론에서 "지식"이 지나치게 큰 위치를 차지한다고 주장한다. 예를 들어, "하먼이 존재자들 간의 접촉에 대한 정보론적이고 인식론적인 제한에 너무 많은 비중을 두고 있으면서"(118 [217]), "칸트가 자신의 첫 번째 비판에서 범했듯이, 유한성을 지식의 제한에 관한 문제로 보면서 유한성을 구상하는 데 있어서 오류를 범했다"(136 [246]). 더 나아가, "하먼은 사물에 관한 '정보'가 아무리 많이 축적되어도 그 사물을 '복제'하거나 그 사물의 '총체성에 도달'할 수 없다고 말하지만, 나는 정보의 어떠한 축적도 그 사물을 결코 **소진**할 수 없다고 말하는 편이 더 정확하다고 생각한다"(117 [215])라고 말하면서, 나 스스로 "소진"이라는 용어를 상당히 자주 사용하고 있음을 잊고 있는 것처럼 보인다.

샤비로의 논증이 지닌 어려움은 다음과 같다. 칸트주의적 인간 영역을 훨씬 넘어선 상호작용의 유한성에 관한 나의 확장을 받아들이면서, 샤비로는 불길-면직물의 대치 그 자체의 외부에서 일어나는 인과적 영향의 영역을 지적한다. 예를 들어, 면직물은 파괴되었고, 이것은 불길과 감각적 객체인 면직물의 즉각적인 "접촉"과는 완전히 다른 무언가다. 이에 대한 첫 번째 문제는 불길과 면직물의 인과적 충격은 비록 파괴를 초래하지만 무한하지는 않다는 것이다. 목화송이의 파괴가 롱비치의 조류나 독일의 정치 체제에 영향을 미칠 필요는 없다. 사실, 그러한 영향이 조금이라도 있다고 가정할 이유가 없다. 화이트헤드는 많은 파악이 "부정적"이라고 규정함으로써 이것을 설명하려고 시도하지만, 그가 왜 불길-조수 또는 불길-독일을 "파악"이라고 부르고 싶어 하는지는 불분명하다. 그것들을 "부정적 파악"이라고 부를 필요가 생긴 것은 전 지구적global 파악이 과격한-전체론적 과잉이 될 수 있다는 스스로 부과한 위험의 결과일 따름이다.

샤비로의 두 번째 문제는, 비록 화이트헤드가 현시적 즉각성과 좀 더 기본적인 형태의 파악 사이의 차이에 큰 중점을 두고 있지만, 이것의 요점은 우리를 근대주의적 잠에서 깨우고 근대의 인간-세계 상관관계보다 더 많은 것을 우리의 철학에 포함하도록 촉구하는 데 있다는 것이다. 샤비로의 논증과 대조적으로, 그것은 각각 다른 관계론적 규칙에 지배되는 "인식론적" 상호작용과 "존재론적" 상호작용 사이의 이원론을 확립하기 위한 것이 아니다. 이와는 반대로, 화이트헤드의 가장 위대한 철학적 업적 중 하나는 이러한 구별을 의도적으로 평평하게 만든 것이다. 나는 화이트헤드가 실재에서 별개의 "정신적" 극과 "물리적" 극을 이야기한다는 것을 잘 알고 있지만(63 [150]), 그의 모든 파악은 같은 방식으로 작용한다. 즉, 하나의 현실적 존재자는 신에 포함된 "영원한 객체"(이는 샤비로의 책에서 결코 등장하지 않는데)를 통해서 다른 현실적 존재자를 파악하며, 영원한 객체는 어떤 존재자도 다른 존재자를 완전하게 파악하지 못하게 보장한다. 샤비로와 달리 OOO에서 인과성은 불길이나 인간이 모두 상대적으로 둔감해서 탐지되지 않는 인과적 수준에서의 총체적 접촉을 통해서 작동하는 것이 아니다. 대신에, 인과관계는 불길과 면직물이 단일한 새로운 존재자로 결합하고, 그 새로운 존재자가 자신의 두 요소인 불길과 면직물 모두에 소급적 영향을 미치기 때문에 발생한다. 그러한 영향이 명시적 지각의 문턱보다 낮은 수준에서 일어난다는 사실은 감지되지 않은 수준에서의 인과적 무차별 상태를 수반하지는 않는다. 유비적으로 말하자면, 뉴욕시는 거주민들에게 소급적 효과를 미친다. 아마도 뉴욕시는 주민들이 더 많이 스트레스를 받고, 공격적이고, 냉소적이게 만들겠지만, 내가 자란 시골 아이오와주에서 살았던 것보다는 더 세련되고 범세계적이 되게도 할 것이다. 우리는 전체로서의 뉴욕시가 이러한 개별적인 효과들과 접촉을 가질 것이라고 기대하지 않지만, 그것은 개별적인 효과들이 니콜라스 루만의 독자들에게 친밀한 의미에서 하나의 체계로서의 도시와 관련이 없기 때문이다.41 뉴욕시와 아이오와 출신의 뉴욕 거주민은 모두 유한하고 제한된 존재자이지만 인과관계 전체는 그러한 제한이 없다는 것은 분명 참이 아니다. 요컨대, 샤비로가 "인식론적" 수준과 "존재론적" 수준이라고 부르는 것은 실제로는 하나의 같은 수준에 속하며, 거기서 모든 것은 그것이 조우할 수 있는 것과 조우할 수 없는 것으로 제한된다. 여기서 샤비로의 이론은 화이트헤드보다는 『주름』의 들뢰즈처럼 들린다.42 혹은 브라이언트의 최근 작업 중 일부처럼 들리기도 하는데, 여기서 모든 것은 존재의 원시적 이야기에서 연결되어 있고 어떤 파생적인 위층에서만 분열된다.

레비 브라이언트에 관한 막간극

브라이언트의 입장과 샤비로의 입장 사이에는 중요한 중첩과 차이가 있기에, 브라이언트에 관한 추가적 설명이 필요하다. 결국, 샤비로는 화이트헤드의 "영원한 객체"를 무시하는 대가로 직접적인 인과적 상호작용의 수준을 공개적으로 지지하고, 감각적 객체의 고유한

---

41. Niklas Luhmann, *Theory of Society*.
42. Gilles Deleuze, *The Fold* [질 들뢰즈, 『주름, 라이프니츠와 바로크』]; Levi R. Bryant, "The Interior of Things," *Przeglad Kulturoznawczy*.

한계는 현시적 즉각성의 단순한 부산물이며, 인간 사고와 지각이 그것의 명백한 예시라고 주장한다. 브라이언트와 샤비로 사이에 있을 수 있는 차이는 브라이언트가 케빈 맥도넬과 한 2015년 인터뷰에서 나타난다. 거기서 브라이언트는 다음과 같이 말한다. "하먼과 나의 차이에도 불구하고, 하먼의 저작은 나의 사유에 엄청난 자극이 되어 왔다. 나는 실재적 성질과 감각적 성질, 그리고 객체에 관한 하먼의 구별이나 그의 대리적 인과관계 이론을 공유하지 않지만, 그럼에도 나는 객체가 그것의 관계에서 분리될 수 있다고 주장한다."43 이 측면에서 브라이언트는 샤비로에 반대하며 나의 편에 선다. 샤비로는 화이트헤드가 존재자의 "사밀성"privacy을 완벽하게 잘 허용한다고 주장하지만, 이 사밀성이라고 알려진 것은 단지 이전의 순간에 대한 그 존재자의 파악들이 이루는 통합된 총합일 뿐이며, 따라서, 그것이 앞으로 도래할 순간 속에서 가질 수 있는 수많은 관계와의 비교라는 사례를 제외하면, 정말로 사밀적인 것은 아니다. 내가 보기에는 브라이언트의 "잠재적 고유 존재"가 이것보다 훨씬 더 사밀적이며, 그러므로 어떤 의미에서 브라이언트는 여전히 객체지향 존재론자로 남는다. 하지만 샤비로는 내 저작에 대한 그의 폭넓은 호의적 견해에도 불구하고 객체지향 존재론자라고 말해질 수 없다.

방금 브라이언트의 인터뷰로부터 인용한 구절에서 볼 수 있듯이, 그는 내가 후설에게서 끌어낸 실재적/감각적 구별과 대리적 인과관계 자체를 모두 거부한다. 브라이언트는 그가 "상호작용주의"interactivism라고 부르는 입장을 통해서 이를 수행하는데, 이 입장은 충분히 고려할 가치가 있다.44 브라이언트는 그의 인터뷰와 동일한 저널에서 그의

---

43. Kevin MacDonnell, "Interview," *St. John's University Humanities Review*, 69.

"국소적 표현"개념이 객체의 단일한 음영과 관련이 있는지, 혹은 그 대신에 후설이 존속하는 지향적 객체라고 부를 만한 것과 관련이 있는지에 대한 나의 혼란과 관련해서 내가 설정한 문제를 인용하며 시작한다.45 브라이언트의 대답은 복잡하고 난해하다.

> 국소적 표현은 객체의 경관이 아니라, 객체 내부에서 일어나는 사건이다. 예를 들어, 코끼리가 서쪽에서 나무에 달린 사과와 조우하는 방식은 사과의 국소적 표현이 아니다. 사실, 이것은 코끼리의 국소적 표현이다 … 사과는 동쪽, 서쪽, 북쪽, 남쪽, 위쪽 또는 아래쪽의 다른 존재자와의 조우 여부에 상관없이 스스로 그러한 것이다. 오히려, 사과의 국소적 표현은 사과가 익어가며 환경과 상호작용하면서, 사과가 겪는 생화학적 과정의 결과로 발생하는 질적 변화와 같은 무언가일 것이다. 아주 잘 익은 사과의 부드러움은 다른 누구에 대한 표현이 아니다. 어떤 다른 존재자가 사과를 보든 안 보든 부드러움은 거기에 있을 것이다. 오히려, 그것은 객체가 겪었던 생성에 기인하는 객체 그 자체의 질적 특징이다.46

이 구절을 읽는 것은 브라이언트의 모델을 이해하는 데 유용했다. 이전에, 나는 그의 "잠재적 고유 존재"가 나의 "실재적 객체"와 등가로서 성질보다는 힘을 갖추고 있는 것으로 생각했었다. 그리고 나는 그의 "국소적 표현"local manifestation이 나의 감각적 영역과 등가이지만 감각적 객체와 그것의 다양한 질적 음영 사이의 구별이 불충분하다고 생각했

---

44. 같은 글.
45. Graham Harman, "Strange Realism," *St. John's University Humanities Review*, 17~8.
46. MacDonnell, "Interview," 69.

다. 나는 이제 그가 완전히 다른 무언가를 하고 있다고 느낀다. 물론 그 결과 나의 혼란스러움은 형태가 변했을 따름이다.

왜냐하면 지금은 브라이언트의 잠재적 고유 존재와 국소적 표현이 모두 내가 감각적이라기보다는 **실재적**이라고 부르는 것에 속하는 것처럼 보이기 때문이다. 결국, "아주 잘 익은 사과의 부드러움은 다른 누구에 대한 표현이 아니"며, 나는 브라이언트가 철학적 근대주의자들의 양식에 따라서 인간 표현에 자신을 제한하지 않기에 "누구"를 "무언가"로 확장할 것으로 추정한다. 그것은 보이지 않은 표현 — "표현"manifestation이라는 단어가 통상적으로 시사하는 것처럼 — 으로서의 숙성의 문제이지만, 다른 어떤 것과 조우하든 그렇지 않든 사과에 내재한 숙성이다. 비록 브라이언트는 "성질"이라는 단어를 경계하지만, 나에게 이것은 일차 성질과 매우 흡사하게 들린다. 그렇다면 후설의 음영이나 나의 감각적 성질, 예를 들어 특정한 방향에서의 무언가에 대한 사과의 정확한 나타남과 같이 통상적으로 "이차적"이라고 불리는 종류의 성질은 어떻게 될 것인가? 나의 감각적 객체나 후설의 지향적 객체와 함께 이 모든 것이 사라지는 것처럼 보인다. 마치 모든 이차적이거나 감각적인 것(혹은 그것의 브라이언트적 등가)이 같은 기반 위에 있는 것처럼 보이며, 이것은 그의 경우 감각적 영역 내에 균열이 없다는 것을 의미한다. 그러나 진정으로 이상한 점은 사과의 이러한 이차 성질 — 브라이언트는 이 용어를 사용하지 않지만, 우리가 그를 대신해 사용할 수 있는데 — 이 사과에 전혀 속하지 않고 사과를 보는 코끼리의 국소적 표현이라는 것이다. 다르게 진술하자면, 나는 이전까지 브라이언트의 "국소적 표현"을 감각적 영역에 대한 그의 설명으로 해석했지만, 그는 감각적 영역을 전혀 허용하지 않는 것 같다. 사과는 자신의 숙성과 부드러움 속에 갇혀 있고, 코끼리는 사과에 대한 자신의 지각

속에 갇혀 있다. 요컨대 우리가 보고 있는 것은 나의 철학보다 훨씬 더 단자론적인 모델처럼 보인다. 내 입장은 비록 실재적 객체에 직접적으로 접근할 수는 없지만, 감각적 영역 속에 여전히 어떤 최소한의 타성otherness이 있다는 것이다. 서쪽에서의 사과의 윤곽은 "코끼리 속에" 있는 것이 아니라 코끼리와 사과로 형성된 더 거대한 객체의 내부에 있는 것이며, 그러므로 윤곽의 정확한 특징은 두 개 모두에 기인하고 있다. 비록 브라이언트가 자신의 견해를 "상호작용주의"라고 부르지만, 사과의 다양한 윤곽이 그저 코끼리의 국소적 표현이라고 말해진다는 점을 고려할 때, 많은 상호작용이 진행되고 있다고 보기는 어렵다. 간접적으로조차 만질 수 없는 것처럼 보이는 사과에 접근할 수 있게 해주는 라이프니츠의 예정조화도 없이, 코끼리는 그 자신의 모나드에 갇혀 있다. 추정컨대 브라이언트와 나는 내가 그를 제대로 이해하고 있는지 확인하기 위해 더 많은 대화가 필요할 것이다. 하지만 내가 보기에, 이것이 위의 인용문이 솔직하게 의미하는 바이다.

반복하자면, 브라이언트의 잠재적 고유 존재와 국소적 표현의 동등하게 단자론적인 개념화는, 국소적 표현들이 속해 있는 사과, 코끼리, 혹은 인간 존재자 내부에 국소적 표현들이 갇혀 있다는 점에서 알 수 있듯이, 내 책의 페이지들 속에서 발견되는 어떤 것보다도 더 기회원인론적으로 들린다. 결국, 나는 매혹을 통해 실재적 존재자들 사이의 경계가 간헐적으로 파괴되는 것을 허용한다. 브라이언트의 경우에는 코끼리와 사과가 어떻게 접촉할 수 있는지에 관한 어떤 설명도 제공하지 않는다. 그러나 이러한 존재자들의 상호외재성을 향한 경향성처럼 보이는 것을 감안할 때, 브라이언트가 대리적 인과관계에 관한 나의 개념을 거부하는 것은 완전히 이상한 것이다. 브라이언트가 같은 인터뷰의 초반에서 말했듯이,

하먼은 실재적 객체가 서로 만지거나 관계하지 않고, 오히려 "진공으로 밀폐"되어 영원히 방화벽 뒤에 있다고 주장한다. 고백하건대 나는 이 테제를 진정으로 이해하지는 못한다. 하먼은 실재적 객체들이 결코 서로 만지지 않고 오직 그것들의 감각적 객체의 내부에서만 서로 조우한다고 주장하는 것처럼 보인다. 그러나 이것은 그것들이 관계하지 않으면서도 관계한다는 말처럼 들린다. 그렇다면 나는 그것들이 실제로는 관계하는 것이라고 생각한다.[47]

그런 모델의 어디가 문제인가? 그것은 모순의 문제가 될 수 없다. 왜냐하면 나는 그것들이 **직접적으로** 관계함이 없이 관계한다고 말하고 있고, 브라이언트는 이 점을 의식하고 있을 정도로 나를 잘 알고 있기 때문이다. 따라서 나는 브라이언트에게 두 가지 가능한 선택지가 남아있다고 생각한다. 브라이언트는 (a) 객체들이 전혀 관계하지 않기 때문에, 또는 (b) 객체들 사이의 직접적인 관계가 너무도 공통적이고 쉬워서 복잡한 대리적 인과관계 이론으로 소란을 일으킬 가치가 거의 없기에 내가 틀렸다고 말할 수 있다. 명백하게, 나의 작업에 관한 대부분의 비평가, 특히 물리학이 이미 우리가 그 문제에 관해 알아야 할 모든 것을 알려준다고 가정하는 과학주의적 성향의 비평가는 이 시점에서 (b)를 선택할 것이다. 그러나 우리가 보았듯이, 각각 자신의 국소적 표현으로 둘러싸여 있는 사과와 코끼리에 관한 브라이언트의 이론은 객체들이 전혀 관계하지 않는다는 선택지 (a)를 시사한다.

그러한 이론이 라이프니츠의 예정조화 없이 어떻게 작동할 수 있는지를 생각하는 어려움과 함께, 바로 같은 페이지에서 브라이언트가

---

47. 같은 글.

나에 관한 대다수의 비평가처럼 선택지 (b)를 선택해 버리는 추가적인 문제가 뒤따른다. 브라이언트는 한 점에서 만나는 두 개의 삼각형을 나타내는 유용한 도표를 그리고 나서 다음과 같이 언급한다. "분명히 [삼각형들은] 모든 점에서 직접적으로 관계하는 것은 아니다. 하지만 그것이 어째서 그것들 사이에 실재적 관계가 없거나 그것들이 만나지 않는다는 결론으로 이끄는가? 내게는 이해할 수 없는 것이다."[48] 이제, 잡히지 않는 두 명의 다른 브라이언트가 존재하는 것처럼 보이며, 나는 그들을 함께 결집하는 데 어려움을 겪고 있다. 그들을 코끼리 브라이언트와 삼각형 브라이언트라고 부르자. 코끼리 브라이언트는 코끼리가 사과를 결코 지각하지 못하고 자신의 국소적 표현만을 지각하며 그 반대도 마찬가지라고 주장하는 급진적 단자론자radical monadologist인 것처럼 보인다. 그러나 삼각형 브라이언트는 사물들 사이의 접촉이 한 점에서 두 개의 삼각형을 함께 누르는 것만큼 쉽다고 생각한다. 그 모순은 너무 노골적이어서 브라이언트의 주의를 피할 수 없었을 것 같은데, 이는 그의 마음속에 두 가지를 양립할 수 있게 만드는 숨겨진 전제가 반드시 있다는 것을 의미한다. 내가 생각하는 그 전제가 무엇인지 말하기 전에, 두 삼각형의 접촉이 대리적 인과관계를 무효화하지 않는 이유를 설명하겠다.

우리가 보았듯이 브라이언트는 다음을 인정한다. "분명히 [삼각형들은] 모든 점에서 직접적으로 관계하는 것은 아니다. 하지만 그 점이 어째서 그것들 사이에 실재적 관계가 없거나 그것들이 만나지 않는다는 결론으로 이끄는가?" 이것은 블로그 공간에서 나에게 대항해서 종종 행사되는 견해의 한 변종인데, 즉 접촉은 간접적이기보다는 "직접

---

48. 같은 글.

적이지만 부분적"이라는 견해이다. 수학과 관련된 가능한 복잡한 문제를 피하고자 삼각형에서 악수로 예시를 전환해 보겠다. 명백하게, 나는 브라이언트와 악수하며 그의 존재 전체를 만지지 않는다. 우리는 그 정도는 동의할 것이다. 그럼에도 불구하고 브라이언트는 악수가 그를 직접적으로 만지는 것으로 여기는 것처럼 보이며, 반면 나는 그렇지 않다. 결국 브라이언트의 손은 브라이언트 자신이 아니다. 게다가, 비록 해부학적 의미에서는 브라이언트의 손이 그의 신체 부위 중 하나임에도, 손은 브라이언트 자신의 **부분**조차 아니다. 우리 현대인들은 형이상학적 문제에 너무도 거부감을 갖게 되어서, 접촉이라는 것을 즉시 한 사물이 다른 사물과 부딪친다는 명백한 물리적 의미로 생각한다. 브라이언트의 "손"이라고 불리는 부분을 통해 브라이언트를 직접적으로 만지는 것이 왜 불가능한가? 왜냐하면 브라이언트의 손을 직접적으로 만지는 것조차 불가능하기 때문이다 ─ 손은 그 자체로 실재적 객체이며, 아마도 우리는 기껏해야 표피와만 접촉할 수 있을 뿐이다. 그러면 누군가는 내가 표피와 직접적으로 접촉한다고 말할 것이고, 아마도 지금쯤 다소 짜증이 났을 것이다. 이 시점에서, 그 사람은 우리가 결국 직접적인 접촉의 극소한 층에 도달할 것이라고 내가 인정하도록 시도하게 될 것이다. 그런데 여기에는 두 가지 문제가 있다. 첫째, 직접적인 물리적 접촉 지점이 있다는 것이 옳다고 하더라도, 여전히 이 지점과 표피, 또는 표피와 손, 또는 손과 브라이언트 사이의 연결을 설명해야 한다. 그러나 이를 수행할 때 이러한 부분들의 "통속 인접성"folk contiguity에 호소할 수는 없는데, 왜냐하면 인접성과 접촉이 정확히 논쟁의 대상이기 때문이다. 이는 두 번째이자 더 중요한 문제로 이끈다. 만약 사물을 만지는 것이 단순히 사물의 표면을 만지는 것을 의미한다면, 이것은 손들이 자신들의 해부학적 핵심을 서로 깊이 꿰뚫는 것이 불가능하다는 단순한 물리적 이치가 아니다.[49] 그 대신, 그것은 접촉에 관한 더 세련된 문제를 가리킨다. 즉, 사물을 만지는 것은 그 사물의 캐리커처를 만지는 것인데, 왜냐하면 당신은 당신의 손을 가지고 다른 손이나 다른 어떤 것을 직접적으로 만질 수 없는 유한한 피조물이기 때문이다. 당신이 다른 사람의 손을 만질 수 없는 것은 손에 특정적으로 관련된 물리적 제한 때문이 아니라 손이 다른 모든 객체와 마찬가지로 코스모스의 다른 모든 것에 직접적으로 열려 있지 않기 때문이다. 그것은 오직 감각적 실재에만 열려 있으며, 이는 기껏해야 실재적인 것과의 간접적인 접촉을 의미한다.

나는 앞서 브라이언트가 단자론과 손쉬운 직접적 접촉 이론의 노골적 모순을 단순히 동시에 제공할 수 없다고 말했다. 따라서 브라이언트의 논증에는 두 가지 모두를 허용하는 숨겨진 전제가 있어야 한다. 내가 보기에 그 전제는 샤비로가 『주름』의 들뢰즈에게서 끌어낸 것과 같은 것이다. 즉, 존재자들 사이의 초기적 관계에는 인과적 직접성이 있고, 더 복잡한 수준의 현시적 즉각성에서는 폐쇄가 뒤따르는 이중적 모델이다. 이것은 우리가 두 명의 브라이언트(코끼리와 삼각형 형태)를 결합하고, 그가 한 점에서 만나는 두 개의 삼각형이 아니라 한 점에서 만나는 코끼리와 사과를 그렸다고 상상하면 더 쉽게 볼 수 있다. 이 결합된 예시에서 우리는 브라이언트가 다음의 두 가지를 동시에 말하고 있음을 알 수 있다. (a) "보세요, 코끼리와 사과가 만나 있어요. 그게 뭐가 그리 어렵겠어요?" 그리고 (b) "코끼리가 사과를 만나는 것처럼 보이지만, 실제로는 자신의 국소적 표현을 만나고 있는

---

49. 이런 의미에서 마누엘 데란다는 DeLanda and Harman, *The Rise of Realism*, 56 [데란다·하먼, 『실재론의 부상』]에서 내 논증을 오해한 것처럼 보인다.

것일 뿐이고, 사과의 경우도 사과가 코끼리를 만나는 것처럼 보일 때 마찬가지입니다. 두 존재자는 실제로는 그저 자신을 만나고 있을 뿐입니다." 브라이언트는 샤비로와 마찬가지로 고도로 지적인 사람이다. 브라이언트는 순진한 논리적 모순에 빠진 것이 아니라, 관계에 관해서 나 자신의 단층적인 이론이 아닌 이중적인 이론을 제시하고 있는 것이다. 그 이론에는 관계라는 것이 어렵지 않은 인과적 접촉의 수준이 있으며, 그 수준은 관계가 너무 어려워 감각적 표현만이 일어나는 지각의 상층부와 결부된다. 그것은 들뢰즈가 연속적인 것을 이질적인 것과 통합하려고 시도하는 방법과 유사하며, 샤비로가 지상층에서는 직접적 인과관계의 난장판^{orgy}을 허용하면서 현시적 즉각성으로 유한성을 제한하는 방법과 유사하다. 브라이언트의 단자론적 코끼리와 사과는 인과적 상호작용이 아닌 **경험**의 측면에서만 "창이 없는" 것이다. 브라이언트와 샤비로 모두 놓치고 있는 것은 간접적 관계가 결과일 뿐만 아니라 출발점이라는 점이다. 우리는 사과와 코끼리가 어느 지점에서 접촉하고 나서야 그것들 내부에 갇힌다고 말할 수 없다. 이것은 코끼리와 사과의 초기 접촉과 서로를 지각하는 능력에 동등하게 해당하는 통합된 문제에 대한 불성실한 해결책이다.

브라이언트에게서 다시 샤비로로

샤비로로 돌아가서, 상황은 그가 내 용법을 내게 대항해서 사용하려 할 때 더 혼란스러워진다. 샤비로는 나의 비관계론적인 실재적 객체에 깊은 회의감을 품으면서, "하먼이 단순한 신체성, 인과성, 미학의 '감각적인' 영역으로 치부하는 것은 사실 존재하는 유일한 영역"(146 [262])이라고 주장한다. 그러나 내 손으로 나를 끌어내리려는 이 시도에는 적어도 세 가지 문제가 있다. 첫 번째는 OOO의 감각적 영역에 관해서 그 무엇도 "단순하지" 않다는 것이다. 실재적 객체들의 상호 물러남을 고려할 때, 이 영역은 인과적 상호작용이 촉발될 수 있는 유일한 장소이다. 예를 들어, 레비나스에 관한 나의 해석을 윤리와 절대적 타자성에 대한 통상적인 지루한 초점과 구별하는 것은, 레비나스가 하이데거 속에 누락된 것으로 올바르게 발견한 것, 즉 사물의 감각적 즉각성으로서의 향유에 관한 그의 탁월한 설명에 내가 주목한다는 점이다.[50] 또한 나는 장 보드리야르가 버클리 이래로 가장 반실재론적인 사상가임에도 불구하고 객체가 우리를 어떻게 새로운 종류의 실재로 **유혹**하거나 끌어들이는지에 관한 그의 개념에 내가 중요성을 부여하고 있음을 언급하며 장 보드리야르에 대한 나의 강한 관심을 지적하겠다.[51] 두 번째로, 나의 철학에서 감각적 영역은 샤비로가 그토록 바람직하다고 생각하는 일종의 규제 없는 인과적 상호작용으로 특징지어지지 않는다. 오히려 감각적 객체들은 하나의 **안정된**buffered 현존을 더 거대한 실재적 현존의 내부로 이끌며, 이는 그것들 역시 서로 간에 자동으로 상호작용하지는 않음을 의미한다. 세 번째로 가장 중요한 점은, 나의 감각적 객체가 가진 주요 특징이 샤비로가 생각하는 것이나 그 문제에 관해서는 브라이언트가 생각하는 것과도 전혀 유사하지 않다는 것이다. 이는 직접적인 감각적 접근 가능성의 영역 내부에서도 감각적 객체와 그 감각적 성질 사이에 영속적인 결투가 있다는 후설주의적 요지이다. 수박이나 우체통은 한 순간에서 다음 순간으로 넘어가며 아무리 많이 변하더라도 우리에게 동일한 감각

---

50. Graham Harman, "Levinas and the Triple Critique of Heidegger," *Philosophy Today*.
51. Jean Baudrillard, *Seduction* [장 보드리야르, 『유혹에 대하여』] ; Graham Harman, "Object-Oriented Seduction," in *The War of Appearances*.

적 객체로 남는다 — 우리가 그것을 더는 동일한 사물로 인식하지 않고, 그것이 다른 무언가로 바뀌었거나 우리가 그것에 계속 속아 왔다고 결단하는 정도까지 그것이 변화하지 않는 한에서 말이다. 샤비로에 관해 공정하게 말하자면, 그가 지향성이라는 개념 자체에 이의를 제기할 때 우리가 보게 될 것처럼, 그는 부지불식간이 아니라 의식적으로 이 후설주의적 모델을 거부한다고 덧붙여야겠다.

불길과 면직물의 사례와 동일한 이유에서 샤비로는 달에 관한 나의 추가적인 예시에 이의를 제기하며, 다시 한번 달의 제한된 영향에 대한 나의 "인식론적" 설명에서 결점을 찾는다. 그렇게 함으로써 샤비로는 달이 그것이 초래하는 모든 영향과 등가라는 화이트헤드주의자로서는 놀랍지 않은 주장을 한다(137 [247]). 샤비로가 "달로부터의 우리의 독립성이 제한을 가진다"(137 [247])라고 말한 것은 분명 옳았지만, 달에 대한 우리의 의존성에도 제한이 있다는 반원리를 생략한 것은 틀렸다. 달이 현대인이 인정하고 싶은 것보다 분위기에 더 큰 영향을 미친다고 주장하는 뉴에이지 유명인의 말을 듣는 사람들이나, 태어날 때 위대한 위성의 위치로부터 그들의 인격성의 양상을 도출하는 점성가의 말을 듣는 사람들조차도, **모든 것을** 절대적으로 달의 탓으로 돌리는 사람, 복권부터 경찰 총격 사건, 선거 결과, 학교 시험 낙제에 이르기까지 전부 달의 탓으로 돌리는 사람에게는 당연히 경악할 것이다. 달이 우리 행성에 막대한 영향을 미친다는 사실이 물러난 실재적 객체로서의 달이 현존하지 않는다는 것을 증명하는 것은 아니며, 달이 모든 것에 영향을 미치지 않고 어떤 것들에만 영향을 미치는 이유에 관한 설명만을 요구할 뿐이다. 관계는 **작업**을 통해 형성되며, 비록 이 노동의 큰 비중이 다른 존재자들에 의해 사전에 이루어졌다 하더라도 그렇다. 작업에는 우리가 매일 의존하는 다리를 건설하고 운하를

준설하는 공학자와 건설반이 포함될 수도 있고, 은하 중심에서 끌어당기는 중력의 느린 노동이 포함될 수도 있다. 내 이론이 지닌 한 양상은 현재 다른 어떤 것과도 관계되지 않고 존재하는 "휴면 중인" 객체가 있을 수 있다는 것이다(83 [263]).52 샤비로는 이 용어가 관계로부터 물러나 우리 자신 속으로 되돌아가는 방식으로서의 수면과 관련이 있다고 언급하며, 나는 여전히 이것이 잠자는 것이 무엇인지 이해하는 생산적인 방식이라고 생각한다. 그러나 샤비로는 내 이론에서 이 비유가 맡는 역할을 과잉결정하며, 어떤 수면도 완벽하지 않고 자는 인간은 언제나 꿈과 방 속 주변에서 일어나는 일에 대한 잠재의식적 알아차림에 관여되기 때문에, 존재론적 차원에서도 "휴면"은 불가능하며, 오로지 죽음만이 비관계론적인 상태를 가져온다고 주장한다(147 [265]). 그러나 이 모든 것이 실제로 증명하는 것은 살아있는 피조물이 순수한 휴면을 가질 수 없을지도 모른다는 것이지, 달과 같이 존재하는 모든 것이 다른 모든 것과 관계해서 존재해야 한다는 것은 아니다.

과거에 나는 자기생성 이론과 그 주요 인물들인 루만, 움베르토 마투라나, 프란시스코 바렐라를 간략하게 언급했다.53 샤비로가 (그의 동료 관계론적 존재론자 라투르와 마찬가지로) 왜 이 사유 노선을 의심스럽게 여기는지 쉽게 알 수 있는 반면, OOO 사상가들은 그것을 높이 평가하는 경향이 있다. 샤비로는 그 문제에 관해서 상당히 많은 것을 말하고 있다. 자기생성 이론에 따르면 체계는 근본적으로 환경과 차단되어 있으며, 체계 자체에 의미가 있는 용어로만 이 환경을 처리

---

52. Harman, "Time, Space, Essence, and Eidos."
53. Niklas Luhmann, *Social Systems* [니클라스 루만, 『체계이론 입문』] ; Humberto Maturana, *Autopoiesis and Cognition* [움베르또 R. 마뚜라나·프란시스코 J. 바렐라, 『자기생성과 인지』].

하는 경향이 있다. 생물학적 세포의 행동에 관심을 가지는 면역학자 마투라나와 바렐라의 경우, 세포는 "항상성", 또는 매 순간 같은 상태로 자신의 내부를 보존하는 것을 지향한다. 그러므로 그들에게 세포는 루만의 "체계"와 마찬가지로 그것의 벽 너머에 있는 것에 의해서 변화하는 능력이 제한되어 있다. 이 이론의 정치적 귀결은 명백하게 비관적이다. 왜냐하면 루만에게 급진적 시위자들의 행위는 일반적으로 그들이 반대하는 체계가 무엇이 되었든 그 체계에 의해 흡수될 뿐이기 때문이다. 이 귀결은 심지어 일부 비평가가 자기생성이 유아론의 한 형태라는 혐의를 부과하도록 이끈다.54 샤비로가 부과하는 혐의는 그 정도로 과격하지는 않지만, 우리의 논의와 여전히 관련이 있다. 샤비로가 논하듯, "〔존속하는 객체의〕 활동적인 존속성은 정도의 차이는 있으나 스피노자가 **코나투스**라고 부르는 것, 그리고 레비 브라이언트가 객체의 '계속되는 자기생성'이라 부르는 것이다. 그러나 나는 이 용어들을 온전히 수용하지는 않는다. **코나투스**와 **자기생성**은 존재자의 자기-재생성과 동일성의 유지, 혹은 브라이언트가 말하는 '내적 일관성'에 너무 강조를 두는 것 같다."55 샤비로는 객체가 변화, 팽창, 수축, 또는 그 밖의 방식으로 자신의 특성을 바꾸거나 다른 운명을 겪을 수 있다고 말하며 정당하게 반박한다. 어떻게 보면 이것은 또 다른 사변적 이율배반처럼 보이기 시작할 수도 있다. 예를 들어, 루만과 라투르는 각각 관계에 관한 **불충분한** 초점과 **과도한** 초점으로 비판받을 수 있다. 다시 한번 균형을 맞춰야 하는 것처럼 보이며, 객체가 관계를 맺도록 허용하되 너무 많은 관계는 허용하지 않아야 한다. 앞서 나

---

54. Jeremy Dunham, Iain Hamilton Grant, and Sean Watson, *Idealism*, 86.
55. Levi R. Bryant, *The Democracy of Objects*, 143, 141 [레비 브라이언트, 『객체들의 민주주의』].

는 OOO가 샤비로보다 정태와 생성 사이의 균형을 맞추는 데 적합하다고 주장했다. 이는 끊기지 않는 항상적 변화의 존재론에 지나치게 치중하여 안정성을 설명하는 데 어려움을 겪는 나머지 그것을 너무 쉽게 "인식론"과 "현시적 즉각성"이라는 파생적 영역으로 떠넘긴다는 점을 고려할 때 그렇다. 샤비로는 여기서도 동일한 조치를 취하며, 전-현시적 인과성은 인간 이하 인지조차 그러하지 않는 방식으로 실질적으로 제한이 없다고 주장한다. 그런데 그는 또한 미학이라는 주제에 관해 브라이언트와 거리를 두는 예상치 못한 움직임을 취한다.

> 브라이언트는 체계에 대한 "교란이나 자극"이 가해지는 것을 … 말하면서 내가 "미적 접촉"이라 부르는 것을 설명해 버리고자 한다. 그러나 이러한 설명은 존재자들 간의 조우가 "정보"라는 용어로 완전히 기술될 수 있다는 잘못된 전제 위에서 성립되고 있다(여기서 정보는 〔조지〕 스펜서 브라운과 루만의 "구별"이나 그레고리 베이트슨의 "차이를 낳는 차이"라는 의미로 규정된다). 이와는 반대로, "체계" 외부의 여러 힘이 유발하는 에너지의 전송과 산화는 결코 그러한 정보론적 용어로 적합하게 부호화될 수 없다. (145 [261])

다르게 진술하자면, 샤비로는 브라이언트가 미학을 "인식론적" 수준의 자기 충족으로 환원한다고 비판함과 동시에 미학이 어떻게든 접근할 수 있는 자유로운 인과관계의 외적 영역을 가리킨다. 샤비로는 『실재론적 마술』에서 티머시 모턴의 설명을 차용하여 미학을 "원격접촉"(147 [216])의 한 형태로 묘사한다. 이런 식으로 그는 모턴과 나와 함께 동료 OOO 이론가 브라이언트에게 맞서려고 한다.

그러나 내가 여기서 브라이언트에 대해 모턴의 편에 선다는 것은 그리 분명하지 않다. 내 입장은 둘 사이의 어딘가로 더 잘 기술될 것이다. 모턴과 샤비로와 함께, 나는 미학이 우리가 때때로 감각적 객체와의 상관관계를 벗어나 물러난 실재적 객체와의 간접적 관계로 자유로워지는 방식이라는 데 동의한다. 앞서 언급했듯, 그러한 사건에 대한 나의 용어는 "매혹"이다. 샤비로처럼 나는 미적 매혹이 인간 수준보다 훨씬 더 원시적인 수준에서 작용한다고 보며, 모턴처럼 나는 야생의 비생명 인과관계를 미학의 또 다른 형태로 본다. 또한 나는 샤비로의 다음과 같은 말에 동의한다. "암시적이고 외적인 참조는 나 자신으로 환원될 수 없으며, 그래서 '나 자신'을 일종의 정합적인 체계로 정의하는 용어들과 동화되는 것에 저항함을 의미한다. 결과적으로 나의 행동 및 '조작'은 **결코** '자신만을 참조하지 않는다.' 나의 조작은 언제나 내 힘의 밖에 위치하고 나의 힘을 뛰어넘는 다른 여러 힘과 사물에 직접적으로 관계되어 있다"(145 [260]). 게다가 나는 칸트의 미학이 물자체라는 저 너머 혹은 **저편**$^{\text{au-delà}}$에 대한 접근을 제공하지 않지만, 주체와 객체 상관관계의 이쪽에 우리를 정류시킨다는 점에 동의한다(148 [266]). 내가 찾을 수 없는 것은 이 "**이쪽**"$^{\text{en deçà}}$이 어떻게 우리에게 샤비로가 원하는 영역, 즉 내가 볼 때는 존재하지 않는 존재자들 사이의 전 지구적 상호작용의 무한한 놀이 영역과 접촉하게 할 수 있게 해주는지이다. 대신에, 나의 견해는 외부와의 미적 접촉이 나 스스로 행방불명 상태의 실재적 객체가 **됨으로써**, 결코 접근할 수 없는 장소에 실재적 객체로서 진입함으로써 일어난다는 것이다. 단지 감각적 객체를 지각할 뿐인 나는, 미학에서는 실재적 객체를 수행한다. 그러나 그것은 내가 "인식론적" 체계에서 벗어나 규제되지 않은 인과적 평면으로 나아갈 수 있게 해주기는커녕, 나를 새로운 규제된 체계로 확립할 따름이다. 호메로스의 유명한 비유를 읽을 때, 나는 더 이상 지중해를 지각하는 지각자가 아니라 직서적이고 감각적인 의미를 가질 수 없는 와인 빛깔의 짙은 바다를 **행화하는**enacting 연기자이다. 그러나 나는 거기서 모든 가능적 비유와 접촉하고 있지 않다. 나는 나 자신을 이 하나의 비유에, 혹은 기껏해야 동시적으로 소수의 몇몇 비유에 제한한다.

나와 샤비로 사이의 더 큰 차이점은 다음과 같은 그의 견해에서 알 수 있다. "객체에 대한 미적 느낌은 그 객체와 **상관**할 수 없다. 미적 조우는 인식이나 소유함이 없이 발생하며, 현상학적 지향성이나 '관함성'aboutness 없이 발생한다"(153 [274]). 이것은 현상학에서 볼 수 있는 의식의 지향적 모델에 관한 샤비로의 비판이다. "지향성"의 근대적 사용은 심리적 영역과 물리적 영역을 구별하려는 브렌타노의 유명한 노력에서 출현했다.56 브렌타노에 따르면, 우리가 전자의 영역에서 발견하지만 후자의 영역에서는 발견할 수 없는 것은 모든 정신적 행위가 어떤 객체를 향하고 있다는 점이다. 지각한다는 것은 무언가를 지각하는 것이고, 판단한다는 것은 무언가를 판단하는 것이며, 사랑하거나 미워하는 것은 특별히 무언가에 관해 그러한 감정을 느끼는 것이다. 이 정식은 종종 확장되어 모든 지향적 행위가 그 자신을 "넘어선" 객체를 향한다고 말해지지만, 이 확장은 모호하고 오독이다. 브렌타노가 **내재적** 객체, 즉 정신적 영역 내부에 소재한 객체를 말하고 있다는 것은 분명하기 때문이다. 내가 지향하는 것이 나와 동일하지 않은 한, 어떤 의미에서 그 객체가 나를 넘어선다는 것은 참이다. 그러나 많은 독자가 짐작하듯이 내 정신 내부의 객체가 정신 **외부**의 객체를 가리킨다는 의미로 받아들인다면, 그런 해석은 브렌타노 자신의 사상을 넘어설 뿐 아니라 그것을 완전히 뒤집는 것이 된다. 사실, 브렌타노는 내

---

56. Franz Brentano, *Pyschology from an Empirical Standpoint*.

재적 객체와 정신-밖 세계 속의 유사한 객체 사이에 어떤 관계가 있을 수 있는지에 관해 놀라울 정도로 거의 지침을 제공하지 않는다. 이러한 모호성은 브렌타노의 제자들 사이에 상당한 갈등을 가져왔고, 내재적 객체와 초월적 객체 사이의 구분 자체를 없애며 이 문제를 해결하고자 하는 후설의 시도를 감안할 때, 어떤 면에서는 스패로가 현상학에서 발견하는, 현상학에 뿌리내렸지만 인정되지는 않은 **관념론**을 불러일으켰다.[57] 이것은 두 개의 이산적 수준, 즉 정신 외부(객체)와 정신 내부(내용)의 강력한 지지자인 폴란드 사상가 카지미에시 트바르도프스키와 벌인 초기 후설의 격렬한 논쟁에서 찾아볼 수 있다.[58] 어쨌든 우리는 후설이 나중에 브렌타노의 원리를 수정하여 지향성은 "경험된 내용"이 아니라 "객체화 행위"objectifiying acts로 구성된다고 말한다는 것을 확인했다.[59] 차이점은 "경험된 내용"에서 우리는 매우 결정적인 성질 집합을 가진 사과 같은 객체를 경험한다는 것이다. 이것은 영국 경험주의의 "성질들의 다발" 모델과 실제로 다르지 않다. 후설의 혁신은, 우리의 지향적 행위가 일정 제한 내에서 성질이 변하더라도 존속하는 **통합된** 객체를 가리킨다고 그가 말하는 점에 있다. 직사광선 아래에서 밝은 빨간 사과이든 구름이 태양을 가려 어둡게 보이는 같은 사과이든, 두 경우 모두에서 우리는 하나의 같은 사과를 다루고 있다. 현상학적 방법의 핵심은 사과의 특정한 "음영"을 긁어내고, 그것의 가변적이고 비본질적인 성질을 좇아 옆길로 샘이 없이 결국 "그 본질을 직관"하는 것이다. 후설은 본질적 성질과 단순한 음영적 성질 사이의

---

57. Barry Smith, *Austrian Philosophy*.
58. Kazimierz Twardowski, *On the Content and Object of Presentations*; Edmund Husserl, "Intentional Objects," in *Early Writings in the Philosophy of Logic and Mathematics*.
59. Edmund Husserl, *Logical Investigations*, 1 : 276 [에드문트 후설, 『논리 연구』 2-1].

차이를 — 내가 보기에 잘못되게 — 이론적 직관과 감각적 직관 사이의 차이로 식별했다. 하이데거는 사물에 대한 무의식적인 실천적 조작을 사물을 향한 우리의 이론적 태도보다 더 심오한 것으로 취급하며 후설주의적 구분을 역전하면서도 이러한 후설주의적 구분을 유지한다. 이에 관해서 나는 인간의 조작, 감각, 이론화 사이에 중대한 차이가 없다고 생각하며, 실제로 이 세 가지 모두 화이트헤드가 말하는 의미에서 상대적으로 복잡한 형태의 현시적 즉각성에 속한다고 생각한다 — 그리고 이 점에 관한 샤비로의 동의는 의심의 여지가 없다.

그러나 샤비로는 후설에 관해 내가 공유하지 않는 더 깊은 반론을 펼친다. 이는 지향적 객체에 대한 그의 노골적인 거부와 관련이 있다. 예를 들어, "현상학에 대한 이러한 거부에도 불구하고, 메이야수는 여전히 지각과 감수성이 근본적으로, 그리고 필연적으로 **지향적**이라는 현상학적 전제를 당연시하며 결코 의심하지 않는다"(124 [226]). 여기서, 비록 메이야수는 분명 샤비로가 칸트의 미학에서 끌어낸 감각-경험의 미적 **이쪽**을 간과하고 있지만, 나는 메이야수가 지향적 객체에 관한 담론에 사로잡혀 있다는 주장에 동의하지 않을 것이다. 그러나 나 자신이 샤비로가 지향적 객체라는 용어를 사용하는 의미에서 지향적 객체를 유지한다는 점은 명백하다. 왜냐하면 샤비로가 "현상학에서 모든 사고 행위는 자신을 **넘어선** 객체로 향한다"(124 [226], 강조는 하먼)라고 말할 때, 그는 내재적 객체성의 의미에서만 "넘어서"를 의미하는 것처럼 보이며, 나는 현상학의 그러한 양상에 관해 동의하기 때문이다. 이에 대한 증거는 샤비로의 다음과 같은 진술이다. "정신 상태는 언제나 어떤 것을 **가리킨다**. 이는 그 '어떤 것'이 세계 속에 진정으로 존재하는 것이든 공상적인 것이든, 혹은 추상적인 것이든 정신적 구축이든 간에 상관없이 적용된다"(124 [226]). 그러나 "지향적 객체"

에 관한 샤비로의 포괄적 정의에도 불구하고, 그는 그것이 정신적 삶의 필수적인 구성요소라는 점을 거부한다. 왜 그런가? 샤비로는 달에 관한 우리의 지식이 좀 더 정확하거나 덜 정확한 모델로서 달 자체와 등가가 아니라고 기술하는 달에 관한 내 구절을 인용한다.60 샤비로는 이 감상에 동의하지만, 전적으로 동의하지는 않는다고 덧붙인다. 샤비로는 내가 "모델"이라는 단어를 사용하는 것을 좋아하지 않는데, 왜냐하면 그는 이것을 다시 지향적 객체의 개념에 지나치게 의존하는 단순한 "인식론적" 고찰로 보기 때문이다. 샤비로의 말을 빌리자면,

> 의식이 본질적으로 표상적이며, 의식적 지각이 실제로는 그저 일종의 가상현실 시뮬레이션이라는 토머스 메칭거의 논증에 대해 내가 납득할 수 없는 이유와 똑같은 이유에서 그러한 주장은 납득할 수 없다. 모델, 그리고 시뮬레이션이라는 개념이 훨씬 복잡한 과정을 과도하게 단순화하는 경향이 있기 때문이다. … (화이트헤드의 용어를 사용하자면) 달에 대한 나의 파악은 달의 모델이나 표상이 아니다. 그것을 오히려 일종의 원격-접촉이다. 〔… "지향적 객체"라는 용어는〕 현실적 달이 현실적으로, 그리고 진정으로 나를 **촉발하는** 방식을 적합하게 기술할 수 없다.61 (118 [215~216])

이제 샤비로가 OOO에서 감각적 객체가 되는 지향적 객체의 역할에 대항하고자 시도하는 두 가지 다른 방식을 보았다. 한 가지 방식은 준-객체적 색깔이나 소리 등으로 이루어졌다고 추정되는, 객체-이하

---

60. Graham Harman, *Quentin Meillassoux*, 147.
61. Thomas Metzinger, *Being No One*, 15와 여러 곳. 또한 Graham Harman, "The Problem with Metzinger," *Cosmos and History*를 보라.

경험의 이쪽 편을 통한 것이다. 그러나 이 개념은 우리가 부지불식간에 언제나 직접적인 비-정신적 접근을 가지게 되는 인과적 상호작용의 공간을 향한 그의 진정으로 중점적인 전념보다는 샤비로의 저작 내에서 덜 발전되었다. 현실적 달은 내가 그것을 지향적 객체로서 어떻게 조우하든 상관없이 "현실적으로, 그리고 진정으로 나를 촉발한다." 여기서 우리는 샤비로와 OOO 사이에 놓인 또 하나의 핵심적 차이를 본다. 나의 철학에서 감각적 객체는 실재적 나와 실재적 객체 사이의 매개자로서 결정적인 역할을 하며, 간헐적으로 매혹의 경험을 허용한다. 매혹의 경험 속에서 감각적 객체는 미적 수단에 의해 분해되고 나에게 감각적 객체를 대체하는 새로운 실재적 객체를 수행하게 한다. 이와 대조적으로 샤비로의 경우, 실재적 행위는 언제나 이미 나와 외부 세계 사이에서 인과적 방식으로 내가 그것을 앎이 없이 발생한다.

내가 보기에 문제는 샤비로의 모델에서 객체에 관한 감각적 경험이 일어나야 할 이유가 전혀 없다는 것이다. 즉, 나와 실재 사이에 이미 직접적인 통로가 있다면, 왜 유기체는 불길에-대한-목화송이와 인간에-대한-목화송이로 구성된 매개된 형태의 세계, 샤비로가 그 현존을 부정하지 않는 세계를 스스로 구성하는 불필요한 노동을 해야 하는가? 여기서도 샤비로는 화이트헤드보다는 들뢰즈와 가깝다. 샤비로가 그 현존을 부인하지 않고 단지 현시로만 제한하고자 하는 지향적 객체는 들뢰즈가 "척박한 표면-효과"라고 부르는 것인 반면, 세계의 실재적 게임은 모든 것이 문제없이 다른 모든 것을 만날 수 있는 일종의 방해받지 않는 "일관성의 평면"에서 발생한다.[62] 상기하자면, 화

---

62. Gilles Deleuze, *The Logic of Sense*, 124 [질 들뢰즈, 『감각의 논리』] ; Gilles Deleuze and Felix Guattari, *A Thousand Plateaus*, 78 [질 들뢰즈·펠릭스 과타리, 『천개의 고원』].

이트헤드의 사유에 관한 샤비로의 설명에서 아주 이상하게도 부재한 "영원한 객체" 학설에서 볼 수 있듯이 화이트헤드 자신은 그런 종류의 표상 없는 인과관계를 허용하지 않는다. 따라서 비지향적 객체에 관한 샤비로의 주요 예시는 화이트헤드 대신 들뢰즈에게서 나온다는 것이 자연스럽다. "그러므로 들뢰즈에게 조우의 객체는 현상학에서 말하는 '지향적 객체'가 아니다. 오히려 사고의 상관항이 아닌 무언가이며, 사고가 결코 그 자체와 상관할 수 없는 무언가이다"(155 [276]). 이것은 들뢰즈가 말하는 조우의 객체가 OOO에서 말하는 감각적 객체가 아님을 분명히 한다. 그런데 우리는 조우의 객체가 OOO에서 말하는 실재적 객체도 아니라는 것을 알고 있다. 왜냐하면 그것은 자신에게 인접한 것들로부터 물러난 "깊은 본질적 성질"을 가지고 있지 않기 때문이다. 그렇다면, 사고가 왜 현존해야 하는지는 불분명하다. 비록 사고가 직접적인 인과작용을 통해 자기 자신에 대해서는 사전에 정당하게 다룬다고 말해지지만, 사고는 세계를 제대로 다룰 수 없는 명백한 "인식론적" 무능력을 지닌 것으로 보이기 때문이다. 존재자들은 애초에 의식적일 필요조차 없이, 그저 효과와 영향의 파도를 타며 세계의 강도들과 더 밀접하게 접촉할 수도 있을 것이다. 샤비로는 유진 태커를 인용하며 "우리는 사변의 역설적인 움직임을 통해 우리-없는-세계를 불투명하게 조우할 수 있을 뿐"이라고 말한다.63 그러나 샤비로 자신은 세계와의 접촉에 관해서 그러한 제한을 보증하지 않는다.

우리가 지향적 객체를 말하고 있기에 1999년 세상을 떠난 호주의 독창적인 철학자 조지 몰나르에 관해 언급해야 하는데, 그가 세상을 떠나고 몇 년 뒤 그의 흥미로운 책 『힘』이 스티븐 멈퍼드의 편집 덕분

---

63. 여기서 샤비로는 Eugene Thacker, *In the Dust of This Planet*, 5~6를 해설하고 있다.

에 출간되었다.64 샤비로는 지향성이 단지 특별한 인간적 특징일 뿐 아니라 객체 일반에 속하는 것이라고 주장함으로써, "몰나르는 인간 예외주의에 대항하는 하먼의 논증을 예리하기 예상하였다"라고 말한다(80 [152]). 이에 대해 나는, 샤비로 자신도 결국 인정하게 되는 이유들을 근거로 삼아 긍정과 부정을 동시에 말할 것이다. 나에게 지향적 객체가 어디에서나 발견되는 것은 실재적 객체들이 직접적으로 접촉할 수 없고 감각적 캐리커처로서만 서로를 조우하기 때문이다. 즉, 나는 지향성이 **내재적 객체성**을 요구한다는 브렌타노의 전제를 강력하게 지지하는 반면, 이것이 완전히 발달한 "정신"을 필요로 한다는 브렌타노의 가정은 단순히 부정하는 것이다. 반면 몰나르는 "지향성"이라는 용어를 "외부 방향성"이라는 최소 공통분모의 의미로 해석한다. 그리고 "용해성이나 전하와 같은 물리적 힘"을 포함해서 **성향**disposition이 사물의 실재적 특성이라는 그의 견해를 고려할 때,65 그가 지향성이 인간 영역을 훨씬 넘어서 널리 퍼져 있다고 생각하는 이유는 쉽게 짐작할 수 있다. 그러나 몰나르에게는 물리적 존재자들이 내재적이거나 감각적인 객체로서 서로를 조우한다는 것에 대한 명백한 감각이 없으며, 이러한 측면에서 우리 사이의 격차는 메꾸어질 수 없다. 샤비로가 지적하듯이, "[용어에 대한 몰나르의 재정의] 과정에서 지향성은 또한 전보다 훨씬 약하고 모호한 개념이 된다"(81 [154]). 그러나 그가 몰나르의 입장이 "적어도 사물들이 그들의 관계 밖에서, 그리고 관계에 선행해서 실체적인 실재성을 가지고 있다는 하먼의 주장과 양립 불가능하지 않다"(142 [256])라고 말한 것은 옳다.

---

64. George Molnar, *Powers : A Study in Metaphysics*.
65. 같은 책, 80.

그럼에도 불구하고, 누구도 몰나르를 범심론자라고 부르지 않을 것이며, 이것은 이 책에서 샤비로가 전개하는 논증의 핵심 — 전작 『기준 없이』와 달리 범신론적 학설에 대한 공개적 지지 — 으로 데려간다. 그가 논하듯, "일단 칸트에게 있어서 거창했던 '사고'를 벗어나 화이트헤드를 통해 허세 부리지 않는 '사고'를 이해하게 되면, 우리는 그것이 어디에도 있지 아니한 게 아니라 어디에나 있다는 것을 발견하게 된다"(82 [154~5]). 그는 콜린 맥긴이 "완전한 미신, 보기에만 그럴듯한 완벽한 헛소리"이자 "어딘가 히피 같고 마약에 취한" 것으로서 범심론을 일축한 것에 동요하지 않는다.66 샤비로는 대신 맥긴의 표적, 사고가 "차라리 만물의 내적이고 숨겨진 차원"이라고 주장하는 게일런 스트로슨의 견해에 동의한다. 나와 마찬가지로 샤비로는 범심론을 포용해야 하는지 피해야 하는지에 대해서 적어도 한 번은 변심했다. 그는 2009년과 2014년 사이에 생각을 바꾼 것 같은데, 이는 부분적으로 데이비드 스커비나의 계발적인 책이 서구 역사를 통틀어 범심론이 현재해 왔음을 보여주며 그 개념을 주류화하는 데 많은 기여를 했기 때문이다. 『사물들의 우주』의 페이지들 속에서는 스커비나의 후기 문집이 분명하게 영향을 끼쳤음을 볼 수 있다.67 샤비로는 "[제인 베넷이 옹호하는] 생기적 유물론과 객체지향 존재론 둘 다 일종의 범경험주의 또는 범심론을 수반한다"(63 [123])라고 말할 때 나를 클럽하우스로 끌어들이려고 한다.68 또한, 샤비로는 "이는 가볍게 받아들여서는 안 되며, 이러한 발언은 쉽게 별종의 낙인이 찍힐 수 있다"(63 [123])라고 첨

---

66. Colin McGinn, "Hard Questions : Comments on Galen Strawson," in *Consciousness and Its Places in Nature*, 93.
67. David Skrbina, *Panpsychism in the West* ; David Skrbina, ed., *Mind That Abides*.
68. Jane Bennett, *Vibrant Matter* [제인 베넷, 『생동하는 물질』].

가했을 때 옳았다. 그 이유는 이 책이 반대하는 헤게모니적인 근대 존재-분류학 때문이다. 그러나 나는 과학을 놀라움의 원천이 아니라, 소박하고 순진한 사람들을 이기기 위한 무기로 끌어들이는 화려한 과학 이론으로서의 철학이라는 그들의 모험적이지 않은 신조에 합류하기보다는 차라리 그런 사람들에게 "별종"이라고 불릴 것이다.

내가 OOO를 범심론panpsychism의 반열에 올리는 것을 주저하는 데는 다른 두 가지 이유가 있다. 하나는 "프시케"psyche가 의미할 수 있는 모든 다양한 것에 관한 스커비나의 유용한 관찰에도 불구하고 범심론을 지지한다는 것이 적어도 인간 프시케의 여러 특정한 특징의 편재성을 지지한다는 것을 시사하기 때문이다. 나는 이것을 지지할 준비가 되어 있지 않다. 내가 기억하는 한, 스커비나가 나열하지 않은 요인 중 하나는 "인간 경험"이라는 말을 들을 때 무엇보다 시각과 사고가 너무 자주 떠오른다는 것이다. 그러므로 내가 인간처럼 돌덩어리도 매 순간 감각적 객체들과 조우한다고 주장할 때, 내가 어떤 "사밀적인" 형식으로 이런 일이 일어난다고 주장하더라도, 돌덩어리가 자신이 놓여 있는 흙의 캐리커처를 어떻게든 "보고", 그러고 나서 이 캐리커처에 관해 "생각"하는 광경을 내가 상상하고 있다고 종종 가정된다. 샤비로가 그의 저서 『탈인지』에서 보여준 선구적인 노력에도 불구하고, 우리에게는 여전히 인간 이하 또는 동물 이하 경험이 어떠한 것인지에 관해 매우 멀리까지 사변할 수 있게 해주는 도구가 부족하다. 이러한 이유로 나는 이 주제에 관해 조심스럽게 나아가고자 한다. 그러나 로버트 브랜덤이 "지성적"sapient 인간과 단순한 "감각적"sentient 동물을 구별하는 것은 통찰을 가장한 신데카르트적 말장난일 뿐이라는 데—샤비로와 함께—동의할 만한 충분한 근거가 있다. 같은 근거에서, 1929/30년에 세계-형성 인간, 세계-빈곤 동물, 세계-없음 돌을 구별하려는 하이데거의 노력이, 메이야수조차 실망스러운 열정을 가지고 포용한 사고와 죽은 물질 사이의 오래된 근대적 이원성의 실패한 삼중 버전에 불과하다고 의심하는 것도 공정하다(87 [164]).[69] 기본적인 수준의 수는 분명히 둘이나 셋보다 더 많을 것이며, 21세기 철학의 성공은 부분적으로 이 전선을 따라 얼마나 많은 발전을 했는지에 따라 측정될 것이다.

그런데 내가 범심론자들과 동맹을 맺지 않은 다른 요점이 있고, 그것은 즉 샤비로와 동맹을 맺지 않았다는 것을 의미한다. 즉, 그는 의식 혼자서는 창발할 수 없다는 스트로슨의 착상과 "어려운 문제"가 오직 의식과만 관련되어 있다는 찰머스의 가정에 지나치게 공감하는 것처럼 보인다는 점이다. 그러나 무엇보다도, 샤비로는 "일인칭 내관"과 "삼인칭 과학적 기술記述" 사이의 오래된 논쟁을 유지하되 역전시켜야 한다고 생각하는 반면, 나는 그것을 전면 폐기해야 한다고 생각한다. 10년 전 「영인칭과 프시케」에서 내가 좀 더 상세히 다루었던 것처럼, 이 각각의 문제에 관해 논의해 보자.[70]

젊은 스트로슨은 분석철학 세계에서 범심론을 옹호하는 가장 대담한 목소리 중 하나였다. 그런데 분석철학계는 (최대한 완곡하게 말하자면) 그 학설을 자연스럽게 환영할 만한 환경이 아니다. 그는 제거주의가 참일 수 없다는 합리적인 입장에서 시작하는데, "경험 자체가 근본적으로 주어진 자연적 사실이기 때문이다 … 경험의 존재보다 확실한 건 있을 수 없다"(82 [155]).[71] 메이야수가 생명으로부터 사고의

---

69. Robert B. Brandom, *Reason in Philosophy*, 148 ; Martin Heidegger, *The Fundamental Concepts of Metaphysics* [마르틴 하이데거, 『형이상학의 근본개념들』] ; Meillassoux, "Appendix," 238~40.
70. Graham Harman, "Zero-Person and the Psyche," in *Mind That Abides*.

아무 이유 없는 **무로부터의** 창발—비록 그는 사고가 비생명 물질로부터 직접적으로 창발하기보다는 **생명으로부터** 창발해야 한다고 생각하기는 하지만—을 주장할 때, 스트로슨은 이러한 종류의 "맹목적인 창발"이 가능하다는 점을 거부한다. 그러므로, 모든 곳에 사고가 있어야 한다. 원조 사변적 실재론자 중에서 샤비로는 설득력 있게 나와 그랜트를 이 견해와 연관시키고, 메이야수와 브라시에는 우주의 대부분에서 사고 같은 것은 전혀 없다는 대조적 견해와 연관시킨다. 그럼에도 불구하고, 샤비로는 또한 스트로슨의 입장과 나의 입장을 절대적으로 분리하는 무언가를 발견한다. 그 무언가란 다음과 같다. 스트로슨은 화이트헤드, 캐런 버라드, 베넷, 그리고 데란다와 달리 "근본적으로 반체계 이론이며 반창발주의이다. 스트로슨은 좀 더 저차원상의 미시적인 구성요소들에 의해 앞서 존재하지 않던 어떤 고차원상의 거창한 것이 직선적으로 창발한다는 관념을 거부한다"(99 [185]).[72] 스트로슨이 말하듯이, 물이라고 알려진 화학 물질이 어떻게 습기를 일으키는지 설명하는 것은 과학에 쉬운 것이고, 원리상—사실은 아닐지라도—생명의 창발에 대해 같은 일을 수행하는 것도 과학에는 쉬운 것이지만, 감수성과 비감각적 물질 사이의 관계에 대해 같은 일을 수행하기란 **완전히 불가능하다**(100 [186]). 이 후자의 요점은 일인칭 경험과 삼인칭 기술 사이의 관계에 관한 앎에서 고도로 국소화된 "어려운 문제"라는 찰머스의 관심과 일치한다. 가장 큰 차이점은, 찰머스가 온도조절기조

---

71. Galen Strawson, "Realistic Monism : Why Physicalism Entails Panpsychism," in *Consciousness and Its Place in Nature*, 4.
72. Karen Barad, *Meeting the Universe Halfway* ; Bennett, *Vibrant Matter* [베넷, 『생동하는 물질』] ; Manuel DeLanda, *Intensive Science and Virtual Philosophy* [마누엘 데란다, 『강도의 과학과 잠재성의 철학』].

차 의식적일 수 있다고까지 제안하며 논쟁을 벌이기는 하지만, 스트로슨처럼 의식이 처음부터 어디에나 있어야 한다고 주장하지는 않는다는 점이다(96 [180]).73 그런데 찰머스는 "어려운 문제"를 오직 정신적 영역에서만 보는 반면, 나는 그것을 물리적 영역에서도 본다. 많은 사람이 범심론에 관해 "결합 문제"combination problem를 언급해 왔는데, 이는 더 작은 정신들이 더 높은 수준에서 더 큰 하나의 정신으로 결합하는 방식이 불분명하다는 것을 의미한다. 내 견지에서 볼 때, 나는 물리적 수준에서도 그러한 문제를 본다. 많은 판자가 단일한 탁자로 결합된다는 것은 쉬워 보이지 않으며, 적어도 판자들과 전체로서의 탁자가 서로 각각의 지향적 객체 집합과 마주할 것이라는 나의 착상보다 이해하기 쉬울 것 같지는 않다.

토머스 네이글의 획기적인 논문 「박쥐가 된다는 것은 어떠한 것일까?」는 의식에 관한 유명한 시험을 제안한다.74 즉, 임의의 존재자가 된다는 것이 "어떠한 것인지"에 관한 물음에 원리상 대답이 존재한다면, 그 존재자는 의식적이라는 것이다. 예를 들어, 상식적인 견해는 우리가 박쥐, 개, 사자, 뱀, 그리고 분명 다른 사람이 되는 것이 어떠한 것인지 궁금해할 수 있다는 것이다. 우리가 그러한 지식을 성취하리라는 것은 상상하기 어려울 수 있지만, 알아낼 수 있는 수단만 있다면 그 물음에 대한 대답이 있을 것이라고 어떤 모호한 방식으로 짐작할 수 있다. 같은 상식적 견해가 점균, 혈액 세포, 혹은 신종 코로나바이러스와 같은 어중간한 경우에 관해서는 약간의 망설임을 내포할 수 있겠지만, 그 견해는 돌덩어리나 별이 된다는 것이 "어떠한 것"일 리가 없

---

73. David J. Chalmers, *The Conscious Mind*.
74. Thomas Nagel, "What Is It Like to Be a Bat?" in *Mortal Questions*.

다고 가정할 개연성이 높다. 범심론자는 이 시험을 통해 우리가 사실상 **모든** 존재자에 대해 그것이 된다는 것이 어떠한 것인지 합리적으로 물어볼 수 있다고 생각하는 사람들일 것이다.

한때 개체적 객체를 척출하려는 시도로 인해 대륙 신합리주의자 진영에서 영웅처럼 추앙받았던 제임스 레이디먼과 돈 로스를 고려해 보자. 그들의 논증은 내가 다른 곳에서 자세히 다룬 바 있는 결함 있는 논증에 근거하고 있다.75 이 무자비한 제거주의자들에게는 연구하는 과학자와의 상관항으로서를 제외하면 어떤 것도 존재하지 않으며, 따라서 그들의 저서 제목인 『모든 것을 처분해야 한다』*Every Thing Must Go*는 참으로 영리한 것이다.76 샤비로가 적절하게 말하듯,

> 〔레이디먼과 로스에게〕 물리학은 관계론적 특성들을 기술할 수 있을 뿐이다. … 그들은 "내적 본성"이 과학적으로 알려진 게 아니며, 그러므로 단순히 존재하지 않는다고 결론짓는다. 레이디먼의 관점에서는 그 무엇도 환원될 수 없는 내면을 가지지 못한다. 레이디먼에게 그러한 내면을 추론하는 것은 거짓된 추론을 행하고 있는 것이며 … 레이디먼의 비전에서는 물리학이 관계론적 측면에 한정되며, 그러한 관계들로 결정될 수 없는 그 어떠한 것도 제거되어야 한다. (103 [191~2])

이것은 네이글의 "어떠한 것인가" 기준 같은 것을 완전히 배제하는 것처럼 보인다. 왜냐하면 레이디먼과 로스는 실재 속의 내적인 것은 물론 프시케의 내적 특징에 대해서도 전혀 여지를 남기지 않기 때문이

---

75. Graham Harman, "I Am Also of the Opinion That Materialism Must Be Destroyed," *Environment and Planning D : Society and Space*.
76. James Ladyman and Don Ross, *Every Thing Must Go*.

다. 샤비로는 이러한 종류의 순수한 관계론적 이론에 대한 나의 반박을 언급한다. 그러고 나서 샤비로는, 의식이란 하위-인격적 신경 사실들 더하기 관찰 가능한 외향적 행동을 의미하며 그것들 사이에 어떤 것도 끼어들 여지가 없다고 말하는 통상적인 기능주의적 이중-환원하기 공작에 대항해서, 의식이 내적인 어떤 것이어야 함을 요구하는 샘 콜먼과 윌리엄 시거의 견해를 나의 견해와 짝짓는다. 특히 "시거와 하먼 양자 모두 존재자가 반드시 어떠한 내적 특성을 가져야 한다고 주장한다. 어떻게 관계항이 없이 관계라는 것이 존재할 수 있겠는가?"(104 [193]).77

이것은 나와 샤비로 사이의 마지막 반대 지점에 이르게 한다. 그 지점으로 인해 현재의 샤비로와 달리 나는 범심론을 온전히 포용할 수 없다. 시거에 관해 논하면서 그는 다음의 질문을 제기한다. "대체 사물의 내적 본성은 무엇으로 구성되어 있는가?" 이에 대한 그의 대답은 즉시 뒤따르는데, "내가 보기에 이에 대한 대답은 모든 존재가 외면과 내면, 일인칭 경험과 관찰 가능한 삼인칭 특성을 가지고 있다는 것이다. 사물의 외적 성질들은 객관적으로 기술할 수 있겠지만, 그것의 내면성은 어떤 것이 아니면서 아무것도 아닌 것도 아니다"(104 [193]). 사물의 내면성이 "아무것도 아닌 것"은 아니라는 주장은 메칭거가 쓴 저서의 제목 『아무것도 아닌 자로 있기』에 대한 응당한 비꼼으로 보인다. "그러나 내면성이 어떤 것이 된다는 것이" "내적으로 어떠한 것임"이라는 샤비로의 주장에 비추어 볼 때, 어떤 의미에서 내면성이 "어떤 것"인가? 그는 나 자신의 견해와 대조해서 대답한다.

---

77. William Seager, "The 'Intrinsic Nature' Argument for Panpsychism," in *Consciousness and Its Place in Nature*, 40 ; Harman, "I Am Also of the Opinion that Materialism Must Be Destroyed," 786.

> 우주의 삼라만상은 공개적이기도 하고 사밀적이기도 하다. … 하먼은 모든 객체가 접근으로부터 "물러나 있다"고 주장한다. 내가 아는 한, 이 물러남은 외견상으로 공개적이고 사용 가능한 사물의 "어떠함"의 측면, 즉 사밀적인 내부에 지나지 않는다(그러나 그 이하도 아니다). 내가 하먼에게서 발견하는 문제는 하먼이 전자의 측면을 과소평가하고 있다는 점이다. (104~5 [194])

이것이 우리의 핵심적 반대 지점을 짚고 있기는 하지만, 나는 샤비로가 두 가지를 잘못 짚었다고 생각한다. 첫째로, 나는 모든 존재자가 공개적 양상과 사밀적 양상을 모두 가지고 있다는 점에는 동의할 것이다. 물론 나는 샤비로와 달리 이것을 관계론적 양상과 비관계론적 양상으로 식별한다. 그러나 그가 "외견상으로 공개적이고 **또한** 사용 가능한 사물의 사밀적인 내부"라고 말할 때 나는 이것이 그가 전달하려는 요점을 제대로 전달하는지에 대해서 확신이 서지 않는다. 인정컨대, 나의 내적 경험은 다른 사람들에게 총체적 신비가 아니다. 나의 아내처럼 나를 잘 아는 사람에게 표정이란 종종 나의 사고를 지시하는 완벽한 지표이다. 그러나 얼굴의 모든 가독성을 제쳐두고, 샤비로는 사고를 생각하는 경험과 생각하는 사람의 얼굴을 해석하는 경험 사이에는 큰 차이가 있다는 데 분명 동의할 것이다. 예를 들어, 누군가의 주름진 이마가 불안을 지시함을 깨닫는다는 것은 명백하게 불안을 느끼는 것과는 다르다. 책의 다른 부분에서 샤비로는 스스로 이 점을 지적하는 것처럼 보이며, 나는 그가 다시 한번 지향적 객체가 실재의 한 지점에서 다른 지점으로 이행하는 자유롭고 방해받지 않는 인과적 흐름을 깨닫지 못하게 만드는 주범이라 주장하고 있다고 의심한다. 나는 이것이 그를 화이트헤드보다 들뢰즈와 더 가깝게 만든다는 것을 한 번 이상 주장했으며, 여기서는 이제 반복하지 않을 것이다.

더 큰 문제는 일인칭 경험이 사물의 내적 본성이라는 샤비로의 말에 내가 동의할 수 없다는 점이다. 심리철학의 통상적인 논쟁은 삼인칭 과학적 기술記述이 우리에게 필요한 전부라고 주장하는 (데닛과 같은) "거친" 사상가들과 일인칭 내관이 결코 외부로부터 주어진 어떤 설명으로 환원될 수 없다고 주장하는 (찰머스와 같은) "부드러운" 사상가들 사이에서 일어난다는 것은 참이다. 비록 나는 샤비로와 마찬가지로 후자의 집단에 더 동조하지만, 나는 일인칭 입각점에도 문제가 있다고 본다. 즉, 일인칭과 삼인칭 기술이 공유하는 것은 둘 다 기술이라는 것이다. 그러나 기술한다는 것은 관계하는 것이고, 관계한다는 것은 자동으로 번역하거나 캐리커처를 만든다는 것을 의미한다. 그의 저서를 통틀어, 『사물들의 우주』에서 샤비로는 정확히 과학적 기술처럼 우리의 내관이 잘못될 수 있다는 의식을 보여주며, 이듬해 『탈인지』에서 훨씬 더 생생하게 보여준다. 이것이 내가 앞서 언급한 스커비나의 문집에서 일인칭과 삼인칭 의식이 모두 더 깊은 **영인칭** 실재의 파생물이라고 주장하는 이유이다.78 즉, 일인칭과 삼인칭 사이의 차이가 존재론적으로 사소한 것이 되는 지점이 있다. 그것은 (삼인칭이 이기도록) 과학이 모든 것에 대한 결정권을 가지기 때문이 아니며, (일인칭이 이기도록) 과학이 궁극적으로 감각적인 인간 존재자를 통해 수행되어야 하기 때문이 아니다. 대신, 일인칭과 삼인칭 모두 기술인 한에서, 둘 다 사물이 내적으로 그 자체가 된다는 것이 의미하는 바에 대한 양극적 반대들이다. 나는 내 사유가 아니다. 기껏해야, 내 사유와 내 경험은 나 스스로 내적으로 그러함의 외부에서 스케치한 것이다.

---

78. Harman, "Zero-Person and the Psyche."

3장

피터 그래튼

『사변적 실재론』

우리는 지금까지 우호적 지인인 톰 스패로와 스티븐 샤비로의 견해를 고려했다. 이제 언제나 내가 잘되기를 바라지는 않는 비평가들이 점령한 영역으로 들어간다. 피터 그래튼은 사변적 실재론에 주의를 기울인 최초의 외부 비평가 중 한 명이었고, 그래서 그는 그 움직임에 대한 권위자로서 부당하지 않은 평판을 얻었다.[1] 새로운 유행에 대한 생산성, 호기심, 그리고 경각심은 오랫동안 그래튼의 특징적인 강점 중 하나였기 때문에 그가 사변적 실재론이라는 현장에 일찍 도착한 것은 별로 놀랄 일이 아니었다. 그러나 이것이 그래튼과 사변적 실재론 창시자들 사이의 핵심적인 차이를 모호하게 해서는 안 된다. 비록 그래튼은 우리 모두보다 다소 젊지만, 그의 지적 충성심은 자크 데리다와 장-뤽 낭시와 같은 인물들의 글에서 구현된 대륙철학의 초기 조류를 향해 있다. 이것은 그래튼의 2014년 작 『사변적 실재론 : 문제

---

1. Peter Gratton, "Interviews : Graham Harman, Jane Bennett, Tim Morton, Ian Bogost, Levi R. Bryant and Paul Ennis," in *Speculations I*.

와 전망』에서 반복적으로 표현된 그의 견해, 사변적 실재론자는 종종 데리다주의자들에게 이미 명확한 통찰들을 단순히 반복할 뿐이라는 그의 견해가 지닌 맥락이다. 그는 해체주의에 대한 우리의 명백한 관심 부족을 장-폴 사르트르와 실존주의에 대한 해체주의의 일축과 비교한 후, 다음과 같이 결론짓는다. "많은 세대의 철학자들은 영향에 대한 불안을 겪으며, 사변적 실재론자들도 다르지 않다."[2] 우리는 먼저 이것이, 다른 세대의 작가들이 상호작용하는 방식에 관한 해럴드 블룸의 이론을 오용하는 것이라는 점에 주목해야 한다.[3] 영향에 대한 불안은 엄밀히 말하면, 후대의 작가가 지성계에 자신의 뚜렷한 공간을 개척하기 위한 노력 속에서 유난히 강하다고 여기는 전임자를 "의도적으로 오독"했을 때 일어난다. 이로부터 나이 든 작가에 대한 젊은 작가의 모든 비평이 그러한 불안의 사례라는 점은 뒤따르지 않는다. 종종 새로운 세대는 이전 세대를 더는 생기 넘치지 않는 관념의 진부한 지배 권력으로 경험할 따름이다. 이 점에서, 왜 젊은 해체주의자들이 실존주의를 — 비록 다소 불공평하더라도 — 근대 인본주의의 지겨운 형태로 간주했는지는 쉽게 알 수 있다. 그러나 젊은 데리다가 겪은 영향에 대한 불안이 사르트르에게서 비롯되었다고 주장하는 것은 다소 이상할 것이며, 한편으로는 구조주의, 다른 한편으로는 현상학에서 비롯되었다고 말하는 편이 훨씬 더 설득력 있을 것이다. 해체주의에 직면한 사변적 실재론자의 불안으로 추정되는 것에 관해 말하자면, 그런 것은 없다. 만약 우리가 저술한 글들을 종합적으로 본다면, 아리스토텔레스에 대한 데리다의 비판에서 느끼는 나의 당혹감에도 불구

---

2. Peter Gratton, *Speculative Realism*, 5. 이하 본문에서 페이지 참조는 괄호로 표기됨.
3. Harold Bloom, *The Anxiety of Influence* [해럴드 블룸, 『영향에 대한 불안』].

하고, 데리다는 우리가 맞붙어 씨름하는 중심인물 중 한 명이 아니다.4

사실, 자신의 관점을 형성하는 데 가장 중요한 학파인 해체주의에 대해서 모종의 영향에 대한 불안을 느끼는 것은 아마도 그래튼 자신일 것이다. 그러므로 우리는 자기 자신의 투영이라는 사례를 다루고 있다. 그래튼은 — 블룸이라면 그랬을 것처럼 — 다양한 사변적 실재론자의 젊은 시절을 제압했을지도 모르는 작가들을 침착하게 식별하기보다는 다른 방향으로 나아간다. 그는 당면한 사례보다는 자신의 의제에 부합하는 비밀 데리다주의적 영향 이론을 창시한다. 책의 다른 곳에서 그는 내가 몇몇 독자들이 깨닫지 못하는 방식으로 레비나스의 철학에 크게 빚지고 있다는 좀 더 흥미로운 주장을 펼친다. 이것은 참인 동시에 통찰력 있는 주장이지만, 나는 그래튼이 그 영향의 본성을 오인했다는 것을 보여줄 것이다. 그 영향은 "타자성"과 "타자"가 아니라 감각적인 존재의 이쪽hither side of being에 대한 레비나스의 통찰과 더 관련이 있다.

좀 더 일반적으로, 그래튼의 제트기는 너무 쉽게 거만함과-자만함의 영공에 표류한다. 그의 11쪽짜리 서론은 너무도 유감스러운 색조로 얼룩져 있어서 그 책은 서론이 아예 없는 편이 더 좋았을 것이다. 3페이지 하단에는 다음과 같은 내용이 있다. "그러나 나는 너무 오래 지체했다. 어쨌든 사변적 실재론이란 무엇인가?"(3). 보통의 저술 상황에서 "어쨌든 사변적 실재론이란 무엇인가?"라는 말은 책의 첫 번째 문장이거나 그 근처에 있었을 것이다. 그러므로 우리는 그래튼이 마침내 그 문장에 도달하기까지 3페이지 동안 무슨 일이 있었는지 물어볼 수 있다. 그 페이지 중 상당 부분은 "많은 사람이 말한다 … "라

---

4. Graham Harman, *Guerrilla Metaphysics*, 110~16.

는 빗댐을 연상시키는 진술들로 채워져 있다. 다음과 같은 몇 가지 예시가 순서대로 나열되어 있다. "그러나 오늘날 현실로 만들려면, 냉소주의자들이 주장할 것처럼, **체계**가 있어야 하며 기성 정치를 함께 끌고 오면 더 좋다. **물론**, 당신은 그것이 곧 출간될 당신의 책의 주제이기 때문에 **그럴 것이라고** 말할 것이다. 누구에게나 **곧 출간될** 책이 있을 수 있고, 학회에서 어떤 대화에도 던질 수 있는 비장의 카드를 여러 장 가지고 있는 편이 가장 좋다"(1). 그래튼은 도대체 누구를 가리키고 있는 것인가? 그리고 여기에 사변적 실재론에 관한 책과 관계가 있는 것이 있는가? 저자가 "냉소주의자"에 동의하는지 알기에는 이 구절은 다소 모호하지만, 몇 페이지를 더 읽으면 누구든지 서론이 주로 사변적 실재론에 비우호적인 성향을 가진 독자들 사이에서 발견되는 냉소주의에 대한 알리바이를 생성하기 위한 것이라고 결론지을 것이다. 예를 들어, 우리의 학문 분야에서 누군가가 너무 많은 출판 계약을 맺는 것이 정말 문제일까? 보통 실제로 여러 책을 안정적으로 출간해온 사람이 아니라면 여러 출판 계약을 맺는 일은 거의 없다. 즉, 출판사들이 더 많은 책을 내달라며 먼저 문을 두드리는 경우에나 그런 일이 생긴다. 그래튼이 누군가에게 개 호각 정치[특정인만 알아들을 수 있도록 보내는 메시지]dog-whistling를 하는 것처럼 보일 것이며, 그것이 누구인지 사변하는 것은 거의 의미가 없다. 그의 패를 공개하는 것은 그의 일이지, 내 일이 아니다.

그러나 그래튼 자신의 상대적 다작이라는 실적에도 불구하고, 그래튼은 아마도 실제로 다량의 작품을 출판한 사람들에게 그의 비난을 겨냥하고 있을 것이다. 그래튼의 비밀은 1페이지 상단 근처에서 무심코 누설되는 것처럼 보인다. "무서운 것은 철학이 전보다 더 논문들과 책들을 찍어내고 어설픈 제목을 가진 새로운 사유 체계를 추진하는 자기-브랜드화 학자들의 바자회가 되었다는 점이다"(1). "무서운 것은?" 정확히 누가 무서운 것인가? 보아하니 "자기-브랜드화" 학자들이 논문들과 책들을 너무 많이 "찍어내고" 있는 것을 많은 사람이 무서워하지만, 우리는 결코 그에 대한 대답을 듣지 못한다. 그러나 일반적으로 학자들이 비생산적이기보다는 생산적이라는 것은 좋은 신호이며, 나는 그래튼 자신이 그 직업의 매우 생산적인 편에 속한다고 언급했다. 그럼에도 불구하고, 그는 — 혹은 아마도 많은 사람이 고려하기에 — "(한스-게오르크) 가다머가 60세에 그의 첫 주요 저서를 출판하는 것"5과 같이 행동하는 편이 더 나을지 고려하는 것이 적절하다고 본다. 사변적 실재론자들이 너무 많이 너무 일찍 출판하는 데 정말로 문제가 있는가? 증거는 그렇지 않음을 시사한다. 첫 골드스미스 학회 당시 네 명의 참가자는 모두 상대적으로 무명인 38세에서 43세 사이의 노련한 베테랑들이었고, 이는 너무 빨리 만개했다고 말하기 힘든 시기였다. 그러나 서론의 어떤 것에 대해서도 정확하게 응답하기는 어렵다. 신호는 언제나 혼재되어 있고, 그래튼은 많은 사람이 느낀다고 추정되는 이 모든 냉소주의에 대해 그가 어떤 입장을 취하는지 결코 정확히 말해주지 않는다.

유감스럽게도, 그가 가장 자신을 드러내는 순간은 그의 첫 번째 단락 인용문이 사변적 실재론을 "온라인 바보들의 향연"이라고 악명 높게 언급한 원조 사변적 실재론자 레이 브라시에이고,6 그 직후 잘못된 객관성의 조각이 뒤따랐을 때이다. "그러므로 브라시에의 분석을 우리의 출발점으로 삼자"(3). 브라시에가 자신이 속했던 과거 집단에 사

---

5. Hans-Georg Gadamer, *Truth and Method* [한스게오르크 가다머, 『진리와 방법』 1·2].
6. Ray Brassier, "I Am A Nihilist Because I Still Believe in Truth," *Kronos*.

적인 속셈을 가지고 있고, 브라시에의 주요 표적(객체지향 존재론자)이 일차적으로 "온라인" 인물이 아니라 쉬지 않고 논문들과 책들을 "찍어내는" 인물이라는 점을 그래튼이 완전히 알고 있음을 감안할 때, 브라시에의 모욕 —"분석"이라고 하기 힘든데— 을 책의 "출발점"으로 삼은 이유는 무엇인가? 한편, 서론의 혼란과 많은 냉소적인 사람이 말하는 것에 대한 헷갈릴 정도로 상반된 빗댐들 가운데, 논문들과 책들을 "찍어내는" 것은 아무것도 쓰지 않고 "여러" "곧 출간될" 책이 있는 것보다 낫지 않다고 말하는 것은 누구인가? 빗댐의 안개가 너무 짙어서, 때때로 배경에 숨어 있는 수많은 암묵적 빈정거림을 해석하지 않고는 책의 의미를 분석할 방법이 없다.

 그래튼은 실제로는 여러 가지 흥미로운 논증을 펼치며, 비록 합금이 덜 된 형태로 만나는 것이 더 바람직했을지라도 나는 그것들을 고려할 것이다. "[그가] 별로 존경하지 않는 작가들[… 에 관해서] 그렇게 길게 쓰지 않을 것"(6)이라는 그의 주장은 서론의 나머지 부분과 기묘하게 맞아떨어지는데, 이 서론의 내용은 주류 대륙철학자들이 사변적 실재론을 표적으로 냉소적 빈정거림에 몰두하게 만드는 보이지 않는 잉크로 쓰인 확장된 허가서처럼 보인다. 예를 들어, "하나의 운동은 단순히 예술 도록과 감상적인 논문에 이름만 남기는 것이 아니라 그 지속력과 중요성을 증명해야 한다"(3). 그래튼이 이 말을 하는 많은 사람 중 한 명일까? 아마 아닐 것인데, 그가 그 운동이 시작된 지 10년도 안 되어 266페이지에 달하는 사변적 실재론에 관한 책을 "찍어냈기" 때문이다. 게다가, 예술 도록에 무슨 문제가 있는가? 그리고 도대체 "감상적인 논문"이란 무엇인가? 아무도 모른다. 우리는 지금 『황폐한 집』의 런던에 있기 때문이다.

사방에 안개가 있다. 강 상류의 섬과 풀밭에도, 줄지어 서 있는 배들 사이에서 더러워져 가는 강 하류에서도, 그리고 거대한 (그리고 더러운) 도시의 오염된 물가에서도 안개가 피어오른다. 에식스 습지에도, 켄트 고원에도 안개가 끼었다. 석탄선의 함장실에 안개가 스며든다. 안개가 마당에 펼쳐지고 거대한 함선의 돛대를 맴돈다. 안개가 바지선과 작은 배의 뱃전에 축 늘어져 있다. 병동의 난롯가에서 쌕쌕거리는 소리를 내는 고대 그리니치 퇴직자들의 눈에는 안개가 서려 있었고 목에는 안개가 끼어있었다.7

그래튼은 습관적으로 사변적 실재론자들의 독창성을 경시하며, 메이야수와 존 놀트 사이의 극소한 유사성에도 불구하고, 분석철학자 존 놀트에 의해 2년 앞서 메이야수의 철학이 선취되었다고 주장한다 (40). 그는 메이야수가 알렉산드리아의 필로(66)와 리처드 카니(75) 에게서 신에 관한 그의 이론을 훔쳤다고 주장한다 — 혹은, 그래튼이 대체로 솔직하게 나오지 않고 그런 종류의 발언을 하는 경우가 거의 없기에 그가 그것을 빗댄다고 말해야 할지도 모른다. 아마도 가장 어리석은 순간은 그가 메이야수의 「신의 비존재」에 관한 나의 번역에서 인쇄상의 동사 시제 오류를 따라 "(sic)"8으로 내 코를 비틀었을 때이다. "왜냐하면, 어떻게 살아있지 않은 것이 … 한지 이해할 수 없다였기be understand 때문이다(sic)." 그런 일은 책을 쓰고 편집할 때 생기는데, 그래튼은 매너 있는 작가들이 일반적으로 그러는 것처럼 조용히 고치거나 괄호 안에 정확한 단어를 넣기보다는 오타를 남겨두고 거

---

7. Charles Dickens, *Bleak House*, 13 [찰스 디킨스, 『황폐한 집』].
8. * "원문 그대로"를 뜻하는 약어.

기에 주의를 기울이기로 결정한다. 유감스럽게도, 그러한 비난은 그의 책이 내가 본 다른 어떤 블룸즈버리 출판사 책보다도 더 많은 인쇄상의 실수로 가득 차 있음이 밝혀지면서 역효과를 낸다. 오류는 문장에서 단어가 누락되는 빈번한 사례를 포함하며, 그 외로는 앞서 언급한 놀트가 테네시 대학이 아닌 "녹스빌 대학"에서 가르친다는 이상하게 외국인 관광객 같은 주장(40), 내 논문의 부제 "새로운 인과관계 이론"을 "새로운 인과성"으로 잘못 진술한 것(40), 폴란드 저널 『크로노스』의 철자를 틀린 것(217, 주석 1), 그리고 장-뤽 볼탕스키의 성의 철자를 5줄 간격으로 두 번 틀린 것이 있다(198~99). 그는 또한 브뤼노 라투르의 『실험실 생활』에서 공동 저자인 스티브 울거의 이름을 빠뜨리고, 그 책의 부제를 "과학적 사실의 구성"이 아닌 "과학적 속도의 구성"(90)이라고 잘못 불렀다.9 더없이 엽기적인 순간은 그래튼이 나 스스로 직접 쓴 말 몇몇을 레온 트로츠키에게 귀속시켰을 때인데, 그는 "어스름한 지하세계"dusky underworld라는 표현이 턱수염 난 혁명가보다는 나의 어투에 훨씬 더 가깝다는 걸 알았어야 했다(92). 그래튼은 그가 견지하는 데리다주의자의 입장에서 보여줄 수 있는 사변적 실재론과 객체지향 존재론에 관한 견고하고 성숙한 비평가로서 지녀야 할 자질을 갖추고 있다. 그러나 그의 깐죽거리는 빈정거림을 해독하는 데 너무 많은 시간을 낭비해서 나는 때때로 차라리 울펜데일의 노골적인 증오 표현을 갈망하는 나 자신을 발견한다. 유감스럽게도, 우리가 앞으로 나아갈수록 이런 종류의 사례를 더 많이 불러낼 필요가 있는데, 왜냐하면 그래튼의 논증이 실질적으로 비언어적인 빗댐에 젖어

---

9. Bruno Latour and Steve Woolgar, *Laboratory Life* [브뤼노 라투르·스티브 울거, 『실험실 생활』].

있을 때가 여러 차례 있기 때문이다.

10페이지에서 "퍽 앤 다이"fuck and die라는 놀라운 구절이 나오는 가운데, 독자들은 마침내 그래튼 자신의 철학적 전망에 관한 명료한 진술을 보게 된다.

> 내 직감은 이렇다. 사변적 실재론은 시간의 시험을 견딜지도 모르지만, 오직 시간의 실재성을 통과해야 할 시험으로 삼는 경우에만 그렇다. … 내 견해는 마르틴 하이데거, 자크 데리다, 그리고 그 외 여러 사람과 같은 사변적 실재론자들에게 비판받은 사람들은 "상관주의자들"이 아니라 시간의 실재론을 추구한 사람들이었다는 것이다 ─ 하이데거가 말하는 시간으로서의 존재, 그것이 그의 기획과 이후의 해체주의를 가능하게 만든 주장이었다. (10)

사실, 이것은 그래튼의 책이 의도한 교훈이다 ─ 철학은 특정한 시간 이론에 기초해야 하며, 나와 메이야수는 플라톤과 너무 가깝기에 이 시험을 통과하지 못한다. 그래튼과 같은 데리다주의자에게서 제기되는 플라톤주의라는 혐의는 예찬을 의미하지 않는 것이 분명하다. 그러나 적어도 그것은 명료한 테제이며, 모든 명료한 테제와 마찬가지로 논박의 위험을 감수할 만큼 고결하다. 나의 대답은 다음과 같다. 나는 (a) 메이야수에 관해서는 그 자신이 원한다면 스스로를 변호하도록 맡겨두고, 나는 그래튼이 나의 철학과 플라톤의 철학 사이에 어떤 중대한 유사성이 있다고 주장하는 것이 틀렸음을 보여줄 것이고, (b) 그래튼이 하이데거의 시간 철학과 데리다의 시간 철학을 연결하는 것이 틀렸음을 보여줄 것이다. 왜냐하면 사실 그것들은 완전히 다르기 때문이다.

사변적 실재론에 대한 그래튼의 관점에 관한 일반적 개괄

그래튼의 책은 네 명의 원조 사변적 실재론자들뿐만 아니라 이웃 사상가들인 제인 베넷, 엘리자베스 그로스, 에이드리언 존스턴, 캐서린 말라부의 흥미로운 단면을 다룬다. 그럼에도 불구하고 나는 여기서 그가 메이야수의 철학과 나 자신의 철학을 다루는 방식에 전적으로 집중할 것이다. 그 이유는 책의 서론에서 예견된 대로 우리 둘이 책의 최종 논증이 저격하는 주요 표적이기 때문이다(201~16).

> 집합론의 수학 없이 … 메이야수는 자신의 작업에 착수할 수 없었다. 나는 우리가 플라톤주의, 즉 궁극적으로 실재하는 것은 시간 외부에 있다는 견해로 돌아가고 있지는 않은지 궁금해지기 시작했다. … 그러나 하먼은 시간이 나타남에 내장되어 있기에 객체가 그 자체에 있어서는 시간 속에 있지 않다고 주장하는데, 이는 플라톤의 설명을 되풀이하는 것처럼 보인다. 우리는 이것이 그의 작업에서 주된 문제가 되는지 물어볼 것이다. (8)

그러나 "우리"는 "물음"보다 훨씬 더 많은 것을 할 것이다. "우리"는 그것이 실제로 주된 문제라고 대답할 것이다. 책의 결론은 "시간의 실재론"에 관한 그래튼의 논증을 제공할 것이다(202). 그는 사변적 실재론자들이 "객체, 수학 등의 관념론에 넘어가지 않도록" 그가 제시한 이 길을 따라갈 것을 촉구한다(202). 이 구절에서 "등"이 맡는 역할은 불분명하다. 그러나 객체와 수학이 그의 비판을 정면에서 받고 있기에 그것은 중요하지 않다.

메이야수에 관한 그의 설명으로 들어가기 전에, 그래튼이 사변적

실재론자들에 관해서 과잉 일반화하는 두 구절을 지적하겠다. 첫 번째는 그가 "영미철학과 대륙철학 사이에는 오랫동안 분열이 있었고, 사변적 실재론자들은 이 분열을 넘어서는 움직임을 약속한다"(40)라고 말할 때 등장한다. 그래튼은 인용문으로 이 주장을 뒷받침하지 않으며, 내가 아는 한 브라시에가 그런 약속을 하는 유일한 사변적 실재론자이다.[10] 바디우 역시 수학과 문학 양쪽에서의 자신의 개인적 기량을 과시하는 과정에서 이런 약속을 하지만, 나는 메이야수가 분석/대륙 분열에 관해 특별히 많은 언급을 한 기억이 없다.[11] 나 자신의 견해에 따르면, 나는 두 전통 사이의 분열을 더 심화시키고 싶다.[12] 두 번째 과잉 일반화는 내가 우리 인간이 평범한 태양 주위를 도는 비교적으로 사소한 종이라고 지적한 『쿼드러플 오브젝트』의 한 구절을 인용한 후, 그래튼이 "이 묵시론적 정동은 인류의 종말에 관한 메이야수의 묘사에서 브라시에의 허무주의에 이르기까지 사변적 실재론에 만연해 있다"(52)라는 주장으로 비약하며 등장한다. 실제로는 그렇지 않다. 전체로서의 우주에서 볼 때 인간은 그렇게 중요하지 않다고 말하는 것이 내가 그 주제에 관해 말하는 전부이며, 그것은 본질적으로 전혀 "묵시론적"이지 않다. 메이야수는 실제로 현존을 정의의 세계로 완전히 변형시킬 메시아와 신의 가능적 도래를 말하는데, 이것을 "묵시록적"이라고 부를 수도 있겠지만, 내게는 "종말론적"eschatological 또는 "구원론적"soteriological이라고 부르는 편이 더 요지에 가까워 보인다.[13]

---

10. Ray Brassier, "Postscript : Speculative Autopsy," in Peter Wolfendale, *Object-Oriented Philosophy*, 414. 브라시에는 이러한 분열이 단순한 "사회학적 사실"이라고 일축한다.
11. Alain Badiou, *Being and Event*, xiii-xiv [알랭 바디우, 『존재와 사건』].
12. Graham Harman, "The Enduring Importance of the Analytic/Continental Split," *Gavagai*.
13. Quentin Meillassoux, "Appendix : Excerpts from L'Inexistence divine," in Graham Harman, *Quentin Meillassoux*.

브라시에야말로 우리 종과 전체로서의 우주의 종말을 논하는 것에 열중하는 유일한 사변적 실재론자이며, 이것은 그의 개인적 기획의 집착으로 남는다.14 게다가, 이 점과 관련하여 그래튼이 우리의 반대 논증으로서 인용한 에이드리언 존스턴과 슬라보예 지젝의 주장조차도, 사실상 반-묵시론적이라기보다는 본격적으로 관념론적이다. 인간이 더 이상 현재하지 않는 세계를 응시하는 상상은 결국 "환상"에 불과하며, 이는 그 세계를 응시한다는 환상을 응시하는 우리가 여전히 거기게 있어야 할 것이기 때문이라는 그들의 공통된 주장은 본격적 관념론에 더 가깝다(52). 앨런 와이즈먼의 베스트셀러『우리 없는 세계』는 인간이 갑자기 사라진다면 다양한 건물과 시설에 어떤 일이 벌어질지에 관한 고찰, 흥미로운 개념에 기반을 두고 있다. 그리고 브라시에와 메이야수 모두 인간이 없는 세계의 비유를 광범위하게 실재론적으로 사용하는 것은 참이다. 그러나 이것은 OOO가 의미하는 바가 아니다. 왜냐하면 OOO에서 물자체는 인간을 장면에서 제거함으로써 얻어지는 것이 아니라, 인간이 객체를 응시하고 있을 때도 그 객체는 신비로운 것으로 남는다는 점을 강조함으로써 얻어지는 것이기 때문이다.

어쨌든, 그래튼은 200년 동안의 철학을 반실재론자로 일축함으로써 과잉 단순화한 것으로 사변적 실재론을 ("운 좋게"라는 단어와 함께) "칭찬"한 후, 결국 상관주의에 관한 첫 장의 요약을 통해 본론으로 들어간다. 그 요약은 사실 상당히 훌륭한데, 그것은 실재론자를 가장한 현상학적 관념론자들에게 너무 자주 은폐를 제공하는 사상가 모리스 메를로-퐁티의 적나라하게 반실재론적인 명구로 시작한다. 사변적 실재론자들은 임마누엘 칸트를 참조하여 상관주의를 설명하는 경

---

14. Ray Brassier, *Nihil Unbound*.

향이 있지만, 그래튼은 분석철학자 마이클 더밋(22~26)과도 연계함으로써 지도를 유용하게 확장한다. 그 장의 후반부에서 그는 또한 메이야수에 관한 진실한 통찰에 도달한다. "『유한성 이후』에서 충격적인 점은 솔직히 말해서, 메이야수에게 관념론 자체와 싸울 만한 것이 거의 없다는 것이다. 메이야수는 상관관계에 많은 에너지를 소비하지만, 우리가 나중에 보게 되듯, 그의 방법은 어떤 상관관계도 **부정할 따름**인 관념론에 관해서는 아무것도 말하지 않는다"(37). 메이야수를 주의 깊게 읽는 그 누구도 그가 소박한 실재론에 가깝다고 주장할 수 없다. 우리는, 단지 메이야수를 주의 깊게 읽지 않는 것의 산물이기는 하지만, 크리스토퍼 노리스가 메이야수의 첫 번째 저서의 초반에 관해 이러한 주장을 하는 것을 6장에서 보게 될 것이다. 그러나 나 자신은 그래튼이 올바르게 함의하듯『유한성 이후』에는 본격적인 관념론에 대한 충분한 해결책이 없으며, 이러한 혐의는 메이야수의 스승인 바디우뿐만 아니라, 상징적 질서의 트라우마적 상처에 지나지 않는 실재계에 관한 지젝의 최소한의 라캉주의적 의미를 감안할 때, 그들의 동료 여행자 지젝으로까지 확장될 수 있을지도 모른다고 주장했다.

그래튼의 메이야수 독해에서 가장 흥미로운 부분에 도달하기 전에, 가장 덜 중요한 오류부터 시작하여 더 심각한 착오에 이르기까지 그가 저지른 오류들의 짐을 피할 방법은 없다. 첫째로는 다음과 같은 구절이 있다. 그가 말하기를, 골드스미스에서 메이야수의 발표와 관련지어 볼 때, "솔직히 이해할 수는 없지만 … 이것이 아마도 메이야수가 '논박'refutation과 '실격'disqualification을 구분하는 이유일 것이다"(41).[15]

---

15. Ray Brassier, Iain Hamilton Grant, Graham Harman, and Quentin Meillassoux, "Speculative Realism," in *Collapse III*, 429.

사실, 이 특수한 구별을 이해하기는 아주 쉽다. 문제의 구절에서 메이야수는 상관주의자의 심리적 동기를 비방하거나 상관주의자를 지루하다고 말하는 것과 같은 단순한 "실격"이 아닌 상관주의자를 "논박"할 합리적인 논거를 추구하고 있다. 둘째로, 그래튼은 지금 존재하지는 않지만 미래에 존재할 수도 있는 잠재적 신에 관한 메이야수의 이론의 "우스꽝스러움"에 너무 많은 시간을 허비하지만, 정작 그 조롱의 몫은 아담 코츠코의 어깨가 짊어지게 한다(65). 메이야수의 낯선 신학이 많은 독자를 설득하지 못할 것이라는 점은 분명하지만, 자신이 동의하게 된 내용을 담고 있는 철학만을 높이 평가해서는 안 된다. 이것은 브라시에, 울펜데일, 그리고 다른 사람들에게서 발견되는 독단적인 결함이며, 철학적 행동에 대한 좋은 일반적 모델이 아니다.

메이야수에 관한 그래튼의 설명에는 다른 문제들이 있다. 앞서 언급했듯이 그는 "『유한성 이후』가 출판되기 2년 전에 녹스빌 대학의(sic.) 철학자 존 놀트가 반실재론에 맞서는 유사한 논증을 발표했다"(40, 강조는 하먼)고 말한다. 이것은 마치 메이야수의 독창성을 의심하기 위한 시안처럼 보인다. 이 전략이 내포한 진정한 문제는 선조성과 원화석에 관한 메이야수의 논의는 독창적인 것으로 의도된 것이 아니며, 심지어는 "논증"으로서 의도된 것도 아니라는 점이다. 놀트의 논문은 "우주는 우리의 인지와 독립적인 구조, 즉 내적 구조를 가지고 있다"라는 결론에 이르기까지 여러 단계를 거쳐 진행되는 완벽하게 명료한 분석철학의 산물이다.[16] 이것은 원화석에 관한 메이야수의 논의와 유사하게 들릴지도 모르지만, 차이점은 놀트는 우주가 가진 내

---

16. John Nolt, "An Argument for Metaphysical Realism," *Journal for General Philosophy of Science*, 72.

적 구조의 현존을 이야기의 마지막 교훈으로 간주하는 솔직한 과학적 실재론자라는 점이다. 놀트는 "우주는 — **우리에 대해** — 내적 구조를 가지고 있다"라는 상관주의적 측면의 주장이 지닌 동등한 권리를 옹호하지 않는다. 이제, 언제나 그렇듯이 메이야수가 지닌 이 측면을 간과하는 사람들은 골드스미스 원고에서 그의 분량을 다시 읽어야 한다. 그 핵심적 페이지들은 모두 어째서 상관주의자들에게 **일리가 있는지**, 그리고 이를 무너뜨리기 위해서는 놀트, 폴 보고시안 등이 사용한 직접적인 수단이 아니라 우회적인oblique 수단이 필요하다는 내용에 관한 것이다.17

좀 더 심각한 문제는 — 그리고 이 점에 대한 책임은 그래튼에게만 있는 것이 아니며, 메이야수 역시 그 책임에서 자유롭지 않다 — 메이야수가 단지 인식론과 존재론을 혼동하고 있다는, 다소 의기양양하게 표현된 잘못된 주장에서 비롯된다.

상관주의자에 관한 메이야수의 논박이 메이야수가 주장하는 바처럼 상관주의자를 패배시키는 것이었을까? 한마디로 말해서, 그렇지 않다. 첫째로, 메이야수는 칸트 등을 존재론적 주장과 인식론적 주장을 구별하지 못하는 특히 어리석은 철학자로 묘사할 위험을 지니고 있다. 칸트는 그-자체가 존재하지 않는다고 주장하는 것이 아니라, 오히려 우리가 알고 있는 것이 그-자체에 대한 어떤 매개되지 않은 접근을 통해 설명될 수 없을 따름이라고 주장하는 것이다. (… 그리고) 피터 홀워드가 지적한 바와 같이, 세계의 사물들이 현존하기 위해 사고

---

17. Ray Brassier et al., "Speculative Realism," 408~49 ; Paul Boghossian, *Fear of Knowledge*.

에 "의존"한다는 것을 결코 믿지 않고도 … 지식에 대한 이런저런 인식론적 및 언어적 조건을 말할 수 있다.18 (46~47)

홀워드와 나란히, 데이비드 골럼비아는 상관주의가 실제로 존재한 적이 없다고 주장하는 그의 논문에서 비슷한 요지를 만든다.19 그러나 사실, 메이야수는 인식론적 영역과 존재론적 영역 사이의 그러한 혼합에 대해 책임이 없다. 칸트가 물자체는 존재하기 위해 인간 정신에 의존한다고 말했다는 주장은 메이야수의 어디에서도 찾을 수 없다. 그 대신에 그는 "약한" 상관주의자와 "강한" 상관주의자를 구분하고, 칸트는 사고 외부에 무언가가 존재하지만, 우리가 그것을 알 수 없을 따름이라고 주장하는 "약한" 유형의 교과서적 예시로 든다. 비록 메이야수는 칸트를 오독한 책임이 없지만, 그럼에도 그는 이후 2012년 베를린 강의에서 인정한 것처럼 『유한성 이후』에서 "상관주의"라는 단어를 모호하게 사용한 것에 대해 책임이 있다.20 그 모호성은 다음과 같다. 한편으로, 메이야수는 대개 칸트를 상관주의의 빛나는 모범으로 취급한다. 그러나 다른 한편으로, 그는 "상관주의적 순환"이라는 용어를 칸트에게는 적용되지 않는 방식, 즉 "사고 외부의 사물을 생각하는 것은 그 자체가 하나의 사고이며, 따라서 사고 외부의 어떤 것도 생각할 수 없다"는 방식으로 정의한다. 물론, 이 견해는 칸트가 아니라 관념론자와 **강한** 상관주의자에게만 적용되며, 따라서 이를 "강한 상관주의적 순환"이라고 불렀어야 했다. 나는 메이야수가, 놀트의 방식에서처럼 과학적 실재론자가 되기는커녕, 칸트조차도 사고 외부의

---

18. 참고문헌은 Peter Hallward, "Anything Is Possible," in *The Speculative Turn*.
19. David Golumbia, " 'Correlationism' : The Dogma That Never Was," *boundary 2*, 43.
20. Quentin Meillassoux, "Iteration, Reiteration, Repetition," *Genealogies of Speculation*.

물자체를 너무 많이 인정하고 있다고 주장하며 약한 상관주의자보다 강한 상관주의자를 훨씬 더 선호한다는 점을 다시 한번 강조해야겠다. OOO가 인간 영역을 넘어서 칸트주의적 약한 상관주의를 급진화한 것으로 해석될 수 있는 것처럼, 메이야수는 강한 상관주의적 순환을 급진화함으로써 자신의 철학적 입장에 도달한다.

텍스트 증거가 모호하기에 그래튼이 메이야수를 올바르게 이해했는지를 확신할 수 없는 마지막 요점이 있다. 메이야수를 필로와 비교하는 과정에서 그래튼은 다음과 같은 진술을 한다. "메이야수에게는 물질이 **무로부터** 창조되었음이 분명하다"(67). 이것은 한때 나의 견해이기도 했지만, 나는 그 점이 더 이상 분명하다고 생각하지 않는다. 의심의 이유는 『유한성 이후』에서 자신의 "비이성의 원리"principle of unreason를 약한 의미가 아닌 강한 의미로 받아들여야 한다는 메이야수의 논증에서 비롯된다. 약한 의미의 비이성의 원리는, **만약** 어떤 것이 존재한다면 그것은 우연적이어야만 하지만, 이것이 결코 어떤 것이 반드시 존재해야 한다는 것을 의미하지는 않는다고 주장한다(73). 반면에 강한 의미의 비이성의 원리는, 우연적 사물이 존재하는 것은 필연적이기에 어떤 것이 존재하는 것은 필연적이라고 말할 것이다(74). 우리는 여기서 강한 독해에 대해 메이야수가 시도한 증명으로 들어갈 필요가 없으며, 그가 그 독해를 지지한다는 점을 지나가는 말로만 언급하면 될 따름이다. 그러나 이것은 「신의 비존재」로부터 얻는 의미와 상반되는 것이다. 「신의 비존재」에서, 나중에 생명과 사고에도 적용되고 언젠가는 정의와 잠재적 신에도 적용될 수 있듯이, 물질은 무로부터 창조되었다. 왜냐하면 어떤 것이 **반드시** 존재해야 한다는 비이성의 원리에 관한 강한 독해가 옳다면, 그 어떤 것이 메이야수의 철학에서 나중에 생명과 사고가 우연적으로 창발하기 위해 필수 불가결한 기반을 제공하는 물질 외에 무엇이 될 수 있는지 알기 어렵기 때문이다. 그러나 이제 OOO에 관한 그래튼의 설명으로 주의를 돌릴 시간이다.

그래튼은 주로 그의 책 4장에서 나를 다루지만, 그 외 수많은 나에 대한 참조가 이 책의 모든 중요한 결론을 포함해서 책 전체에 걸쳐 흩어져 있다. 4장에는 몇 가지 오도하는 주장들이 포함되어 있으며, 그래튼의 비판의 핵심으로 진입하기 전에 그것들을 먼저 다루어야 한다. 울펜데일과 달리 그는 내 저작이 "명료하고 도식적"(85)이라고 판단하는데, 이는 솔직하게 말해서 대부분의 독자가 보여주는 반응이다. 우리는 그래튼이 내 철학에 대해 비판할 점이 많다는 것을 보게 될 것이다. 그러나 그는 고맙게도 내가 너무 불분명해서 내 글을 이해 가능하게 만들기 위해 아주 열심히 일해야 했다고 주장하는 식의 가장을 피하고 있다. 울펜데일의 책은 그러한 과시에 돌이킬 수 없을 정도로 흠뻑 젖어 있다. 또한, 그래튼은 내가 에드문드 후설 및 하이데거와의 차이점에 관해 광범위하게 쓰긴 했지만, "[하먼의] 저작에 대한 더 나은 열쇠는 레비나스의 저작을 통해 볼 수 있다"(85)라고 주장한다. 당연히 "이는 하먼의 설명이 독창적이지 않다는 것을 말하는 것은 아니"(85)지만, 실제로는 책 전체에 걸쳐서 내 설명이 독창적이지 않다는 빗댐이 많이 들어있다. 어쨌든 그래튼은 레비나스가 나의 사유에 미치는 영향을 지적하는 데서 통찰력을 보여준다. 이 영향은 주로 20대 초반에 발생했는데, 이 나이에 받은 영향은 나중에 발견된 애착보다 더 깊고 더 원시적인 흔적을 남긴다. 이와 대조적으로, 내가 라투르를 읽기 시작하기 전에 나는 거의 30세였으며, 이는 라투르가 내 입장의 기초적 가정을 형성하기보다는 나의 입장을 정제하는 데 도움을 주었음을 의미한다.

그래튼이 나와 레비나스 사이에서 끌어낸 연결고리가 오해를 불러일으킬 수 있는 두 가지 가능한 방식이 있다. 첫째로, 그는 내 저작에 대한 레비나스주의적 "타자성"의 중요성을 과도하게 강조한다 (87). 우선, 이것은 역사적으로 거짓이다. 내가 1991년 23세의 나이에 레비나스 저서의 번역가 알폰소 링기스의 지도 아래 레비나스를 처음 읽고 있었다는 것은 참이다. 나의 레비나스 독해와 나란히, 나의 전체론적 하이데거 독해에 관한 링기스의 비판은 오늘날 하이데거의 도구-분석에 관한 나의 결정적으로 비전체론적인 해석을 위한 무대를 설정하는 데 도움이 되었다. 오늘날, 이 비판에 관한 링기스 자신의 형태는 레비나스와 실체에 관한 그의 잘 읽히지 않은 논문에서 찾을 수 있다.21 그러나 실체를 향한 이러한 움직임은 내가 레비나스에게서 흥미롭게 여기는 점이 절대적 타자성은 아니라는 것을 보여주기에 이미 충분하다. 그의 경이로운 단편 『시간과 타자』에서 레비나스는 그가 하이데거의 단순한 "현재의 미래"로 간주하는 것, 즉 **현존재**의 "던져진 기투"thrown projection의 삼중 현재로 단순히 무너진 것으로서의 미래라고 불리는 것과 대조적으로, 타자성을 시간의 미래성과 연결한다. 비록 레비나스가 이 미래성에 관한 논증을, 레비나스가 말하는 의미에서의 타자성의 사상가가 아닌 베르그손에게서 끌어온 것처럼 보인다는 역설이 존재하기는 하지만, 나는 오늘날에도 여전히 미래성에 관한 레비나스의 논증을 존경한다. 어쨌든, 내가 레비나스에게서 흥미를 느꼈던 점은 (그리고 오늘날에도 여전히 흥미를 느끼는 점은) 그의 유명한 타자성의 개념이라기보다는, 담배와 사과 같은 존재자의 향유와 그것들이 일어나는 요소적 매개체 양쪽 모두에 적용되는 존

---

21. Alphonso Lingis, "A Phenomenology of Substances," *American Catholic Philosophical Quarterly*.

재의 **이쪽**에 관한 그의 논의였다. 물러난 실재적 객체에 관한 나의 개념은 대신 1997년과 자비에르 주비리에 관한 나의 기나긴 여름 독해로 거슬러 올라간다. 주비리의 개체 개념은 좀 더 아리스토텔레스주의적 풍미를 담고 있고, 그는 칼과 농장이 다른 사물들에 대한 "관련성"respectivity에 있어서만 존재한다는 사실을 감안할 때 칼과 농장이 실재적이라는 것을 (잘못) 부정할 정도로 개체들의 관계에서 개체들을 감산한다. 주비리는 또한 사물의 "원자-피질 구조"에서 사물의 실재성을 찾아내는 데서 실망스러울 정도로 자연주의적인 어조를 취하는데, 이는 솔 크립키가 금의 실재성의 핵심으로서 금속에 있는 양성자의 수를 들며 퇴보하는 것을 연상시킨다.

둘째로, 나의 "물러난 객체"를 레비나스의 "요소적인 것"과 동일시하는 그래튼의 논증을 따르기는 어렵다(86). 오히려, 레비나스의 요소적인 것은 감각적 객체가 최초로 형상을 취하는 감각적이고 하위-객체적인 매개체이다. 나는 궁극적으로 이 요소적 매개체를 "블랙 노이즈"black noise라고 부른다. 이는 블랙 노이즈란 우리가 주의를 기울이는 순간 바로 객체들이 되는 그러한 객체들로부터 방출된다는 것을 의미한다. 실제로 비객체적 요소의 현상학에서는 분명 얻을 수 있는 것이 있다. 게르노트 뵈메의 "분위기" 이론에 관한 관심의 증가는 다른 많은 사람도 이 주제에 흥미를 갖고 있음을 보여준다.[22] 그러나 나는 요소적인 것에 관한 존 샐리스의 해석이 내 저작과 적합하다는 그래튼의 주장을 지지할 수 없다. 샐리스는 다음과 같이 쓰고 있다. "요소의 후퇴, 헤아릴 수 없는 깊이로의 그것의 물러남, 드러냄도 은폐도 아닐 따름인 그것의 물러남."[23] 내가 OOO의 맥락에서 물러남을 말할 때,

---

22. Gernot Bohme, *The Aesthetics of Atmospheres*.

나는 "드러냄도 은폐도 아닐 따름인"(이것도 저것도 아님neither/nor의 오래된 데리다주의적 탭 댄스) 물러남을 의미하지 않는다. 그러나 이것은 분명히 레비나스가 요소를 통해 의미하는 바가 아니며, 이러한 불일치는 샐리스가 "물러남"이라는 단어를 나보다 덜 강경한 의미로 사용한다는 사실을 통해 간단히 설명된다.

다음으로 그래튼은 나의 용어 "아래로-환원"의 예시로서 영국 경험주의 철학과 거기서 말하는 성질의 다발을 제시한다(89). 그러나 나에게 이것은 **위로-환원**의 교과서적인 사례이다 — 경험주의자들은 성질의 다발이 우리에게 필요한 전부이며, 성질들을 모두 함께 유지하고 있는 이산적 객체에 관한 어떤 개념도 불필요한 허구라고 주장한다. 간단히 말해서, 그들은 "객체"가 우리가 감각-경험을 통해 접근할 수 있는 내용의 총합일 따름이며, 현상학이 주장하는 것처럼 변화무쌍한 주마등 같은 모습에도 불구하고 통합된 것으로 남는 무언가가 아니라고 생각한다. 이와 관련된 어조로, 그래튼은 유물론에 대한 나의 거부를 다음과 같은 문장을 통해 **이중-환원**으로 해설한다. "하먼에게 과학적 유물론은 아래에서 객체를 '우롱'하는 반면, '독일 관념론자'의 '변증법적 유물론'은 위에서 객체를 '우롱'하는 것이다"(92). 이것은 내가 본 가장 부적절하게 사용된 주의 환기용 인용부호일 수도 있다. 주의 환기용 인용부호가 너무 많고 또 분리되어 있어서 어느 것이 직접 인용문이고 어느 것이 내 논증을 비꼬기 위해 의도된 것인지 추적할 수 없다. 따라서, 나는 이에 응답할 수 없다. 그런데 놀랍게도 그래튼이 나에게 **너무 많은** 공적을 부여하는 또 다른 요점이 있다.

---

23. John Sails, "Levinas and the Elemental," *Research in Phenomenology*, 158.

〔사고와 연장은 무한히 많은 양태 중 두 가지일 뿐이라고 주장할 때〕 스피노자의 요점은 이 세계에 접근하는 무한한 양태나 수단이 없을 이유가 없다는 것이다. 감각적 객체에 관한 하먼의 기술도 유사하다. 〔레비나스가 언급한〕 세 가지 방식을 넘어서 객체, 동물 등이 이 세계의 사물에 관계하거나 접근하는 방식이 실제로 여러 가지가 있을 수 있다. (95)

이것은 매력적인 산문으로 표현된 아름다운 착상이며, 원리적으로 나는 이에 동의한다. 그러나 이 주제에 관한 내 글의 대부분은 실재적 객체와 **모든** 형태의 감각성 사이의 차이에 관한 것이었고, 가능한 감각적 세계의 다양성을 탐구하기에 아직 충분하지 않았다. 이 주제를 개척하는 방향으로 어느 정도 나아간 것은 『탈인지』의 샤비로이며, 심지어는 『아무것도 아닌 자로 있기』에서 다양한 신경 병리에 관한 설명을 제공하는 메칭거이다.

이제 우리는 대신 그래튼이 전형적으로 나에게 너무 **작은** 공적을 부여하는 주제로 이동해야 하는데, 그것은 그래튼이 객체와 성질 사이의 "긴장"에 관한 논의를 "하먼의 설명에서 개념상의 고된 일을 아주 많이 해주는 것"(102)으로 언급할 때 드러난다. "X라는 용어가 당신을 위해 고된 일을 많이 해주고 있다"라는 말이 "당신은 그 용어가 무슨 의미인지도 모른 채 그냥 여기저기 뿌리고 있다"라는 의미로 확립된 대륙어인 점을 감안할 때, 이것은 그의 설명에서 특히 관대하지 못한 순간이다. "긴장"이라는 단어가 여러 고된 일의 **결과**라고 말하는 편이 더 정확했을 것이다. 시간과 공간이 어떻게 객체-성질 긴장의 다른 형태로 이해될 수 있는지에 관한 단순한 이해에 도달하는 데 수년간의 작업이 필요했으며, 그러한 긴장의 다른 두 가지 형태(RO-RQ와 SO-RQ)[24]는 "본질"과 "형상"으로 식별될 수 있다는 것이 명료해지기까지는 수년간의 작업이 더 필요했다. 내가 감히 말하건대 이것이 지금까지 OOO에서 가장 독창적이고 생산적인 결과 중 하나이다. 전통적으로 철학자들은 공간과 시간을 타의 추종을 불허하는 우주의 두 양상, 스스로 완벽하게 있는 것으로 사변해 왔으며, 시간과 공간에 관한 논의는 대부분 그것들이 (헤르만 민코프스키와 때로는 하이데거처럼) 단일한 시공간으로 무너져야 하는지에 제한되어 있었다. 나는 본질, 형상, 또는 그 밖의 어떤 것이 시공간 도식에 속한다는 것을 보여주기 위해 시공간 도식을 확장하려는 다른 시도를 알지 못한다. 근본적인 "긴장들"에 관해서 내가 지금까지 말한 것보다 더 많은 것이 말해질 수 있다는 사실은 철학이란 어떻게 진행되는지를 보여줄 따름이다. 견본용 용어는 결코 통찰의 최종 단계가 아니지만, 궁극적인 통찰을 가능하게 하는 데 도움이 된다.

이와 관련된 관대함의 결핍은 그래튼이 『쿼드러플 오브젝트』의 한 구절을 인용할 때 일어나는데, 이 구절은 실재적 객체가 **어떻게든**some-how 자신의 감각적 캐리커처로 번역**되어야만 하고**must 인과관계를 가능하게 하는 연료 역할을 **해야 한다고**must 말한다. 여기서 강조는 그래튼의 것이며, 그는 마치 내가 단지 팔을 휘두르며 스스로 설명할 수 없는 것을 주장하는 부당한 자유를 누리고 있음을 시사하는 것처럼 반복적으로 인용에 강조체를 적용한다. 그러나 우리는 그가 성인군자처럼 여기는 데리다가 중요한 순간에 스스로 이것을 수행한다는 점을 나중에 보게 될 것이다(103). 그래튼은 이 점을 여러 페이지에 걸쳐 강조 처리하며, 결국 다음과 같이 결론짓는다. "그의 '어떻게든'과 '당위'의 사

---

24. * 이 책에서 RO는 '실재적 객체'(Real Object), RQ는 '실재적 성질'(Real Quality), SO는 '감각적 객체'(Sensual Object), SQ는 '감각적 성질'(Sensual Quality)의 약어이다.

용은 인과성에 관한 논증을 숨겨주고 있으며, 철학의 역사에서 기회원인론을 활용하는 이전의 선례들은 설명의 자리에 신비주의를 제공할 수 있을 뿐이었다"(105). 여기서 그래튼은 6장에서 논의되는 노리스처럼 독자들에게 내가 보편적인 인과적 행위자로서의 신에게 신비롭게 호소하고 있다고 상상하도록 공개적으로 유도한다. 여기서는 나의 간접적 인과관계 모델과 라투르의 모델이 기회원인론과 다를 뿐만 아니라 특권을 가진 어떤 초-존재자(신이건 정신이건)도 허용하지 않는다는 점에서 흄과 칸트와도 다르다는 것을 내가 자주 강조해 왔던 흔적을 찾을 수 없다. 게다가 OOO는, 비록 다른 수단을 통해서기는 하지만, 정확히 합리주의와 마찬가지로 진리에 대한 직접적 접근을 주장하는 "신비주의"와 아무런 관련이 없으며, 오히려 객체지향 입장은 그러한 접근이 간접적이어야 한다는 것이다. 간단히 말해서, 여기에서의 사례는 "긴장"의 사례와 같다. "당위"와 "어떻게든"은 할 말이 없는 것에 대한 평계로 허공에서 불러들인 것이 아니라, 인과관계가 일어나야만 하는 장소를 좁히는 과정에 따른 잠정적 결과이다. 우리는 인과관계에 관한 단순 추측에 그치고 있는 것이 아니라 해결책을 향한 길의 도중에 있는 것이다. 셜록 홈즈의 유명한 말을 빌리자면 "불가능한 것들을 제거한 뒤에 남는 것이 아무리 어처구니없을지라도 그것이 진실이어야만 한다."[25] 그래튼이 광범위한 강조체로 조롱하는 앞의 구절은 불가능한 것을 제거하는 단계를 표상하며, 거기서 불가능한 것은 내가 보기에 직접적 인과관계이다. 어처구니없는 선택지는 실재적 객체가 감각적인 것에 의해 매개되고 감각적 객체는 실재적인 것에 의해 매개되는 대리적 인과관계이며, 심지어는 셜록 홈즈조차

---

25. Arthur Conan Doyle, *The Sign of Four*, 6 [아서 코난 도일, 『네 개의 서명』].

한 단계에서 다음 단계로 나아가는 데 시간이 필요하다. 이것은 분명히 "홈즈의 오류"라고 불리는 것으로 이어질 수 있는데, 이는 누군가가 실제로는 꽤 가능한 것을 불가능한 것으로서 너무 일찍 제거하는 것을 의미한다. 그러나 그 경우에, 그래튼은 직접적 인과관계가 가능하다는 것을 보여주거나 적어도 직접적 인과관계를 부정하는 나의 논증을 논박할 필요가 있을 것이다. 그는 그중 무엇도 수행하지 않는다.

OOO에 반대하는 그래튼의 시간적 논증의 핵심에 착수하기 전에 다루어야 할 몇 가지 문제가 남아있다. 하나는 인간이 비인간 세계에 미치는 영향이 그 어느 때보다 분명해진 인류세 시대가 도래한 것을 감안할 때 비생명 사물에 관한 논의로 전환하는 것은 다소 무책임하거나 교활한 책략이라는 그의 함의이다. 그는 사실 훨씬 솔직하게 표현한다. "그렇다면 정확히 이 시기에 사물의 힘을 기술하면 우리 안팎의 생태학적 분쟁에서의 인간의 책임에 대한 (회피적) 알리바이 같은 느낌이 들 수도 있다 ─ 엉망진창인 상황에 걸리면 갑자기 상상적 친구의 힘에 관해 이야기하는 아이처럼 말이다"(110). 우리는 그래튼이 "수도 있다"라는 단어를 통해 빠져나가게 놔둘 수 없다. 그는 이 구절에 대한 완전한 소유권을 가져야만 한다. 즉, OOO를 거짓말하거나 망상에 빠진 아이와 비교하며 모욕하는 것뿐만 아니라, 더 중요하게는 인류세가 포스트칸트주의 이론의 인간-중심적 강조를 계속할 더 많은 이유를 우리에게 제공한다는 함축된 ─ 그리고 기괴한 ─ 테제에 대한 소유권은 그래튼에게 있어야 한다. 이 논증은 단순한 애매성 equivocation에 기초하고 있다. 인간이 인류세를 발생시키는 데 매우 강한 인과적 역할을 수행하고 있다는 사실은 인간 사고에 대한 인류세의 나타남이 그 어느 때보다도 지금 우리의 이론적 출발점이 되어야 한다는 것을 의미하지는 않는다. 그것은 마누엘 데란다가 그의 책『새로운 사회철학』 첫 페이지에서 언급한 것과 동일한 애매성이다. 즉, 인간이 인간 사회의 필수 성분이라는 사실이 인간 사회가 그것이 인간에게 나타나는 방식과 등가라는 것을 수반하지는 않는다.26 대신, 우리는 인간 사회와 인류세 모두의 경우에서 인간 이론을 통한 정확한 주제화에 저항하는 실재적인 인과적 힘을 다루고 있다. 『예술과 객체』에서 나는 다른 한편으로는 동의하는 근대 형식주의 이론, 즉 클레멘트 그린버그와 마이클 프리드의 이론에 대해 유사한 비판을 한다.27 예술이 인간 관람자로부터 독립적이라는 것은 많은 "포스트모던" 예술에 대한 그린버그/프리드의 비판에서 잘못 가정된 것처럼 예술이 인간적 성분을 전혀 포함하지 않아야 한다는 것을 의미하지는 않는다.

나는 다음의 구절을 염두에 두고 있다. 그래튼은 "아래로-환원과 위로-환원에 관한 하먼의 수사"(116)를 언급한다. 개인적으로 나는 무언의 삼단논법의 힘(마셜 매클루언이 매체를 취급하는 방식을 보라)을 연구하는 철학의 한 분야로서 수사학을 긍정적인 의미로 여기지만, 그래튼이 좀 더 최근의 멸시적 의미에서 "수사"를 의미한다는 것은 분명하다.28 그는 단순히 내가 틀렸다고 말할 수도 있었지만, 대신 이 작업을 동료 사변적 실재론자이자 전적으로 선량한 사람인 이에인 해밀턴 그랜트에게 맡기기로 한다. 내가 그랜트와 논쟁을 벌인 계기는 그의 반-객체지향 이론이 "아래로-환원"의 한 형태라고 비판한 나의 글에 대한 그의 응답이었다.29 그는 「환원의 조건: 하먼에 대한 응

---

26. Manuel DeLanda, *A New Philosophy of Society*, 1 [마누엘 데란다, 『새로운 사회철학』].
27. Graham Harman, *Art and Objects* [그레이엄 하먼, 『예술과 객체』].
28. Marshall McLuhan, *Understanding Media* [마셜 매클루언, 『미디어의 이해』].
29. Graham Harman, "On the Undermining of Objects," in *The Speculative Turn*.

답」이라는 표제를 단 논문에서 평소의 따뜻하고 친근한 방식으로 응답한다.30 그랜튼은 다음과 같이 말할 때 그 논문의 요지를 포착한다.

> 그랜트는 그의 관념론이 관념론이라는 용어의 일반적인 용법과 달리 어떤 특정한 존재자를 생산하고 무효화할 수 있는 힘들의 수평적 형성에 관한 것이며, 따라서 하먼과 달리 완전히 시간적이라고 주장한다. 누구도 어떤 주어진 객체의 역사와 생성을 논함이 없이 그 객체를 논할 수 없다. 이것이 (초기) 셸링에서 들뢰즈까지 모든 형태의 스피노자주의를 연결하는 것이다. (116)

질베르 시몽동은 이 혼합물에 넣어야 할 또 다른 이름일 것이다. 그런데 그랜트의 입장이 가진 이러한 양상에는 최소한 두 가지 문제가 있다. 첫 번째는 브라시에와 내가 골드스미스에서 언급했듯이, 그랜트가 자신의 견해에서 자연의 **생산성**을 강조하고 **일자**로서의 자연의 지위를 경시하기를 원하는 만큼, 그의 입장에서 개체적 객체는 좀 더 원초적인 생산적 힘의 "지체"로서만 설명될 뿐이라는 점이다.31 생산의 자유로운 흐름에 대해 선재하는 걸림돌이 없다면, 그러한 지체가 어디에서 유래할 수 있는지 알기 어렵다. 그리고 그러한 걸림돌이 없다면, 완전히-형성된 객체가 됨이 없이 자연에서 서로 유사-독립적으로 존재할 수 있는 "경향들"이나 "잠재적 힘들"에 관한 모호한 이야기만이 남게 된다.

다음 문제는 그랜트의 다음과 같은 진술에서 나오는데, 그랜트는

---

30. Iain Hamilton Grant, "Mining Conditions," in *The Speculative Turn*.
31. Brassier et al., "Speculative Realism," 315, 352~53.

아마도 그 진술에 동의할 것이다. "누구도 어떤 주어진 객체의 역사와 생성을 논함이 없이 그 객체를 논할 수 없다." 이것은 가슴속에 거짓을 간신히 숨기면서 진실을 가장하는 진술이다. 그것은 예술작품이 사회-정치적 맥락을 떠나서는 이해될 수 없다거나 모든 건축은 "장소-특정적"site-specific이어야 한다는 주장과 형태라는 측면에서 유사하다. 이러한 논증들은 자신에게 처리하기 쉬운 낮은 허들을 제시하고 상대방에게는 매우 높은 허들을 제시한다는 점에서 근본적으로 기만적이다. 낮은 허들은 대략 다음과 같은 방식으로 처리되는데, 즉 "명백하게 모든 것은 그것의 맥락과 관련해서 이해되어야 하며, 그러므로 모든 것은 그것의 맥락에 의해 정의된다." 그러나 쉼표 뒤에는 **불합리한 추론**이 있는데, 왜냐하면 사물의 맥락이 지닌 모든 양상이 관련이 있다고 볼 만한 충분한 이유가 없기 때문이다. 이와 대조적으로, 높은 허들은 다음과 같아 보인다. "우리의 상대방은 사물이 자신의 맥락에 의해 전혀 영향을 받지 않는다고 말하는데, 이는 명백하게 우스꽝스러운 일이다." 나는 수년에 걸쳐 통상적으로 시몽동 카드를 꺼내고 내가 더 깊은 개체화 과정보다는 완전히-형성된 개체만을 다루고 있다고 주장하는 사람들로부터 이러한 반론의 형태를 반복적으로 받아왔다. 그러나 이 허들 게임은 다음과 같은 이유로 기만적이다. 좀 더 설득력 있는 해결책은 모든 객체가 자신의 맥락이 지닌 몇몇 양상에 의해서는 영향을 받지만 다른 양상에 의해서는 영향을 받지 않는다는 것이다. "장소-특정적" 건물은 인근의 강, 그 장소에서 발견되는 특정 유형의 햇빛, 해당 지역의 풍부한 북미 원주민 역사, 현재 거리 건너편에 위치한 건물, 혹은 이러한 모든 요인─그리고 그보다 더 많은 요인─에 동시적으로 반응할 수 있다. 그러나 어떤 건물도 그 맥락의 **모든 양상과 관계될 수는 없다.** 언제나 "장소"에 속하는 것들의 포함 및 배제에 대해 일정한 선택이 이루어진다. 객체의 개체화 역사에 관해서도 마찬가지이다. 그래튼의 인생에 관해서도 의심할 여지가 없지만, 내 인생의 몇몇 사건은 오늘날의 내가 누구인지에 강력하거나 심지어는 변형적인 영향을 미쳤을 것이다. 그러나 우리가 인간 감각기에는 너무 미세한 수준으로 모든 것을 보존하는 일종의 보편적 우주 기억을 상정함으로써 억지로 질문을 만들지 않는 한, 어떤 의미에서도 일어나는 **모든** 것이 흔적을 남기지는 않는다. 요컨대, 객체에는 방화벽이 있고, 그래서 그것에 일어난 모든 일의 총합을 반영하지 않는다. 심지어는 동물종의 진화조차도 어떤 특정한 환경 압력에 반응하는 것이지 모든 환경 압력에 반응하는 것이 아니다. 역사나 환경의 효과적 양상과 비효과적 양상을 모두 다룰 수 있는 유일한 이론은 사물들이 어느 정도 서로로부터 단절되어 있음을 허용하는 이론이다. 개체에 관한 그랜트의 "지체" 모델과 같은 "모든 것이 연속적임" 선택지는 애당초 어째서 지체가 발생해야 하는지에 관한 설명을 제공하지 못한다. 브라시에가 골드스미스에서 말했듯이, "만약 당신이 생산성을 특권화한다면, 만약 물질적 현실을 구조 짓고 구성하는 이러한 이상적인 생성적 역동설이 생산물에 대한 생산의 우위라는 관점에서 특징지어질 수 있다면, 문제는 우리가 과정의 중단을 어떻게 설명할 것인가이다. 생산 연속체 속의 불연속성을 어떻게 설명할 것인가?"[32]

그래튼은 이어지는 구절에서 다른 칼을 꺼낸다. "내 생각에 그랜트는 암묵적으로 또 다른 제안을 하고 있다. 즉, 자신의 객체지향 존재론을 통해 그 완전한 우연성과 창조성에서의 존재를 주어진 객체들의 질서로 환원하는 하먼이야말로 환원주의자라는 것이다"(116). 만약

---

[32]. 같은 글, 315.

그렇다면, 이것은 내가 『사변적 실재론』에서 고려했던 라투르에 관한 브라시에의 반론을 연상시킬 것이다. 브라시에의 반론이란, 라투르가 환원에 반대한다고 주장하지만 결국 모든 것을 행위소로 환원한다는 것이다.[33] 이것은 실제로 타당한 지적이며, 한때 저명한 네덜란드 라투르주의자 제라드 드 브리스에 의해 같은 문제가 나에게 제기되었다는 사실에서 알 수 있듯이, 단지 라투르에 대한 브라시에의 잘 알려진 **적대감**의 산물이 아니다. 나는 수년 동안 이 문제에 관해 다른 생각을 해 왔으며, 지금 내가 문제를 어떻게 보고 있는지 간단하게 설명할 것이다. 그래튼과 브라시에의 반론에 담긴 진실은, 어떤 철학도 모든 것에 동등한 가치를 부여할 수 없다는 것이다. 라투르의 이론은 국소적 행위자가 궁극적 실재이며, 다른 이론에서와 마찬가지로 그의 이론에도 패배자가 있다는 것을 수반한다. "경제", "사회", 그리고 "자본주의"는 라투르주의자의 눈에 다소 유감스러운 모습으로 보일 것인데, 왜냐하면 이 모든 것이 세부사항을 설명하지 못하는 거대한 물상화처럼 보이기 때문이다. 그리고 자본주의에 관해 말하자면, 맑스의 사유에 따를 때 대부분의 문화적 형태는 패배자이다. 왜냐하면 그것들은 참된, 근본적인 경제적 힘과 비교해서 단순한 이데올로기적 상부구조처럼 보이기 때문이다. 그래튼의 작업에서 우리는 시간이 승자이고 존속하는 개체적 존재자가 심각한 패자임을 알게 될 것이다. 당신의 철학이 무엇이든, 언제나 한 종류의 실재가 다른 종류의 실재보다 우선한다고 주장하는 다양한 방식들이 있겠지만, 이런 종류의 결과를 피할 수는 없다. 나는 "환원"이 이런 과정에 대한 좋은 이름이라고 생각

---

33. Ray Brassier, "Concepts and Object," in *The Speculative Turn*, 51 ; Graham Harman, *Speculative Realism*, 46.

하지 않는다. 다른 이름이 필요하며, 이는 OOO — 라투르, 화이트헤드와 마찬가지로 — 가 개체적 존재자야말로 게임에서 이용할 수 있는 유일한 말임을 주장할 때 수행하는 작업도 기술하는 이름이어야 한다.

그렇다면 "환원"은 무엇을 의미하는가? 많은 분석철학에서 그것은 "제거"로 알려진 더 가혹한 활동과 구별해서 이미 확립된 의미를 가지고 있다. 그러나 이것은 내가 환원으로 의미하는 바가 아니다. 나에게 환원은 "실제로 현존하는 사물들의 세계를 잘못 없애는 것"을 의미한다. 객체의 아래로-환원된 형태와 위로-환원된 형태 사이에 현존하는 세 번째 용어를 위한 논증은 다음과 같다. 즉, (a) 아래로-환원은 창발을 설명하지 못하고, (b) 위로-환원은 변화를 설명하지 못한다. 이곳은 그 논증을 반복할 장소가 아니며, 그 논증은 문자 그대로 내가 출간한 모든 환원에 관한 설명에서 찾을 수 있다.[34] 이 경우에 반환원주의적 정당화는, 창발과 변화를 설명할 수 있으려면 제3의 용어가 반드시 존재해야 한다는 것이다. 그러므로 현존으로부터 포착하기 힘든 실재적 객체를 제거한다는 것은 세계의 거주자임을 우리가 완전히 알고 있는 무언가를 제거한다는 것이다. 통상적으로 어떤 논쟁이 되었든 환원자를 발견하는 것은 쉬운데, 왜냐하면 환원자는 (산타클로스와 이빨요정에 맞서는 브라시에의 충격적인 성전에서 볼 수 있듯이) 현존으로부터 가능한 한 빨리, 그리고 가능한 한 많은 것을 제거하고 싶어 하는 사람이기 때문이다. 반면에 비환원자는 좀 더 조심스럽게 진행하는 사람이다. 그렇다면 그래튼은 OOO가 "그 완전한 우연성과 창조성에서의 존재를" 완전히 형성된 객체들의 집합으로 환원하는 너

---

34. Graham Harman, "Undermining, Overmining, and Duomining : A Critique," in *ADD Metaphysics*.

무 성급한 진영이 아니냐고 물을지도 모른다. 대답은 부정이다. 왜냐하면 나는 "그 완전한 우연성과 창조성에서의 존재" 같은 것의 현존에 대한 어떤 논거도 확인하지 못하며, 그리고 원시적인 생산적 힘의 "지체"를 통해 생산되는 것으로서의 개체에 관한 그랜트의 설명이 실행 가능한 모델이라고 생각하지 않기 때문이다. 게다가 그랜트가 「환원의 조건」에서 나의 추론에 대항하는 논증을 펼침에도 아랑곳하지 않고 나는 여전히 그를 조르다노 브루노와 같은 방식에서 일자의 옹호자로 보고 있으며, 그 출발점으로부터는 우리가 알고 있는 세계를 비슷하게 그려내는 이론으로 가는 방법을 알지 못한다.[35]

나에게 반대하는 그래튼의 주요 주장을 설명하기 전에 그것은 세 가지 기본적인 방식으로 잘못되었다고 말할 수 있다. 그중 두 가지는 OOO와 아리스토텔레스 사이에 훨씬 더 명백한 유사성이 있음에도 불구하고 플라톤과 나의 유사성을 극도로 과장하는 것에서 비롯되는 결과이다. 첫 번째는 내가 시간을 "환상적"이라고 여긴다는 그의 잘못된 주장이고, 두 번째는 내가 지지하지 않을 따름인 "두 세계 이론"을 그가 나에게 귀속시킨다는 것이다. 이 중 첫 번째에 관해 그래튼은 다음과 같이 말한다. "만약 시간이 감각적일 뿐이라면, 그것은 사물 그 자체의 실재성을 만질 수 없으며, 〔하먼〕 자신은 사물 그 자체와 그것의 감각적 객체성 또는 성질 사이에 **상응이 없다**no correspondence고 지적한다. 엄밀한 의미에서 시간은 '환상적'일 것이다"(99, 강조는 하먼). 나는 "상응이 없다"라는 말에 강조체를 적용했는데, 그것이 "연결 없음"no connection과 같은 의미가 아니기 때문이다. 인정컨대, 나는 감각적 객체와 실재적 객체 사이에 관해서 진리의 상응 이론을 지지하지 않

---

35. Giordano Bruno, *Cause, Principle, and Unity*.

는다. 왜냐하면, 마치 실재적 객체가 감각적 객체와 동일한 것일 따름이지만 "물질에 내재한" 것, 또는 그런 종류의 것에 내재한 것이라고 말하는 것과 달리, 둘 사이에는 형상의 동일성이 없기 때문이다. OOO의 심장에는 실재적 객체가 감각적 객체로 **번역**되어 둘 사이에 동형이 있을 수 없다는 관념이 자리 잡고 있다. 형상 자체가 한 장소와 다른 장소 사이에서 변화를 겪는다. 그러나 이것이 객체와 성질 사이의 감각적 상호작용이 실재에 전혀 영향을 미치지 않는다는 것을 의미하지는 않는다. 플라톤과 달리 나는 **영원한** 형상 이론을 가지고 있지 않다. 나에게 형상은 언제나 변환되거나 완전히 파괴될 수 있다. 좀 더 중요하게는, 실재적 객체는 오직 감각적 수준에서 일어나는 어떤 것을 통해서만 변형되거나 파괴될 수 있으며, 그 점이 이 이론을, 실재적 행위가 발생하는 생동적인 잠재적 영역의 꼭대기에 있는 "척박한 표면 효과"에 대한 들뢰즈의 취급과 구별한다. 실재적 객체는 표면들의 놀이 아래에 묻힌 채로 남지만, 표면들 위에서 일어나는 것에 완벽하게 취약한 상태로 남아 있다. 예를 들어 두 자동차의 충돌은 그것들의 나타남[외견]뿐만 아니라 **실재적** 자동차를 파괴할 수 있다. 이와 대조적으로, 만약 플라톤이 그의 대화편에서 자동차의 형상을 허용했다면, 그는 자동차의 형상을 정확히 다른 형상과 마찬가지로 파괴될 수 없는 것으로 취급해야 했을 것이다. 차이, 그리고 모든 곳에서 더 많은 차이라는 데리다주의적 개념에 지나치게 전념하는 그래튼은 정태를 피하고자 불가능할 정도로 높은 기준을 설정한다. 이러한 측면에서 그는 샤비로와의 유사성을 지니고 있다. 나의 실재적 객체가 필멸하고 소멸 가능하다는 점은 그들에게는 충분하지 않다. 이것에 덧붙여서, 그들은 이러한 객체가 순간의 가장 작은 부분에서조차도 그 자체로 남아서는 안 됨을 요구한다. 인정컨대, 샤비로의 경우에는 개체의 찰나적 "사밀성"에 관한 화이트헤드주의적 허용이 있지만, 그래튼과 데리다의 경우, 동일성의 어떤 흔적도 심각한 "플라톤주의" 신호이다. 이것은 허들 게임의 또 다른 사례로, 자신에게는 처리하기 쉬운 낮은 허들, 상대에게는 불가능할 정도로 높은 허들을 설정한다.

두 번째 요점에 관해서, 그래튼은 상호작용이 오직 감각적 수준에서만 일어난다고 설명하는 『쿼드러플 오브젝트』의 한 구절을 인용한 후 다음과 같이 말한다.

> 이 설명에서 잠시 멈추자. 우리는 또 다른 플라톤주의의 위험에 처해 있다. 세속화된 플라톤이 두 세계 이론을 상정했음을 기억하라 — 하먼은 그의 이론이 "두 세계"가 아니라 객체의 "두 얼굴"이라고 주장한다. 거기서는 한편으로 시간이 발생하는 생성의 세계가 있고, 다른 한편으로는 오직 사고를 통해서만 접근 가능한 사물들의 "형상"이 구성하는 영원한 영역이 있다. (102)

그래튼은 계속해서 내가 플라톤과 몇몇 측면에서 다르다는 것을 인정하지만, 그중 무엇도 위의 구절에서 그가 생략한 세 가지 주요 차이점을 다루지 않는다. 첫째로, OOO에는 "영원한" 영역이 없으며, 사실상 이것이 OOO를 플라톤주의로 규정하려는 모든 시도가 직면하는 어려운 장벽이다. 둘째로, 나는 사물의 "형상"이 사고를 통해서만 접근 가능하다고 생각하지 않으며, 사고와 감각은 모두 하나이자 동일한 **감각적** 수준에 속한다는 나의 견해를 감안할 때, 이 점이 내가 후설을 명시적으로 비판하는 지점이다. 세 번째이자 마지막으로, "하먼은 주장한다"라는 구절은 내가 플라톤으로부터 거리를 두기 위해 일종의 사소한 언어적 구별을 세운다는 것을 함의한다. 그러나 차이점은 완벽하게 명백하다. OOO에는 두 개의 세계가 아니라 수조 개의 세계가 존재한다. 모든 객체의 내부는 감각적 세계, 혹은 링기스가 "수준"이라고 부르는 것이며, 형상으로 통일된 세계와 나타남으로 통일된 세계 사이에는 극복할 수 없는 특별한 장벽이 없다.[36] 실재적인 것과 감각적인 것에 관한 OOO 이론은 칸트의 두 세계 이론과 마찬가지로 플라톤주의적 학설과도 다르다. 실재적인 것과 감각적인 것은 모든 곳에서 얽혀 있고, 그 사이의 장벽은 국소적이고 잠정적이다. 이것은 대리적 인과관계 모델의 부정합성으로 추정되는 것과 관련된 그래튼의 논증의 핵심으로 우리를 이끈다. 그래튼의 논증을 따라가면서 내가 느끼는 일반적인 감각은 그가 내 이론을 실제로 그런 것보다 더 복잡하게 만들고, 그가 강조하는 오류라고 추정된 것들은 그가 특정한 핵심 용어가 어떻게 사용되는지를 오독한 결과라는 것이다. 그의 논증을 살펴보며 그가 무엇을 옳게 포착했고 무엇을 틀리게 포착했는지 보자. 그의 설명에는 양쪽이 부분적으로 모두 들어있다.

대부분의 경우, 내가 시간에 관해서 레비나스보다 후설에 더 가깝다는 그래튼의 말은 옳다. 우리는 레비나스에게서 타자성이 하이데거의 시간성 이론에 의해 배제된 놀라운 타성의 진정한 미래를 제공한다는 것을 보았다(그리고 나는 하이데거에 대한 이 비판에 그래튼 자신보다 더 동의한다). 하이데거주의적 시간성에는 타자성이라고 부를 만한 것이 없다. 나는 『도구-존재』에서 이 점에 관한 논증을 세웠으며, 곧 그래튼이 내게 대항해서 하이데거를 휘두르려고 할 때 다시 이 논증을 되풀이하게 될 것이다. 그러나 『쿼드러플 오브젝트』가 시간을 순전히 감각적 객체와 감각적 성질 사이의 긴장으로 다루는 데 있

---

36. Alphonso Lingis, "The Levels," in *The Imperative*, 25~38.

어서 타자성을 제쳐둔다는 것은 참이다. 시간에 관한 우리의 설명에서 그-자체가 어떤 역할도 맡지 않는 한에서, 이것은 나를 후설에 더 가깝게 만든다 — 차이점은 후설이 물러난 그-자체의 현존조차 받아들이지 않는 반면, 나에게는 비록 표면들의 감각적-시간적 놀이 사이에 잠겨 있는 수준에 있기는 하지만 그-자체가 엄연히 존재한다는 것이다. 그러나 나를 후설과 연결한 직후, 그래튼은 그럼에도 내가 그 철학자의 시간 이론을 오독했다고 주장한다. 그가 주장하길, "후설에게 있어 지향성에 정적 존재자로서의 사물은 없다"(98). 후설에게는 명백하게 정적 존재자가 **존재하기**에 첫눈에는 이 진술을 읽어내는 방법이 명료하지 않다. 지향적 객체의 음영들은 항상적으로 변하지만, 이 과정에서 객체 자체가 일정하게 유지되지 않는다면 우리는 후설이 논박한 영국 경험주의의 세계로 돌아가게 될 것이다. "정적" 사과가 그것의 가변적인 감각적 윤곽들 아래에서 같은 것으로 남는 대신에, 우리는 느슨하게 관계된 일련의 사과-현현들을 가질 것이다. 그러나 나는 이것이 그래튼의 중심적 요점이 아니라고 감지한다. 대신, 그는 즉시 후설의 내적 시간의식 현상학으로 이동하며 다음과 같이 말한다. "하면은, 후설의 모든 텍스트에서 음영에 관한 논의와 직접적으로 관련된 후설의 시간 논의를 거의 사용하지 않음으로써 손실을 본다"(98).[37] 이 장의 뒷부분에서 나는 후설이 실제로 시간에 관해 말한 것을 고려할 것이다. 그러나 그래튼이 우리가 시간 없이는 "이런저런 음영에 붙어 있는 얼어붙은 찰나"(98) 외에는 아무것도 가질 수 없을 것이기에 시간 자체가 내재적 객체성의 구성을 위해 필요하다고 덧붙이는 것은

---

[37] Edmund Husserl, *The Phenomenology of Internal Time-Consciousness* [에드문트 후설, 『에드문트 후설의 내적 시간의식의 현상학』].

요점을 벗어난다. 이 말은 맞지만, 그러나 이것이 정확히 내가 시간을 존속하는 (영원하지 않은) 내재적 객체와 그것의 가변적 음영들 사이의 긴장으로 정의하는 방식이다. 이로부터 그래튼이 지지하는 것처럼 보이는 주장, "시간"이 객체의 안정적인 내재와 그것의 음영들을 **모두 포괄하는 지배적인 범주**라는 것이 뒤따르지는 않는다. 오히려, 나의 논증은 시간 경험 자체가 이 이중성에 의해 생성된다는 것이다. 그래튼 자신은 이 이중성을 애초에 가능하게 만드는 것으로서 시간을 일종의 비-찰나적인 힘으로 상정하고 싶어 한다. 그러나 후설에게는 객체와 성질 사이에 진실한 긴장이 존재하며, 그의 저작에서 변화가 정태보다 더 원초적이라고 주장할 이유는 없다.

그래튼은 나의 논문「객체로의 길」을 인용하면서 실제로는 존재하지도 않는 나의 플라톤주의로 추정되는 것을 강조하기 위해 여러 구절에 강조체를 적용한다. 나에게는 "**오직 현재만이 현존**"하고, "**오직 현재만이 현존하기에 시간은 현존하지 않**"으며, "**느끼는 것처럼 보인다**", "**나타나는 존속성**" 등이다(99).[38] 그런데 그는 내 논문에서 충분히 인용하고 있기 때문에, 그 의미는 충분히 분명해야 한다. 요점은 우리의 생생한 시간 경험, 우리가 경험하는 시간의 흐름 내에서의 감각적 객체의 존속, 그리고 감각적 객체보다 가변적 음영들의 영향을 훨씬 적게 받는 실재적 객체의 추가적 존속 사이의 균형을 맞추는 것이다. 그래튼이 실제로 시도하는 것은 시간의 연장이 얼마나 되었든 어떤 가능적 **동일성**에 대해서도 대항하는 논증을 펼치는 것이다. 그러나 이것은 단순히 그의 데리다주의적 반-동일성 의제의 산물이다. 실제로, 전형적인 데리다주의적 비난이 곧바로 이어진다.

---

38. Graham Harman, "The Road to Objects," *continent*, 176.

〔하먼의 이론은〕 정확히 하이데거와 데리다가 "현전의 형이상학"이라고 비판한 것이다—즉, 플라톤의 형상이 되었든, 데카르트의 **코기토**가 되었든, 후설의 초월론적 자아가 되었든, 혹은 사실상, 하먼의 비-물질적이고 초월론적인 객체가 되었든, 사물들의 나타남의 뒤나 너머에 영원한 현재가 있다는 견해이다. (99)

이 구절은 두 가지 작은 문제와 두 가지 큰 문제에 시달린다. 작은 문제 1 : 나의 실재적 객체는 "초월론적"이 아니라 그가 "초월적"이라고 불렸어야 하는 것에 더 가깝지만, 그것은 어떤 완벽하고 영원한 세계로 초월하는 것이 아니라 감각적 객체와 감각적 성질의 시간적 상호작용을 약간 넘어서는 것임을 염두에 두어야 한다. 작은 문제 2 : OOO는 플라톤처럼 영원한 형상을 옹호하지도, 데카르트처럼 관념론적 **코기토**를 옹호하지도, 후설처럼 초월론적 자아를 옹호하지도 않는다. 큰 문제 1 : 그래튼은 "현전"의 관계론적 의미와 시간적 의미 사이의 구분을 허문다. 큰 문제 2 : 그래튼은 "현전의 형이상학"에 대한 하이데거와 데리다의 매우 다른 의미 사이의 구분을 허문다. 작은 문제는 무시하고 즉시 큰 문제로 넘어가자.

하이데거의 현전의 형이상학 개념은 그의 탁월한 마르부르크 강좌 『시간 개념의 역사』의 시작에서 후설에 관한 100페이지 분량의 비판을 통해 가장 잘 이해된다.[39] 하이데거는 "현전"의 문제가, 현상학이 궁극적으로 실재하는 것은 무엇이든 의식에 현시될 수 있다고 생각한다는 점이라고 말한다. 이러한 기반에서 하이데거는 후설이 **존재물음**을 놓치고 있다고—정당하게—비판하며, 이는 존재가 어떤 직접적 현

---

39. Martin Heidegger, *History of the Concept of Time*.

전으로부터도 **물러나는** 것임을 함축하고 있다. 그것은 하이데거의 특징적인 통찰 중 가장 기본적인 것이며, 그 통찰은 언제나 그의 이름과 연결될 것이다. OOO의 맥락에서 보자면, 이것은 의식이나 사실상 다른 어떤 것에도 현시될 수 없는 실재적 객체의 개념과 명시적으로 통합된다. 그래튼이 현전의 형이상학은 "사물들의 나타남의 뒤나 너머에 있는 영원한 현재"를 향한 믿음을 의미한다고 주장할 때, 그는 몇 가지 면에서 요점을 놓치고 있다. 첫째로, 우리는 객체지향 철학에 "영원한" 것이 없음을 보았다. 즉, 객체지향 철학은 개체적 사물의 창조, 존속, 그리고 파괴에 관한 철저하게 세속적인 이론이다. 둘째로, "사물들의 나타남의 뒤나 너머"는 현전의 형이상학이 아니라 현전의 형이상학에 대한 하이데거의 **개선 방안**을 가리키는 구절이다. 무엇보다도 존재는 나타남과 동일한 것이 아니며 ─ 그것은 후설의 입장일 것이다 ─ 그것의 "뒤나 너머"이다.

그래튼은 이 점에 관해서 나와 동의하는 것 외에는 선택의 여지가 거의 없다. 일부 후설주의자와 심지어는 울펜데일이 주장하는 것처럼 하이데거의 **존재**는 실제로는 또 다른 후설주의적 "지평"horizon이며 명시적으로 현재하는 것이 아니라 암묵적 배경으로서 의식적 사고에 여전히 현재한다고 주장하고 싶지 않은 한, 하이데거가 모든 것이 정신에 현시되어야 하는 것으로 본다는 주장은 실질적으로 성립할 수 없다.40 그러나 나는 후설의 관념론에 **반대하여** 하이데거와 데리다를 같은 편에 놓는 그래튼의 경향을 고려할 때, 그래튼이 이것을 수행할 것인지 의심된다. 상황을 더 치명적으로 만드는 것은 그래튼이 ─ 데리다와 마찬가지로 ─ "정신 앞의 현전"이라는 의미에서의 "현재"와 "단일한

---

40. 그러한 한 사례를 Burt Hopkins, *Intentionality in Husserl and Heidegger*에서 볼 수 있다.

순간적 지금"이라는 의미에서의 "현재" 사이 구분을 허문다는 것이다. 만약 그래튼이 하이데거주의적 존재가 정신에 현시될 수 있는 것이 아니라는 나의 요점을 인정한다고 가정한다면, 그는 여전히 현재 순간으로서의 시간이라는 두 번째 의미로 애매하게 바꿀 수 있다. 여기서 그는 하이데거를 "고립된 지금-점"의 적으로서의 철학자로 취급하는 대부분의 주류 하이데거 독해의 지지를 받고 있다. 그래튼이 『도구-존재』를 읽었기에, 그는 내가 이 문제에 관한 통상적인 이해를 뒤집었다는 것을 알고 있다. 내가 주장한 바와 같이, 하이데거가 지금-점을 반대하는 이유는 베르그손의 방식처럼 그가 시간을 고립된 지금이 없는 연속적인 유동으로 생각하기 때문이 아니라, 그가 어떤 "지금"에도 던져진 기투의 삼중 구조가 이미 존재한다고 주장하기 때문이다. 이 구조는 내가 그 안에서 나 자신을 발견하는 상황, 내가 그 위에 기투하는 가능성들, 그리고 이것들이 결집된 단일한 찰나, 즉 "본래적으로" 직면했을 때 순간Augenblick 및 비전의 찰나moment of vision가 되는 것의 혼성 혼합물이다. 시간이 결코 고립된 영화적 장면들로 구성되어 있다고 생각할 수 없는 연속체라고 주장하는 사람은 하이데거라기보다는 베르그손이다. 하이데거는 베르그손주의적 비판과는 거리가 멀며, 쉽게 한순간으로 국한될 수 있는 방식으로 시간성을 구상한다. 사실, 이것은 레비나스가 하이데거의 미래는 "지금의 미래"일 따름이며, 놀라운 타자성의 급진적인 미래에 의해 보완되어야 한다고 말할 때 세운 바로 그 하이데거 비판이다.

한마디로 말해서, 하이데거는 사라지는 순간들의 계열로서의 시간에 관한 기회원인론적 전통과 많은 공통점을 가지고 있는 반면, 베르그손은 이와는 상극이다. 그래튼의 묘사는 다르다. 그는 하이데거가 "천박한 시계 시간"에 반대했다고 ─ 옳게 ─ 주장하며, 이 반대는 또한 『현상학의 근본문제들』에서처럼 **현존재의 시간성**^{Zeitlichkeit}에서 존재 자체의 시간성^{temporalitat}으로의 이동에서 궁극적으로 완결된다고 — 틀리게 — 주장한다(100).⁴¹ 이 견해는 주류적이지만 틀렸다. 현존재의 시간성은 오직 하이데거가 비본래적인 일상성의 양태라고 부르는 것 속에서만 천박한 시계 시간과 비교할 수 있을 뿐이다. 그리고 거기에서조차도 던져진 기투 구조가 이미 가시적이며, 이는 **현존재**가 어떤 순간에서도 이미 스스로 어떤 상황에 부닥쳐 있음을 깨닫고 그 위에 가능성들을 기투한다는 것을 의미한다. 이에 관한 알아차림은 하이데거가 "예기적 결단성"^{anticipatory resoluteness}이라고 부르는 본래적 찰나에서 고조되며, 우리에게는 **존재의 시간성**으로의 이행으로 추정된 것이 필요하지 않다. 이것은 하이데거가 시간의 현재 순간에 대한 공동적인 거부를 통해 데리다에게 합류한다고 주장하는 그래튼의 뒷문 진입 계략일 뿐인데, 이것은 단지 동일성과 같은 것은 무엇이든 제거하려는 데리다 자신의 입장을 반영한다. 하이데거 자신의 철학에는 현재 찰나에 대한 적대감이 없으며, 그것은 현재 찰나가 우리가 깨닫는 것보다 이미 더 풍부하고 성층화되어 있는 방식에 대한 탁월한 분석이다. 그가 한 찰나의 일정한 차원을 "과거"와 "미래"라고 부른다는 사실은 시간을 연속적이고 비-동일적 유동으로 보는 견해와 아무런 관련이 없지만, 인정컨대 분명히 『존재와 시간』의 독자는 대부분 그 결론으로 치닫는다. "하이데거는 시간의 실재성을 주장하는데, 이는 **현존재와 존재**, 인간과 세계의 어떤 상관관계에 우선하며 그 속에 암묵적으로 포함되어 있다. 시간은 미래 자체를 향한 우리의 '던져짐'을

---

41. Martin Heidegger, *The Basic Problems of Phenomenology* [마르틴 하이데거, 『현상학의 근본문제들』].

위한 가능성의 조건이다"(99~100)라고 그래튼이 주장하는 것은, 그가 시간은 후설이 구별한 존속하는 지향적 객체와 그 음영들보다 우선한다고 주장했던, 앞서 보았던 동일한 오류의 또 다른 사례일 뿐이다. 하이데거의 시간은 **현존재**의 던져진 기투를 위한 어떤 비체화된 가능성의 조건이 아니라, 일차적으로 이 구조 자체에서 창발한다. 그 위대한 독일 사상가는 우리가 시간의 "흐름"이라고 부를 수 있는 것을 설명하기 위해서 이 탁월한 분석을 결코 넘어서지 않는다.

앞서 언급했듯이, 그래튼은 또한 하이데거와 데리다 사이의 경계를 흐린다. 우리는 하이데거에게서 현전의 형이상학은 주로 의식에 대한 현전으로부터의 존재의 물러남, 존재의 동일성과 양립 불가능하지 않은 물러남을 통해 회피된다는 것을 보았다. 오직 존재만이 물러나도록 허용하는 반면, 개체적 존재자는 현전의 영역에 좌초되곤 하는 추가적인 **아페이론적** 경향이 하이데거 속에는 있다.『사물』과 같은 저작에서 우리가 발견하는 부분적인 예외는 부분적인 것으로 남는데, 왜냐하면 **현존재**가 주전자와 사원의 사용자로서 항상 현장에 머물러 있고, 따라서 우리는 근처에 **현존재**가 없는 객체-객체 관계에 대한 시야를 실제로는 발견하지 못하기 때문이다(이것은 하이데거의 강한 상관주의적 측면이다).[42]『도구-존재』에서 나는 하이데거로부터 개체에 관한 이론이 어떻게 도출될 수 있는지를 보여주고자 했는데, 하이데거가 오늘날 살아있었다면 그 노선에 저항했을 것이다. 그러나 더 중요한 것은 동일한 존재의 물러남이 데리다에게는 용납될 수 없다는 것이다. 왜냐하면 그는 현전의 거부가 "자기-현전"의 경우로까지 확

---

42. Martin Heidegger, "The Thing," in *Poetry, Language, Thought* ; Martin Heidegger, "Insight into That Which Is," in *Bremen and Freiburg Lectures*.

장되어야 한다고 생각하기 때문이다. 이 용어를 통해 그는 우리가 통상적으로 "동일성"이라고 부르는 것을 의미하는데, 왜냐하면 "사물 그 자체는 사물들의 묶음 또는 차이들의 사슬"이거나 "차이/지연의 생산을 지시하는 경제적 개념"이기 때문이다.43 이것이 바로 데리다에게는 동일성이 중요한 긍정적 자원이 아닐 따름인 바로 그 방식으로 차이가 중요한 긍정적 자원인 반면, 하이데거에게서는 두 개념이 여전히 많이 작동하는 이유이다.44 그런데 데리다 — 그리고 그와 함께하는 그래튼 — 가 어떤 권리로 동일성을 "자기-현전"으로 재정의하고, 그러므로 자신과 하이데거가 현전의 형이상학에 가하는 공격에 동일성을 자동적으로 노출시키는지 물어야 한다. 이런 종류의 가장 노골적인 사례는 데리다가 증거 없이 "존재는 오직 로고스를 통해서만 역사로서 생산되며 그 외부에는 **아무것도 없다**는 하이데거의 주장"을 예찬할 때 드러난다.45 그러나 이것은 하이데거 자신의 의제가 아니라 그 자신의 의제이다. 그리고 지향적 객체와 그 음영들 사이의 결투(후설) 또는 **현존재**의 상황 속으로 던져짐과 그 위에 현존재가 가능성들을 기투하는 것(하이데거)으로부터 시간이 현실적으로 창발하는 것에 **우선해서** 시간을 잘못 배치하는 학설을 — 그래튼처럼 — 창시하는 데 그러한 의제는 도움이 되지 않는다. 그러한 도그마는, 철학적 토대가 부족하고 시간의 작용을 사전에 결정하기 때문에 시간의 작용을 탐구하는 우리의 능력을 약화함에도, 오늘날 여전히 유행하는 학문적 입장인 반-동일성 연구 기획으로부터 전적으로 파생되는 것이다.

내 이론에 관한 그래튼의 독해에서 고려해야 할 요점이 몇 가지 더

---

43. Jacques Derrida, *Of Grammatology*, 90 [자크 데리다, 『그라마톨로지』].
44. Martin Heidegger, *Identity and Difference* [마르틴 하이데거, 『동일성과 차이』].
45. Derrida, *Of Grammatology*, 22 [데리다, 『그라마톨로지』]. 강조는 하먼.

있다. OOO의 공간을 객체의 "내부"로 오독한 후에, 그는 "우리는 '내부'라는 비유를 경계해야 한다"(100)라는 데리다주의적 경고를 추가하고 내가 다른 객체들 사이의 공간을 생각할 수 없다고 주장한다. 그러나 나의 공간 이론은, 그것을 실재적 객체와 **감각적** 성질 사이의 긴장으로 해석한다. 그래튼은 이것이 "융합"의 사례라는 것을 잊는다. 즉, 실재적 객체는 매혹의 사례를 통해 감각적 성질을 수여받기 전까지는 감각적 성질을 가지지 않는다. 나에게 있어서, 비록 감각적 객체의 **형상**으로서 감각적 객체에 속하는 실재적 성질(OOO가 후설에게서 배운 것) 또한 객체 내부에 존재하기는 하지만, 엄밀히 말해서 객체 내부에 존재하는 유일한 것은 감각적 객체와 감각적 성질의 상호작용뿐이다. 실재적 객체는 이 모든 것의 관찰자로서의 역할을 맡는 것 외에는 아무 역할도 맡지 않으며, 그렇기에 어떤 실재적 객체도 다른 실재적 객체 내부에 존재한다고 말할 수 없다. 더 중요한 점은, 공간이 다른 객체들 사이의 공간일 뿐이라는 것이다. 매혹이 실재적인 것으로 향하는 다리를 놓을 때, 그것은 현재의 감각적 내부에 속하지 않는 실재이다. 그러므로, 공간에 관한 — 그리고 대리적 인과관계에 관한 — OOO 이론 전체는, 공간이 단일한 객체 "내부"에서만 일어난다는 그래튼의 주장에 아랑곳하지 않고, 한 객체의 내부가 어떻게 다른 객체와 결합하는지에 관한 것이다. 이러한 이유로 그가 "긴장은 숨겨져 있거나 비가시적이다"(100)라고 주장하는 것 또한 잘못된 것이다. 왜냐하면 매혹을 통해 다루어지는 미적 사례들이 정확히 매우 가시적인 긴장의 한 예시이기 때문이다. 무엇보다도 이것은 비유적 언어와 직서적 언어 사이의 절대적 차이를 표시한다. 그러나 데리다는 애초에 실재적 객체(모든 비유의 핵심)를 인정하지 않기 때문에, 이러한 차이는 데리다에게는 금지된 것이다. 유사한 이유로 그래튼이 OOO의 매혹을 후설의 형상적 변경eidetic variation과 연결하는 것은 잘못이다. 왜냐하면 후자는 결국 후설이 가진 전부인 순수한 감각적 틀 내에서 일어나는 것인데 반해, 매혹은 그 정의에 있어서 순수한 감각적 틀 내에서 일어날 수 없기 때문이다. OOO 용법에서 볼 때, 매혹은 RO-SQ이고 형상적 변경은 SO-RQ로 이어지며, 따라서 그것들 사이에는 사실상 공통점이 없다. 나중에 우리는 울펜데일이 이 실수를 반복하는 것을 보게 될 것이다.

이것은 OOO가 부분전체론적(즉, 부분/전체) 용어로 이해될 수 있다는 나의 주장에 대한 그래튼의 추가적인 거절과 관련된다. 그가 말하듯,

> 나는 하먼에게 객체의 부분전체론이 있을 수 있다는 점에 회의적인데, 객체(크든 작든, "부분"이든 전체이든)가 **감각적인** 한에서만 조달된다는 단순한 사실, 즉 그 무엇의 부분도 될 수 없다는 단순한 사실 때문이다. (실재적으로가 아니라 오직 "감각적으로만" 어떤 것의 부분이라고 생각하는 것은 무엇을 의미하는가?) 그리고 만약 한 객체의 "내부"가 다른 객체의 "감각적인" 것이라면—이 미로 전체를 빠져나가는 명백한 길은—"내부"는 깊이가 아니라 표면을 따라 서핑하는 것이며, 이것은 처음부터 내부는 결코 내부가 아니었음을 의미한다. (106)

여기서 나는 OOO의 기술적 세부사항을 다루고자 하는 그래튼의 노력을 높이 평가하며, 그가 왜 혼란에 빠졌는지도 이해할 수 있다. 그러나 문제의 근원은 나를 혼란에 빠진 당사자라고 가정하면서 그래튼이 "내부"를 두 가지 다른 의미로 읽는 데 있다. 나에게 있어서 임의의 객체가 외적 객체뿐만 아니라 자신의 부분으로부터도 단절되어 있다는

것은 분명 참이다. 그리고 그 부분은 결국 그 자체로 객체이며, 따라서 실재적 객체-실재적 객체 상호작용이라는 전 지구적 문제로부터 면제되지 않는다. 객체는 자신의 부분들과도 간접적 관계를 갖지만, 이 부분들은 감각적 객체가 아니라 **실재적** 객체이며, 그렇지 않으면 그래튼이 올바르게 지적한 것처럼 우스꽝스러울 것이다. 한 객체의 실재적 부분들은 더 큰 실재적 객체로 결합하기 위해 감각적 매개를 요구한다—실재적 물은 실재적 수소와 실재적 산소로 구성되지만, 이러한 원자들은 감각적 매개를 통해서만 접촉한다. 그러나 한 객체의 부분들은 "그 내부"가 아니다. 오직 감각적 객체와 감각적 성질—그리고 감각적 객체 자체의 형상이라는 실재적 성질—만이 다른 객체의 "내부"에 있음을 기억하라. "내부"라는 용어는 애초에 실재적 객체를 창조하는 부분/전체 관계와 관련이 없다. 이언 보고스트는 이 점을 훌륭하게 표현하며, 그래튼 자신도 이것을 인용한다.

여기서 기억해야 할 것은 하먼의 감각적 객체가 애초에 다른 객체의 경험 속에만 현존한다는 점이다. 그것은 어떤 존속하는 추상화가 아니다. … 우리는 객체의 현전이 그 자체에 있어서와 다른 단위체와의 관계에 있어서 모두 서로 다른 의미를 지니고 있음을 상기해야 한다. 시간은 객체의 내부에 있다.[46] (106)

그래튼은 "하지만 이것은 하먼의 모델이 아니다"라고 대답한다(106). 아니, 정확히 맞다! 보고스트는 내 생각을 잘 알고 있다. 그럼에도 불구하고, 그래튼은 추가적인 어려움을 본다. "이것은 〔그저〕 문제를 뒤

---

[46]. Ian Bogost, "Time, Relation, Ethics, Experience," ⟨Ian Bogost's blog⟩.

집는 것이다. 만약 시간이 객체의 **내부**에 있다면, 감각적 부분은 현재 속에 영원히 결빙될 것이며, 적어도 이 객체에 나는 그렇게 나타나지 않을 것이다 — 세계 속의 사물들은 상당 부분 운동 중이고 변화 중인 것처럼 보이며, 일반적으로 이것들이 시간의 지표로 간주된다"(106). 나는 내가 그래튼의 반론을 이해하고 있는지 완전히 확신하지는 못하지만, 객체의 내부에 관해 "결빙"된 것은 없는데, 감각적 객체와 감각적 성질 사이의 긴장이 발생하는 곳이 바로 여기이며 이 긴장이야말로 — 그래튼이 알고 있듯이 — 내가 시간이라고 부르는 것이기 때문이다. 그의 말에 따르면 "마침내, 만약 시간이 오직 감각적인 것의 층에 있을 뿐이라면, 객체의 부분에 있어서조차 변화는 있을 수 없는데, 왜냐하면 그것은 '영원히 현재 속에 있기' 때문이다 — 이것이 하먼의 객체관의 참된 격언이다"(106). 그러나 내 객체관에서 변화는 일어날 수 있다. 객체의 내부에서 일어나는 일이 때때로 **매혹**, 즉 한 실재적 객체의 내부가 그것에 외적인 다른 실재적 객체와 접촉하게 되는 것으로 이어지기 때문이다. 내 모델에서는 이것이 변화의 근원이다. 진화론에서 유비를 끌어내자면, 영원한 정태도 항상적 유동도 없으며, 오히려 그것은 닐스 엘드리지와 스티븐 제이 굴드가 "단속 평형"이라고 부르는 것에 더 가깝다.[47] 객체와 성질 사이에서 일어나는 감각적 상호작용의 대부분은 외부 세계에 전혀 영향을 미치지 않지만 가끔 쾅! 하고 영향을 미친다. 이를 바탕으로 나는 그래튼의 다음의 결론을 거부한다. "객체지향 존재론은 … 교착 상태에 **빠졌다**"(106). 그는 이것을 어떤 방식으로도 보여주지 않았으며, 그러므로 나는 OOO의 교착 상태로 가정되는 존재하지 않는 것에서 탈출하기 위해 자신의 "시간의 실

---

47. Niles Eldredge and Stephen Jay Gould, "Punctuated Equilibria," in *Models in Paleobiology*.

재론"(202)이 필요하다는 그의 견해를 거부한다.

언급할 가치가 있는 또 다른 문제가 있다. 그래튼은 지나가는 말로 내 이론이 자의적이며 다른 어떤 이론보다 정당성이 없을 따름이라고 주장한다. "각각의 철학자에게서는 주어진 출발점과 함께 시작하는 방법론, 혹은 절대자에 대한 묘사를 찾을 수 있다"(100)라고 주장한 후, 이어서 그는 여러 역사적 예시를 열거한다. 처음에는 모든 철학적 이론이 동등하게 옳고 그르며, 그 사이에서 선택할 방법이 없다고 그가 주장하려는 것처럼 보인다. 그러나 그것은 그가 수행하고 있는 일이 아니다. 레비나스의 예시를 사용하며 그는 다음과 같이 말한다. OOO와 달리,

> 『전체성과 무한』과 『존재와 다르게』에서 설명하듯, 레비나스는 현상학을 그것의 극한까지 가져간다는 방법을 가지고 있었다. … 적어도 레비나스는 잘 알려진 방법을 사용하여 그 방법이 어디서 실패하는지 보여준다. 즉, 타자를 초월론적 현상학의 자아와 다시 상관관계를 맺게끔 돌려보내려는 시도 속에서 그것은 실패한다. (101)

그래튼이 결코 명시적으로 말하지는 않지만, 그의 요점은 OOO가 자신의 결론을 정당화할 방법을 가지고 있지 않다는 것 같다. 그런데 그래튼이 내 철학보다 레비나스의 철학을 선호한다고 해도, 나는 레비나스가 나보다 더 체계적이라는 점을 이해할 수 없다. 많은 출판물에서 분명하게 볼 수 있듯이, OOO의 방법은 하이데거의 도구-분석을 해석하는 것인데, 나는 도구-분석을 20세기 철학에서 가장 통찰력 있는 순간으로 여기면서 도구-분석이 그것에 내적인 용어들을 통해 작동할 수 없다는 것을 보여준다. 하이데거는 손-안에-있는 도구 체계

를 가지고 존재자의 눈-앞에-있음에 대항하며, 후자는 거짓되게 비관계론적인 것으로, 전자는 그로부터 눈-앞에-있는 존재자가 출현하는 참된 관계론적 근원으로 읽는다. 나의 방법은 이 상충이 하이데거의 또 다른 핵심적 통찰, **망가진 도구**를 설명할 수 없다는 점을 보여주는 것이다. 만약 존재자가 순수하게 관계론적이라면, 존재자는 망가지기는커녕 어떤 방식으로든 도구-체계와의 연계를 벗어날 수 있는 과잉을 보유하지 않을 것이다. 이를 바탕으로, 나는 독자들이 하이데거로부터 도출하는 통상적 구분—사물에 대한 암묵적인 실천적 교섭 대 사물과의 명시적 조우—은 피상적이라고 주장하는데, 왜냐하면 둘 다 관계론적 용어로 읽혀야 하기 때문이다. 망가진 도구를 설명하기 위해서는 실천적이거나 이론적인 나타남에서 결코 완전히 표현되지 않고 비인간 사물과 맺는 야생의 인과관계에서도 궁극적으로 표현되지 않는 깊이 감추어진 존재자가 필요하다.

 이 독해를 둘러싸고 처음부터 논쟁이 있기는 했지만, 내가 잘 알려진 방법—이 경우에는 하이데거의 방법—을 통해 작업하며 OOO의 토대를 마련하려는 시도조차 하지 않았다고 주장하기는 어려울 것이다. 그래튼은 OOO가 가진 어떤 자의성을 주장하며 좀 더 특정적인 접근을 시도하는데, 이는 울펜데일이 시도한 것이기도 하다. 즉, 모든 것의 배후에 있는 것이 그저 하나의 객체가 아니라는 것을 어떻게 알 수 있는가(101)? 플라톤주의적 형상이 하나만 있지 않다는 것을 어떻게 알 수 있는가(103)? 이것들은 흥미로운 질문이지만, 내가 그에 대한 답변을 시도하지 않았다고 주장할 수는 없다. 예를 들어 나는 제임스 레이디먼과 돈 로스에 대한 비판에서 모든 것의 배후에 실제로는 단 하나의 수학적 구조가 존재하는 반면 우리가 "객체"라고 부르는 것은 그것이 쿼크든 화학 물질이든 심지어 교통 체증이든 간에 그것들을 과학적으로 이해하려고 시도하는 인간의 상관항이라는 그들의 견해에 반대하는 논증을 제시했다.48 우선, 레이디먼과 로스는 그들이 가설화한 구조보다 덜 실재적인 파생적 객체를 조우할 수 있도록 근본적인 수학적 구조로부터 충분히 구별되는 관찰자의 현존을 가정해야 한다. 따라서 그들의 존재론은 수학적 구조, 나타나는 존재자들, 그리고 그 존재자들과 상관되는 관찰자라는 적어도 세 가지 항목을 이미 포함하고 있다. 그렇다면 왜 이 상황에 만족하지 않을 따름인가? 왜냐하면 그 경우에 우리는 파르메니데스의 이론과 같은 이론을 남기게 되기 때문인데, 이 이론에서 이성은 우리에게 모든 것은 일자라고 말하지만, 감각은 나타나는 다자로 우리를 기만한다. 들뢰즈는 연속체를 따라 다양하게 변하는 강도들로 자신의 "잠재성"을 채움으로써 이 모델을 상당히 개선하지만, 두 경우에서 모두 원초적 연속체가 애초에 여러 국소적 나타남으로 분출하는 데 신경을 써야 하는 이유가 불분명하다. 만약 이것이 단순히 감각하거나 사고하는 주체의 인공물이라고 말한다면 — 샤비로와 브라이언트가 주장하는 듯 보이는 것처럼 — 왜 그러한 주체가 연속체로부터 창발하게 되었는지 여전히 불분명하다. 우리는 감각적 객체와 실재적 객체라는 그 기체로 추정된 것 사이의 특정한 연결고리에 관해 언제나 틀릴 수 있다 — 그것이 과학에서 오류가능주의fallibilism가 정확히 의미하는 바이다. 그러나 다자 자체가 특정한 존재자 — 주체 — 에 의해 생성된 단순한 표면 효과라고 볼 근거는 없는데, 그러한 주체의 현존 자체가 이미 실재적인 다자의 증거이기 때문이다. 이 논증에 얼마든지 반대해도 좋지만, 내가 논증 자체를 한 번

---

48. Graham Harman, "I Am Also of the Opinion that Materialism Must Be Destroyed," *Environment and Planning D : Society and Space*.

도 수행한 적이 없다는 것처럼 말하기를 멈추어주기를 바랄 뿐이다.

그래튼은 자신의 철학의 결론을 내리기 전에 사변적 실재론에 관해 빈정거리는 말을 몇 마디 더 추가한다. 예를 들어, "[사변적 실재론의] 실재론으로의 전환은 종종 분석철학에서 오랫동안 다루어진 하위 분야들을 우아하지 않게 짓밟는 것을 의미한다"(201). 최근의 분석적 형이상학에는 기릴 것이 많고, 나는 분석철학 전통과 우리의 전통 사이에 더 많은 상호작용이 있기를 기대한다. 그러나 그래튼은 어떤 근거로 우리가 그 목표를 향해 나아가는 과정에서 분석철학을 "우아하지 않게 짓밟고 있다"라고 주장하는가? 나는 그가 OOO와 분석철학을 연결하려고 시도한 구간이 전혀 떠오르지 않는다. 그의 주된 노력은 메이야수가 2년 전으로부터 날아온 놀트의 펀치에 맞아 사전에 무너졌다고 주장하는 것이다. 그러나 우리는 놀트가 솔직한 과학적 실재론자이고 메이야수는 그렇지 않음을 보았다. 이 논증은 분명 그래튼이 보여주는 가장 "우아한" 순간은 아니다. 또한, 데리다주의자가 분석철학자들에게 사변적 실재론자들을 흉내쟁이라며 두들겨 패라고 요구하는 것은 아무리 생각해도 이상하다. 데리다가 분석철학이 위대한 사상가라고 인정한 사상가들의 목록에 들어가 있지 않다고 말하는 것은 절제된 표현일 것이며, 그래서 아마도 그래튼은 우리 편을 들었어야 했다. 대신 그는 같은 문장 속에서 "내가 여기서 요구하고 있는 운동"과 "우리는 여기에 새로운 브랜드나 운동을 선언하지 않는다"를 같이 말하면서 자신의 미래 의도에 관한 이중적인 메시지를 보낸다(202). 브랜드가 무슨 대수인가. "브랜드"에 대한 언급은 동일한 모욕 — 주로 OOO를 향한 것 — 에서 매운맛을 제거한 것일 뿐이며, 우리가 곧 보게 되겠지만 울펜데일과 브라시에가 특히 애정하는 방식이기도 하다. 그래튼은 내가 하이데거에게는 "시간에 관해 우리에게 '가르칠 것이 없다'"고 말했기 때문에 내가 하이데거를 "일축"하고 있다고 비난한다(202). 그러나 나의 경력을 보고 하이데거를 대하는 나의 태도가 "일축"이라고 특징짓는 것은 어려울 것이고, 마찬가지로 그의 시간 이론을 통상적인 의미의 시간이 아니라 무너진 삼중 순간의 이론으로 해석하는 것에 관해 경멸적인 느낌이 있다고 주장하기도 어렵다. 그러한 감상은 그래튼의 결론에 국한되지 않는다. 다른 곳에서 그는 철학의 역사를 대하는 적절한 겸손함에 관해서 사변적 실재론에 설교하는 것이 적절하다고 생각한다.

> 사변적 실재론자들은 … (하이데거, 데리다, 그리고 이리가레에 관해서) 어딘가 시대에 뒤떨어진 구석이 있다고 주장하며, 이제는 추월당한 전통에 관한 이야기를 끊임없이 지어내고 있다. … 나는 하이데거가 철학사를 포착하는 방식은 그것을 거의 교살시키는 것이었다고 생각하지만, 운동들이란 완전히 새로운 것이고 "전통"이라는 단어는 "순진해 빠짐"의 동의어라는 주장은 쉽게 벗어날 수 없는 과거의 반복이라는 요점을 지적하기 위해 내가 목소리를 높이게 만든다. (202)

내가 아는 한에서 원조 사변적 실재론자들 중 누구도 뤼스 이리가레에 관해 저술한 적이 없기에, 그녀가 공격받은 집단에 포함된 이유는 분명하지 않다. 더 중요한 것은 위의 구절이 허수아비 때리기 오류로 채워진 논밭이라는 것이다. 어떤 사변적 실재론자가 "전통"을 "순진해 빠진" 것으로 언급한 적이 있는가? 그래튼은 내가 하이데거에 관한 나의 독해를 개발하는 데 수년을 보냈다는 점, 아리스토텔레스와 라이프니츠를 내 입장에 영감을 주는 사상으로 끊임없이 인정하는 점, 그리고 내가 도입하는 모든 관념에 대한 역사적 선례를 제공하기 위해 언제나 최선을 다한다는 점을 잘 알고 있다. 자신이 OOO보다 "전통"을 어떻게든 더 존중한다는 함의는 우리 각자의 저작물을 피상적으로 검토해도 뒷받침되지 않는 부정이다. 더 나쁜 것은 그것이 마술사들이 말하는 "미스디렉션"misdirection의 한 형태라는 것이다. 결국, 그래튼은 사변적 실재론자들이 "전통"에 대해 무례하다고 생각하지 않는다. 그를 괴롭히는 것은 데리다의 지배권이 1990년대 중반까지 계속된 대륙철학을 향한 우리의 집단적 존경심이 부족하다는 것이다. 이것은 의심의 여지 없이 그래튼이 더 안락하다고 느끼는 세계일 것이고, 그가 동원할 수 있는 모든 논증을 사용하여 그 세계의 회귀를 위해 싸우는 것은 완벽하게 그의 자유다. 그러나 그렇게 할 때 그는 자신이 어떤 좀 더 일반적인 의미의 "전통"을 위해 싸우고 있다고 가장할 필요가 없다. 그가 지지하는 것은 1990년대 초 영어권 대륙 사상의 우선성을 좀 더 연장하는 것이다. 그 시기의 사상은 다른 시기만큼 제한된 시기였으며, 그래튼 또한 알고 있듯이 그 시기는 사변적 실재론의 "사변적" 양상 및 "실재론적" 양상이 들어설 여지를 전혀 남기지 않은 시기일 따름이다. 이 문제는 지적 전장에서 해결되어야 할 문제이지, 자신이 반대하게 된 사람들이 역사적 전례를 거만하게 무시한다는 빗댐을 통해 해결되는 문제가 아니다. 책의 마지막 단락에서 자신의 "겸손함"을 선언한 후, 그래튼은 "이것은 나의 사변적 내기이며, 어떤 플라톤주의로 돌아가는 사변적 실재론자들과 달리 시간은 나의 편이다"라고 책을 마치며 자신의 겸손한 감상을 표현한다(216). 그러나 플라톤주의로 추정된 것은 입증되지 않았으며, 그 구절의 말장난 같은 의미를 제외하고 "시간은 나의 편이다"라는 주장을 뒷받침할 설득력 있는 사례도 제공되지 않았다.

레비나스의 역할

훌륭한 경험법칙 하나: 데리다주의자가 당신을 레비나스와 연결할 때면 최대한 경계를 올리는 편이 좋다. 안 그러면 측면에 「폭력과 형이상학」이라는 글자가 새겨진 소형 트럭을 운전하는 깡패들에게 늪으로 끌려가 구타당하는 자신을 발견할지도 모른다.[49] 이것은 데리다가 레비나스를 통해 아무런 흥미로운 것도 보여주지 않았음을 의미하는 것이 아니라, 후자가 최근 수십 년 동안 너무도 자주 해체주의 기업이 완전히 소유한 자회사처럼 다루어졌음을 의미할 따름이다. 내 견해는 다르다. 나는 레비나스를 데리다보다 장기적으로 더 가공할 인물로, 그리고 누구보다 하이데거를 멀리까지 밀고 나간 전후 인물로 본다. 그 이유를 보여주기 위해 우리는 데리다가 종종 그의 강력한 비판에서 놓친 것을 탐구해야 한다.

나는 많은 분석철학자와 심지어 일부 대륙철학자 사이에서 발견되는 견해, 데리다가 궤변가나 사기꾼이라는 견해를 가진 사람 중 한 명이 아니다. 그러나 내가 그의 산문 양식에서 상당한 당혹감을 경험하느냐고 묻는다면 내 대답은 긍정이며, 심지어 그래튼도 그것이 "짜증"날 수 있음을 인정한다.[50] 내가 의미하는 바를 이해하려면 그의 「폭력과 형이상학」 첫 문장만 읽으면 된다. 이 문장은 텍스트의 16줄이나 차지하며 제임스 조이스나 마르셀 프루스트가 그런 폭발력을 효과적으로 작용하게 만드는 방식과 전혀 유사하지 않다.[51] 무엇보다도

---

49. Jacques Derrida, "Violence and Metaphysics," in *Writing and Difference* [자크 데리다, 「폭력과 형이상학」, 『글쓰기와 차이』].
50. Gratton, *Speculative Realism*, 215.
51. Derrida, "Violence and Metaphysics," 79 [데리다, 「폭력과 형이상학」]. 이하 본문에서

이 줄들은 데리다의 논문이 지닌 요점에 전혀 가깝지 않다. 그의 저작에서 너무도 자주 발생하는 것처럼, 열 페이지 정도의 가치가 있는 논증이 수십 페이지의 거친 피루엣pirouette으로 뒤덮여 있다. 그러므로 나는 다음과 같은 구절이 지나치게 많이 포함된 이 논문에 관해 낱낱이 설명하지 않은 점에 대해 양해를 구할 수 있을 것이다. "물음의 공동체는 따라서, 대답의 위선이 물음이라는 가면 아래에서 이미 개시되었다기에는 물음이 아직 충분하게 결정되지 않은, 그 목소리가 그 물음의 통사론 자체의 내부에서 이미 부정하게 표현되었다기에는 물음이 아직 충분하게 결정되지 않은 그런 유약한 찰나 내에 있다"(VM 80). 우리는 철학자로서의 데리다 자신이 상당한 비난을 받아야 할 순간에 "데리다의 이류 모방자들"을 좋은 산문에 죄악을 저지르는 것으로 너무 성급하게 비난한다. 어떤 주석자도 이런 종류의 하천 진흙탕 같은 73페이지를 읽은 후에는 아이스티와 안락의자를 즐길 자격이 있다.

그러나 데리다의 산문에는 우리가 충분히 익숙해질 수 있는 양식, 그의 적들이 상상하는 순전한 공허함을 숨기지 않는 양식이 있다는 또 다른 감각이 있다. 『게릴라 형이상학』에서 나는 그의 글 「백색신화」에 관해 "(데리다에게서는) 다른 많은 사례와 마찬가지로 부가적인 50쪽 분량의 지극히 격식 있는 지적 콜라주로 둘러싸인 직설적인 10쪽의 핵심을 발견한다"라고 불평했다.52 그러나 나는 「폭력과 형이상학」이 「백색신화」보다 훨씬 덜 성가시다고 말하겠다. 현재의 경우에 더 적절한 비유는 높이가 8인치이지만 — 약간의 작업을 통해 — 실질적 높이인 2인치까지 압축시킬 수 있는 매트릭스이다. 지금 논의할 논문

페이지 참조는 VM으로 표기됨.
52. Harman, *Guerrilla Metaphysics*, 111 ; Jacques Derrida, "White Mythology," in *Margins of Philosophy*.

에서 데리다는 3쪽 만에 요점에 도달하며, 비록 끝자락까지 도달하는 데 아주 경제적이지는 않지만, 끝까지 그 주제에 머무른다.

어떤 의미에서「폭력과 형이상학」의 전체 요점은 그 논문의 마지막 말, 조이스의『율리시스』에서 빌려온 "유대희랍은 희랍유대야. 극단은 서로 통하거든"에서 포착할 수 있다.53 결국, 레비나스가 그리스 철학에 불리한 유대교의 윤리적, 예언적 전통을 가지고 그리스 철학을 반대한다고 말하는 것은 완벽하게 타당할 것이다. 후설, 하이데거, 그리고 서양철학 전통이 "폭력적"이라는 레비나스주의적 주장에 맞서 이를 변호하는 과정에서, 데리다는 무엇보다도 "폭력"과 "비폭력"을 읽어낼 단순한 방법은 없으며, 그래서 간단하게 전자는 철학에 속하고 후자는 윤리학 또는 종교에 속한다고 볼 수 없다는 점을 보여준다. 이것이 그가 "유대희랍은 희랍유대야"라고 말한 것의 의미이다. 데리다의 요점 중 많은 부분이 좋은 것이지만, 나는 그가 레비나스 속에서 중요한 무언가를 놓치고 있다고도 말할 것이다. 그래튼이 나를 "타자성"의 개념과 연결하는 요점은 추정컨대, 데리다가 레비나스로부터 드러내는 것과 같은 불가능한 순수 타성에 OOO가 전념한다는 것을 함의하는 것이다. 나는 이것이 옳지 않음을 보여줄 것이다.

레비나스의 저작을 분명하게 잘 알고 있는 데리다는 레비나스 분석을 위한 척도를 설정하는 것으로 시작한다. "철학의 전부는 그것의 그리스 근원에 기초하여 구상된다. 잘 알려진 바와 같이, 이것은 옥시덴탈리즘도 아니고 역사주의도 아니다. 그것은 철학의 설립 개념이 주로 그리스의 것이었음을 말할 따름이다"(VM 81). 데리다는 곧 레비나스 자신이 어떤 종류의 유대 신비주의자가 아니라 그리스 전통 안

---

53. James Joyce, *Ulysses*, 279 [제임스 조이스,『율리시스』1·2].

에서 작업하는 철학자라는 중요한 요지를 세운다. "마지막 분석에서, 〔레비나스의 저작은〕 그것의 권위를 결코 히브리인의 테제나 텍스트에 기반하지 않는다. 그것은 **경험 자체에 대한 호소** 내부에서부터 이해 되기를 추구한다"(VM 83). 다른 말로 하자면, 레비나스는 일차적으로 현상학자, 이 전통에 대항하는 그의 종교적으로-들리는 방식에도 불구하고 현상학자이다. 그럼에도 불구하고, "**윤리적인 것의 범주는 형이상학으로부터 분리될 뿐만 아니라 그 자신 이외의 어떤 것, 이전의 좀 더 급진적인 기능과 조정된다**"(VM 81). 그리고 실제로 "에마뉘엘 레비나스의 사유가 우리에게 전율을 줄 수 있는 것은 바로 이 수준에서이다"(VM 82). 레비나스의 사유는 그것의 현상학적 토대에도 불구하고, "마치 그 자신을 억압 그 자체 ― 분명 세계 속 어느 것과도 비교를 불허하는 억압이자 세계 속의 모든 억압의 기원 및 알리바이, 존재론적 억압 또는 초월론적 억압 ― 로부터 해방하는 것처럼 … 동일자와 일자에 대한 그리스의 지배로부터 그 자신을 해방하고자 한다"(VM 83). 그리고 더 나아가 "이 사유는 초월의 공간과 해방적 형이상학의 공간을 개방할 수 있는 유일한 것으로서 윤리적 관계 ― 무한히 다른 것, 타자로서의 무한과의 비폭력적인 관계 ― 를 불러낸다"(VM 83). 이러한 문제에 관한 데리다 자신의 입장에 주목하자면, 그는 일정한 중립을 주장한다. "우리는 개방과 총체성 사이에서 선택하지 않을 것이다"(VM 84). 이것은 데리다의 경력 전체에 걸쳐 틀림없이 참이지만, 그의 「폭력과 형이상학」은 주로 후설과 하이데거에 관한 불공정한 비판자로 여겨지는 레비나스가 제창한 윤리적 개방보다는 그리스 철학의 편에 더 가까이 선다고 말하는 것이 공정하다. 이것이야말로 그래튼이 OOO에 관해 세우고 싶은 요점이기도 함을 명심하라 ― 즉, 후설과 하이데거를 자신의 토대로 삼고 있음에도 불구하고 OOO가 그 인물들을 불공정하게 비판한다는 것이다.

현상학에 대한 데리다의 선호를 보여주는 첫 번째 신호가 이제 나타나기 시작한다. 비록 데리다는 후설이 주체-객체 상관관계에 국한하는 것에 관한 레비나스의 주장에 일리가 있다고 거의 인정하지만, 데리다에 따르면 "『이념들 1』에서 절대적 현존이 오직 의식에만 귀속된다는 점을 감안할 때, 후설이 존재를 하나의 객체로 미리 결정하지 않았다는 사실을 간과하기는 어렵다"(VM 85). 데리다는 레비나스를 허술한 현상학 해석자라고 비난하지 않는데, "레비나스는 분명히 의식의 원초성을 강조하거나 복잡하게 만드는 후설의 모든 분석에 상당히 주의를 기울"(VM 86)이고 있기 때문이다. 그러나 "이 모든 사전적 주의에도 불구하고, 후설주의적 학문과 정신 사이를 끊임없이 오감에도 불구하고, … 재고될 수 없는 단절이 문제가 된다"(VM 86). 즉, 레비나스의 눈에는 "객체화 행위의 우위성과 비이론적 의식의 환원 불가능한 본원성을 동시에 유지할 수 없다"(VM 86). 이것은 어떤 이론적 통달로부터도 먼 현존재의 전-이론적 태도와 역사적 상황성에 대한 레비나스의 더 큰 인식과 함께 그를 하이데거의 방향으로 더욱 밀어 넣는 것처럼 보인다. 그러나 레비나스가 후설에게 가한 것과 같은 비난은 하이데거에 대해서도 가해질 것이며, 하이데거의 철학은 "성장하기를 멈추지 않는 폭력으로 만들어졌다"(VM 88). 하이데거가 이론과 빛이라는 서구적 우선권을 극복한 것처럼 보이더라도, "하이데거는 여전히 내부에서, 그리고 그리스-플라톤 전통이라는 이름 아래에서 이론주의에 관해 의문을 제기하고 축소했을 것이다"(VM 88). 한 예시는 그의 **더불어-있음**^{Mitsein} 개념이다. 일견 이것은 『존재와 시간』에서 예견된 레비나스주의적 순간처럼 보일 수 있지만, "**더불어-있음** 자체의 구조는 [레비나스에 의해] 빛의 세계에 속하는 플라톤의 유산으로 해석될 것이다"(VM 89). 이와 대조적으로, 레비나스는 "공유된 진리 이전, 일정한 비현현과 일정한 부재 내부에서야 그 자체로서 현현할 수 있는 타자, 총체적으로 다른 것만을"(VM 91) 추구하고 있다. 왜냐하면 "타자의 존재와 의미를 존중할 수 없다면 현상학과 (하이데거주의적) 존재론은 폭력의 철학일 것"(VM 91)이기 때문이다.

이 상황에서 탈출할 수 있는 유일한 방법은 절대적 타자와의 조우, 즉 교과서적인 레비나스주의의 주제이다. "[이] 조우를 개념화할 방법은 없다. 그것은 타자, 예견할 수 없는 것, '모든 범주에 저항하는' 것에 의해 가능해졌다. … 무한한 타자는 개념에 의해 경계 지어질 수 없고, 지평에 기초하여 사유될 수 없다. 지평은 언제나 동일자의 지평이며, 그 안에서 분출과 놀라움이 언제나 이해와 인식으로 받아들여지는 근본적 통일체이기 때문이다"(VM 95). 이것이 레비나스에게서 윤리학이 제1철학인 이유이자, 그가 존재론에 반대해서 **형이상학**을 말하는 이유이기도 하다. 그러나 데리다는 레비나스가 이런 방식을 통해 총체성으로부터 정말로 탈출하는지를 의심한다. "레비나스가 가장 급진적인 방식으로 헤겔에 반대하는 것처럼 보이는 바로 그 순간에 … 레비나스는 헤겔과 매우 가깝다. 이것은 그가 **모든** 반헤겔 사상가와 공유해야 하는 상황이다"(VM 99, 강조는 하먼). 물론, 헤겔주의의 길은 타자가 동일자의 부정이라고 말함으로써 그것을 변증법적 과정으로 끌어들이고, 메이야수의 상관주의적 순환의 방식으로 접근 가능한 것이 언제나 접근 불가능한 것을 되찾는다고 말할 것이다. 결국, 무한한 타자는 **얼굴**의 형상으로 나타난다. 그리고 "레비나스는 얼굴로서의 타자를 말할 때 종종 **자체성**$^{kath'auto}$과 '실체'를 언급하기도 한다. 얼굴은 현전, **우시아**^{ousia}다"(VM 101). 그리고 더 나아가 "타자가 간과되지 않게 하기 위해서, 그는 자신을 부재로서 현시해야 하며, 비현상적인 것으로 나타나야 한다"(VM 103). 나타나는 비현상성이 작동하는 유일한 역설은 아닌데, 타자는 내가 죽이고 싶은 유일한 존재자인 동시에 죽이는 것이 금지된 존재자이기 때문이다(VM 104). 이는 "무한이 〔…추정상〕 총체성처럼 폭력적일 수 없음"(VM 107)에도 불구하고, "비대칭, 비-빛, 계명 자체가 폭력과 불의"(VM 106)라는 놀라운 깨달음으로 이어진다. 마찬가지로, 신은 전쟁에 반대하는 무한이기도 하고 **동시에** 우리를 전쟁으로 몰아넣는 해로운 타성의 가능성 자체이기도 하다. "그러므로 신은 전쟁에 연루되어 있다", 그러나 윤리적 무한과 관련하여 신은 전쟁의 반대이므로, "전쟁은 신을 가정하고 〔동시에〕 배제한다"(VM 107). 그리고 신에 관해 말하자면, 출애굽기 33장에서 신은 모세로부터 자신의 얼굴을 숨겼기에 그것은 "일거에 다른 얼굴보다 얼굴 같으면서 얼굴 같지 않은 얼굴이다"(VM 108).

이와 관련된 역설은 레비나스주의적 윤리학이 특정한 규칙들의 집합이라는 의미에서의 어떤 윤리학도 넘어선다는 것이다. "레비나스의 의미에서 윤리학은 법칙과 개념이 없는 윤리학이며, 개념과 법칙으로 결정되기 이전에만 비폭력적 순수성을 유지한다 … 이 윤리학들의 윤리학이 자신을 부정하고 망각하지 않고는 결정된 윤리학도 결정된 법칙도 일으킬 수 없다는 것은 심각한 문제일 것이다"(VM 111). 따라서 레비나스는 자신이 "전통적인 개념성을 파괴하기 위해 그것의 내부에 머물러야 할 필요성"(VM 111)에 갇혀 있음을 알게 된다. 비록 레비나스가 "진정한" 외재성은 공간적인 것이 아니라고 주장하더라도, 그럼에도 그는 용어의 공간적 의미에 의존할 수밖에 없었다(VM 112). 데리다는 무한히 얼굴 속에서 형태를 취하고 있음에도 불구하고 "무한한 타자는 그것이 긍정적 무한이라면, 그리고 그 자체의 내부에 무한정성, 즉 아페이론의 부정성을 유지하지 않는다면 그것은 그것 그 자체,

즉 타자일 수 없다"(VM 114)라고 지적하며 OOO의 레비나스 비판 중 하나를 예기한다. 거기에는 언어와 관련된 문제가 있는데, 왜냐하면 레비나스가 직면한 "[긍정적으로 말하기의] 문제들은 동등하게 부정신학과 (직관-기반) 베르그손주의의 문제이지만, 그는 그것들과 달리 언어 자체의 실패를 받아들이는 언어를 가지고 말할 권리를 자신에게 부여하지 않기 때문이다"(VM 116). 즉, 부정신학과 베르그손은 모두 "마치 외부 매체를 거니는 것처럼 철학적 담론을 거니는 것"(VM 116)을 허용하지만, 레비나스는 담론이 폭력의 바로 그 가능성이기도 하지만 "(직관적 접촉이 아닌) 오직 담론만이 의롭다"(VM 116)는 자신의 견해로 인해 그렇게 할 수 없다. 마침내, 같은 운명이 역사에 닥친다. 레비나스에게 "역사는 초월의 운동 자체, 총체성을 넘는 초과의 운동이며, 이 운동이 없다면 어떤 총체성도 그 자체로서 나타나지 못할 것"이지만, 동시에 "역사는 폭력이다." 그러므로 레비나스의 형이상학은 그 자체로 "폭력에 대항하는 폭력, 빛에 대항하는 빛"(VM 117)이다.

데리다는 후설에 대한 상당한 분량의 변론을 이어가는데, 이 변론은 우리와 관련이 있다. 왜냐하면 OOO는 대체로 현상학의 창시자에 대항해서 레비나스의 편을 들기 때문이다. 첫째로, "[레비나스주의적] 형이상학은 … 현상학에 관한 그 비판에 있어서 언제나 현상학을 가정한다"(VM 118)라고 하는 친숙한 비판이 있다. 레비나스는 지향성이 사고와 객체 사이의 적합adequation 모델에 의해 지배된다고 비난하는 반면, 데리다는 후설이 "지향적 불완전성과 이에 따른 타자성의 환원 불가능성을 입증함으로써" 이미 이것을 넘어섰다고 주장한다(VM 120). 데리다는 수사적으로 다음과 같이 묻는다. "부적합의 주제보다 더 엄밀하고, 특히 문자 그대로 후설주의적인 주제가 있는가?"(VM 120). 데리다가 다음과 같이 물을 때 또 다른 수사적 물음이 뒤따른다. "후설이 마침내 부적합을 요약하고, 경험의 무한한 지평을 이용 가능한 객체의 조건으로 환원한 적이 있는가?"(VM 120). 마치 현대의 후설주의자들이 하이데거가 자기 스승을 넘어섰다는 가정에 도전하는 것처럼, 데리다도 현상학에서의 "지평"은 이미 총체성을 범람하기에 충분하다고 생각하는 것 같다. "지평 그 자체는 모든 객체의 객체화될 수 없는 원천 일반이기 때문에 객체가 될 수 없다. … 지평 개념의 중요성은 정확히 어떤 구성적 행위를 객체로 만드는 능력에 있으며, 이를 통해 객체화 작용을 무한으로 개방한다는 점에 있다"(VM 120). 이것은 후설이 무한과 외재성을 완벽하게 존중한다는 것을 보여주기에 충분하다고 데리다는 주장한다. 실제로, "현상학은 존중 그 자체이며, 존중 그 자체의 언어가 생성되고 발전하는 것이다"(VM 121). 이런 의미에서, 현상학이 아무리 현상적인 것으로 남더라도 현상학이야말로 윤리학이다. 왜냐하면 "윤리학은 … 구체적 의식 일반을 위해 의미를 가져야 하며, 그렇지 않으면 어떤 담론도, 어떤 사유도 가능하지 않을 것"(VM 121~2)이기 때문이다. 『데카르트적 성찰』에서 후설은 타자가 다른 자아alter ego, 즉 또 다른 나일 수 있게만 허용한다는 레비나스의 불평에 관해 데리다는 "정확히 후설이 하지 않는 것이다"(VM 125)라고 단도직입적으로 말한다. 그리고 어쨌든, 폭력을 피하는 유일한 수단은 타자를 자아로 보는 것이며, 이것이 "가능한 가장 평화로운 제스처"(VM 128)다. 신조차도 "오직 자아 일반에 대해서만 의미를 가진다. 이것은 모든 무신론이나 모든 신앙 이전에, 모든 신학 이전에, 신에 관한 모든 언어와 신의 언어 이전에, 신의 신성(예를 들어, 무한한 타자의 무한한 타자성)이 자아 일반에 대해 의미를 가져야 함을 의미한다"(VM 132).

여기서 데리다는 하이데거에 관해서도 유사한 변론을 수행하는데, 하이데거는 그의 언제나-물러난 존재를 통해 명백하게 총체성으로부터 더 크게 벗어났음에도 불구하고 마찬가지로 레비나스에게 비판받고 있다. "만약 존재의 의미가 언제나 현전에 의해 결정되어 왔다면, 시간의 초월론적 지평에 기초하여 제기되는 존재물음은 … 철학적 보안의 첫 번째 진동일 것인데, 그 보안이 자기-확신에 찬 현전이기 때문이다"(VM 134). 그럼에도 불구하고, 레비나스는 하이데거가 타자와의 관계를 존재자와 그 존재 사이의 존재론적 차이에 종속시킨다고 비난하는 것으로 인용된다(VM 135). 데리다는 두 가지 다른 방식으로 이 비난으로부터 하이데거를 옹호한다. 첫 번째는 존재론적 차이에서 존재가 존재자에 "선행"한다는 점을 부정하는 것이다. "존재는 존재자 외부에서는 **아무것도 아니기에**, 존재는 … 시간에 있어서든 존엄성에 있어서든, 혹은 그 외 무엇에 있어서든 존재자보다 **선행**할 수 없다. … 존재는 원리가 아니며, 원리적 존재자도 아니다. 그것은 레비나스가 존재라는 이름으로 얼굴 없는 폭군의 얼굴을 삽입할 수 있도록 허용하는 **기원**archia이 아닌 것이다"(VM 136). 이것은 결국 데리다를 내가 가장 선호하지 않는 데리다주의적 주제 중 하나로 이끄는데, 그것은 "존재는 (결정된 것으로서) 아무것도 아니기에, 그것은 필연적으로 차이를 통해서 (차이로서) 생산된다"(VM 150)라는 오도된 주장이다. 데리다가 레비나스로부터 하이데거를 변호하는 다른 방식은 전형적인 후기 하이데거주의적 주제인 "**존재하게-함**"sein lassen을 불러오는 것이다. 존재하게-함은 윤리학 그 자체의 가능성의 조건으로 밝혀진다. 왜냐하면 그것이 없으면 "폭력은 더 이상 나타나거나 명명할 수조차 없을 정도로 지배적일 것"(VM 138)이기 때문이다. 그러므로, 사람과의 관계가 존재에 의해 "지배"될 수 있다는 레비나스는 옳을 수 없다(VM 139). 레비나스는 모든 폭력은 개념의 폭력이라고 주장하지만, 하이데거는 처음부터 존재가 존재의 개념과 등가임을 함의하는 어떤 관념도 금지한다. 레비나스가 존재 너머의 플라톤주의적 선Good을 가리키며 선호하는 그리스어 구절 "**존재 저쪽**"epekeina tes ousias에 관해서, 데리다는 이 저쪽을 하이데거의 존재를 넘어선 것으로 해석하지 않고, 오히려 특정한 존재자들과만 관련된 "존재적 역사 너머"로 해석한다(VM 141~2). 레비나스의 비판으로부터 하이데거의 존재론적 차이를 옹호하면서, 데리다는 "암묵적인 것과 명시적인 것 사이의 차이는 사유의 전부"(VM 142)라는 경종을 울리는 진술을 하는데, 이 진술은 보이는 것만큼 무해한 것이 아니다. 왜냐하면 그것이 — 해석학 그 자체처럼 — 사고가 주로 **인간**에 대해서 암묵적인 것과 명시적인 것에 관한 것임을 함의하기 때문이다. 또 다른 우려스러운 대목은, 데리다가 하이데거는 이미 모든 "인본주의"를 넘어서 있기 때문에 레비나스의 비판을 넘어선다고 단언하려 할 때 나타난다(VM 143). 그러나 정확히 헤겔주의자들이 자신들의 관념론으로부터 독자들의 주의를 돌리기 위해 "주관주의"를 공격하기 좋아하는 것처럼, 하이데거주의자들은 인간을 포함하지 않는 관계를 생각하지 못하는 그들 자신의 무능력으로부터 우리의 주의를 돌리기 위해 "인본주의"를 공격한다 — 제발 내게 **현존재**는 인간이 아니라고 말하지 말아 달라. 데리다는 또 한 명의 그러한 하이데거주의자지만, 그 근본에 있어 데리다는 사실 후설주의자에 더 가깝다.

그렇게 「폭력과 형이상학」은 지금까지 쓰인 레비나스에 관한 가장 영향력 있는 해석이 되었는데 그 영향력이 너무 커서 어떤 분야들에서 레비나스는 이 해석으로부터 결코 회복되지 못했다. 「폭력과 형이상학」은 스스로 부과한 문체적 부담을 넘어, 동시대인에 관한 데리다의 또 다른 지적 독해가 되기는 했지만, 우리는 데리다가 가진 관심의 **편협함**을 간과해서는 안 된다. 우리는 곧 레비나스 철학에 사실 세

가지 중심적 주제가 있음을 보게 될 것이다. 그중 윤리학과 그것의 총체화될 수 없는 무한성은 단지 가장 유명한 주제일 뿐이다. 데리다가 거의 언급하지 않는 두 번째 주제는 존재의 이쪽에서 일어나는 향유로, 그것은 언제나 특정한 사물을 다루며, 사물이 무정형의 "요소적" 영역에 잠길 때도 그렇다. 데리다는 레비나스가 보유한 이 양상에 좀 더 주의를 기울일 수 있었고 그랬어야 했다. 레비나스의 세 번째 양상에 관해서는 그렇지 않을 수도 있는데, 왜냐하면 아마도 그 양상에 충분히 주의를 기울인 사람은 알폰소 링기스가 유일할 것이기 때문이다. 그 세 번째 양상이란, 개체적 실체에 관한 레비나스의 철학이다.[54] 우리는 레비나스가 때때로 이 이론을 거의 폐기하고 사물의 소진 불가능한 깊이를 그것의 "물질"에만 귀속시키는 것을 보게 될 것이다. 그러나 결국 레비나스는 실체성에서 탈출할 수 없었다. 이것은 데리다가 차이로서 생산되는 것을 제외하고는 무엇도 생산되지 않는다는 착상에 집착한다는 것을 감안할 때 데리다가 관여할 문제는 아니다. 결국 실체는 언제나 그 자체로 긍정적인 용어이며, 일차적으로 차이적이거나 관계론적인 것이 아니다. 그러나 데리다가 논의한 레비나스의 양상으로 돌아가서 형이상학, 무한, 윤리학, 비폭력을 간단히 검토해 보자. 여기서 데리다가 제공하는 것은 무엇인가? 나는 데리다가 우리에게 오래된 상관주의적 순환으로 돌아가는 것 이상을 주지 않는다고 말하고 싶다. 즉, 비-나타남은 어떻게든 나타나야 하며, 따라서 타자성은 그것이 언제나 얼굴을 가져야 하므로 순수한 타자성이 될 수 없다. 이 문제로는 나중에 돌아올 것인데, 먼저 나는 타성이 레비나스에 관한 나의 해석의 한 부분일 뿐임을 보여줌으로써 그래튼이 OOO

---

54. Lingis, "A Phenomenology of Substances."

와 타자성 사이에 의심스러운 데리다주의적 연결고리를 만드는 것에 대응해야 하기 때문이다.

내가 기억하는 한 나는 네 곳에서 레비나스에 관해 광범위하게 저술했는데, 모두 10년 이상 되었다. 다시 읽은 지 여러 해가 지난 글들이기에 그래튼의 저서에 응답하는 가장 큰 즐거움은 이 핵심적 프랑스 사상가에 관한 나의 초기 사유를 재고하는 데 제공된 자극이었다. 첫 번째 구절은 『도구-존재』의 21절 '레비나스의 공헌'(2002)이다.[55] 두 번째는 『게릴라 형이상학』의 3장 전체로,「에테르 속에 잠기다」(2005)라는 표제를 달고 있다. 세 번째는 영국 문화잡지 『네이키드 펀치』에 「제1철학으로서의 미학 : 레비나스와 비인간」(2007)이라는 제목으로 실린 논문이며, 거기서 나는 『존재와 다르게』에 초점을 맞추었다.[56] 네 번째는 「레비나스와 하이데거 삼중 비판」(2009)이라는 제목으로 『철학의 오늘』에 실린 『전체성과 무한』에 관한 논문이다. 이 논문의 최초의 형태는 「빵, 담배, 그리고 비단 : 레비나스와 개체적 실체」라는 표제로 불가리아 소피아에서 열린 2006년 학회에 논문으로 전달되었다.[57] 레비나스에 관한 내 관심의 주요 요점을 데리다 및 그래튼의 저서와 대조하기 위해 이 간행물들을 간략하게 재고하겠다.

『도구-존재』에서 레비나스를 다룬 부분을 보면, 그 책이 타자성에 그다지 큰 관심을 두고 있지 않다는 것이 즉시 드러난다. "레비나스의 철학에 관한 대부분의 논의는 그의 '타자' 개념에 재빠르게 모든 관심

---

55. Harman, *Tool-Being*, 235~43.
56. Graham Harman, "Aesthetics as First Philosophy," *Naked Punch*.
57. Graham Harman, "Levinas and the Triple Critique of Heidegger," *Philosophy Today*. "레비나스의 형이상학 : 타자의 권리"라는 제목의 흥미로운 학회가 2006년 10월 27일, 불가리아 소피아에서 열렸다.

을 집중시킨다. 그곳이야말로 그의 친구와 적 모두 그의 유산에 대한 최종 판결을 내리는 곳이다. 그러나 당분간, 나는 독자들에게 '타자성'에 관한 현재 진행 중인 모든 논쟁을 잊어버리도록 권유한다."[58] 나는 대신 레비나스의 중요한 초기 저작인 『존재에서 존재자로』와 『시간과 타자』에서 발견되는 하이데거의 독해에 집중할 것을 제안한다. 그 중 『존재에서 존재자로』는 2차 세계대전 중 하노버 근처의 전쟁 포로수용소에서 저술된 것이다. 『존재에서 존재자로』는 그 제목에서 알 수 있듯이, 하이데거가 세운 "존재와 존재자" 사이의 유명한 존재론적 차이를 레비나스적 방식으로 읽어낸 것이다. 레비나스가 말하듯, "하이데거는 주체와 객체—즉, 존재자—를 그것들의 존재 작용 자체와 구별한다 … 내가 보기에 『존재와 시간』에 관해 가장 심오한 것은 이 하이데거주의적 구분이다."[59] 또한 더 나아가, "사물은 언제나 그것의 외부 표면이 깊이를 억제하고, 그렇게 함으로써 나타나게 만드는 용적이다."[60] 특정한 존재자에 관한 분석이 가능하려면 시간이 전제되어야 한다는 그래튼의 끊임없는 불평에 대항해서, 『도구-존재』에서 나는 그 반대가 참이라는 레비나스에게 동의한다. 그 위대한 스승이 그의 가장 훌륭한 구절 중 하나를 통해 말했듯이, "(존재와 존재자의 관계는) 오히려 한순간의 태도를 통해 달성되는 것이 아닌가? … 한순간은 한 덩어리가 아니라, 절합^{articulated}된 것이다"(EE 17~18). 여기서 나는 왜 그래튼이 이 점을 명시적으로 다루지 않는지 궁금하다. 대신 그는 즉시 주제를 타자성으로 바꾸는데, 나는 그것을 내 작업에서 그다지

---

58. Harman, *Tool-Being*, 235.
59. Levinas, *Time and the Other*, 44~45.
60. Emmanuel Levinas, *Existence and Existents*, 47 [에마뉘엘 레비나스, 『존재에서 존재자로』]. 이하 본문에서 페이지 참조는 EE로 표기됨.

중요하게 다루지 않는 문제로 공개적으로 경시한다. 레비나스에 관한 나의 독해에 따르면, 그는 절합된 한순간에 관한 하이데거의 분석을 인정한다. 그러고 난 다음에야 그는 베르그손과 새로움의 놀라움에 의존함으로써, 그리고 결국에는 타자성 자체에 호소함으로써 그것에서 벗어난다. 그런데 나는 또한 존재론적 차이를 바라보는 하이데거와 레비나스 각각의 견해 사이의 중요한 차이를 인용하겠다. "하이데거는 (존재자와 그 존재 작용의) 결투를 존재와 존재자 사이에 위치시키지만 … 레비나스는 존재자야말로 사이라고 말한다. 이 섬세한 전환이 지닌 철학적 함의는 거대하다 … 유명한 존재론적 사이^{Zwischen}는 이제 사물들의 위나 아래가 아닌 사물들의 내부에서 일어난다. 아몬드와 강물 사이의 차이는 단순히 '존재적'인 것이 더는 아니다."[61] 이후에 나는 다음과 같이 덧붙인다. "[하이데거주의자들은] 눈-앞에-있는 존재자들을 넘어서는 단계에 너무 집착한다 … 그들은 존재자들이 단지 존재적으로만 해석될 수 있다고 가정한다 [… 그러나] 객체들의 실재성은 어떤 종류의 존재적 폐차장에서 펼쳐지지 않는다."[62] 사실 레비나스가 특정한 존재자들의 지위를 높이면서 하이데거를 한 단계 넘어섰음에도 불구하고, 그 또한 계속해서 그것들을 '존재적'이라고 치부하는 느낌이 있다. 『도구-존재』에서 논의된 바와 같이 『존재에서 존재자로』의 레비나스는, 정확히 하이데거의 형상 없는 존재가 불안 속에서 조우된다고 말해지듯이, 불면증 속에서 조우되는 형상 없는 "일리아" 또는 "거기-있음"의 개념에 지나치게 몰두한다. 레비나스에게 있어서 개체적 존재자가 처음으로 형상을 갖추는 것은 인간 정신에 의

---

61. Harman, *Tool-Being*, 237.
62. 같은 책, 238.

해 수행되는 **홀로서기**hypostasis를 통해서만 가능하다.63 그럼에도 불구하고 개체들은 하이데거에게는 보통 해당하지 않는 방식으로 레비나스에게서 중심적 역할을 수행한다. 레비나스의 말처럼 "우리는 숨 쉬고자 숨 쉬고, 먹고 마시고자 먹고 마시고, 피난처를 찾고자 피난처를 찾고, 호기심을 채우고자 연구하고, 걷고자 걷는다. 그 모든 것은 살기 위한 것이 아니다. 그것이 사는 것이다. 삶은 진실성sincerity이다"(EE 44). 7장에서 우리는 "진실성"이라는 용어에 대한 단 자하비의 조롱과 조우할 것인데, 이는 레비나스에게 이 용어가 지니는 중요성에 관해 그가 놀라울 정도로 숙지하고 있지 못하다는 점을 시사한다. 지금으로서 우리는 내 해석의 이러한 중심적 양상 중 어느 것도 언급하지 않는 그래튼에 더 관심을 가지고 있다. 앞서 제시한 것처럼, 그의 목표로 보이는 것은 나를 조작하여 「폭력과 형이상학」이 레비나스주의자를 위해 설정한 데리다주의적 살상 지대로 보내는 것일 따름이다.

『게릴라 형이상학』에서도 나는 또다시 "타자성"의 사상가로서의 레비나스에 관심을 두지 않고, 그리하여 다시 한번 데리다주의적 데드엔딩을 벗어난다. 대신 레비나스는 메를로-퐁티와 링기스처럼 "우리의 삶이 정류한, 성질들과 신호들로 뒤덮인 반투명한 안개"와 관련된 "몸의 현상학자"로 취급된다.64 여기서 나는 현상학이 여전히 우리에게 가르쳐줄 것이 많다고 공개적으로 주장한다. 그러나 우리는 뒤에서 자하비는 내가 현상학에 관해 모른다고 주장하는 데 급급한 나머지 우리가 이 점에 동의한다는 것을 못 볼 정도로 성급해하고 있음을 보게 될 것이다. 나는 레비나스를 "나는 빵을 먹고, 음악을 듣고, 내

---

63. 같은 책, 239~40.
64. Harman, *Guerrilla Metaphysics*, 34.

사유의 흐름을 따라간다"라고 말하는 철학자로서 인용한다.[65] 그러나 나는 또한 한 가지 중요한 측면에서 레비나스에게 대항하여 후설을 변호한다. 레비나스는 "모든 지향성은 표상이거나 표상에 기초하거나, 혹은 〔『논리연구』를〕 지배하고 후설의 모든 후속 저작에서 강박관념으로 되돌아오는 표상에 기초한다는 테제"를 유지한다.[66] 우리는 이것이 반쪽 진실이고 후설보다 브렌타노에게 더 잘 적용된다는 것을 보았다. 『논리연구』의 5장에서 후설은 그가 지향적 객체와 그 음영 사이에서 식별한 균열로 인해 지향성을 표상이라기보다는 일차적으로 **객체-부여**로 본다는 점을 완벽하게 분명히 한다. 이런 측면에서 후설주의적 지향성이 단지 주어진 것의 빛나는 현전일 뿐이라고 말할 때 레비나스는 틀렸다. 후설에게서는, 불필요한 감각적 세부사항으로 덮인 객체가 아니라 그 자체로서의 객체를 제공하는 형상적 환원을 수행하는 데 많은 현상학적 노동이 요구된다.[67] 그러나 레비나스는 후설의 이런 측면을 놓치고 **수동성**의 형태로서의 타자성으로 즉시 전환하는 데서만 탈출 경로를 본다. "외재성을 가정하는 것은 동일자가 타자를 결정하는 동시에 (또한) 타자에 의해 결정되는 관계로 들어가는 것이다."[68] 이러한 수동성은, (레비나스주의적 거기-있음과 그의 형상 없는 타자성이 그러하듯이) 타자를 모든 개체성으로부터 이질적인 장소로 취급하면서도 그것에 어떤 거처를 미리 허락하지 않는 한 충분하지 않다. 그래튼 및 샐리스와 마찬가지로, 레비나스는 때때로 경험

---

65. Emmanuel Levinas, *Totality and Infinity*, 122 [에마뉘엘 레비나스, 『전체성과 무한』].
66. 같은 책, 122.
67. Harman, *Guerrilla Metaphysics*, 34~35.
68. Levinas, *Totality and Infinity*, 128 [레비나스, 『전체성과 무한』]. 구두점과 강조 수정은 하먼.

너머의 타자성과 경험 내부의 매개체 사이를 애매하게 오간다. 이 둘의 공통점은 어느 쪽도 특정한 사물들로 구성되어 있지 않다는 점이다. "향유 속에서 사물들은 사물들을 하나의 체계로 조직하는 기술적 최종성에 흡수되지 않는다."[69] 그러나 우리는 향유가 저 너머이고 타자성이 이쪽 편에 있다는 사실을 놓쳐서는 안 된다. 전자는 존재에 가까운 측면에 있고 후자는 그것을 넘어서 있다. 그렇지만 레비나스가 때때로 이 두 영역을 혼합한다는 것은 참이다. "향유 속에서, 사물들은 그것들의 요소적 성질로 되돌아간다 … 나는 그것에 흠뻑 젖어 있다. 나는 언제나 요소 내부에 있다 … 요소와의 적합한 관계는 언제나 **잠김**bathing이다 … 마치 우리가 존재의 깊은 곳 속에 있는 것처럼 말이다."[70] 그러나 레비나스에게는 존재의 깊은 곳이 분명 타자성 속에서 발견되어야 하는 반면, 향유는 존재의 깊은 곳이 아니라 존재의 가장 바깥쪽 층에서 발생한다. 이것은 완전히 다른 두 장소이다 ― 나는 분명 즉각적으로 잠긴다는 의미에서 타자를 "향유하지" 않는다. 저 너머와 존재의 이쪽 사이에 있는 유일한 공통점은 이 차원들이 함께 하이데거주의적 도구-체계를 둘러싼다는 것이다. 레비나스가 쓴 것처럼, "요소는 그것을 포함하는 형식을 가지지 않는다. 그것은 형식 없는 내용이다 … 요소의 순수한 성질은 그것을 뒷받침할 실체에 달라붙지 않는다 … 성질은 아무것도 결정하지 않는 것으로서 요소 속에 현현한다."[71] 우리가 빵을 향유하든, 담배를 향유하든, 또는 완전히 다른 무언가를 향유하든, 두 경우 모두에서 요소의 역할은 같다. 그것은 흐르는 액체이다. 그래서 요소적 빵이나 요소적 담배는 없으며, 단지 그 둘

---

69. 같은 책, 130.
70. 같은 책, 134, 131, 132 (강조는 하먼), 132.
71. 같은 책, 131, 132.

의 이쪽 편에서 흐르는 탈체화된 요소가 있을 따름이다.

레비나스가 정반대의 직관을 기록하는 것 같은 다른 구절이 있다. "사실, 감각적 성질은 이미 어떤 실체에 달라붙는다. 그리고 우리는 사물로서의 감각적 객체의 의미작용을 좀 더 분석해야 할 것이다."72 요소적 감각성과 요소 — 그리고 거기-있음과 타자성의 "신화적" 영역 — 를 조각조각 쪼개는 실천praxis과 사고를 — 후설보다도 날카롭게 — 구별하는 레비나스의 경향을 고려할 때, 그것은 레비나스가 결코 완전히 해결하지 못하는 모순이다. 여기서 나는 사이버네틱 용어 "블랙박스"와 유비적으로 레비나스주의적 요소를 "블랙노이즈"라고 부르며 레비나스주의적 요소를 벗어나는데, 형태 없는 것으로 추정된 요소는 사실 우리가 그것에 주의를 기울이면 뚜렷해지는 객체화된 단위체들로 구성되어 있기 때문이다. 심지어 바람과 파도도 우리가 주의를 기울이면 한정적 윤곽을 가지고 있으며, 감각적 아페이론의 일종이 아니다. 그러나 존재 너머의 영역들이 윤리적 아페이론일 따름인 것도 아니다. 유감스럽게도 레비나스는 초기 저작의 거기-있음을 『전체성과 무한』에서 "신화적인 것"으로 대체하면서, 신화적인 것이 "존재자들 없는 존재, 비인격적 탁월함"이라고 말할 때 마치 그런 관점을 취하는 것처럼 보인다.73 OOO 용어로 레비나스는 두 가지 다른 수준, 즉 타자성의 수준과 요소의 수준에서 **아래로-환원**한다. 그는 공개적으로 다음을 인정할 때 이 점을 이해하기 쉽게 만든다. "**요소는 거기-있음으로 확장된다**."74 이러한 사유 노선은 칸트주의적 물자체에 관한 레비나스의 구절에서 끝을 맺는데, 이는 자신의 반실재론적 측면을

---

72. 같은 책, 137.
73. 같은 책, 142.
74. 같은 책, 142. 번역 수정은 하먼.

칸트 자신에게 투사한 것일 따름이다. "나타나는 것이 되지 않는 귀신의 부조리함을 피하고자 사물 그 자체를 상정함으로써, 칸트는 실제로 감각적인 것의 현상학을 넘어 나아갔다. 그러나 적어도 그는 그것을 통해 감각적인 것 자체는 나타나는 것이 되지 않는 귀신이라는 점을 인식한다."75 마지막으로, 나는 실재적인 개체적 객체에 대한 이러한 부정이 미적 현상에 관한 논의에서 레비나스를 잘못된 방향으로 이끈다고 제시하겠다. 레비나스 자신의 말을 빌리자면, "인간이 자신의 세계 전체에 부여하는 미적 지향은 더 높은 차원에서 향유와 요소로 회귀하는 것을 나타낸다. 사물들의 세계는 존재자에 대한 지적 접근이 향유로 옮겨가는 예술을 촉구하며, 그 안에서 무한한 관념이 유한하지만 충분한 이미지로 우상화된다."76 그러나 관념에서 미학으로의 이러한 움직임은, 레비나스가 잘못 주장하는 것처럼, 객체적인 것에서 비객체적인 것으로의 움직임과 동일한 것이 아니다. 정확히 모든 향유가 **특정한** 향유인 것처럼, 모든 예술작품 또한 **특정한** 효과를 지니며, 그것은 윤리적이거나 감각적인 **아페이론**이 아니다. 여기서 다시 우리는 칸트 자신의 형상 없는 숭고를 지나치게 연상시키는 형상 없는 레비나스주의적 타자성에 대한 나의 거부를 그래튼이 놓치고 있음을 본다.

「제1철학으로서의 미학」에서 나는 레비나스에 관한 나의 완성된 비판을 전개한다. 거기서 레비나스는 사물들의 억압적인 "총체성"을 극복하는 것으로 취급되는데, 이는 그래튼이 잘못 함의하는 것처럼 "타자성"이라는 유일한 길을 통해서가 아니다. 대신, 레비나스에게는

---

75. 같은 책, 136.
76. 같은 책, 140.

삼중 극복이 있으며, 타자성은 그중 하나일 뿐이다. 우리는 두 번째가 **요소적인 것**을 통해 일어나는 것을 보았는데, 레비나스가 타자성을 잘 못 취급하는 것과 같은 방식으로 요소적인 것은 형상 없는 것으로 잘 못 취급된다. 내가 링기스에게 빚지고 있는 세 번째 길은 존재자를 개체적 실체로 취급하는 것을 통해 이루어진다. 내가 2007년 논문에서 논했듯이, "총체성의 매끄러운 권력 투쟁에 가장 잘 저항하는 것은 개체적 사물의 동일성이다. 세계는 다루거나 잠기거나 물어뜯는 것으로는 결코 완전히 포착되지 않는 구체적 실재들로 가득 차 있다."77 따라서 레비나스와 대조적으로 "윤리학은 제1철학이 될 수 없다"라는 나의 주장이 뒤따른다.78 대신, 미학이 제1철학이다. 총체성, 존재, 전쟁은 레비나스가 존재의 억압적 체계에 붙인 다른 이름들인데, 그는 그것들을 ─ 하이데거가 "존재적"인 것에 맞서 박멸할 때처럼 ─ 너무 자주 **특정한** 존재자들의 영역과 동일시한다. 이 세 가지 용어는 레비나스에게 상호 교환 가능한 것이지만, 모두 직서적 의미로는 받아들일 수 없다. 한 가지 예시를 들자면, 레비나스가 "전쟁"으로 의미하는 바는 "평화"의 반대가 아니다. 그가 말했듯이 "합리적인 평화는 … 계산, 매개, 정치이다. 만인에 대한 각자의 투쟁은 … 물질의 경우에 그런 것처럼 상호 간의 결정과 제한이 된다."79 이런 점에서 해방적이라고 추정되는, "사물 그 자체는 사물들의 모음이거나 차이들의 사슬이다"라는 데리다의 주장은, "이 표상의 놀이 속에서 기원 점은 포착할 수 없는 것이 된다"라는 전형적으로 무효한 데리다의주의적 단서 제시에도 불구

---

77. Harman, "Aesthetics as First Philosophy," 21.
78. 같은 책. 강조 해제는 하먼.
79. Emmanuel Levinas, *Otherwise Than Being or Beyond Essence*, 2 [에마뉘엘 레비나스, 『존재와 달리 또는 존재성을 넘어』].

하고, 실제로는 레비나스의 전쟁 모델을 답습한 것일 뿐이다.80 그러한 상호관계성의 놀이는 총체성에 대한 또 다른 이름이며, 레비나스는 그 너머로 가는 것을 지향하지만, 우리는 이를 수행하는 그의 방식을 비판하지 않을 수 없다. 유감스럽게도, 그는 관계성을 넘어서는 것을 플로티노스의 "일자"와 칸토어주의적이지 않은 통일된 "무한"으로 식별하며, 그것들은 둘 다 소크라테스 이전의 형상 없는 아페이론의 후기 형태일 뿐이다.81 설상가상으로, 그는 또한 그것을 선이라고 부름으로써, 그것이 어떤 "개체적 본질"quiddity 즉 개체적 객체가 가지고 있을 어떤 특정한 특징을 가지고 있지 않다고 말한다.82 내가 논문에서 말했듯이, "레비나스가 무한한 타자를 하나의 으르렁거리는 선함의 덩어리로 과장하는 것처럼, 그는 향유의 영역을 점멸하는 난센스의 혼돈으로 과장한다."83

이어서 나는 진실성이 그의 철학이 가진 세 가지 양상, 즉 윤리적인 것, 요소적인 것, 실체적인 것을 모두 통합하는 용어임을 보여준다. 그리고 궁극적으로, 개체적 사물의 실체성이야말로 진실성이 가장 잘 이해되는 장소이다. "못, 스크루드라이버, 새장, 드럼은 더 넓은 도구 체계에 종속될 뿐인 단순한 장치가 아니다. 각각의 장치는 그 자체에 머무르고 그 자체로 바쁜 존재자이며, 다른 것들과의 관계로 흘러 들어갈 따름인 것이 아니다."84 다른 말로 하자면, 비록 우리는 동일성이 소박하고 억압적인 현전의 형이상학에 속하는 것으로서 데리다주의

---

80. Derrida, *Of Grammatology*, 90, 36 [데리다, 『그라마톨로지』].
81. Levinas, *Otherwise Than Being*, 95, 147 [레비나스, 『존재와 달리 또는 존재성을 넘어』].
82. 같은 책, 182.
83. Harman, "Aesthetics as First Philosophy," 23.
84. 같은 글, 24.

자에 의해 일축된다는 것을 알고 있지만, "진실성은 고전적인 동일성 원리의 레비나스 버전"이다.85 그것은 레비나스가 유명하게 그임illeity 이라 부른 것, "나와의 연접에 들어감이 없이 나와 관련되는 방식을 지시"하는 것이다.86 레비나스의 견해에 따르면 비록 언어는 "인간, 혹은 좀 더 일반적으로는 기껏해야 감각적 생물체에 속하는 국소화된 힘으로" 남지만, 그럼에도 언어는 사물에 융합하지 않고 사물을 만지는 중요한 방법의 하나로 취급된다.87 가장 중요한 점은, 그가 언어에서 말하는 것과 말해진 것 사이를 구별한다는 것이다. 말해진 것은 소통의 직서적 내용인 반면, 말하는 것은 "말해진 것의 단어들로부터 탄생하는 것과 구별되어야 하는 의미작용을 가지고 … 타자에게 드러난다. 타자에 대한 의미작용은 근접성proximity 속에서 일어난다. 근접성은 다른 모든 관계와 상당히 다르다."88 이것은 언어를 윤리적 근접성과 연관시키는 것처럼 보일 수 있지만, 우리는 근접성이 빵이나 담배의 향유 같은 경우를 포함하여 융합 없는 접촉을 가리키는 더 넓은 범주이며, 따라서 인간 윤리학이 주도할 수 없다는 점을 기억해야 한다. 대신, 근접성 — 진실성과 그임이라고도 알려진 것 — 은 두 사물이 서로로부터 차단되어 있지만 여전히 접촉할 때마다 발생하는데, 이는 정확히 대리적 인과관계에 관한 OOO 개념이 의미하는 바이다. "표면, 깊이, 그리고 양쪽을 모두 아우르는 실체에 걸쳐서 진실성은 어디에나 있기" 때문이다.89 그러나 레비나스는 진실성을 주로 인간 주체에 위치

---

85. Harman, "Aesthetics as First Philosophy," 24.
86. Levinas, *Otherwise Than Being*, 12 [레비나스,『존재와 달리 또는 존재성을 넘어』].
87. Harman, "Aesthetics as First Philosophy," 25.
88. 같은 글.
89. 같은 글.

시키면서 화이트헤드가 최초로 공개적으로 도전한 통상적인 근대적 오류에 빠진다. "주체는 … 그것의 살가죽에 너무 빡빡하다. 모든 관계를 가로질러서, 이것임$^{\text{tode ti}}$으로 지정될 수 있는 것은 개체가 아니라 개인이다 … 자아는 비교를 불허하는 단위성이다."[90] 여기서 우리는 바디우와 지젝에 너무 가깝다. 비록 지젝이 모든 인간에게 고유한 사고 주체라는 능력을 부여하는 반면 바디우는 진정한 주체로 간주되는 것에 매우 제한적이지만, 그 둘은 유일하게 세계 외부에 위치한 것으로서의 고유한 사고 주체라는 신근대주의적 개념을 공유하고 있다.[91]

모든 현상학자가 그렇듯, 레비나스는 그의 언어 개념이 주관적이지도 객관적이지도 않고 이 둘의 가장 좋은 양상을 결합한다고 주장하면서 이중 게임을 전개한다. "의미작용 속 주체의 함축은 … 객관적인 측면으로의 의미작용의 전환과도 … 주관적인 살아있는 경험으로의 환원과도 동등하지 않다." 우리는 앞서 이 게임이 — 메를로-퐁티에게서도 — 궁극적으로 실재론자 알리바이를 내세우는 관념론으로 무너짐을 보았다.[92] 이것은 상관주의에 불과하지만, 상관주의는 **관계주의**의 특정한 형태이고, 관계는 정확히 레비나스가 벗어나야 하는 총체성 또는 전쟁이다. 그러나 그것을 시도하면서 그는 자신이 확립한 근접성이 가진 더 넓은 의미에도 불구하고 인간 윤리에 너무 집중적으로 초점을 맞추며, 따라서 내가 "온전한 인간과 로봇식 인과적 노리개"라고 부르는 것 사이의 데카르트주의적 균열로 되돌아간다.[93] 나

---

90. Levinas, *Otherwise Than Being*, 106, 8 [레비나스, 『존재와 달리 또는 존재성을 넘어』].
91. Badiou, *Being and Event* [바디우, 『존재와 사건』]; Slavoj Zizek, *Less Than Nothing* [슬라보예 지젝, 『헤겔 레스토랑, 라캉 카페』].
92. Levinas, *Otherwise Than Being*, 131 [레비나스, 『존재와 달리 또는 존재성을 넘어』].
93. Harman, "Aesthetics as First Philosophy," 28.

와 타자 사이의 비대칭적 관계가 타자를 위해 나에게 나 자신을 "대체"하고 타자들에 대한 책임을 지게 하는 것을 가리키는, 주체의 "분리"fission에 관한 레비나스의 경이로운 분석을 고려한 후, 나는 "레비나스는 새로운 인과관계 이론의 우연한 멘토"라고 결론을 내리기 전에 미학에 관한 그의 개념화가 이 편협하게 인간적인 것보다 우리를 훨씬 폭넓은 방향으로 이끈다고 주장한다.94 다시 한번 말하지만, 내가 레비나스주의적 타자의 인간중심주의적 양상과 **아페이론**-같은 양상을 모두 생략하는 한, 레비나스를 향한 나의 관심이 그래튼이 강조하는 "타자성"과 아무 관련이 없다는 점은 분명하다.

그것은 결국 『철학의 오늘』에 「레비나스와 하이데거 삼중 비판」이라는 표제로 실리게 된 나의 소피아 강연, 레비나스에 관한 나의 확장된 마지막 작업으로 이끈다. 제목에서 알 수 있듯이 이 논문은 「제1철학으로서의 미학」 속 삼중 고려사항을 반복하고 있으며 레비나스의 개체적 실체 개념에 관한 링기스의 중요한 탐구를 다시 한번 활용한다. 여기서 나는 이 논문이 앞서 검토된 간행물들보다 더 잘 다루는 몇 가지 보완적인 주제를 간단히 살펴볼 것이다. 내가 주장하는 바는, 하이데거는 실재의 한 양상이 아니라 레비나스가 전에 없이 강조하는 실재의 **세 가지 양상**, 즉 윤리학의 타자성, 요소적인 것의 향유, 그리고 전 지구적이고 상호적인 참조성을 보유한 하이데거주의적 도구-체계에 대항하는 개체적 사물들의 폐쇄적 특징을 놓치고 있다는 것이다. 그러나 우리가 방금 보았듯이, 레비나스가 이것을 수행하는 방식에는 레비나스의 뿌리 깊은 근대성에서 비롯되는 큰 문제가 여전히 존재한다. "하이데거가 드럼, 집, 차 농장을 '존재적'이라고 재빨리 일

---

94. 같은 글, 30.

축하는 반면, 레비나스는 특수한 사물들의 형이상학적 차원을 일별한다. 레비나스주의적 접근법에 관한 나의 한 가지 비판은 그것이 너무 인간-중심적이고 지나치게 칸트의 코페르니쿠스적 혁명의 그늘에 남아있다는 것"이다. 여기서 데카르트 또한 비난받아 마땅하다.[95] 내가 덧붙이듯이, "오직 이러한 방법으로만 우리는 존재와 **현존재**가 언제나 한 쌍으로 묶이는 하이데거주의적 기후와 온전히 이별할 수 있다."[96] 근래 심리철학의 찰머스와 스트로슨처럼, 레비나스는 일인칭 경험을 관계들의 전 지구적 전쟁이 중단되는 하나의 장소로 본다. 이것은 오직 인간 사고만이 으르렁거리는 통일된 존재를 조각들로 "홀로서기-화"하는 것이 허용되었을 때 『존재에서 존재자로』에서 이미 분명했고, 이 개념은 『전체성과 무한』에서도 작동한다. "동일자의 분리는 내적 삶, 정신작용의 형태로 생산된다. 정신작용은 존재 속의 한 사건을 구성한다 … 그것은 이미 존재 방식, 전체성에 대한 저항이다."[97] 그러나 그것은 유일한 저항 방식이 아니다. 다른 것이 있기 때문이다. 레비나스에게는 오직 하나만이 존재한다.

여기서 그는 두 가지 다른 오류를 범한다. 첫 번째는 "정신작용"이 인간에게서만 발견된다고 주장할 때 범심론자들이 — 아마도 과도하게 — 반대하는 유형의 오류이다. 우리는 찰머스가 정신작용을 온도조절기에까지 확장하는 것을 보았고, 스트로슨은 (샤비로 및 화이트헤드와 마찬가지로) 절대적으로 모든 곳에서 정신작용을 발견한다. 더 큰 문제는 우리가 현존하는 모든 존재자로 확장된 본격적인 범심론의 현존을 지지하더라도, 우리는 여전히 직접적인 일인칭 경험과 삼인칭

---

95. Harman, "Levinas and the Triple Critique of Heidegger," 407.
96. 같은 글, 408.
97. Levinas, *Totality and Infinity*, 54 [레비나스, 『전체성과 무한』].

과학적 기술^{記述} 사이의 오래된 구분에 잔류되어 있으며, 일인칭과 삼인칭은 모두 외부로부터의 관점을 포함한다는 것이다. 나 자신에 대한 나의 경험은 나 자신을 소진하지 않으며, 그렇기에 자아의 더 깊은 영인칭 실재성, 내관과 과학 양쪽에 의한 직접적 접근으로부터 물러나는 영인칭 실재성을 고려해야 한다. 요컨대 자아 또한 실체이며, 따라서 심리학자도 신경과학자도 통달할 수 없는 방식으로 세계 속에 자신의 작업을 설립한다. 레비나스는 향유의 사물들조차 저 너머의 무언가로 포화되어 있다는 것을 알아차리고 있고 — 앞서 언급한 그것들을 혼합하려는 그의 경향을 감안할 때 — 아마도 지나치게 잘 알아차리고 있다. 감각적인 것에 대한 우리의 향유에 관해 말하면서 그는 다음과 같이 진술한다. "창조된 현존에 본질적인 것은 그것이 무한과 관련하여 분리되어 있다는 것이다〔이것이 그가 향유를 '무신론'으로 기술하는 이유이다 — 하먼〕. 이 분리는 부정일 따름인 것이 아니라 〔… 오히려〕 정확히 무한의 관념을 개방하는 것이다."98 링기스는 더 나아가『명령』에서, 윤리적 고찰을 통한 감각적인 것의 이러한 관통은 개체적 사물들에도 적용되며, 각각의 사물은 그것을 적절하게 지각하거나 향유하기 위한 규칙들을 생성한다고 주장한다.99 레비나스의 경우에는 윤리학과 요소적인 것 모두 개체의 특수성에 저항하도록 의도된 반면, 링기스의 경우에는 개체들에 관한 우리의 특정한 향유와 도덕 법칙의 특정한 세속적 형태를 동시에 구현하는 것이 개체들 자체라는 점을 감안할 때, 어떤 점에서 링기스는 레비나스를 넘어선다. 링기스는 눈 오는 날에 교토의 한 절에서 녹음된 음악을 듣는 것은 윤리적으로 잘

---

98. 같은 책, 150.
99. Lingis, *The Imperative*.

못되었다고 주장한다.[100] 이와 대조적으로, 레비나스는 무한 자체가 인간 프시케에 의해 생성된다고 생각하는 것 같다. "무한은 먼저 존재한 다음에 그 자신을 드러내는 것이 아니다. 그것의 무한화는 계시로서, 내 안에 그것의 관념을 상정하는 것으로서 생산된다."[101] 이것은 하이데거의 **존재/현존재** 커플 상정과 마찬가지로 모든 부분에서 상관주의적이며, 하이데거로부터 그것을 채택한 것은, 레비나스가 비록 하이데거 철학의 "기후"를 떠나는 데 부분적으로 성공했지만 여전히 거기에 포함되어 있음을 보여준다. 만약 레비나스가 진정으로 하이데거를 넘어선 지점에 우리를 데려가는 한 가지 방법이 있다면, 그것은 무한한 타자의 타자성을 통해서도, 요소적인 것의 향유를 통해서도 아니라 그의 실체 이론 속에서 그 둘을 결합함으로써이다. 그러나 레비나스 자신은 자신의 통찰력의 수준까지 완전히 올라간 적이 없다.

그럼에도 불구하고 하이데거의 도구-분석에 반대하여 레비나스는 사물에 관해 다음과 같이 말한다. 사물은 "자신의 형상에 완전히 흡수되지 않고, 그것은 … 그 자체로 두드러진 것이며, 형상을 찢고, 형상을 뚫고 나온다. 사물들은 사물들을 총체성으로 연결하는 관계들로 정의되지 않는다 … 사물은 항상 불투명성, 저항, 추함이다."[102] 이것은 레비나스가 가진 객체지향적 측면일 뿐만 아니라, 형태 없는 타자와 마찬가지로 형태 없는 요소를 향한 그의 **아페이론적** 전념에서 해방되어 그가 보여줄 수 있는 최선의 모습이다. 레비나스는 자기동일적 베르사유 궁전 속에서, 바스러져도 같은 돌로 남는 돌 속에서, 내가 매일 앉으러 돌아오는 같은 안락의자와 같은 펜 속에서, 사물의 본유

---

100. 같은 책, 21.
101. Levinas, *Totality and Infinity*, 26 [레비나스, 『전체성과 무한』].
102. 같은 책, 74.

적 실체성을 발견하면서도 그것을 인간 경험의 영역에만 귀속시킴으로써 이 통찰로부터 움츠러든다. "지각의 세계는 그러므로 사물이 동일성을 가지고 있는 세계이며", 그리고 "언어를 부여받은 인간들이 서식하는 지구는 안정된 사물들로 가득 차 있다."[103] 비록 레비나스는 사물이 그 자체로 깊이를 가지고 있다는 직관으로 재빠르게 돌아가지만, 그는 이것을 "물질"에 귀속시키며 형상이 오직 인간에 의해서만 생산된다는 점을 함의한다.[104] 그럼에도 불구하고 레비나스가 사물의 부분전체론에 관해 다음과 같은 탁월한 표현을 제공할 때, 그는 형태 없는 물질과 가시적 형상이라는 두 세계 이론을 거부하며 OOO에 동참한다. "그러나 사물의 부분은 그 자체로 사물이다. 예를 들어 의자의 등받이와 다리는 그 자체로 사물이다. 그런데 의자 다리의 모든 파편 또한 다리의 관절 중 하나를 구성하지 않더라도 사물이다— 탈부착하거나 제거할 수 있는 모든 것 말이다."[105] 사실 이것은 OOO보다는 트리스탄 가르시아에 더 가까운데, 가르시아의 존재론이 내 존재론보다 훨씬 더 평평하기 때문이다. 가르시아가 모든 것의 어떤 파편도 동등하게 사물임을 허용하는 반면, OOO는 이것에 몇몇 규제를 가한다.[106] 그러나 가르시아와 달리 레비나스는 다리 파편이 사물이 되기 위해서는 실제로 인간에 의해 분리되어야 한다고 상상하는 것처럼 보인다. 이것은 부분의 실재성을 인간 행위의 상관항에 지나지 않는 것으로 취급하는 것이다. 레비나스가 고려하지 못하는 것은, 인간 목격자가 부재하거나 심지어 우리 종이 완전히 멸종된 후에 버려진 안

---

103. 같은 책, 139. 강조는 하먼.
104. 같은 책, 192~93.
105. Levinas, *Totality and Infinity*, 160 [레비나스, 『전체성과 무한』].
106. Tristan Garcia, *Form and Object*.

락의자가 무너질 때이다. 결국, 레비나스는 그러한 가능성을 진지하게 받아들이기에는 너무 현상학자이다. 어쨌든 우리는 타자성을 통해 나를 레비나스와 연결하는 그래튼의 방식이 심각한 오독이며, 주로 나를 「폭력과 형이상학」의 매복 장소로 데려가려는 데리다주의적 바람의 증상이라는 것을 마지막으로 다시 보았다. 그러나 나는 거기에 있어 본 적도 없고, 레비나스가 거기에 있었던 적이 있는지조차 분명하지 않다.

레비나스, 데리다가 지적한 레비나스의 결함들, 그리고 그 결함들과 OOO의 결함 사이에 그래튼이 암시한 연관성에 대해 이 장에서 우리가 살펴본 내용을 요약해 보자. 스스로 현상학자임에도 불구하고 레비나스는 서양철학이 "빛"에 지나치게 의존한다는 점, 주어진 것에 편향된 점을 비판한다. 데리다는 본질적으로 이 비판에 대해 이중적 반응을 보인다. (a) 숨겨진 것은 어떻게든 얼굴 속에 나타나야 하므로 철학적 영역 안에서 비-빛을 다룰 방법은 없고, (b) 후설과 하이데거는 숨겨진 어둠에 다가가는 임무에 있어서 이미 철학자가 할 수 있는 것을 하고 있으며, 이 점에서 레비나스는 부당하다.

우리는 두 번째 요점에서 시작한다. 레비나스로부터 후설을 옹호하기 위한 데리다의 전략은 대략 삼중적이다. 첫째, 레비나스의 반대 주장에도 아랑곳하지 않고, 지향성의 실현이 언제나 도달할 수 없는 이상으로 남아있다는 점을 감안할 때, 후설은 위대한 **부적합**의 이론가이다. 둘째, 후설의 "지평" 개념은 우리에게 필요할 "타자"인데, 왜냐하면 지평은 객체가 아니라 발생할 수 있는 모든 새로운 객체화의 영속적인 원천이기 때문이다. 셋째, 후설의 관념론으로 추정된 것조차도 보이는 것만큼 나쁘지는 않은데, 왜냐하면 ― 우리가 보았듯이 ― 비-나타남이 애초에 비-나타남으로서 우리에게 충격을 주기 위해서는 비-나타남조차도 먼저 자아에 대한 의미를 가져야 하기 때문이다. 이 모든 요점에 공통으로 주목할 만한 점은 그것들이 모두 보수적인 현상학자가 말할 법한 것과 같다는 점이며, 그러므로 최첨단 혁신가로서의 데리다의 이미지와 충돌을 일으킨다는 것이다. 분명 후설에게 부적합은 흥미로운 주제이지만, 그것은 단지 사물에 대한 감각적 접근과 지적 접근 사이의 중첩이 지닌 어려움에 관한 것일 뿐이다. 파인애플의 본질을 직관하려고 아무리 노력해도 수많은 음영에 현혹되지 않는 것은 불가능하다. 그러나 후설에게 본질과 음영은 여전히 가능한 지향적 행위의 상관항이며, 설령 그 행위가 정의하기 어려운 것으로 남더라도 그것들은 상관관계의 항일 뿐이다. 그리고 "사물들 그 자체"로의 회귀를 말하는 후설의 모든 촉구에도 불구하고, 이 구절은 "물자체", 즉 적합을 넘어설 뿐만 아니라 상관관계 또한 넘어서는 객체와 정반대의 의미이다. 사물 그 자체는 후설보다는 레비나스가 추구하는 것이다. 같은 것이 "지평"의 경이로움으로 추정된 것에도 해당하는데, 후설주의자들은 지평을 가지고 종종 하이데거의 존재에 펀치를 날리며 하이데거를 이긴다고 주장한다. 그러나 그 둘 사이에는 차이가 있다. 지평이 객체들을 위한 전-객체적 원천이라는 사실이 지평이 지향적 행위의 모호한 상관항이 아니라는 것을 의미하지는 않으며, 당연하지만 그것은 고전적 현상학에서 언제나 상관항이었다. 이와 대조적으로, 하이데거의 존재는 비록 실천에 있어서 언제나 현존재의 상관항으로 취급되기는 하지만 어떤 현전으로부터도 물러나는 것으로 추정된다. 마지막으로, 타자가 먼저 무언가를 "의미"해야 하고 따라서 자아에 나타나야 한다는 개념은 명백한 상관주의이며, 우리는 이에 관해 간단하게 다룰 것이다. 사변적 실재론을 데리다와 잘못 대비시키는 그래튼 같은 사람들은 데리다가 이 점을 철저히 논한 적이

3장 피터 그래튼   199

없으며, 그가 골드스미스 학회와 그 후 몇 년 동안 우리와 함께 있었더라면 자신의 주장을 예리하게 다듬어야 했을 것이라는 점을 최소한 인정해야 한다.

레비나스주의적 비판에 대한 하이데거의 예방이라고 추정된 것은 어떨까? 하이데거 스스로 현전에 관해 자주 우려를 표한 것을 고려할 때, 이것이 더 강력한 도전이 될 것으로 예상할 수 있다. 그러나 데리다는 이것을 말할 수 없는데, 왜냐하면 데리다는 레비나스가 타자성을 가지고 후설을 책망하는 것에 대해 후설이 그 책망에 대처할 수 있는 충분한 자원—부적합과 지평—을 이미 가지고 있다는 개념에 전념하기 때문이다. 나는 하이데거는 레비나스가 원하는 방향으로 가고 있다는 데리다의 말에 대체로 동의하지만, 레비나스는 이미 이것을 알고 있다. 하이데거가 철학에 가져온 것에 관한 레비나스의 존경은 누구에게도 뒤지지 않는다. 데리다는 또한 하이데거가 존재의 의미에 **물음**을 제기함으로써 모든 철학적 빛에는 그림자가 드리워져 있다는 것을 보여주었다는 점을 올바르게 지적한다. 마지막으로, 나는 또한 하이데거의 존재론적 차이가 나와 타자의 관계를 "종속시킬" 수 없다고 말하는 데리다의 편을 들 것인데, 왜냐하면 포착할 수 없는 타성은 이미 존재론적 차이의 "존재" 측면에 의해 수반되기 때문이다. 나는 하이데거의 "존재하게-함"에 관해서도 할 말이 있지만, 이것을 초기의 결단성resoluteness 개념과 결별하기 위한 수단으로 취하는 점에서는 후기 하이데거의 예외주의를 따르지 않는다. 나 또한 하이데거의 존재가 사실 이미 **존재 저쪽**이라고 의심하며, 그러므로 데리다가 그것이 일차적으로 존재적 영역의 눈-앞에-있는 존재자 너머에 있다고 생각하는 것은 옳았다. 요약하자면, 하이데거(후설은 아닌데)는 레비나스가 타자성이라고 부르는 것에 관해 사전에 해둔 말이 많으며, 이것이야말로 타자성이 레비나스의 가장 흥미로운 부분이 아닌 이유이다. 주비리에게서는 찾을 수 있지만 하이데거나 레비나스에게서는 결코 발견할 수 없는 것은 개체적 사물의 **특정한** 타자성 개념이었다. 후자의 두 사상가는 데리다 스스로 지적한 것처럼 형상 없는 **아페이론** 같은 것으로서의 존재 또는 무한 개념에 너무 의지한다.

레비나스에 관하여 데리다는 생각하지조차 못하는 내가 좋아하는 점은, 레비나스가 개체적 실체에 관한 새로운 개념으로 전환한다는 것이다. 우리는 이 빵, 이 담배, 이 자동차, 지금 우리 마음속에서 재생되는 관념들을 향유한다. 후설과는 달리, 이러한 존재자들은 단지 지향적 행위의 상관항이 아니며, 그 자체로 폐쇄되고 현전할 수 없는 심지어는 장래 어딘가에 있는 **텔로스**telos에 교화될 수 없는 객체이다. 그리고 하이데거와 달리, 그것들은 각각 그 자체로 끝을 형성하기 때문에 전체론적 도구-체계로 융합되지 않을 따름이다. 마지막으로, 데리다와 달리 이러한 개체적 실체들은 완벽하게 결정적이다 — 이 빵은 이 빵이고 다른 것이 아니다. 그러므로 빵이 "필연적으로 차이를 통해 (차이로서) 생산된다"라는 것은 참이 아니다.107 빵이 차이를 통해 생산된다고 말하는 것은 그것의 맥락 밖(즉, 텍스트 밖)은 아무것도 아니며, 빵은 맥락과의 차이화를 통해 그 맥락**으로부터** 출현할 따름이라고 주장하는 것과 같다. 이것이 보여주는 것은 데리다가 그가 깨달은 것보다 레비나스주의적 타자성과 하이데거주의적 존재로부터 배울 것이 더 많았다는 점이다. 데리다가 놓친 것, 그리고 메이야수 못지않게 그가 긍정하는 상관주의적 순환이 놓친 것은 관계론적 수준에서만 일어나는 상호 차이화의 드라마에 진입하기 전에 존재하는 사물의 특

---

107. Derrida, "Violence and Metaphysics," 150 [자크 데리다,「폭력과 형이상학」].

정한 비-아페이론적 타자성이다.

그래튼은 시간에 관해 어떻게 틀렸는가?

우리는 내가 "지금"만이 존재한다고 말하는 것에 관해 그래튼이 비판적임을 보았다. 이러한 이유로 그래튼은 나를 도서관으로 보내 후설의 『내적 시간의식의 현상학』을 참고하게 하는데, 그의 견해에 따르면 그 책은 모든 것이 시간 속에 빠져 있음을 확립하며, 이는 "정적인" 것으로 추정되는 나의 감각적 존재자에 대한 반박으로 이어진다. 그것은 실제로 후설이 그 저작에서 보여주는 것이 아니며, 우리는 곧 이에 관해 간략하게 알게 될 것이다. 그러나 나는 OOO가 후설을 사용하는 방식에 관한 두 가지 요점으로 시작하고 싶다. 첫째는 후설의 지향적 객체가 두 개의 구별되고 심지어 반대되는 경쟁자들로부터 자신의 견해를 차별화할 수 있게 해준다는 것이다. 그중 한 명은 후설과 나이가 비슷한 카지미에시 트바르도프스키로, 그의 정신 "외부" 객체 이론은 후설에게 회의주의로 가는 길이라는 인상을 주었다. 이는 후설이 자신의 지향적 객체가 원리적으로 언제나 어떤 지향적 행위의 상관항이도록 그것을 충분히 내재적인 것으로 유지한 이유이다. OOO 용어를 사용하자면, 이것은 후설이 SO와 RO를 구별할 수 있게 해주며, 그는 또한 RO의 현존 자체를 거부하는 명시적인 결단을 내렸다. 다른 한 명은 후설보다 훨씬 나이가 많은 그의 스승 프란츠 브렌타노이다. 우리가 시간에 관한 후설의 글에서 다시 배우게 되듯이, 브렌타노에게 경험은 전적으로 **내용**에 관한 것이다.[108] 그러나 후설에게

---

108. Husserl, *The Phenomenology of Internal Time-Consciousness*, 29 이하 [후설, 『에드문

경험의 내용은 결코 충분하지 않은데, 왜냐하면 지향적 객체는—그것과 상관관계에 있는 행위와 마찬가지로—마치 사과가 진동하는 표면-특징에도 불구하고 같은 사과로 남아있을 때처럼 내용이 바뀌어도 같은 것으로 남기 때문이다(PIT 36). 다시 OOO 용어에 의존하자면, 후설에게 이것은 SQ로부터 SO를 구별하기에 충분하지만, 브렌타노의 경우—그리고 경험주의자들의 경우—에는 근본적인 SO가 없이 SQ만이 존재한다. 후설이 SO를 자신의 철학의 핵심으로 활용하는 한, 그는 사실상 안정적인 지향적 객체의 동일성에 전념하고 있는 것이며, 이 동일성은 영원함을 의미하지 않는다.

두 번째 요점은 그래튼이 내 의도를 오독한 것이지만, 내가 이 주제에 관해 많이 쓰지 않았기 때문에 그것은 아마도 내 잘못일 것이다. 내가 "지금"만 존재한다고 말했다고 해서 지금이 단일한 시간의 점을 의미하는 것은 아니다. 오히려 그 정반대이다. 내가 진정으로 의미한 것은 다음과 같다. OOO의 모든 독자는 이슬람 기회원인론자들과 유럽의 후기 기회원인론자들에 대한 나의 애정을 알고 있다. 그들은 두 사물이 어떻게 상호작용할 수 있는지에 관한 중요한 문제를 제기했다. 나는 신이 보편적인 매개자라는 그들의 해결책을 거부하며, 같은 이유에서 정신이 모든 인과관계의 매개자라는 흄/칸트의 관련 해결책을 거부한다. 라투르와 마찬가지로 나는 매개자가 언제나 세속화되고 국소적인 것이어야 한다고 주장하지만, 라투르와 달리 나는 실재적 객체와 감각적 객체라는 이중성을 가지고 문제에 접근하며, 그것들은 각각 **반대** 종류의 객체를 직접적으로 만질 수 있다. 그러나 기회원인론자들에 관해 고찰해야 하는 또 다른 요점이 있는데, 그것은 그들

트 후설의 내적 시간의식의 현상학』]. 이하 본문에서 페이지 참조는 PIT로 표기됨.

이 종종 결합되고는 하는 두 가지 기본적인 형태로 나타난다는 것이다.[109] 즉, 우리는 여기서 샤비로에 관한 장에서 그러했듯이 "공간적" 기회원인론과 "시간적" 기회원인론에 관해 말할 수 있다. 공간적 기회원인론자들은 분리된 존재자들 사이의 인과적 상호작용에 관한 문제를 제기하는 사람들이다. 상황을 더 멀리까지 밀고 나가는 시간적 기회원인론자들은 현재 순간조차도 그 자체로는 존속할 수 없고, 오히려 항상적으로 소멸하고 있으며, 따라서 연속적인 창조가 필요하다고 주장하는 사람들이다. (이것은 알렉산드리아의 필로와 토마스 아퀴나스에게서처럼 신이 세계를 "지속시킨다"라고 생각하는 것과 같지 않다는 점에 유의하라. 왜냐하면 그러한 모델에서는 사물들이 여전히 서로 직접적으로 접촉할 수 있기 때문이다. 신은 사물들이 접촉할 때 의존하는 배경 에너지원일 뿐이다.) 여기서 나는 실재적 객체들이 직접적으로 접촉할 수 없다고 주장하기에 "공간적" 기회원인론을 지지하는 것으로 기록되어 있다. 그러나 어떤 의미에서도 나는 "시간적" 기회원인론을 지지하지 않는다. 여기서 나는 시간을 이산적 순간들의 시퀀스가 아닌 (SO-SQ 의미에서) 연속체로 보는 아리스토텔레스에게 동참한다. 때때로 그래튼은 내가 "지금"만이 존재한다고 말할 때 지금이 이전 순간 또는 도래할 순간과 연결됨이 없이 점적인 방식으로만 존재한다는 것을 의미한다고 생각하는 것 같다. 그러나 그것은 내 입장이 아니다.

후설의 시간 분석이 OOO에서 이 주제를 다루는 방식과 결코 양립 불가능하지 않다는 점을 보여주는 것으로 시작해 보자. 후설은 그가 보여줄 수 있는 가장 후설주의적인 방식으로 논의를 시작한다.

---

109. Graham Harman, "A New Occasionalism?" in *Reset Modernity!*.

"(이 분석에 …) 포함된 것은 (존재자에 관련된 모든 초월적 전제의) 객관적 시간에 대한 완전한 배제, 규정, 고백이다"(PIT 23). 이어서 그는 다음과 같이 말한다. "현상학적 분석을 통해서는 객관적 시간의 흔적을 조금도 발견할 수 없을 것이다"(PIT 23). 한마디로 말해서, 후설은 우리에 대한 시간의 현전 외부에 있는 실재적 시간의 현존을 판단중지하고 있다. 현상학적 판단중지는 즉시 관념론으로 이끌기에, 통상적으로 OOO는 현상학적 판단중지를 쫓아내 버려야 한다. 그러나 현재의 경우에 그것은 거의 문제가 되지 않는다. OOO에서 시간은 SO-SQ 균열에서 비롯되는데, 그것은 완전히 감각적 영역 내부에서 펼쳐지는 것이며 물러난 실재와는 관련이 없다. 그러므로, 후설과 OOO가 가장 동의할 것 같은 주제가 있다면, 시간이 바로 그 주제이다. 그래튼은 후설이 정적인 구식 OOO보다 유동과 변이를 더 지향한다는 것을 함의하고 싶어 하지만, 우리는 이 불만이 공허하다는 것을 알게 될 것이다. 그 이유는 후설이 시간을 가로질러 존속할 수 있는 객체의 지지자 중에서도 그것의 절대적 대변자이기 때문이다. 결국, 이것이 브렌타노의 이론에 대한 후설의 반대가 지닌 핵심이다. 후설이 논하듯,

> 분필 한 조각을 보자. 눈을 한 번 감고 뜬다. 우리는 두 번 지각하지만, 그 지각들에 관해서 같은 분필 조각을 본다고 말한다. 그러므로 우리는 시간적으로 분리된 내용을 가지고 있는 것이다 … 그러나 객체는 단순히 이 "내용"(우리가 그 속에서 지각하는 것)의 총합 또는 양상이 아니며, 그것은 그 객체에 전혀 진입하지 않는다. 객체는 내용 이상의 것이며 내용과는 다른 것이다. … 현상학적으로 말해서, 객체성은 "일차" 내용을 통해서 구성되지 않으며 오히려 포착의 특징과 그 특징의 본질과 관련된 규칙성을 통해 구성된다. (PIT 27)

지향적 객체의 규칙성은 후설주의 현상학의 원초적 사실일 뿐만 아니라, 현상학을 경험주의와 그 성질들의 다발, 그리고 브렌타노와 차별화하는 중심적 사실이다. 그러한 객체가 시간적 변화의 우선성에 근거하고 있다고 주장하는 것은 역행하는 것이다. 대신, 우리는 모든 변화하는 사과와 검은 새들이 같은 객체들로 남아있기 때문에 변화라는 것을 알아차린다. 더 나아가 "우리는 실재가 지향되고, 표상되고, 직관되고, 혹은 개념적으로 생각되는 한에서만 실재에 관심을 갖는다. 시간의 문제와 관련하여 이것은 우리가 **살아있는 시간 경험**에 흥미를 가지고 있음을 함의한다"(PIT 28). OOO가 자신을 "지금"에 국한한다는 것에 관한 그래튼의 불만에 대해서, 나는 후설이 다음과 같은 "자명한 법칙"을 말할 때 정확히 같은 방식으로 의도적으로 자신을 국한한다는 점을 지적하겠다. "두 개의 다른 시간은 결코 결합될 수 없다. 그것들의 관계는 동시적이지 않은 것이다"(PIT 29). 요컨대, OOO와 후설은 그래튼이 그것들 사이에 쐐기를 박고 싶다고 밝혔다는 사실에 아랑곳하지 않고 시간에 관한 다음의 기본 원리에 동의한다. 즉 (a) 다른 지금과 동시적이지 않은 지금이 존재하며, (b) 지금은 단일한 시간적 순간에 발생하지 않는다는 의미에서 점적인 형태가 아니고, (c) 지향적/감각적 객체는 표면-성질이 크게 변동함에도 불구하고 분할되지 않은 상태로 남는다.

지나치게 협소한 "지금"이라는 관점에서 시간을 생각한다고 비판받을 수 있는 것은 OOO라기보다는 브렌타노이며, 후설이 바로 그런 비판을 수행한다. 후설은 브렌타노가 강의를 통해 자신의 시간 이론을 전개했으며, 그것이 브렌타노의 저명한 제자인 안톤 마르티(1847~1914)와 칼 슈툼프(1848~1936)의 저술을 통해 오직 부분적으로만 기록되었다고 말한다(PIT 22). 브렌타노에 따르면, 우리가 음표 소리를 들을 때, 귀에 대한 자극이 없어져도 소리는 사라지지도 않고 남지도 않는다. 만약 음표 소리가 사라진다면 우리는 음표들 사이에 연결성이 없는 고립된 음표들의 시퀀스를 경험할 따름일 것이다. 만약 음표 소리가 남는다면 "동시적 음표들의 화음, 혹은 차라리 소리들의 조화롭지 못한 마구잡이"(PIT 30)와 같은 반대 문제가 발생할 것이다. 해결책은 명백하게 두 극단 사이의 어딘가이다. 그러나 후설은 브렌타노의 해결책을 수용하지 않는다. 시간에 관한 논의에서 브렌타노가 물리적 요소와 심리적 요소를 혼합시키는 것에 대한 후설의 불호와는 별개로, 그는 자기 스승의 이론이 지닌 현상학적 핵심조차 거부한다. 그 이론에 따르면, 자극이 사라지면 소리는 **멈추지만**, 현재 순간은 지금은 과거인 음표와 심지어는 미래의 예기된 음표와의 "원초적 연합"이라고 브렌타노가 부르는 것으로 가득 차 있다(PIT 33). 실재적 현재는 감각 기관에 대한 당장의 물리적 자극이 무엇이든 간에 언제나 현재이다. 그러므로 브렌타노에게 우리의 살아있는 시간 경험은 실제로 판타지의 산물일 따름이다. 후설이 말하는 대로, "이 이론의 귀결로 브렌타노는 연쇄와 변화에 대한 지각을 부인하게 되었다. 우리는 우리가 선율을 듣는다고, 우리가 분명 과거인 무언가를 여전히 듣는다고 믿는다. 그러나 [브렌타노의 경우] 이것은 원초적 현시의 생동감에서 비롯되는 환상일 뿐이다"(PIT 32). 현재에 대한 이러한 고정의 이상한 부작용은, 부재한 과거와 가능적 미래 경험들과의 비-실재적인 "원초적 연합"과 현재에 대한 우리의 실재적 직관이 결합된다는 점이다. 후설이 언급한 바와 같이, "이것은 무언가 놀라운 것을 포함하는데, 즉 비-실재적인 시간적 결정들temporal determinations은, 그것들이 무한소적 차이들에 의해 결합하는 고유하고, 현실적이며, 실재적인 결정성을 가진 연속적 계열에 속할 수 있다는 것이다 … 모든 종류의 시간적 결정은, 현재 속에서 일어나는 모든 생성과 소멸의 사례에 따른 필연적 귀결로서 일정한 방식으로 결합한다"(PIT 34). 몇 페이지 후에 그는 더 가혹하게 말한다. "이것은 … 과거도 … 현재여야 함을 함의하며, 시간적 순간 '과거'는, 우리가 실제로 경험하는 '붉은색'이라는 요소와 같은 의미에서 살아있는 경험의 현재 순간이어야 함을 함의한다 — 물론 이는 명백한 부조리이다"(PIT 38).

후설이 브렌타노의 시간 이론이 지닌 문제를 비판적으로 검토하면서 무언가 결정적인 것이 일어난다. 후설은 브렌타노가 시간에 "원초적 연합"을 덧붙이도록 이끈 것은 모든 지향성이 표상된 내용으로 구성되며, 따라서 과거를 위한 공간을 만드는 유일한 방법은 그러한 현재 내용의 수정을 통해서일 뿐이라는 그의 편견이라고 지적한다. 그러므로 "지각의 일차 내용이란 결합된 환영들과 더 많은 환영, 이른바 내용의 풍부함과 강도의 감소를 통해서만 질적으로 유사하거나 다른 환영이다"(PIT 37). 일찍이 경험된 내용보다 지향적 객체의 강조에 크게 의존하며 브렌타노와 단절했던 후설에게 이것은 이전과 같은 문제의 반복처럼 들린다. 왜냐하면 "우리는 단지 일차 내용에서뿐만 아니라 포착된 객체와 포착 행위에서도 연쇄와 지속과 같은 시간적 특징을 조우하지 않기 때문이다"(PIT 37). 그리고 "브렌타노는 … 또한 감각주의의 방식으로 모든 것을 단순한 일차 내용으로 환원시키는 오류에 〔빠진다〕"(PIT 38). 이는 바로 후설이 경험주의뿐 아니라 "감각주의" 역시 거부하는 바탕이 되는데, 이는 양자가 애초에 다르다고 가정할 때의 이야기다. 이것은 그래튼이 시간에 관해서 OOO를 비판하는 것이 지닌 심각한 문제이다. 왜냐하면, 만약 후설의 시간 이론이 — 더 일반적으로 그의 현상학이 그러하듯이 — 내용에서 객체와 경험 행위로 전환하는 데 기반을 두고 있다면, 이것이야말로 OOO의 시간 이론이 그와 매우 유사해지는 지점이기 때문이다. 요컨대, 현재에 관한 우리의 이론은 브렌타노의 이론이 아니라 후설의 이론과 같으며, 따라서 우리가 후설이 이러한 문제에 관해 보았던 것에 부응하지 못한다고 주장할 수는 없다. 후설이 본 것은, 과거와 미래에 대한 우리의 관계는 현재의 **내용**을 통해 설명될 수 없다는 것이다.

후설은 브렌타노의 지금-중심적 모델을 요한 프리드리히 헤르바르트(1776~1841)와 헤르만 로체(1817~1881) 속에서 발견된 관념으로까지 추적하며, 순간들의 시간적 연쇄조차도 단일한 찰나적 의식에 의해 그렇게 이해되어야 하므로 모든 것이 현재 속에 있어야만 한다는 결론까지 도달한다. 이를 바탕으로 브렌타노가 과거를 현재 속에 환영적으로 새겨진 것으로 환원하는 것은 정당화될 것이다. 그러나 후설은 빌리암 슈테른(1872~1938)이 이 관념을 "〔그〕 의식 전체의 찰나성이라는 도그마"라고 부르며 반론한 것을 언급한다.[110] 브렌타노와 대조적으로 슈테른이 옹호하는 것은 후설의 말을 빌리자면 다음과 같다. "이를테면 우리는 소리를 일거에 듣는 것이 아니며, 초기 음조가 마지막 음조와 함께 존속되는 상황으로 인해서 선율을 듣는 것이 아니다. 오히려 음조들은 공통의 효과, 포착의 형태를 가지고 연쇄적 통합체를 형성한다"(PIT 41). 다른 말로 하자면, 우리가 모든 시간적 지금을 현재로 밀어 넣을 필요 없이 시간적 지금들의 계열을 지각하는 "외양적 현재"specious present와 같은 것이 있다. 이것은 좋은 진전이지만, 후설은 슈테른의 모델에 여전히 만족하지 않고 다음과 같이 묻는다. "지속에 걸쳐 연장하는 초월적인 시간적 객체에 관한 포착이 어떻게

---

110. William Stern, "Psychische Prasenzzeit," *New Yearbook for Phenomenology and Phenomenological Research*.

이해되어야 하는지는 여전히 문제로 남아있다. 객체는 연속적 유사성(마치 변화되지 않은 사물처럼)의 관점에서 실현되는가 혹은 항상적 변화(예를 들어 마치 물질적 과정, 운동, 혹은 변이)의 관점에서 실현되는가?"(PIT 42). 그래튼과 샤비로는 모두 의심의 여지 없이 후자의 선택지를 응원하고 있을 것이다. 그러나 후설은 — 그리고 나는 그와 함께 — 전자를 선택할 것이다. 그가 핵심적인 구절에서 말하듯이, "시간에 관한 현상학적 분석은 시간적 객체의 구성을 참조하지 않고는 시간의 구성을 설명할 수 없다. 이 특수한 의미에서 **시간적 객체란**, 시간 속의 통합체일 **뿐만 아니라** 그 자체 속에 시간적 연장을 포함하는 객체를 의미한다"(PIT 43). 그러므로 후설에게는 — 존속하는 사물의 정태를 긍정하는 답답한 중년 흡연자 모임과 대비되는 것처럼 보이는 — 변화가 원초적이며 통합된 객체는 그저 부산물이 되는 주마등 같은 유동-파노라마 환각 체험 같은 것은 없다. 이 경우 중년의 흡연자들은 단지 후설과 OOO가 생각하는 것에 가까울 뿐만 아니라, 철학적 아방가르드에도 가깝다.

§8에서 후설은 친숙한 후설주의적 제스처를 시작으로 자신의 이론을 전개하기 시작한다. "우리는 이제 모든 초월적 포착과 상정을 배제하고 소리를 순수하게 질료적 여건으로 취급한다"(PIT 44). 소리는 "시작한 다음 멈추고, 그 지속의 전체적 통합성, 그 소리가 시작되고 끝나는 전체 과정의 통합성은 훨씬 더 먼 과거 속 끝으로 '나아간다.' 이러한 가라앉는 과정에서, 나는 '파지'retention를 통해 여전히 그것을 꽉 붙잡으며, 그 파지가 존속되는 한, 소리는 그 자체의 시간성을 가진다. 그것은 같은 소리이고 그 지속은 같은 지속이다"(PIT 44, 강조는 하면). 나는 그래튼과는 대조적으로 모든 변화에 관한 논의에 앞서 지속적인 **동일성**을 강조하기 위해 마지막 문장에 강조를 추가했

다. 오직 이 경험의 그러한 "양태"로의 전환 속에서만, 우리는 "연속적 유동"(PIT 44)을 말할 수 있다. 내가 소리의 시작을 의식하게 되는 특수한 위상이 있으며, 그리고 "내가 그것의 위상들 중 어느 것을 지금으로 의식하고 있는 한", 나는 "그것을 지금으로 의식"한 채로 남는다(PIT 44). 그러나 나는 또한 "위상들의 연속성을 '이전'으로서 의식하고, 시작점에서 지금-점까지의 시간적 지속의 전체 간격을 만료된 지속으로서 의식한다. 그러나 나는 아직 지속의 나머지 간격을 의식하지 못한다"(PIT 44). 일단 소리가 끝나면, "나는 이 점 자체를 지금-점으로 의식하고 전체 지속은 만료된 것으로 의식한다 … 끝-점은 더 이상 소리의 간격이 아닌 새로운 시간 간격의 시작이다"(PIT 44). 소리의 전체 간격은 이제 "죽은 무언가 … 더 이상 살아있지 않은 생산물, 지금을 생산하는 점인 지금에 의해 활성화된 구조이다. 그러나 이 구조는 계속해서 수정되고 공허 속으로 가라앉는다"(PIT 45). 다른 말로 하자면, "소리는 의식의 아득함 속으로 사라진다"(PIT 45). 더 나아가, "소리 그 자체는 같지만 '그것이 나타나는 방식 속에서' 소리는 계속 다르다"(PIT 45). 브렌타노는 경험이 오직 현재일 뿐이므로 과거라면 무엇이든 간접적인 "원초적 연합"을 통해 현재에 새겨져야 한다고 생각함으로써 곤경에 처한다. 브렌타노의 시간 분석은 "내용"에 기반한 것이며, 반면에 후설은 내용은 같은 것으로 남고 소리는 그것이 나타나는 "방식" 속에서만 변한다고 주장한다. 이러한 방식이나 양태성은 소리-경험의 내용에 속하는 것이 아니라, 오직 그것을 지향하는 행위의 변화된 상태에만 속한다. 요컨대, 후설은 과거의 소리를 소리 내용의 수정보다는 지향적 행위가 가진 구조의 수정으로 다룬다. 오직 현재의 소리만이 진정으로 "지각"되는 반면, 소리의 만료된 순간은 "우리가 … 파지를 통해 의식하는 것, 좀 더 구체적으로 말하자면, 감소해

가는 선명도를 가지고 실제 지금-점에 가장 가까이에 있으며, 그것과 날카롭게 차이화되지 않는 지속의 위상들 혹은 부분들의 부분들을 의식하는 것이다. 그러면서 그런 부분들보다 더 머나먼 과거에 있는 부분들은 완전히 불분명하며, 우리는 그런 부분들을 공허한 것으로만 의식한다"(PIT 46). 그리고 더 나아가, "실제 지금-점에 가장 가까운 지속의 부분은 아마도 여전히 약간의 선명도를 가지고 있다. 전체는 모호함 속으로, 공허한 파지적 의식 속으로 사라지고, 파지가 중단됨에 따라 … 완전히 사라진다"(PIT 46). 우리가 현재 소리에 시간적으로 가까울수록 더 많은 구별이 거기에 있게 되는 반면, 더 멀어질수록 더 많은 혼재가 거기 있게 된다(PIT 46).

소리-객체나 음악-객체가 계속되며 하나의 같은 사물로 남아있지만, 그것의 과거 위상은 다소 흐려지고 더 모호해진다. 반복하자면, 후설은 과거를 현재에 새겨진 것으로 취급하는 것이 아니라, 소리나 음악의 현재 위상이라는 완벽하게 풍만한 지향보다 공허한 지향으로 취급한다. 이렇게 소멸하는 공허한 지향은 "빠져나가는 현상"(PIT 48)이라고 불린다. "항상적으로 확장하는 과거의 연속선"인 "전진의 연속선"이 있다(PIT 48). 이것은 연속체이며, 비록 그 속의 어떤 순간도 결코 반복되지 않지만 연속적이다. "언제나 새로운 지금이 스스로를 제시하고 있기에 각각의 지금은 과거로 바뀌고, 그러므로 선행하는 점들이라는 과거들의 빠져나감의 연속성 전체는 과거의 깊이로 균등하게 '하향한다'"(PIT 49). 인상적 의식은 파지적 의식으로 전환된다(PIT 50). 각각의 파지는 "명암들의 계열이라는 형태로 과거의 유산을 그 자체 내에 담지한다"(PIT 51). 지금은 "운동의 더 이른 지금-점들을 참조하는 파지라는 혜성 꼬리의 핵이다"(PIT 51). 일단 소리가 끝나면 "우리는 단지 기억의 새로운 위상을 가지게 되고, 여기에 반복적으로 또 다른 기억의 새로운 위상들이 결합한다"(PIT 52). 파지적 소리는 "실제로 현재하는 것이 아니라 정확히 지금 속에 '일차적으로 기억된 것'이다"(PIT 53). 언제나 소리의 "지금"에 즉각적으로 뒤따르는 반향의 울려 퍼짐이 있지만, 이는 파지적이기보다는 즉각적으로 지각적이다. 후설이 말하듯이 "바이올린 음조의 반향은 매우 약한 바이올린 음조이며, 방금까지 있었던 큰 소리의 파지와 완전히 다르다"(PIT 53). 브렌타노는 소리의 판타지와 그 소리의 현재 사이에 차이가 있음을 인식하지 못했다. "'과거'와 '지금'은 서로를 배제한다. 과거의 무언가와 지금의 무언가는 실제로 전적으로 같은 것일 수 있지만, 이는 오직 그 무언가가 과거와 현재 사이에서 존속했기 때문이다"(PIT 56).

후설은 계속해서 70쪽 이상을 걸쳐 더 많은 통찰을 이끌어낸다. 그러나 우리는 일차적으로 그래튼의 비판에 관심을 두고 있으며, 우리가 이미 인용한 것은 다음과 같은 요점을 확립하기에 충분하다. 첫째로, SO-SQ로서의 시간에 관한 OOO 개념화는 후설의 개념화 이상으로 무시간적 지금-점에 국한되지 않는다. 왜냐하면 두 개념화는 하나이자 동일한 것이기 때문이다. 지속의 여러 위상이 파지적 의식의 깊이로 점점 더 넘어가더라도, 시간은 일차적으로 그 지속 동안 존속하는 객체의 동일성과 관련된다. 다른 말로 하자면, 동일성과 시간 사이에는 모순이 없다. 오히려 정반대이다. 첫 번째 요점과 관련해서 둘째로, "시간"이라고 불리는 더 넓은 범주의 문제는 없으며, 그것은 마치 지향적 객체와 그 음영 사이의 차이에 우선되는 것으로 그려져야만 하는 범주가 아니다. 현재 내용이 또 다른 현재 내용에 뒤따르는, 현재 내용의 한 찰나적 집합에 관한 브렌타노의 이론에서 그랬던 것처럼, 만약 또 다른 음영에 뒤따르는 한 음영만이 존재한다면, 우리는 조금도 시간을 경험하지 못할 것이며 의식의 연결되지 않은 순간들이라는 방식으로 우리의 삶을 살 것이다. 후설이 시간과 같은 것을 설명할 수 있는 유일한 이유는 후설이 특정한 경험된 내용으로서의 브렌타노의 의식 모델을 거부하고, 그러한 내용보다 더 깊은 지향적 객체에 관한 자신의 모델로 전환하기 때문이다. 같은 바이올린 소리가 5초에서 6초 동안 오묘하게 떨리는 비브라토와 함께 울려 퍼진다. 그것은 같은 소리인데, 왜냐하면 그것은 **하나의 같은 바이올린-소리**의 비브라토이기 때문이다. 시간 분석에서 동일성이 배제되기는커녕, 시간은 언제나 동일성들의 시간이다. 세 번째이자 마지막으로, 그리고 다시 한번 그래튼과 대조적으로, 과거의 깊이로 점점 더 사라져 가는 현재 즉각성의 모델은 하이데거의 삼중 시간적 구조 속에서 일어나고 있는 것이 전혀 아니며, 하이데거의 삼중 시간적 구조는 우리가 시간을 단일한 점 형태의 순간으로 압축할 수 있다고 해도 여전히 발견될 것이다.

다르게 진술하자면, 나는 후설에게는 시간의 철학이 있지만 하이데거에게는 대체로 그렇지 않다고 말하고 있는 것이다. 하이데거가 천박한 시계-시간에서 **현존재**의 본래적 시간성을 넘어 존재 자체의 **시간성**으로 넘어간다는 주장은 그가 애초에 시간 이론을 조금이라도 가지고 있는지에 관한 문제를 다루지조차 않는다. 실제로, 천박한 시계 시간의 흐름에서 **현존재**의 본래적 시간성으로의 전환은 흐름으로서의 시간에 관한 후설주의적 개념을 제거하려는 명시적 노력이며, 이것이 바로 순간(비전의 찰나)이 하이데거에게는 핵심 용어이지만 그의 스승에게는 아닌 이유이다. 다른 말로 하자면, 하이데거의 철학 어디에도 "내적 시간의식의 현상학"이라는 것은 존재하지 않으며, 하이데거가 이 주제에 관한 후설 자신의 논문의 (덧붙이건대 마지못해서) 편집자라는 사실에도 불구하고 하이데거의 철학 속에서 그런 것은 찾을 수 없다. 현존재의 시간성에서 존재 자체의 **시간성**으로의 전환이라고 추정되는 것에 관해 말하자면, 이것은 시간의 운동하는 흐름으로 돌아가는 것이 아니라 하이데거가 결국 1930년대 어느 시점에 결단적 **현존재**의 능동적 개념화에서 존재하게-함의 수동적 모델로 이동한 것이 지닌 또 다른 양상일 뿐이다. 그러나 능동/수동 구별은 순간/유동 구별과 아무 관련이 없다. 내가 말했듯이, 하이데거는 시간의 기회원인론적 전통에 속한다. 이는 화이트헤드와 하이데거가 공통으로 가진 주목할 만한 점 중 하나이다. 후설은 관념론자이기는 하지만, 베르그손과 들뢰즈뿐만 아니라 훨씬 더 먼 옛날의 아리스토텔레스『자연학』속에서도 발견되는 중단되지 않는 연속체로서의 시간 전통에 속한다. 이 점에서, 비록 나는 인과적 관계의 어려움에 관한 "공간적인 기회원인론적" 문제를 받아들이지만, 기회원인론적 시간에 관한 하이데거/화이트헤드 모델이 아니라 후설과 그의 동맹 편에 선다.

후설주의적 시간이 OOO의 SO-SQ 모델을 논박하는 것과는 거리가 멀고 실질적으로 그것과 합치한다는 점을 감안할 때, 후설을 향한 그래튼의 자멸적인 호소에서 그가 그토록 확신한 이유가 궁금할 것이다. 거기에는 다른 영향이 있었음이 틀림없다. 곳곳에서 데리다의 향기가 느껴지는데, 특히 「본질과 문자」의 데리다 향기가 난다.[111] 이 논문에서 데리다는 방금 논의한 후설의 시간 이론이 아니라 아리스토텔레스, 헤겔, 하이데거, 그리고 ─ 좀 더 작은 규모에서 ─ 칸트를 다룬다. 여기에는 데리다의 통상적인 장황한 역사적 분석이 포함되어 있으며, 그 글의 전반적인 내용을 네 쪽에 걸쳐 요약한 부분으로 마무리된다. 특히 두 가지가 눈에 띈다. 첫 번째는 눈-앞에-있음이라는 의미의 "현전"과 지금이라는 시간적 의미의 "현전"이 구별 불가능할 정도로 너

---

111. Jacques Derrida, "Ousia and Gramme," in *Margins of Philosophy*.

무 밀접하게 관련되어 있다는 그의 주장이다. 이러한 이유에서 데리다는 두 가지 모두에 반대할 것이다. 그리고 하이데거 역시 자신이 거의 같은 일을 하고 있다고 이해한다. 그러나 여기서 나는 하이데거가 자신의 철학이 지닌 경향을 오독한다고 생각한다. 데리다가 자신의 논문 첫 페이지에서 밝힌 바와 같이,

> 철학사에서 어떻게 시간에 대한 어떤 결정이 존재의 의미를 암묵적으로 현전으로 결정해 왔는가? 하이데거는 오직 물음을 선언할 뿐이며, … 그가 여전히 기호, 참조점, "외형상의 증거"로 간주하는 것에 기초하여 그렇게 한다. 이 외형상의 증거는 존재의 의미를 임재parousia 또는 본질ousia로 취급하는 것이며, 이는 존재론적-시간적 용어로 "현전"Anwesenheit을 의미한다. 존재자는 "현전"Anwesenheit으로서의 그 존재로 포착된다. 이것은 존재자가 "현재"Gegenwart라는 한정적인 시간의 양태와 관련하여 이해된다는 것을 의미한다.112

요점은 글의 끝에서 반복된다. "『존재와 시간』, 『칸트와 형이상학의 문제』에서 안베젠하이트Anwesenheit로서의 현전과 게겐베르티히카이트Gegenwartigkeit(새로움의 시간적 의미에서의 현전)로서의 현전을 엄격하게 구별하는 것은 어렵다 ― 우리는 불가능하다고 말하고 싶은 유혹을 느낀다."113 데리다가 그것을 불가능하다고 말하고 싶은 "유혹"을 느낄 뿐만 아니라 실제로 불가능하다고 말한다는 점에 유의하라. 너무 단순하다는 가능한 비난을 피하고자 자신이 말한 것을 무엇이든 재빨

---

112. 같은 책, 31. 여기서 인용된 하이데거의 구절은 모두 *Being and Time*, 47 [하이데거, 『존재와 시간』]에서 가져온 것이다.
113. Derrida, "Ousia and Gramme," 64.

리 반쯤 철회하는 데리다의 통상적 양식에도 불구하고, 그는 구별이 불가능하다고 말하고 있다. 그래튼의 경우와 마찬가지로, 데리다의 경우에도 우리가 현전의 형이상학의 존재신론에서 벗어나려면 우리는 정신에 대한 어떤 것의 즉각적 눈-앞에-있음과 시간 속에 어떤 "지금"이라는 것이 있다는 관념 **양쪽**으로부터 벗어나야 한다. 여기서 나는 한편으로는 후설에게 반대하고, 다른 한편으로는 하이데거에게 반대하며, 그리고 데리다와는 전적으로 동의하지 않는다.

후설의 경우, 나는 그의 현상학이 **안베젠하이트**로서의 현전으로 완전히 포화되어 있다는 하이데거와 레비나스 양쪽에 동의한다. 앞서 우리는 하이데거가 『시간 개념의 역사』 첫 백 페이지를 통해 이 요지를 탁월하게 세우는 것을 보았다. 후설에게 어떤 것의 존재는 정신 앞에 있는 그것의 현전으로 구성되며, 그는 지향성의 존재 그 자체에 관해 결코 의문을 제기하지 않는다. 이로 인해 후설은, 어쩌면 아슬아슬하게, 존재물음을 스스로 제기하지 못하고 훗날 하이데거가 그것을 제기하게 내버려두었다. 레비나스는 지향성이 타자성을 차단한다고 주장함으로써 동일한 반대를 한다. 비록 레비나스는 하이데거의 존재가 동일자의 범위에 들어가며, 따라서 충분하지 않다고 주장하며 하이데거의 해결책에도 만족하지 않지만, 후설에 관한 한에서는 둘 다 같은 반론을 펼친다. 우리는 더 나아가서 무엇이 **존재 저쪽**, 존재 너머의 선인지를 찾아내야 한다. 후설이 지향적 행위의 궁극적인 충족 불가능성과 모든 지향적 객체의 지평적 원천의 객체화 불가능성에 관해 알고 있었다는 데리다의 주장과 더 나아가 하이데거의 존재론적 차이는 이미 레비나스가 윤리학만이 수행할 수 있다고 생각하는 타자성의 작용을 수행하고 있다는 데리다의 주장을 감안할 때, 우리는 이제 레비나스가 후설과 하이데거 양쪽에게 부당하다는 데리다의 논증에 친숙하다. 상기하건대, 나는 여기서 데리다의 평가에 관해 절충적 판단에 도달했다. 왜냐하면 후설에게 객체든 지평이든 원리적으로 의식에 대해 암묵적으로 존재하지 않는다면 그것들을 수용할 수 없기 때문에, 충족 불가능성과 지평이 하이데거주의적 존재의 역할을 수행할 방법은 없으며, 또한—데리다와 대조적으로—암묵적인 것과 명시적인 것의 쌍으로 철학의 주제를 소진할 방법도 없기 때문이다. 암묵적인 것은 여전히 지향적 행위 속에서만 발견되며, 물러나는 존재자는 **어떤 지향적 행위로도 접근할 수 없고** 따라서 후설의 눈에는 현존하지 않는 것이다. 하이데거에 관해서, 나는 존재론적 차이가 현전의 지배에 저항하기에 충분하다는 데리다의 주장에 대체로 동의하며, 따라서 나는 레비나스가 다른 방향으로 하이데거보다 더 나은 점을 가지고 있다고 생각한다—즉각적 향유와 그러한 향유가 발생하는 요소적 에테르의 측면이 그것이다.

하이데거의 경우, 나는 **안베젠하이트**[현전]과 **게겐베르티히카이트**[현재성]이 동일하다는 데리다의 견해에 동의하지 않는다. 하이데거가 존재자의 존재에 관한 설명으로서의 눈-앞에-있음을 집요하게 공격하며 **안베젠하이트**를 쉽게 극복하기 때문이다. 실제로 이것이 하이데거의 가장 특이한 철학적 성취이다. 그러나 하이데거는 어떤 방식으로도 시간적 지금의 현재성을 극복하지 못한다. 하이데거와 베르그손이 모두 시간에 관해 생각하는 데 있어 아리스토텔레스 전통에 갇혀 있다는 것을 데리다가 아무리 열심히 보여주려 해도, 베르그손과 아리스토텔레스는 (후설과 마찬가지로) 시간이 연속체임을 깊이 깨닫고 있다. 실제로, 이것이 세 명의 사상가가 시간에 관련해서 가지는 중심적 통찰이다. 어쩌면 하이데거 또한 한 명의 인간으로서 시간의 연속적 양상을 알아채고 있었겠지만, 이것은 하이데거의 **철학**이 그것을 설명한다는 점을 의미하지 않는다. 이와 대조적으로, 하이데거는 현존재의 본래적 시간성(혹은 심지어 존재 자체의 **시간성**)에 관한 삼중 분석을 통해 어떤 연속체에도 도달하지 못했다. 하이데거가 던져진 기투의 삼중 구조를 분석할 때, 그것은 단지 우리에게 **안베젠하이트**에 관한 또 다른 비판을 제공할 뿐인데, 왜냐하면 던져짐은 우리가 언제나 그 정확한 특징이 정신에 직접적으로 현전할 수 없는 그런 상황 속에 던져진다는 것을 의미하기 때문이다. 그러나 그것 또한 지금의 게 **겐베르티히카이트**에 관한 비판은 아니며, 대부분의 독자는 그가 이 매우 다른 단계 또한 성취했다고 가정한다. 시간을 연속체로 취급함으로써 아리스토텔레스, 베르그손, 후설은 모두 처음부터, 고립된 지금-점이라는 개념을 거부한다. 그러나 하이데거는 단지 어떤 주어진 순간에도 눈에 보이는 것보다 훨씬 더 많은 일이 일어나고 있다는 것을 보여줄 뿐이며, 두 개념이 구별될 수 없다는 데리다의 가정에도 불구하고 게겐베르티히카이트조차 자동으로 안베젠하이트를 배제한다.

일찍이 『도구-존재』에서 나는, 우리가 시간의 단일한 고립된 순간이 어떠한 것일지 묻는 사고 실험을 시도한다면, 우리는 이 사고 실험이 (윌리엄 제임스와 들뢰즈는 말할 것도 없고) 아리스토텔레스, 베르그손, 그리고 후설 속에서 발견되는 시간의 연속체 모델에서는 시도조차 될 수 없다는 것을 즉시 발견하게 된다고 주장했다. 그러나 하이데거의 철학에서는 그것이 쉽게 수행될 수 있다. 왜냐하면 어떤 고립된 "지금"도 던져진 기투의 관점에서 완벽하게 잘 분석될 수 있기 때문이다. 하이데거 속에는 시간이 영화적 방식에서 개체적 "틀들"로 구성되어 있다는 이론을 거부하게 하는 것이 전혀 없다. 다르게 진술하자면, 던져진 기투에서 어떤 시간의 "흐름"으로 이동할 쉬운 경로는 없다. 이것은 하이데거가 결코 우리에게 밝히지 않은 경로이다. 사실,

이것은 이미 천박한 시계-시간에 대한 그의 비판이 지닌 취지인데, 즉 그것은 그러한 천박한 개념화가 "지금"이 이미 얼마나 복잡한지 이해하기 위해 멈추지 않고 시간을 단순히 "지나가는" 것으로 취급한다는 사실이다. 하이데거는 화이트헤드와 라투르와 마찬가지로, 시간에 관해서 연속주의적 전통보다는 기회원인론자의 전통에 속하며, 이는 하이데거가 한순간이 다음 순간으로 넘어가는 방식을 설명하기 위해 결코 신이나 다른 어떤 것을 불러내지 않는다고 하더라도 그렇다. 요약하자면, 데리다는 두 경우 모두 잘못 이해한다. 후설 속에는 표상을 넘어서는 무한이 없으며, 하이데거 속에는, 비록 하이데거 자신은 그렇게 생각하는 것처럼 보일지라도, "지금"에 관한 효과적 비판이 없다. 그래튼과 대조적으로, 그런 말을 하는 것은 하이데거를 모욕하는 것이 아니라 하이데거가 실제로 성취한 것과 성취하지 못한 것을 고려한 자연스러운 결과일 따름이다. 어떤 주석가도 정확성을 희생하면서 아첨을 열망해서는 안 될 것이다. 하이데거에게는 자랑스러워할 만한 통찰이 수없이 많으며, 그의 저작 속에 존재하지도 않는 통찰로 그를 예찬할 필요는 없다.

앞서 나는 「본질과 문자」에서 눈에 띄는 두 번째 핵심 관념이 있다고 언급했는데, 이는 우리가 이전에 본 적이 있는 것이다. 데리다는 자신의 논문 중반에서 헤겔에 관해 다음과 같이 말한다. "임재가 **자기-현전**으로, 그리고 최상의 존재자가 그 자신을 생각하는 주체, 지식을 통해 그 자신 가까이 그 자신을 회집하는 주체로 변형되는 것은 아리스토텔레스주의의 근본적인 전통을 중단시키지 않는다."[114] 잠시 아리스토텔레스를 제쳐두고 생각해 보면, "자기-현전"의 한 형태로서

---

114. 같은 책, 32.

지식을 통해 그 자신을 생각하는 주체라는 헤겔의 개념에 대한 비판은 충분히 정당해 보인다. 헤겔은 사고를 자기에게 투명한 것으로 취급하는 경향이 있지만, 우리는 이 관념을 받아들일 필요가 없으며, 이것이 바로 내가 샤비로/스트로슨/찰머스가 일인칭 내관적 경험에 우선성을 두는 것을 거부한 이유이다. 이 제한된 측면에서 나는 데리다의 자기-현전 거부에 동의하게 되어 기쁘다. 그러나 데리다는 또한 자기-현전을 그가 더 해로운 의미라고 생각하는 것으로 취급하기도 한다 — 즉 동일성이라는 의미에서의 자기-현전이다. 이것이 데리다가 『그라마톨로지』에서 존재를 개체적 존재자들 속에서의 현현과 **분리된** 어떤 것으로 간주하는 생각을 거부하며 『백색신화』에서 단어들의 직서적 **의미**에 대한 자신의 비판을 실체들의 개체적 **존재**와 동일시하는 이유이다. 아리스토텔레스가 모호한 시적 언어를 소수의 다른 철학자와 필적할 정도로 가치 있게 여기는 것이 분명함에도, 이것은 데리다가 아리스토텔레스의 실체론을 우리의 언어 사용을 통제하려는 경찰-같은 시도로 오독하도록 이끈다. 요약하자면, 데리다는 **게겐베르티히카이트**의 지금이 환상적이라고 생각할 뿐만 아니라 사물이 그 자체와 동일할 수 있음 또한 부정하지 않고는 존재신론의 **안베젠하이트**를 비판할 수 없다고 생각한다. 내가 헤겔주의자가 아님을 기억하라. 나는 완전한 투명성을 통해서 그 자신을 바라보는 주체가 현존한다는 것을 받아들이지 않으며, 그런 주체야말로 "자기-현전"이라는 구절의 유일하게 유효한 의미가 될 것이다. 데리다에게는 유감스럽게도 아리스토텔레스가 주장하듯이, 어떤 실체가 자기 자신이며 다른 것이 아니라는 단순한 사실은 그 실체가 "자기-현전"한다는 것을 수반하지 않는다. 실체는 투명한 일인칭이 아니라 영인칭이다.

    이것이 「본질과 문자」의 마지막 페이지를 그토록 불만족스럽게 만드는 이유이다. 먼저, 데리다의 시작 테제는 잘못된 것이다. 데리다는 다음과 같이 말한다. "그러므로 우리는 형이상학의 역사를 통틀어 형이상학적 개념들의 전체 체계가 시간 개념의 소위 '천박함'이라고 불리는 것을 발전시킨다는 결론을 내릴 수 있을 뿐이다… 그러나 동시에 다른 시간 개념이 그것에 반대될 수 없는데, 왜냐하면 시간 일반이 형이상학적 개념성에 속하기 때문이다."115 이 진술의 첫 부분은 어떤 의미에서 옳다 — 시간에 관한 천박한 개념이 시간을 덧없는 "지금"의 계열로 구성되는 것으로 보는 한, 비록 브렌타노에 대한 후설의 비판이 이미 그 개념을 극복하지만, 그것은 현재 지금이라는 형이상학적 개념화와 결부되어 있다. 그러나 더 나아가 하이데거 자신의 시간 개념화가 이러한 천박함을 극복할 수 없다고 주장하는 것은 그가 실제로 극복한다는 사실을 무시한다. 현존재는 부재 속으로 던져지며, 설령 우리가 현존재를 단일한 순간에 존재하는 것(하이데거 철학의 그 무엇도 이를 금지하지 않는데)으로 보더라도 그 시간의 순간은 천박한 현전으로 구성되지 않는다. 요점은 우리가 근본적으로 부재한 것 속으로 던져진다는 것이다. 마치 이 반론을 예기하는 것처럼 데리다는 곧 다음과 같은 불만을 추가한다. "〔현전에 대한 그리스의〕 폐쇄성을 넘어서 생각할 수 있게 해주는 것은 단지 부재할 수 없다."116 이 진술은 「폭력과 형이상학」에서 데리다가 성찰한 것과 뒤섞인 관계를 가지고 있다. 한편으로, 그 논문에서 데리다는 하이데거의 존재론적 차이가, 레비나스가 그 독일 철학자에게서 찾을 수 없다고 여겼던 타성의 작업을 이미 수행하고 있다고 생각한다. 그러나 다른 한편으로, 우

---

115. 같은 책, 63.
116. 같은 책, 65.

리는 데리다가 비나타남이 어떻게든 나타나야 한다고 주장함으로써 존재의 타성을 즉시 현전으로 회복시켰고, 이것이 철학의 극복할 수 없는 한계라고 생각했음을 상기해야 한다. 후자의 감상은 이제 데리다로 하여금 그가 레비나스에게 대항해서 사용한 것과 동일한 하이데거 속 존재의 타성에 등을 돌리게 하고, 모순적인 방식으로 하이데거에 대한 레비나스주의적 반론처럼 들리는 무언가를 제공할 수 있게 해준다. 데리다는 전형적인 근대 유럽식 어조를 가지고 다음과 같이 덧붙인다. "부재한 것, [부재는] 우리에게 생각할 그 무엇도 주지 않거나 여전히 **현전**의 부정적 양태일 것이다."[117]

본질적으로, 데리다는 메이야수가 같은 작업을 수행하기 수십 년 전에 메논의 역설의 구석에 자신의 초상화를 그린다. 우리가 기억하는 그 고대 역설은 우리가 무언가를 알고 있거나 알지 못할 뿐이라고 말한다. 소크라테스는 **필로소피아**, 우리가 가지고 있지 않고 결코 가질 일도 없는 무언가를 추구할 수 있다는 관념을 가지고 그 역설에 반대한다. 데리다와 같은 근대의 메논은 우리가 부정신학이라는 선택지, 혹은 비록 주위 환기용 인용부호를 붙여야 하지만 양질의 구식 현전이라는 선택지와 함께 남겨질 뿐이며 다른 선택지는 없다는 주장을 가지고 이에 반격한다. 데리다의 철학은 그러므로 근대 존재-분류학의 고전적 사례이다. 그는 "초과의 기호 … 현전-부재, 존재자 일반의 모든 가능한 생산 또는 사라짐과 관련하여 절대적으로 초과적이어야 하지만, 그럼에도 **어떻게든**, 형이상학 그 자체로는 생각할 수 없는 방식으로 여전히 그것을 의미해야만 하는 기호"를 촉구한다.[118] 데리

---

117. 같은 책.
118. 같은 책.

다야말로 그래튼이 필요할 것으로 보인다. 모든 세부사항에 관해 완전히 완성된 이론을 가지기 전에 "어떻게든 그래야 함"이라고 말하고 "긴장"이라는 용어를 사용한 것에 대해 그가 나에게 가한 모든 역경에도 불구하고, 그는 의미함이 없이 의미하는 초과가 "어떻게든" 존재해야 한다고 말하는 데리다에게는 통행증을 쥐여준 것처럼 보인다. 그러나 이는 별로 놀랍지 않다. 데리다주의자는 언제나 데리다에게 다른 누구에게도 허용하지 않는 자격증을 부여하지만, 이것은 아마도 브라시에가 말했을 것처럼 "단순한 사회학적인" 사실일 것이다.

그러나 그것은 이 점에 관한 데리다와 메이야수의 합치보다 덜 흥미롭다. 후자에 관한 내 책의 독자들은 메이야수가 자신의 입장을 형성하기 위해 급진화하려고 하는 강한 상관주의가 관념론의 한 형태가 아니라는 그의 논증에 대한 나의 비판을 기억할 것이다. 메이야수는 익숙한 독일 관념론자의 논증을 사용하여 소박한 실재론자와 칸트주의적 약한 상관주의자 모두에 대항해서 상관주의적 순환을 전개하는 것으로 시작한다―사고 외부의 사물을 생각하는 것은 그것을 사고로 전환하는 것이고, 따라서 사고의 순환은 자신에게 갇힌다. 그럼에도 불구하고, 메이야수는 우리가 그-자체를 **생각**할 수 없다는 사실이 **그것이 존재하지 않는다**는 것을 의미하지 않으며―짜잔!―강한 상관주의자는 관념론자가 아니라고 덧붙이는데, 왜냐하면 적어도 전자는 사고와 실재가 일치할 필요가 없다는 것을 알기 때문이다. 그러나 이로부터 그 무엇도 뒤따르지 않는데, 왜냐하면 사고와는 다른 무언가로서의 "실재"는 이미 첫 단계부터 실격되었기 때문이다. 그러므로 오직 실재론, 약한 상관주의, 본격적 관념론 중에서만 선택지가 있을 뿐이고, 메이야수는 관념론에 끼어 있다. 또한, 데리다를 보라. 데리다는 상관주의적 순환의 한 형태("나타나지도 않으면서 부재한 것은 없다")를 받아들이면서 그 순환의 통합된 현전-부재를 어떻게든 넘어서는 **또 다른** 종류의 초과가 반드시 존재해야만 한다고 덧붙인다. 이 초과는 "형이상학 그 자체로는 생각할 수 없는 방식으로 여전히 그것을 의미해야만 한다."[119] 그러나 한길로 가기로 했다면 끝까지 그 길로 가야 할 것이다. 만약 상관주의적 논증을 받아들인다면, 아무리 정교한 단어-속임수를 써도 논증의 첫 단계에서 이미 "초과"의 가능성이 금지되었기 때문에 거기에서 결코 벗어날 수 없다. 이것이 내가 대신 약한 상관주의의 급진화를 선택하는 이유이다. 약한 상관주의의 급진화는 주류 실재론이 요구하는 직접적 접근의 불가능성을 피하며, 그리고 "객관적" 관념론으로 전환하여 최소한 "주관주의"는 피하는 정교한 변증법을 구사하더라도 사물을 그것의 나타남으로 환원하고 마는 관념론의 동등한 불가능성도 회피한다. 셜록 홈즈가 그랬을 것처럼, 두 가지 불가능을 제거하면, 급진화된 약한 상관주의가 아무리 불가능해 보일지라도 보아야 할 유일한 단서가 된다.

그러나 아마도 데리다는 결국 객체지향 접근법과 완전히 양립 불가능하지는 않을 것이다. 이것은 레비 브라이언트가 그의 중요한 논문「객체의 시간」에서 내린 평결이다. 브라이언트는「본질과 문자」에 관해 다루는 것이 많으며, 나보다 그 글에 관해 더 긍정적이다. 평소와 같이 그는 내 입장에 관해 상당한 관대함을 보여준다.

〔「본질과 문자」에서〕 데리다는 즉시 실체, 사물을 현전에 동화시킨다. 이후 실체는 현전에 대한 **동의어**로 취급될 것이므로, 실체를 말하는 것은 현전을 말하는 것이고 현전을 말하는 것은 실체를 말하는 것이

---

119. 같은 책.

된다. 〔…그러나〕 현전으로 특징지어지기는커녕, 실체는 현전으로부터 물러나는 것, 혹은 어디에도 없고 결코 현재하지 않는 것처럼 보인다. 이러한 이유로 그레이엄 하먼은 객체라는 실체의 존재 자체가 **물러남**에 놓여 있다고 주장한다.[120]

브라이언트는 자신의 논문 끝에서 같은 정신으로 다음과 같이 말한다. "물러남으로서의 실체에 관한 하먼의 개념은 그러므로 존재론적 **아포리아**의 계열 전체를 읽어낼 수 있게 만든다"(TO 89). 그런데 이 두 구절 사이에는 많은 일이 일어난다. 물러난 실체에 관한 나의 개념을 지지하는 것처럼 보이면서도, 브라이언트는 그 두 구절 사이에 데리다, 마투라나/바렐라, 그리고 루만으로부터 여러 요소를 채택하며 그것들이 내 실체 개념보다 더 나은 실체 개념을 얻는 데 도움이 될 것이라고 생각한다. 그렇게 함으로써, 그는 내 실체가 너무 "정적"이며 역동성에 더 많이 투자해야 한다는 샤비로의 주장을 반복한다.

논문 초반에 브라이언트는 내가 결코 스스로 말하지 않을 무언가를 재빨리 논한다. "만약 실체가 필연적으로 물러나 있고 현전의 동의어로 취급될 수 없다면, 그것은 정확히 실체가 시간에 의해 그 내부에서 분리되어 있기 때문이다"(TO 74). 다른 말로 하자면, 브라이언트는 내가 제공하는 것보다 더 역동적인 실체 이론을 원한다. 우리는 브라이언트에게 국소적 표현이 그로부터 그것이 발생하는 다양한 "끌림의 체제" 혹은 관계의 맥락에 의해 생산된다는 것을 상기해야 한다. 한 쌍의 훌륭한 예시에서 브라이언트는 지구와 우주 정거장에서 다른 행

---

[120] Levi Bryant, "The Time of the Object," in *The Allure of Things*, 71~72. 이하 본문에서 페이지 참조는 TO로 표기됨.

동을 보여주는 불길과 다양한 기상 조건이 인간 피부에 새기는 다양한 효과에 주목한다(TO 75). 그러나 브라이언트의 접근법은 여전히 기본적으로 객체지향적이고, 따라서 그는 존재자가 그 안에서 자신을 발견하는 다양한 끌림의 체제로부터 일정한 독립성을 가져야 한다는 주장을 여전히 유지한다. 인정컨대, 쥐는 로버트 보일의 진공펌프 중 하나에 넣으면 죽을 것이다. 그러나 죽는 것은 전체 맥락이 아니라 그 쥐이다 — 죽음은 쥐 그 자체나 전체로서의 측정 장치라기보다는 쥐의 국소적 표현이다(TO 75~76). 브라이언트에게 존재자가 그것의 다양한 표현과 별개로 소유하는 것은 **힘**이다. 이와 대조적으로, 성질은 이러한 힘의 표현일 따름이다. 게다가, 힘은 "변동하는데 … 왜냐하면 힘은 힘을 얻거나 잃을 수 있기 때문이며, 실체의 힘들의 힘은 그것의 강함에 있어 감소하거나 강렬해질 수 있기 때문이다"(TO 77). 그러므로 잠재적 고유 존재의 물러난 힘들은 정적인 것이 아니라 오히려 가변적 강도를 통해 항상적으로 변하는 것이며, 심지어는 특정 힘을 얻거나 잃음으로써 "실체의 정동들은 고정되지 않고 실체 내부의 과정들과 다른 실체들과의 조우의 결과로서 온갖 방식으로 변동한다"(TO 77). 따라서 현실화는 **시간적** 과정 — 과정을 오직 감각적 영역에만 속하는 것으로 취급하는 나의 실체 이론과 달리 — 이며, 이는 브라이언트를 데리다의 악명 높은 **차연** 개념으로 이끈다. **차연**은 적어도 두 가지 주요 의미(차이, 연기)를 지니지만, 브라이언트는 이에 관해 다음과 같이 말한다. "데리다는 '사이의 차이'를 **차연** 활동의 **효과**로 보며 **동사로서의** 차이의 의미를 선호하는 것처럼 보인다"(TO 78). 브라이언트는 다음을 덧붙이며 데리다와 화이트헤드 사이의 놀라운 연결고리를 만든다. "실체들과 그것들의 차이들은 … 그러므로 꽃이 피는 것과 같다. 그것들의 연장된 본성은 화이트헤드가 『과정과 실재』의 연장 이론에서 기술한 것과 유사한 확장 혹은 연장화 활동을 통해 생산되어야 하는 것이다"(TO 79). 비록 브라이언트는 화이트헤드 학회를 계기로 그의 논문을 저술했지만, 그가 영국 철학자를 환기하는 것에는 이것보다 더 많은 것이 담겨있다. 우리는 브라이언트가 일차적으로 들뢰즈주의자이며, 들뢰즈와 화이트헤드 사이의 연결고리에 관해 앞서 언급된 내 반론에도 불구하고 들뢰즈와 화이트헤드 사이의 다리는 (샤비로와 스텡거에 의해) 구축된 지 오래되었다는 점을 상기해야 한다.

때때로 OOP(객체지향 철학Object-Oriented Philosophy)로 약칭되는 나 자신의 OOO 입장과 브라이언트의 OOO 입장을 좀 더 구별하자면, 브라이언트는 데리다를 채택하여 "객체 자체의 힘이나 잠재력은 결코 현재하게 되지도 않고 정적이지도 않으며, 오히려 그 힘의 정도나 어떤 힘을 소유하느냐에 따라 변동한다"라고 말한다(TO 79~80). 이것은 브라이언트의 논문에서 자기생성 체계이론의 영향을 찾을 수 있는 부분으로 우리를 이끈다. 그의 이전 주장에서 그는 다음과 같이 진술한다. "실체의 **동일성**은 변화 아래에서 존속되는 고정적이고 영구적인 것이 아니라 실체 자체의 영속적 **활동성**이다"(TO 82). 그리고 더 나아가서, "객체가 **차연**을 통해 구조화되기 때문에, 객체의 동일성은 영구적 같음이 아니라 객체가 시간과 공간을 가로질러 그 객체로서 스스로를 구성하는 영속적 활동 또는 과정이다. 동일성은 객체가 자신을 그 객체로 유지하기 위해 수행해야 하는 영속적 일이다"(TO 82). 이 점이 확립되면 브라이언트가 자기생성으로 주의를 전환하기는 쉽다. 잘 알려진 바와 같이, 마투라나와 바렐라는 "타자생성" 기계와 "자기생성" 기계를 구별한다. 전자는 외부로부터 생산되며, 이에 대한 브라이언트의 예시는 수많은 암석의 충돌이 압축되면서 형성된 소행성이다. 이와는 대조적으로, 자기생성 기계의 좋은 예시는 세포와 같은 살아있는 유기체일 것이다. 세포의 통합성은 파괴되기 전까지의 소행성처럼 단번에 완전히 주어지는 것이 아니라 세포 내부의 노동을 통해 항상적으로 생산되어야 한다. 브라이언트가 말하듯이, "타자생성 기계가 시간이 지남에 따른 통합성의 유지에 대체로 무심한 반면, 자기생성 기계는 특수한 종류의 통합성을 유지하려 분투하고, 자신의 구성요소들 사이의 상호작용을 통해 그 통합성을 영속적으로 생산한다"(TO 83). 자기생성 기계는 또한 자신의 통합성을 생산함으로써 자신의 엔트로피를 감소시키기 위해 작용한다는 의미에서 **음엔트로피적**이다. 이런 측면에서, 그 용어의 생물학적 뿌리에서 이식시키자면 "실체 혹은 객체는 음엔트로피적 체계이다"(TO 83). 브라이언트가 잘 알고 있는 사회체계 이론가 니콜라스 루만은 이러한 관념들에 크게 의존한다. 루만 자신의 말을 빌리자면, "모든 요소는 소멸한다. 요소들은 시간 속에서 요소로서 존속할 수 없으며, 따라서 어떤 주어진 순간에 실제 요소들의 구성이 무엇이 되었든 그것을 기반으로 항상적으로 생산되어야 한다. 따라서 재생산은 같은 것을 반복적으로 생산하는 것이 아니라 재귀적 생산, 즉 생산물들로부터의 생산을 의미한다."[121] 브라이언트는 다음과 같이 말함으로써 이것을 훌륭하게 해설한다. "동일성은 그 실체의 변화하는 성질들에 **첨가되는** 무언가가 아니라 오히려 실체 그 자체의 활동성이다"(TO 84). 그러나 이러한 "구조적" 개방성에도 불구하고, 루만의 용어를 사용하자면, 거기에는 "조작적" 폐쇄가 존재한다. 브라이언트는 전기뱀장어가 우리의 현재 진화적 형태에서의 인간에게는 폐쇄된 지각의 유형, 전자기장을 통해 강에서 다른 생물을 감지하는 경우를 인용한다(TO 84).

---

121. Niklas Luhmann, *Social Systems*, 49 [니클라스 루만, 『체계이론 입문』].

그럼에도 불구하고 **차연**은 여전히 실체와 양립 불가능한 것처럼 보일 것이다.[122] 브라이언트가 지적한 바와 같이, "실체의 국소적 표현은 일반적으로 실체가 다른 실체와 맺는 외부-관계의 결과로 생산되는 연기의 산물이며 … 이는 실체가 그것의 관계들을 통해 **구성되며** 그것이 맺는 관계**로부터** 〔떠나서는〕 자율적 현존을 가지고 있지 않다는 혐의로 이끈다"(TO 86~87). 그러나 그는 또한 우리에게 **차연**의 또 다른 의미, "존재자들이 서로로부터 차이화되는" "**공간내기**"spacing 로서의 차연을 상기시킨다(TO 87). 이로부터 차이는 단지 타자-되기의 과정에 관한 것일 뿐만 아니라 "폴레모스의 형태로 … 독립된 존재자가 되는 존재자들 사이의 절단과 분할"에 관한 것이라는 점이 뒤따른다(TO 87). 데리다의 글「서명 사건 맥락」에 주목하며 브라이언트는 "〔기호가〕 자신이 그로부터 출현하는 맥락과 단절할 가능성, 즉 그것이 다른 맥락으로 빠질 가능성"(TO 88)에 관한 데리다의 의식을 강조한다. 기호가 작용하는 방식에 관한 소쉬르의 순수한 차이적 개념화를 고려할 때, 이것은 기호에 관한 페르디낭 드 소쉬르의 말속에서는 결코 발견하지 못할 무언가이다. 데리다는 이것을, 자신의 기원적 맥락 이외의 장소 속에 있는 기호의 "되풀이 가능성"iterability 으로서 언급하며, 브라이언트는 어째서 데리다가 되풀이 가능성을 자연적으로 확장하여 여러 시간 여러 장소에서 같은 사물일 수 있는 "되풀이 가능한" 실체를 허용하지 않고 기호에 제한하는지 궁금해한다(TO

---

122. * 니키 영은 그의 박사학위 논문으로 하먼이 하이데거의 도구-분석에 한 일과 유사한 일을 데리다의 사유에 수행했다. 니키 영은 데리다 자신이 산발적으로 사용한 ― 그리고 잘 알려지지 않은 ― "차연적 흔적"(différantial trace) 개념을 통해, 모든 존재자가 ("과거") 흔적들의 침전으로 구성되지만 그럼에도 그 존재자는 그것의 존속과 변화를 허용하는 계산 불가능한 "미래"에 열려 있다는 것을 수반한다는 점을 보여주었다. Niki Young, "Object-Oriented Philosophy and Deconstruction," PhD diss.

89~90).[123] 『목소리와 현상』에서 데리다는 다음을 주장할 때 데이비드 흄(그리고 그래튼)과 매우 흡사하게 들린다. 브라이언트의 말을 빌리자면, "우리는 시간의 종합이, 과거의 흔적들의 종합을 촉발하는 선재적인 초월론적 동일성 또는 통합성에 의해 달성된다는 테제를 폐기해야 한다"(TO 90).[124] 그것은 성질들의 다발이 아닌 "흔적들의 다발"로서의 지향적 객체이지만, 나에게 이것은 후설을 후설이라는 사상가로 만드는 것을 후설로부터 불필요하게 몰수하는 것처럼 보인다. 브라이언트는 실체가 "이러한 흔적들과 차이들 자체의 상호작용"에 의해 **생산된다**는 바로 그 이유에서 실재적이라고 말함으로써 데리다에게 도전한다(TO 90). 시간의 종합에 **선행하는** 동일성은 존재하지 않는데, 왜냐하면 동일성이 종합 자체의 결과이기 때문이다(TO 90).

브라이언트 논문에는 많은 이점이 있다. 첫째로, 그것은 데리다의 관념과 OOO의 관념을 통합하려는 기발한 시도를 수행한다. 이것은 많은 사람이 불가능하다고 여기는 조합이자, 내가 데리다의 과도한 반실재론적 짐으로 간주하는 것을 감안할 때, 나로서도 경시하는 편을 선호하는 조합이다. 또한, 브라이언트는 많은 독자가 내 버전의 OOO에서 찾아내고 또 거부하는 실재의 "정적" 모델에 반대되는 역동적 이론으로서의 OOO에 관한 비전을 제공한다. 여느 때와 마찬가지로 브라이언트는 이러한 관념들을 마투라나, 바렐라, 그리고 루만의 자기생성 체계이론과 연결하는 훌륭한 학제간 작업을 수행한다. 이미 널리 읽힌 그의 저서 『객체들의 민주주의』에서도 그는 기억에 남는 형태로 이 같은 작업을 수행했다.[125] 내가 브라이언트를 따를 수 없는 이

---

123. Jacques Derrida, "Signature Event Context," in *Margins of Philosophy* ; Ferdinand de Saussure, *Course in General Linguistics* [페르디낭 드 소쉬르, 『일반언어학 강의』].
124. Jacques Derrida, *Voice and Phenomenon* [자크 데리다, 『목소리와 현상』].

유를 설명하려면 몇 가지 단계를 밟을 필요가 있다.

브라이언트의 "잠재적 고유 존재"에 관한 고찰로 시작해 보자. 그것은 힘들로 구성되어 있지만 그 힘들은 강도가 변하고 심지어 그 수가 증가하거나 감소한다. 내가 보기에 여기서 문제는 브라이언트가 후설에서 흄으로 후퇴하며 데리다와 합류한다는 것이다. 그러나 우리는 브라이언트가 데리다 자신보다 후설과의 대치에서 훨씬 덜 위태롭다는 점에 유의해야 한다. 본질적으로, 브라이언트는 잠재적 고유 존재가 설령 그것의 환경으로부터 "조작적으로 폐쇄"된 것이라고 하더라도 시간의 경과 속에서 같은 것으로 유지되지 않고 고유한 동일성을 가지지 않는 가변적 힘들의 "다발"이라고 말한다. 브라이언트는 동일성이 존재하지 않는 것이 아니라, 시간 속에서 종합된 흔적들의 다발을 통해 **생산된**다고 주장하면서 데리다와의 동맹을 제창하며 논문 끝에서 이를 분명히 한다. 나는 데리다가 이 동맹에 만족할 것으로 상상한다. 왜냐하면 그것은 동일성이 동일하지 않은 것의 파생적 산물이라는 중심 요점을 받아들이기 때문이다. 그러나 그 프랑스 사상가는 분명 일차적/파생적 구별이 "형이상학의 언어 내부에 남아있다"는 거슬리는 단서를 추가할 것이며, 그러므로 이 주장을 발화하는 그 같은 순간에 이 주장을 "지워버릴" 것이다. 하지만 더 중요한 점은, 브라이언트가 그러한 동맹을 통해서는 사물의 동일성이 시간이 지남에 따라 어떻게 유지되는지를 설명할 방법이 없다는 것이다. 사물의 힘들이 항상적으로 변화한다는 점을 감안할 때, 브라이언트는 모든 변화하는 힘들을 과거의 어떤 알려지지 않은 시점의 잠재적 고유 존재 원본에 연결하는 역사적 궤적을 통해서만 설명할 수 있다. 유사한 것이 데라다

---

125. Levi R. Bryant, *The Democracy of Objects* [레비 브라이언트, 『객체들의 민주주의』].

와 라투르 모두에 의해 시도되었지만, 나는 둘 다 그러한 묘책으로 성공을 거두지는 못했다고 생각한다. 문제는 사물의 역사에 관한 **모든** 세부사항이 그것의 현재 상태에 새겨져 있어야 한다는 가정은 객체의 동일성을 구성하는 것에 관한 지나치게 관대한 가정이라는 것이다. 이런 방식으로, 어떤 자의적인 외적 기준을 사용하지 않는 한 사물의 본질적인 "힘"과 우유적인 "힘"을 구별하는 것은 불가능해진다.

예를 들어, 텔레비전에서 체스 프로그램을 시청하고 체스에 흥미를 갖게 된 영리한 4세 아이가 선물로 작은 체스 세트를 받았다고 상상해 보라. 그런 아이가 점점 더 많은 친구를 사귀면서 친구들에게 체스를 소개하고 차례로 대결을 거쳐 쉽게 친구들을 이기는 것을 상상하기는 쉽다. 이제 이 아이가 체스를 계속하지 않고 몇 년 안에 완전히 다른 정신적 관심을 형성하게 되며, 중년에는 체스 실력이 녹슬고 유능한 체스 선수라고 말하기 힘든 상태가 된다고 상상해 보자. 어쩌면 어른이 된 그 아이는 세계적으로 유명한 첼로 연주자, 비평가들이 종종 그 아이야말로 첼로 연주자가 되기 위해 "태어났다"고 말할 정도로 천재적인 재능을 가지고 있는 첼로 연주자가 되었을 것이다. 이제 우리는 이 음악가의 과거 체스 게임 능력이 더는 현존한다고 말할 수 없을 정도로 위축되었다고 말할 수 있다. 그럼에도 불구하고, 다른 네 살의 특성들 중 상당수는 여전히 그의 성격의 존속적 양상으로서 남아 있다. 만약 우리가 브라이언트의 철학을 추종한다면, 우리는 체스를 두는 힘이 "강도-약화"되거나 어쩌면 사라지기 전 4세에서 5세까지 얼마간 그 음악가에게 속해 있었다고 말할 것이다. 그러나 브라이언트가 잠재적 고유 존재를 오직 "힘들의 다발"로서만 말하고 싶어 한다는 점을 감안할 때, 체스를-두는-미래의 첼로 연주자가 어떻게 체스를-그만둔 어린이와 같은 사람일 수 있는지는 분명하지 않다.

우리는 언제나 사물을 극한까지 밀어붙이며 그 둘이 같은 아이가 아니라고 말할 수 있고, 그 아이는 "다자", 시간을 가로지르는 모험이라고 말할 수 있다. 그렇다면 우리는 오직 복수형으로서 첼로 연주자의 "삶들"을 말할 수 있을 뿐이다(오늘날에도 여전히 명사를 복수화하는 것을 탁월한 통찰의 징후로 간주하는 지성의 집단이 존재한다). 그러나 그 경우, 50세의 첼로 연주자가 지금의 자신과 유사한 생활 방식, 정치적 견해, 문학 취향 등을 가진 친구들과 맺는 관계보다 체스-두는-4세 시절 자신과 더 가까운 관계를 맺어야 하는 이유는 명확하지 않다. 좀 더 일반적으로 말하자면, 동일성이 오직 외부로부터만 생산된다고 말하는 것은 존재자가 특성이 변화하더라도 같은 것으로 인식된다는 현상학적 사실과 동일한 객체를 하나 이상의 객체로 만듦이 없이 동일한 객체가 다른 입각점에서 다른 방식으로 동시에 보일 수 있다는 존재론적 원리를 모두 희생하는 것이다. 결국, 후자의 주장은 곧 집이 "모든 곳에서 보인 집"이라는 메를로-퐁티의 불가능한 견해, 집을 마치 애초에 그 집에 관한 관점을 가능하게 하는 것이 아니라 관점의 총합인 것처럼 취급하는 그 견해로 이끈다.[126] 그러한 절차는 모든 것을 일차적으로 표면-효과 또는 다발-효과로 취급하므로 동일성은 이차적인 것, 그러한 표면과 다발의 파생적 산물로 취급된다. 그러나 그 경우에 나는 어째서 브라이언트가 여전히 자신의 입장을 객체지향적이라고 부르고 싶어 하는지 알기 어렵다. 대신, 되풀이 가능성이 우리에게 필요한 동일성의 전부라는 데리다주의적 입장을 채택하며 자신을 "차이지향적"이라고 부르는 편이 오히려 더 정확할 것이다.

---

126. Maurice Merleau-Ponty, *Phenomenology of Perception*, 79 [모리스 메를로-퐁티, 『지각의 현상학』].

둘째, 나는 자기생성 체계이론에 대한 참조가 브라이언트가 원하는 작업을 수행하지 않는다고 생각한다. 체계이론에 따르면 외부에서 볼 때 체계는 시간이 지나도 일정한 동일성을 유지하며, 이것이 바로 그 이론이 종종 정치적 보수주의에 대한 편향으로 비난받아온 이유이다. 앞서 나는 루만이, 체계는 외부 영향을 체계 자신의 용어로 해석하는 경향이 있기에 변화가 극도로 어렵다는 주장으로 유명하다고 언급했다. 정치적 시위에 대한 그의 경멸은 그저 이러한 견해에 따른 결과 중 하나일 뿐이다. 요컨대, 자기생성이 정태보다 변화에 더 전념한다는 사실조차 분명하지 않으며, 이것이 루만의 존재론은 조금도 라투르의 존재론만큼 관계론적이지 않은 이유이다.

우리가 어떤 체계의 내부를 들여다보면 곧 체계를 유지하는 데 많은 노력이 들어가는 것을 볼 수 있다는 것은 참이다. 나의 전 고용주라 할 수 있는 카이로의 아메리칸 대학교는 기본적으로 내가 떠났던 때와 같은 형태로 여전히 그곳에 있지만, 내가 행정실에 있던 시절 이후로 여러 이직이 있었고, 이제는 내가 총장 사무실에서 알았던 12명 이상의 동료 중에서 오직 3명만 여전히 그곳에 남아 있다. 결국 그 세 사람도 사라질 것이고, 의심할 여지 없이 유능한 후임들이 그 자리를 대신하게 될 것이다. 살아있는 체계와 유사-살아있는 체계는 모두 그것의 부분에 있어 풍부한 변화를 경험할 것이다. 그러나 이 모든 것은 대학 행정실, 혹은 무슨 체계가 되었든 그것의 부분이 제한된 시간 동안 일을 한다는 것을 의미한다. 그로부터 모든 것은 항상적 유동의 상태에 있으며 동일성은 중고 제품일 뿐이라는 것이 뒤따르지 않는다. 내가 대학 행정실을 떠나기로 결정한 것은 내가 동일성의 변화를 겪었기 때문이 아니었다. 내 직위는 4년 과정의 비교적 안정적인 일을 포함했고, 내가 재직하는 동안 내 상사인 총장이 두 번에서 세 번 빠르게 바뀌었음에도 이 점에는 변함이 없었다. 카이로를 떠나려면 아내가 다른 곳에 사는 것을 선호해야 했고, 아내의 직장과 더 가까운 새 직장을 얻어 통근 시간을 줄여야 했다. 요컨대, 항상적 유동이라는 개념은, 진화론에서 다원주의적 점진주의에 대한 엘드리지/굴드 또는 마굴리스의 도전에서 볼 수 있듯이, 단속의 문제인 것에 대한 연속주의적 해결책이다. 우리에게 세포의 각 부분은 항상적으로 변화하고 있는 것처럼 보이지만, 그것은 대체로 인간의 수명을 기준으로 할 때 그것들이 빨리 죽기 때문이며, 이는 그것들이 동일성 없이 헤라클레이토스적 유동에 몰두하고 있다고 말하는 것과는 다른 것이다. 나의 저서 『비유물론』에서 나는 유비적인 근거를 가지고 역사에 대한 행위자-네트워크 접근법을 비판했다. 행위자-네트워크 이론이 네덜란드 동인도 회사를, 항상적으로 변화하는 권력과 인물을 특징으로 가지는 시간에 따른 유동이나 궤적으로만 취급할 수 있었던 반면, 나는 역사적 객체가 일찍이 존재자의 본성을 고정하는 초기 공생의 **이산적 계열** ─ 이는 여섯 개 정도이며 수적으로 무한하지 않다 ─ 을 통해 가장 잘 이해된다고 주장했다. 이러한 초기 공생의 계열은 존재자를 숙성의 위상과 쇠퇴의 위상으로 특징지어지는 장기간의 상대적 안정기에 이르게 하고, 존재자의 환경과 위상이 충돌하게 되면서 궁극적으로 파괴로 끝난다고 나는 주장했다. 이와 대조적으로, 역사에 관한 "유동" 모델은 어째서 존재자들이 상대적으로 안정적인 상태로 남는지 설명하지 못한다. 루만의 최고 저작에서 그런 것처럼 자기생성 이론이 성공적일 경우, 이는 일반적으로 체계의 많은 동요보다 체계의 **안정성**을 강조하기 때문이다. 인정컨대, 모든 체계는 내적 부분으로 가득 차 있다. 그러나 우리가 일단 이러한 부분을 또 하나의 체계로 간주하게 되면, 그 부분의 수명이 태양계나 로마 제국과 비교해서 얼마나 짧든지 간에 그것

은 마찬가지로 상대적 안정성으로 특징지어짐을 보게 된다.[127]

세계가 안정성과 변화, 이산성과 연속성 양쪽으로 특징지어진다는 것은 누구나 알고 있다. 유일한 문제는 우리가 사유하면서 이 두 가지를 어떻게 모두 설명하느냐는 것이다. 아리스토텔레스는 실체의 측면에 존속성과 이산성을 두고, 우유성, 시간, 공간, 그리고 수의 측면에 소멸과 연속성을 두며 작업을 분배함으로써 이를 수행한다. 우리는 기회원인론자들이 급진적 이산성을 선택하고 차이의 철학자들은 마지막 순간에 "주름"과 "공간 내기"spacings라는 주전원epicycles을 추가할 때조차도 급진적 연속성을 선택하는 것을 보았다. 두 극단주의자 집단(「객체의 시간」의 브라이언트는 데리다와 함께 두 번째 집단에 속한다)의 문제는 그들은 반대되는 용어를 그 자체로 실재하는 것이 아니라 부산물로 취급해야 한다는 것이다. 내 버전의 OOO는 실재적인 것을 이산적인 것으로 취급하고 감각적인 것을 연속적인 것으로 취급하며 좀 더 아리스토텔레스주의적인 모델을 따르고, 이것들은 한 수준에서 파열되거나 다른 수준에서 간헐적으로 지도를 재배열한다. 내가 항상적으로가 아닌 간헐적이라고 말했음에 유의하라. 유동과 생성이 항상적이어야 함을 유지하는 자는 모든 정태를 유동으로 환원시킬 따름이다. 모든 것이 흐를 때, 어떤 흐름도 중요하지 못하리라. 안정성과 변화 사이의 차이는 하찮은 것이 된다.

---

127. 또한 Graham Harman, "Conclusions : Assemblage Theory and Its Future," in *Reassembling International Theory*를 보라.

4장

피터 울펜데일

『객체지향 철학』

　울펜데일의 저서는 필요 이상으로 매우 길다. 그러나 책의 길이는 어떤 측면에서 기만적인데, 책의 철학적 작업 대부분이 하이데거와 OOO의 물러남에 관한 절에서 수행되기 때문이다.[1] 나머지는 대부분 이 페이지들을 통해 발견한 오류로 추정되는 것의 반복적인 선언으로 구성되어 있거나, 저자가 오류와 조작의 총체적 패턴이라고 여기는 것을 폭로한 것에 대해 자기 손과 하이파이브하며 자화자찬하는 사례로 구성되어 있다. 다른 곳에서와 마찬가지로 이 책에서 울펜데일은 거의 모든 단락에서 오류를 찾거나 어떤 새로운 실수로 추정되는 것을 걸고넘어진다는 점에서 비판 융단폭격의 양식을 채택한다. 때때로 이것은 그가 기반하고 있는 주요 전제를 이해하기 어렵게 만들며, 그러므로 그의 가장 중요한 요점을 식별하기 위해 윤곽을 그리는 형태로 많은 재구성 작업이 필요했다. 또한 울펜데일은 철학에 관한 자신의 가정을 명백한 진리로 제시하는 경향이 있는데, 그러면서도 그는

---

1. Peter Wolfendale, *Object-Oriented Philosophy*. 본문에서 페이지 참조는 괄호로 표기됨.

내가 같은 악덕을 반복한다고 비난한다. 마지막으로, 그는 스스로 인정하는 것보다 로버트 브랜덤의 철학에 더 많이 의존하며, 그러므로 여러 사례에서 나는 울펜데일 자신보다 브랜덤에게 응답할 것이다.

몇 가지 사실 불합치도 지적되어야 한다. 나는 2010년 여름 사변적 실재론자의 블로그 공간에 관한 울펜데일의 설명의 정확성을 부정한다. 울펜데일은 마치 레비 브라이언트와 내가 우리 자신의 탁월함을 주장함으로써 번성하는 평등주의적 생태계를 교살한 것처럼 묘사한다(xiv). 블로그 독자는 원하는 곳을 자유롭게 넘나들 수 있으며, 이용 가능한 가장 활발하고 흥미로운 블로그에 자연스럽게 끌리는 법이다. 브라이언트는 그 매체의 역사상 가장 위대한 철학 블로거임이 분명하며, 당시 내 블로그는 독자 수가 증가함에 따라 점점 더 많은 방문자가 생겼다.[2] 이러한 기본 사실 이상의 우월성에 관한 주장은 없었고, 나는 그런 주장이 구체적으로 무엇을 의미하는지도 알지 못한다. 대부분의 소셜 미디어가 그렇듯 브라이언트와 나는 가장 눈에 띄는 두 블로거였기에 트롤과 다른 공격자들로부터의 거의 끊임없는 공격에 직면해야 했고, 그중 일부는 우리의 개인 계정으로 혐오 메일을 보냈다. 울펜데일은 우리 블로그 공간의 가장 나쁜 상대는 아니었지만, 당시 울펜데일이 스스로 우월한 합리성을 가장하는 것처럼 보였던 것에 브라이언트와 내가 계속 당혹스러워했던 것은 사실이다. 유감스럽게도 그의 저서에는 여전히 이러한 태도가 너무 많이 남아 있다.

마지막으로, 울펜데일은 2010년 6월의 이메일에서 발생한 일을

---

2. 레비 R. 브라이언트의 블로그는 "Larval Subjects"(https://larvalsubjects.wordpress.com/)라는 표제를 가지고 있다. 지난 몇 년 동안 그다지 활성화되지는 않았다. 나 자신의 블로그 "Object-Oriented Philosophy"(https://doctorzamalek2.wordpress.com/)는 여전히 활동적이지만, 이제는 주로 철학 뉴스를 위한 게시판으로 기능하고 있다.

오해한 것처럼 보인다. 따라서 스스로 인정하듯이 복수라는 동기로 작성된 이 책은, 실제로는 일어난 적이 없는 모욕에 대한 응답으로 저술됐다(xi~xii). 우리의 2010년 서신을 지금 다시 읽으면서, 나는 그것이 양쪽에서 얼마나 **예의 바르게** 진행됐는지에 놀랐다. 울펜데일이 정확하게 보고한 바와 같이, 나는 그해 6월 21일에 그에게 서신을 썼고, 점점 늘어나는 나에게 대항하는 내용의 블로그 게시물들을 다루기 위해 두 가지 선택지를 제안했다—그의 모든 반론을 내가 답변할 단일 게시물로 압축하거나, 내가 응답해야 할 의무감을 느낄 수 있도록 별도의 글로 발행할 것을 말이다. 다음날인 6월 22일, 울펜데일은 블로그 게시물 선택지를 택할 것이라고 말했다. 자, 울펜데일이 내가 같은 날 다음과 같은 내용을 포함한 메시지로 답장을 보냈다고 말한 것은 완벽하게 옳다. "그러나 저의 현재 활동 단계에서 볼 때 저는 기나긴 블로그 게시물에 대해서 기나긴 응답을 마련할 수가 없습니다. 지독하게 많은 일에 너무 작은 대가가 따라옵니다. 만약 우리의 목이 동등하게 도마 위에 놓이도록 어딘가에서 비판을 간행하시면 기꺼이 그에 대한 응답을 쓰겠습니다." 그는 내가 이전까지는 포함시켰던, 단일 블로그 게시물에 응답하는 선택지를 "철회"했다고 말함으로써 이 이메일을 요약한다. 울펜데일이 왜 내 이메일을 이런 식으로 해석했는지 이해는 되지만 이는 단순한 오해이다. 방금 인용한 이메일의 어디에도 내가 이전 제안을 **철회**했다는 내용은 없다. 그것은 "저의 현재 활동 단계에서 볼 때 저는 기나긴 블로그 게시물에 대해서 기나긴 응답을 마련할 수는 없습니다"라는 내 말에 대한 울펜데일의 자체적 해석이다. 모든 사실이 보여주는 것은 내가 하루 간격으로 두 개의 이메일을 연이어 썼다는 것인데, 그것은 하나의 지점에서 서로 모순되는 것처럼 보였다. 내가 이 모순에 관해 설명한 적이 없으니, 나는 왜 울펜데일이 이에 관해 묻지 않고 지나갔을 따름인지 궁금하다. 실상에 관한 개연성 있는 설명은 내가 그 기간 이메일에 파묻혀 지냈고, 동시에 곧 있을 행정직을 준비하느라 정신이 없었으며, 그러므로 내가 전날 그에게 한 말을 잊어버렸을 뿐이라는 것이다. 울펜데일은 이 사건이 "조금 짜증이 났다"(xii)고 말하지만, 뒤이은 이메일에서 짜증의 증거는 찾을 수 없다. 울펜데일의 최초 응답은 "전적으로 이해합니다"였을 뿐이고, 6월 24일 그의 다음 메시지는 박사 학위 취득 후 연구원 지원에 관한 조언을 구하는 것으로 바뀌었으며, 나는 빠르게 대답했다. 그러므로 나는 울펜데일이 학생이고 내가 교직원이었던, 2012년 마르쿠스 가브리엘이 진행한 2주간의 본 대학 여름 학기에서 가졌던 만남에서 울펜데일이 나를 계속 무례하게 대할 때 놀랐다. 본 대학 구내식당에서 그와 농담을 주고받으려 하자 굳은 얼굴의 침묵이 돌아왔고 나는 그가 분명 무언가에 관해 매우 화가 났음을 깨닫고 어색한 분위기를 깨려는 시도를 포기했을 따름이다. 2년 후, 그의 저서가 모습을 드러냈다.

협동 작전

그러나 울펜데일의 저서는 단독으로 나타나지 않았다. 책의 뒤표지에는 나에게 반대하는 슬라보예 지젝의 소개 글이 있다. 지젝과 내가 비교적 우호적인 관계를 유지하고 있고 그 책에 대한 지젝의 지지가 지적으로 이해가 되지 않는다는 점을 고려할 때 놀라운 일이었다. 오랜 친구에서 적이 된 레이 브라시에가 쓴 울펜데일 저서의 후기에는 「사변적 부검」이라는 무시무시한 표제가 붙어 있었다.[3] 울펜데일

---

[3]. Ray Brassier, "Postscript : Speculative Autopsy," in Peter Wolfendale, *Object-Oriented*

에 관해 논하기 전에 이러한 주변 요인 각각을 간략하게 살펴보겠다.

처음에 책 뒤표지에 실린 지젝의 말은 나를 실망하게 했다. 2014년 이 책이 처음 출판되었을 당시 나는 2년 전 본 대학 여름 학기에서 지젝과 단 한 번 직접 대면했을 뿐이었다. 그러나 지젝을 이집트 강의에 초청하고자 했던 궁극적으로 실패로 끝난 나의 시도와 관련하여, 지젝과 나는 오랫동안 따뜻한 서신을 주고받아 왔다. 나는 지젝의 추천사의 첫 번째 단락이 놀라움도 당혹스러움도 아니라 OOO와 그 사이의 잘 알려진 차이에 관한 정확한 표현일 따름이었다는 점을 명확히 해두어야겠다. 놀라움은 슬로베니아 사상가가 "피터 울펜데일이 그의 상세하고 강력한 저서에서 한 것은 칸트가 스베덴보리에게 한 것"이라고 말하며 인용하는 두 번째 단락에서 나타났다. 여기서 참조되고 있는 것은 당연하지만 칸트의 『형이상학자의 꿈에 비추어 본 시령자의 꿈』이다.4 여기서 나를 당혹스럽게 만든 것은 에마누엘 스베덴보리(1688~1772)가 꿈에서 죽은 자의 영혼을 보았다고 주장하는 본격적인 신비주의자였다는 것이다. 이것은 신비주의와 합리주의 모두를 같은 이유 — 영적인 수단이 되었든 지적인 수단이 되었든 실재를 **직접적으로** 알 수 있다는 그것들의 공통된 주장 — 를 가지고 비판하는 OOO와는 전혀 관련이 없다. 나는 결국 그 문제에 관해 지젝에게 서신을 보냈고, 비록 그의 정확한 답변은 비공개로 유지하겠지만, 이 책에 대한 지젝의 지지를 내가 더 이상 진지하게 받아들이지 않는다고 말하기에 충분하다.5 최근에는 로스앤젤레스와 뮌헨에서 지젝과 나는 함께 행사를 진행했으며, 해당 동영상은 유튜브에서 쉽게 찾아볼 수 있다.6

Philosophy.
4. Immanuel Kant, *Dreams of a Spirit-Seer*.
5. Slavoj Zizek, 2016년 11월 5일 개인적 소통.

브라시에의 후기에 관해 말하자면, 그는 2009년 이후 사변적 실재론에 관한 그의 모든 발언에서 발견되는 지적 부정직함의 유감스러운 패턴을 계속 범하고 있다. 관심 있는 독자는 적어도 세 가지 다른 출간물에서 그런 움직임의 역사에 관한 나의 설명을 찾을 수 있으며, 브라시에는 감히 그것을 부정하지 못할 것이다.[7] 그 대신, 브라시에는 종종 우리가 토론할 가치조차 없다는 구실로 흥미로운 철학적 논쟁에 참여하기는커녕 나와 내 동료들을 겨냥한 일련의 공개적인 모욕으로 물을 흐리기로 선택했다. 이어지는 글에서, 나는 그의 후기에 있는 두 가지 사실적 오류, 그리고 그가 심각한 오독을 하는 한 가지 진술을 수정하는 것으로 나 자신을 제한할 것이다.

이상하게도 두 가지 오류는 모두 브라시에가 쓴 후기의 첫 단락에서 발견된다. "사변적 실재론이 존재 테스트를 통과했는가? 그레이엄 하먼은 분명 사변적 실재론의 포기할 줄 모르는 산파 역할을 했다. 의심의 여지 없이, 그가 자신이 인용한 '번창하는 책 시리즈'의 편집장이자, 인기 있는 〈필페이퍼스〉PhilPapers 웹사이트의 새로운 사변적 실재론 섹션의 자발적 편집자라는 사실을 언급하지 않은 것은 겸손 때문일 것이다."[8] 이 구절에는 어떤 독기가 서려 있으며, 브라시에가 나의 일상적인 편집 작업을 그 정도로 불편하게 느꼈다는 점은 당혹스럽다. 철학적 논쟁에서 상대방을 "산파"라고 부르는 것이 품고 있는 어

---

6. 2017년 3월 로스앤젤레스에서 진행한 토론에 대해서는 Ippolit Belinski, "Slavoj Zizek & Graham Harman Duel + Duet (Mar. 2017)," *YouTube*를 보라. 2018년 12월 뮌헨에서 진행한 토론에 대해서는 Lagebesprechungen, "Graham Harman and Slavoj Zizek talk and debate," *YouTube*를 보라.
7. Graham Harman, *Quentin Meillassoux*, 77~80 ; Graham Harman, "The Current State of Speculative Realism," in *Speculations IV*, 22~28 ; Graham Harman, *Speculative Realism*, 2~4.
8. Brassier, "Postscript," 409.

리석은 의도에 대해서는 설명이 필요하지 않을 것이다. 더 빠르게 논박되는 두 번째 오류부터 시작하겠다. 나는 웹사이트 〈필페이퍼스〉의 사변적 실재론 섹션의 "자발적" 편집자가 아니며, 다름 아닌 데이비드 찰머스가 나를 편집자로 초청했다. 찰머스가 내 글 「영인칭과 프시케」가 좋았다고 언급하기는 했지만, 나는 이 초청 이전에 찰머스와 만나거나 연락한 적이 없었다.[9] 아이러니하게도 브라시에 또한 이 글 「영인칭과 프시케」가 완성되었을 때 매우 좋아했었다. 그 외에는 왜 찰머스가 브라시에나 그의 동맹 중 한 명이 아니라 나를 초청했는지 나는 알지 못한다. 어쩌면 내가 글을 많이 쓰고 일반적으로 내가 요청받는 모든 것에 "네"라고 대답하려고 하기 때문일 수도 있다. 많은 학자가 추가 작업을 맡기를 거부한다는 점을 감안할 때, 습관적으로 작업을 수락하는 사람들은 명성을 얻고 더 많은 작업으로 "보상"을 받는 경향이 있다. 카이로에 있는 아메리칸 대학교의 알리 하디 부총장은 언젠가 나에게 "무언가를 이루고 싶다면 바쁜 사람이기를 자처해라"라고 말한 적이 있다. 다른 것은 몰라도 나는 바쁜 사람이었다. 내가 에든버러 대학 출판사의 번창하는 사변적 실재론 시리즈의 편집자라는 사실을 언급하지 않는 것과 관련하여 말하자면, 아니, 이것은 브라시에가 비꼬아 말하듯이 "겸손함"으로 인한 것이 아니라 내가 이 시리즈의 성공에 대한 나 자신의 공적을 합법적으로 주장할 수 없다는 사실로 인한 것이다. 이번에도 나는 에든버러 대학교 출판부의 캐럴 맥도날드에 의해 채용되었다. 캐럴은 나에게 심사 위원들이 검토할 시리즈 제안서를 작성해 달라고 요청했다. 지난 10년 동안 캐럴과 긴밀하게 협력해온 것은 흔치 않은 즐거움이었다. 사변적 실재론 시리즈

---

9. Graham Harman, "Zero-Person and the Psyche," in *Mind That Abides*.

는 사실 에든버러 대학교 출판부에서 가장 많이 팔린 시리즈 중 하나인데, 브라시에가 만약 관심 있는 독자층과 뛰어난 작가들이 아닌 개인적 마케팅과 브랜드화 노력이 이것을 가능하게 했다고 생각한다면, 그는 나의 사악한 카리스마의 수준을 과대평가하고 있는 것이다.

그 외에 브라시에의 후기는 상관주의의 관련성에 대한 긍정과 부정을 교묘히 섞으면서 내가 의도적으로 "사변적 실재론"을 하나의 "브랜드"라고 언급했다는 점을 반복적으로 비꼰다. 그와 동시에 자신의 오랜 친구인 알베르토 토스카노와 자신의 개인적 협력의 산물로 이를 다시 브랜딩하려는 그의 노력을 투명하게 드러낸다.[10] 브라시에는 토스카노가 그 점과 관련하여 "당혹스러워했다"고 보고하지만, 이 당혹에 대한 브라시에의 주목할 만한 반응은 자신의 친구를 이전보다 더 밀접하게 사변적 실재론과 연결하는 것이다. 나와 다른 사람들은 2007년 골드스미스 학회를 조직하고 2년 후 브리스틀에서 열린 후속 행사에서 결석한 퀑탱 메이야수를 대신할 수 있었던 토스카노에게 감사를 표한다. 그러나 사변적 실재론이 2006년 4월에 주로 브라시에와 내가 함께 날조한 것이라는 점은 기록의 문제이며, 현 단계에서 수정주의 역사를 시도하는 것은 무의미하다.

그러나 까다로운 핵심 문제는 울펜데일의 저서 자체에 대한 응답이다. 언급한 바와 같이, 뒤따르는 나의 방법은 그의 저서에서 제기된 몇 가지 중요한 문제에 초점을 맞추면서 가능한 한 모든 것을 개인 감정 없이 다루고자 노력하는 것이다. 어떤 상황에서 나는 자기-방어의 권리를 행사할 것이지만, 염증을 드러내지 않는 방식으로 그것을

---

10. Brassier, "Postscript," 414, 주석 6. "브랜드"라는 용어에 대한 나의 사용은 Graham Harman, "On the Undermining of Objects," in *The Speculative Turn*의 첫 번째 단락에서 확인할 수 있다.

행사하려고 노력할 것이다. 어떤 경우에도 나는 내 어조가 울펜데일의 어조보다 덜 모욕적이게끔 노력할 것이다. 먼저 책의 부제, "벌거벗은 본체"The Noumenon's New Clothes에 관해 다루겠다. 여기에는 분명히 자극적인 요소가 있다. 이 잘 알려진 이미지의 출처는 1837년에 출판된, 한스 크리스티안 안데르센의 유명한 이야기다. 거기서 다른 사람들이 황제의 존재하지 않는 옷을 아부하듯 칭찬하는 가운데 유일하게 한 어린아이가 황제는 아무것도 입지 않았다고 말할 용기를 갖고 있다.[11] 그 이후로 회의론자들은 "벌거벗은 황제"라는 구절을 대중적인 현상의 무효성이라고 추정되는 것을 가리키기 위해 사용하였고, 그리고 남용하였다. 수십 년 동안 비평가들은 종종 자크 데리다 또는 잭슨 폴록과 같은 인물들을 "벌거벗은" 것으로 언급하는 것을 자랑스럽게 여겼다. 그러나 아일랜드 미술 비평가 데클란 롱은 소셜 미디어에서 이 비유를 사용하는 사람들을 보고 "결코 상종하고 싶지 않다"라고 말했고, 나 또한 너무 빨리 그 구절에 의존하는 사람들을 의심한다. 어째서 대중적 인격이 다른 사람들이 생각하는 것보다 덜 중요할 뿐만 아니라 **완전히 벌거벗은 것**이라고 주장하며 과장하는가? 레이먼드 챈들러의 탐정 필립 말로우의 말을 빌리자면, "모든 터프 가이는 단조로운 법이지. 모두 에이스 카드로 이루어진 덱으로 카드놀이를 하는 것처럼. 모든 것을 가진 동시에 아무것도 가지지 않은 것이야."[12]

내가 말하려는 것은 "벌거벗은 황제"가 두 가지 이유에서 울펜데일의 저서 부제에 적절한 모델이 아니었다는 것이다. 첫째로, 우리는

---

11. Hans Christian Andersen, "The Emperor's New Clothes," in *Stories and Tales* [한스 크리스티안 안데르센, 「벌거벗은 임금님」, 『안데르센』].
12. Raymond J. Chandler, *The Long Goodbye*, in *Later Novels and Other Writings*, 483 [레이먼드 챈들러, 『기나긴 이별』].

이야기에 나오는 벌거숭이 남자가 **황제**였으며, 사람들은 그가 가진 막강한 정치적 권력 때문에 그에게 진실을 고하기 두려워했다는 점을 기억해야 한다. (덧붙이자면, 옷으로 추정된 것을 본 적이 없다는 황제의 정직한 초기 주장을 감안할 때, 황제는 이야기에서 호감이 전혀 안 가는 인물은 아니다). 겁에 질린 비평가들이 폭로하기를 두려워하는 강력한 제국적 권력을 나는 어떤 의미에서 누리고 있는가? 이것이 울펜데일의 부제가 과녁을 벗어나는 첫 번째 지점이다. 다음 문제는 부제가 한 단어를 대체한다는 것, 황제가 아니라 **본체**의 벌거벗음을 말한다는 데 있다. 울펜데일이 **벌거벗은 칸트**를 부제로 선택하지 않았다는 점은 주목할 만하다. 아마도 칸트가 위대한 합법적인 철학자이며 결코 벌거숭이가 아니라는 점에 대해서 나와 동의했기 때문일 것이다. 그러나 칸트의 모든 주요 개념 중에서 본체는 분명 황제와 견줄 만한 것이 가장 적다. 칸트 이후 대부분의 철학자는 칸트에게 많은 빚을 지고 있지만, 접근할 수 없는 본체를 방어하고 그것을 독단주의의 찌꺼기로 공격하는 데 동조하지 않은 이는 얼마나 되는가? 동조하는 태도가 훨씬 더 흔하다는 것은 분명하다. 나와 다른 소수의 사람이 본체를 옹호하는 것은 어떤 황제의 궁전과는 거리가 멀어도 한참 먼 사업을 차려야 하는 위험한 입장이다.

울펜데일에게 필요했던 속담은 대신 다음과 같다: 새 술은 새 부대에 **담아야 한다**. 그것이 더 의미 있고 더 뼛속 깊이 후려쳤을 것이다. 이 대안적 부제는 OOO가 칸트의 시대 이후 널리 불신되었던 것을 철학사의 한순간에서 재활용하고 있을 뿐임을 함의한다. 나는 이 주장에 관해서도 마찬가지로 반론을 가지고 있지만, 그럼에도 여전히 내가 실제로는 완전히 벌거벗은 매우 강력한 사람이라고 비난하는 것보다는 이러한 주장이 훨씬 더 과녁에 가까웠을 것이다. 이제 나는 울펜데일의 저서를 적절한 분량의 핵심 요점으로 정리해 보겠다.

울펜데일의 장구한 작업은 다양한 주제를 다루고 있다. 울펜데일이 책을 통해 주고 싶어 하는 인상은 마치 자신이 완전히 공허하고 사기로 가득한 프로젝트를 폭로하듯이 내 작업을 완전히 무너뜨리고 있다는 것이다. 그러나 그것은 책의 수많은 페이지에 걸쳐 실제로 일어나는 일이 아니다. 대신, 울펜데일은 철학이 무엇이어야 하는지에 관한 (종종 진술되지 않은 채로 남겨지는) 일련의 개인적 가정으로 시작하고, 그 전제들로부터의 나의 일탈을 지적한 다음에 이것이 체계적으로 비합리적이고 무능한 접근의 증거임을 암시한다. 울펜데일의 기획에서 이상하게도 중심적인 것은 나의 작가 경력이 시작된 하이데거 해석에 관한 점진적 "논박"이다. 울펜데일의 논박으로 추정된 것을 판단하기에는 상대적으로 소수의 울펜데일 저서의 독자만이 하이데거에 관한 충분한 배경이나 심지어 흥미를 가지고 있을 것이기에, 그는 종종 존중하기 힘든 이유를 가지고 단지 나와 내 동료들에게 돌을 던지고 싶어 하는 소망을 공유하는 사람들의 무지를 효과적으로 활용한다. 울펜데일의 철학적 전제와 하이데거에 관한 해석이 지닌 자의적인 특징을 보여주는 것은 울펜데일 저서의 수백 페이지가 모래 위에 지어진 모래성임을 보여주는 데 큰 도움이 될 것이다.

울펜데일의 서론(3~25)은 OOO에 관한 놀랍도록 좋은 요약을 제공하며, 그 초기 페이지들의 아래에 이미 악의적인 암류가 흐르고 있음에도 불구하고 그것은 유머 감각과 매력적인 산문체를 보여준다. 울펜데일이 주장하고자 하는 것처럼(29), 내 글쓰기가 너무 엉망진창이어서 그저 글 안에 포함된 논증을 재구성하기 위해 소금 광산에서 일하듯이 일해야 했다는 것은 참이 아니다. 편향되지 않은 독자 — 일차적으로 책에서 부정적인 정동을 누리기 위해 책을 읽지 않는 사람 — 는 의심할 여지 없이 OOO에 관한 내 해설이 더 명료하고 요점에 더 가까움을 알 것이다. 울펜데일은 자신의 주제를 세 부분으로 나누며, 나는 이러한 구분 방식에 관해서 반대하지 않는다. 즉, 그것은 (1) 물러남, (2) 사중체, 그리고 (3) 대리적 인과관계이다. 울펜데일이 2장의 해설 구간에서 이 도식을 준수하므로, 내 응답에도 이를 채택할 것이다.

울펜데일의 저서의 2장(30~37) 첫 절도 서론적인 느낌이 있으므로, 여기서도 고려하겠다. 여기서 우리는 브라시에의 흥미 분야와는 동떨어진 책의 한 양상을 본다. 즉, 울펜데일은 자신의 합리주의적 성향과 함께 그 자체로 통찰력 있는 하이데거 학자로 인정받고 싶은 자신의 야망을 언급한다. 이 점은 주로 주석에서 볼 수 있다. 그러한 한 주석에서 울펜데일은 하이데거에 관한 자신의 박사 학위 논문은 "하먼과 마찬가지로 표준 분석철학과 대륙철학적 독해로부터" 갈라지며, "〔그것은〕 하먼의 독해와 근본적으로 다른 (그리고 주장컨대 **훨씬 더 미묘한**) 결론에 도달한다"(31, 주석 20, 강조는 하먼)라고 말한다. 몇 페이지 뒤의 또 다른 주석에서 울펜데일은 "하먼은 〔존재라는〕 용어에 관한 자신의 형이상학적 설명을 넘어서는 일반적인 정의나 분석을 결코 제공하지 않는다"(33, 주석 23)라고 잘못되게 주장한다. 『도구-존재』 전체가 그러한 설명을 제공한다는 점을 감안할 때 이 주장에 응답하기는 어렵다. 하이데거에 관한 대부분의 저서가 단지 **물음**으로서의 존재에 관한 그의 설명을 반복하는 반면, 나의 데뷔작은 하이데거가 이미 우리에게 **존재물음**에 관한 잠정적인 대답을 제공한다고 주장하는 위험을 짊어지며, 이는 5년 후에 출판된 『하이데거, 설명되다』라는 나의 입문서에도 해당된다. 덧붙여서, 하이데거 학자들은 『하이데거, 설명되다』*Heidegger Explained*라는 표제가 지닌 오만함으로 추정된 것을 비웃는 데 탐닉하는 것 같기에, 나는 그 표제가 나를 위해 선택되었다는 것을 지나가며 언급해야겠다. 그 특수한 오픈 코트 시리즈의 모든 책은 철학자의 이름 뒤에 **설명되다**가 뒤따르는 것으로 구성되어 있다.

울펜데일은 또한 내가 단지 "외양"seeming에 상충하는 존재만을 말하는 반면, 하이데거는 — 그의 유명한 『형이상학 입문』에서 — 전체 절을 네 개의 구별되는 상충들에 할애한다고 불평한다. 저자는 주석에서 명칭을 언급하지 않았지만, 그것은 다음과 같다. (1) 존재와 생성, (2) 존재와 외양, (3) 존재와 사고, (4) 존재와 당위.[13] 울펜데일의 주장처럼 『도구-존재』가 실제로 이 목록의 두 번째 항목으로 제한될까? 전혀 그렇지 않다. 우선 내 저작에서 실재적/감각적 쌍은 "존재와 외양" 못지않게 "존재와 사고"와도 관련이 있다. 목록의 첫 번째 항목과 관련하여 말하자면, 『도구-존재』는 생성의 문제에 관해 하이데거와 베르그손 사이에 명시적인 쐐기를 박는데, 이는 단절된 순간들의 연쇄라는 하이데거와 기회원인론 사이의 강한 연결고리라는 바로 그 이유로 인한 것이다. 요컨대, 나는 하이데거가 생성에 관하여 우리에게 들려줄 흥미로운 것이 없다고 생각한다. 이는 오직 "존재와 당위"만을 남긴다. "규범성"의 문제에 몰두하는 윌프리드 셀러스와 피츠버그 학파에 대한 울펜데일의 충성을 고려할 때, 나는 그가 『도구-존재』를 통해 내가 규범의 문제를 다루기를 바랐던 이유를 알 수 있었다. 그렇다면 울펜데일은 내 저서에서 존재에 대한 일차원적 취급으로 추정되는 것을 과장하기보다는 그 점이 무엇인지 말했어야 할 뿐이다. 이것은 내가 볼 때 울펜데일의 저서가 지닌 주요 문제 중 하나로 이어진다. 그것은 젊은 작가에게 필요할 충분한 양의 건설적인 비판적 피드백을 받을 가능성을 낮춘다. 이 저서의 가장 열렬한 독자는 나를 증오하거

---

13. Martin Heidegger, *Introduction to Metaphysics* [마르틴 하이데거, 『형이상학입문』].

나 OOO를 증오하거나 혹은 둘 다를 증오하는 사람들일 것이며, 이들은 울펜데일의 주장이 이용 가능한 증거를 넘어서 딴 길로 샐 때 그의 고삐를 당겨주기에 적절한 사람들이 아니다. 브라시에의 후기의 마지막 페이지를 채우고 있는 울펜데일의 부적절한 아첨으로부터 판단해 볼 때, 분명 이를 수행하는 것은 브라시에가 아닐 것이다(42l).

나는 또한 울펜데일이 내 견해를 재구성하면서 그것을 "담론적 자선"이라 말하며 자화자찬할 때 당혹스러움으로 숨이 막혔다(30). 울펜데일의 조금도-자선적이지-않은 자선의 예시는 저자가 "따라서 우리의 현재 임무는 〔하먼의 논증을〕은신처에서 끌어내어 그것을 이성의 빛에 노출하는 것"(29)이라고 주장할 때 드러나며, 누구나 이를 자선보다는 우월의식의 표식으로 인식할 것이다. 이것은 저서 전체를 걸쳐 드러나는 문제이다. 주어진 주제에 관해서 내가 하는 말에 강하게 반대한다고 말하고 그 이유를 설명하는 대신, 울펜데일은 예외 없이 이성과 고유한 계약을 맺은 계몽된 영웅 — 비록 "이성"은 통상적으로 "울펜데일 자신의 철학적 전념"의 줄임말임에도 — 의 모습으로, 이제부터 덜 이성적인 인물이 어떻게 눈에 보이는 모든 것을 망쳤는지 보여줄 영웅의 모습으로 자신을 제시한다. 이것의 예시는 "하먼은 현상학적 방법론이라는 측면에서 우리에게 제공하는 것이 거의 없다"(32)라는 그의 주장이다. 이 진술에는 후설의 진정한 적이 심리주의가 아니라 영국 경험론과 그 "성질들의 다발"이라는, 나의 논증의 중심에 위치한 원래 나의 후설 현상학 해석의 흔적이 없다. 후설이 사고/감각 쌍과 본질적 성질/음영 쌍을 잘못 연결한다는 나의 추가적인 주장도 있다. 이 두 가지 요점은 우리가 통상적으로 접하는 체인점(chain restaurant) 현상학에서 완전히 벗어나 있으며, 어느 정도는 울펜데일도 알고 있을 것이다. 진정한 "담론적 자선"이라면 내가 독자에게 "현상학적 방법론이라는 측면에서"(32) 제공하는 것이 거의 없다고 주장하면서 이러한 문제를 묵묵히 지나쳐가지 않을 것이다. 울펜데일의 진정한 우려는 다음 페이지에서 다음과 같이 명료해진다. "방법론적 문제를 이렇게 외면하는 것은 전비판적 형이상학의 문제로 돌아가라는 하먼의 당당한 요청을 고려할 때 상당히 우려스러운 일이다"(33). 이것은 이미 옳지 않다. 내가 모든 전-비판적 독단주의에 대한 궁극적 해결책인 칸트적 물자체의 현존를 지지한다는 점을 언급하지 않는다면 누구도 칸트 이전의 형이상학적 문제는 다시 한번 공정한 게임이어야 한다는 내 견해를 인용해서는 안 된다. 내 "방법론적 문제에 대한 경시"로 추정된 것에서 저자가 정말로 우려하는 것처럼 보이는 것은 OOO에서 보이는 인식론의 약화된 지위이다. 방법론에 관한 그의 다양한 비난은 인식론이 참된 철학의 출발점이 되어야 한다는 그의 주장에 근거한다. 마침내 우리는 철학적 논증과 마주하게 되며, 모욕과 달리 그것에 대해서는 반론을 통해 이의를 제기할 수 있다.

울펜데일은 자기 철학을 "초월론적 실재론"이라고 부르는데, 각각의 용어로 그가 의미하는 바를 이해하기는 쉽다. 그것들은 함께 근대 존재-분류학Modern Onto-Taxonomy의 핵심을 형성한다. "초월론적"은 우리가 인간 주체의 자기-반성성에서 시작하여 이 주체가 어떻게 세계를 알 수 있는지를 물어야 한다는 것을 의미하며, 이는 자주 간과되는 상관주의적 순환에 대한 메이야수의 수용에서 일어나는 것과 같다. 울펜데일은 이 유사성을 깨닫고 곧 그 점에 관해 이야기한다. "나는 상관주의의 본질이 형이상학적이라기보다는 인식론적이며, 그것을 존재론적으로 오만한 것으로 일축하기보다는 이 영역 내에서 도전해야 한다는 퀑탱 메이야수의 말에 동의한다"(36). OOO는 여기에 동의하지 않는다. 실제로 OOO는 "인식론"이라는 자기-정당화된 하위

분야의 현존을 조금도 받아들이지 않으며, 그것을 사고-세계 관계를 다른 모든 것의 기반으로 삼는 나쁜 존재론으로 해석한다. "실재론"이라는 용어로 울펜데일은 과학이 실재에 관한 궁극적 발언권을 갖는 실재론을 의미한다. 울펜데일과 브라시에는 "과학주의"라는 용어가 무의미하거나 공허하다고 가장하기를 좋아하지만, 제임스 레이디먼과 돈 로스는 『모든 것을 처분해야 한다』의 1장에서 과학주의에 대해 완벽하게 타당한 정의를 내렸다 — 즉, 과학이 통상적으로 형이상학을 통해 다루어지는 모든 문제에 관해 궁극적 권위를 가져야 한다는 입장이다.[14] 그리고 브라시에는 더 나아가 OOO가 과학주의와 자연주의를 혼합한다고 불평하고 싶어 하지만, 그와 울펜데일이 레이디먼/로스 형태의 **과학주의**를 전폭적으로 지지한다는 점을 고려할 때 — 이에 따르면 예를 들어 OOO는 자연과학의 현재 논의의 한계를 넘어 인과관계에 관해 말하는 것이 금지되어 있기 때문에 — 이 점에 관한 뉘앙스 차이는 무관하다. 이것은 오로지 과학주의 자체를 위해 요구되는 철저하게 과학주의적인 형태의 과학주의이다. 요약하자면 울펜데일은 철학이 과학을 향한 공손한 태도("실재론")로 끝나기에 앞서 사고가 애초에 무엇을 알 수 있는지에 관한 인식론적 반성("초월론적")으로 시작해야 한다고 생각하며, 이는 만약 존재하기는 한다면 산재하여 있을 소수의 윤리적·미학적 문제만을 제외한다. 이것은 근대 존재-분류학의 교과서적 버전이며, 이러한 이유로 나는 OOO에 대항해서 펼쳐지는 400쪽 이상의 저자의 논의를 철학적으로 역행적인 입장에서 유래한 것으로 간주한다. 역사에 관해 말하자면 울펜데일은 "〔역사적 해설의〕 방법을 어느 정도의 기술을 가지고 행사하는 것"에 대해서는 나를 "인

---

14. James Ladyman and Don Ross, *Every Thing Must Go*, 61.

정"하는 것이 적절하다고 생각한다(31). 독자는 사실상 울펜데일이 아주 탐탁지 않게 이 점을 인정한다는 것을 볼 수 있으며, 물론 그는 빠르게 그것을 부정으로 뒤집는다. "이 방법은 … 합법적인 해설에서 시작하여 권위의 논증이라는 형태를 가진 불법적 정당화로 쉽게 미끄러질 수 있다. … ('아리스토텔레스/헤겔/하이데거 등을 읽어야 이 점에 관해 진지하게 이야기할 수 있다'고 말하는 것과 같다)"(31). 그러나 울펜데일은 내 저작에 있는 그러한 "불법적 정당화"의 예시를 제공하지 않으며, 그러므로 그가 얼마나 많은 사례를 발견했는지 나는 궁금할 따름이다. 전반적으로 내 저서는 독자들이 논의에서 차단되었다고 느끼게 하지 않으면서 관념의 맥락을 이해할 수 있을 만큼 충분한 역사적 배경을 제공함으로써, 그 철학자들의 심오한 학식을 가볍게 다루는 일에서 좋은 역할을 수행한다고 생각한다. 분명 나는 어떤 경우에는 다른 경우보다 이 작업을 더 효과적으로 수행한다. 그것이 책 쓰기라는 일이 갖고 있는 본질이다. 우리 모두 철학에 자신의 학식을 사용하여 독자를 괴롭히는 작가가 있다는 것을 알고 있지만, 감히 말하건대 울펜데일을 포함하여 아주 적은 독자만이 나를 그런 작가들 중 한 명으로 간주할 것이다. 나는 사용자-친화적인 산문, 혹은 적어도 형이상학 저서로서는 사용자-친화적인 산문을 쓰기 위해 많은 노력을 기울인다. 한마디로 말하자면, 울펜데일도 브라시에도 자신이 나보다 더 접근 가능한 작가라고 쉽게 주장하지는 못할 것이다.

마지막으로 나는 이미 언급된 주석에 있는 두 번째 실수에 주목한다(33, 주석 23). 울펜데일은 내가 "하이데거 자신의 주된 관심이었던, 객체들의 존재 **그 자체**에 대한 일반적 의미를 거의 완전히 〔생략한다〕"(33)라는 잘못된 주장에 이르기까지, 내가 다루는 모든 것이 **특정한** 존재자들의 존재와 모든 객체의 총체성의 존재라고 말한다. 첫 번째 주장에 관해서, 나는 ― 비록 데리다와는 다른 이유에서이지만 ― 특정한 존재자와 분리된 "객체들의 존재 그 자체"란 없다고 생각하며 이에 따른 효과에 관해 여러 논증을 제공한다. 그러므로 『도구-존재』에서 존재 그 자체에 대한 "생략"은 없으며, 오히려 왜 내가 울펜데일이 요구하는 것과 같은 구별을 하이데거 속에서 볼 수 없는지에 관한 명시적인 논의가 있다. 두 번째에 관해서는 울펜데일이 자신의 저서 뒷부분에서 스스로 인정하듯이, 나는 객체들의 총체성이라는 개념을 명시적으로 거부한다. 내가 총체성에 초점을 맞춘다고 주장하면서 울펜데일은 『도구-존재』의 294쪽으로 독자들을 보낸다. 그러나 그 페이지에서 나는 하이데거가 도구들을 단일한 전 지구적 체계에 속하는 것으로 취급하는 것을 비판하고 도구 파손에 관한 그의 설명이 도구equipment의 전체론에 대항해서 어떻게 작용하는지 보여주려고 한다. 좀 더 일반적으로, 나의 2010년 글(이는 울펜데일이 읽은 글인데)에서 볼 수 있듯이 나는 모든 객체가 하나의 가장 거대한 포괄적 객체에 속한다는 개념을 거부한다. 이 글에서는 가장 높은 수준의 실재가 현재 관계를 맺고 있지 않고 그러므로 더 거대한 객체의 부분을 형성하지 않는 "휴면 중인" 객체들로 구성되는 방식에 관해 이야기한다.[15] 비록 울펜데일은 그의 저서 초기 단계에서는 이 점을 모호한 채로 남겨두기는 하지만, 울펜데일이 실제로 말하는 것처럼 보이는 것은 **하이데거가 존재를 하나의 거대한 객체로 취급한다며 내가 잘못 비난하고 있다**는 것이다. 이 주제로는 조만간 다시 돌아올 것이다. 이것은 책 전체에 걸쳐 반복해서 등장하는 관련 문제이다. 울펜데일은 상당히 빈번하게 하나의 요점에 관한 나의 견해를 인용하거나 일정한 요점에 관해 내

---

15. Graham Harman, "Time, Space, Essence, and Eidos," *Cosmos and History*, 15.

가 논의하지 못했음을 인용하며, 마치 이것이 완전히 터무니없는 것이고 나의 타고난 부주의의 신호인 것처럼 보이게 만든다. 그러나 대개 이러한 비판은 그가 훨씬 뒤에 가서야 공개하는 자신의 철학적 의제에 기반하고 있다. 그가 특수한 불만을 제기할 때 불만의 동기를 처음부터 알았다면 유익했을 것이다. 현재의 사례에서, 울펜데일은 존재자에 초점을 맞추며 내가 "하이데거 자신의 주된 관심이었던 객체들의 존재 **자체**에 적용되는 **일반적** 의미를 거의 완전히 〔생략한다〕"라고 말함으로써, 마치 내가 하이데거 자신의 저작에서 핵심적으로 명백한 것을 설명하지 못하고 해석자로서 심하게 엉망진창인 것처럼 보이게 만들려 한다. 우리는 지금 울펜데일이 전체로서의 존재와 특정한 존재자의 존재 사이를 날카롭게 구별하고자 시간을 투자하는 것이 가진 본성을 명료하게 밝히기까지 이미 상당히 글을 진행해 온 상태다. 유일하게 3장에서 울펜데일은 "암묵적 정의나 비유적 암시, 혹은 존재의 최상위 종 없이 직접적으로 존재자들 그 자체를 생각하는 것이 가능한지는 의심스럽다"라고 인정하는데, 이는 그가 "그것이 엄밀히 불가능하다고 주장하기를 주저"(319)할 것이라고 서둘러 경고를 첨부하더라도 내 입장을 상당한 인정하는 것이다. 전체로 이동함으로써, 울펜데일은 자신이 또한 간접적이고 암시적인 것에서 "논리학"을 통해 이용 가능한 직접적 통달로 이동할 수 있다고 생각한다. 요약하자면, 그는 개체적 존재자에 관해 내가 옳았음을 뒤늦게 인정하고 자신이 우위에 있다고 생각하는 주제로 바꾸고 싶어 한다. 33쪽에서 우리의 반대를 소개하는 좀 더 **공정한** 방법은 다음과 같았을 것이다.

여기서 우리는 처음으로 나와 하먼 사이의 중요한 반대를 보게 되며, 그것은 이 저서에 중대한 파급을 미칠 것이다. 하먼은 개체적 존재자들의 구조에 초점을 맞추기로 하면서 존재 그 자체라는 개념을 경시한다. 나는 개체들에 직접적으로 접근하는 것이 어렵거나 심지어 불가능하다는 점에서 하먼이 개체들에 관해 대체로 옳았다는 것을 인정하지만, 여전히 전체로서의 존재의 구조와 같은 것에 직접적으로 접근이 가능하다고 생각한다. 하먼의 암시적으로 접근 가능한 물러난 존재자가 완벽하게 알 수 있는 존재 일반의 선험적 논리에 의존한다는 점을 감안할 때, 지식의 역할을 경시하려는 하먼의 시도는 존재에 관한 논의로 오면 이런 방식으로 약화된다.

이것이 지적 논쟁이 수행되어야 하는 방식이다. 지적 논쟁이란, 우리에 대한 상대방의 반대가 단지 터무니없는 실책인 것처럼 가장하고 나서 300페이지 후에 그 상대가 적어도 절반은 옳았다는 것을 인정함으로써 수행되는 것이 아니다.

아마도 울펜데일 저서의 서론 부분에서 가장 계획적인 진술은 나를 저격하는 여섯 요점 목록의 마지막 두 요점에서 드러난다. 다음을 참고하라.

(v) 나는 "형이상학이란 무엇인가?"라는 물음의 대답에 동반되는 방법론적 의식 없이 형이상학적 사변으로 회귀하는 것은 실패로 끝날 수밖에 없다고 예측한다. 그리고 (vi) "그에 관한 우리의 지식과 언제나 다른", 좀 더 오묘한 "실재적인 것"의 **정의** 없이 통용 가능한 "실재론"은 있을 수 없다고 생각한다." (36)

누구나 철학의 가까운 미래에 일어날 일을 "예측"할 수 있다. 그 이상으로, 모든 철학적 경력은 현재 이용 가능한 다양한 연구 기획이 상대적으로 장기적인 중요성을 지니고 있느냐 없느냐에 내기를 거는 것과 같기에, 모든 사람이 그러한 예측을 한다. 요점 (v)에서 울펜데일은 "방법론적 의식"을 주장하면서, 철학이 엄격해지기 위한 인식론적 예비 과정의 필요성에 자신의 경력을 걸었다고 말하고 있다. 이 점에서 울펜데일은 "상관주의적 순환"을 향한 메이야수의 놀라운 충성 — 나는 이것을 실책이라고 여긴다 — 혹은 인식론의 또 다른 동의어, 브라시에가 이제 "좋은 상관주의"(412)라고 부르며 애착을 가지는 것에서 거의 벗어나지 않는다. 그러나 이것이 철학을 위해 유일하게 가능한 방법은 아니며, 울펜데일은 방법론적 의식을 그것의 실제 이름 — 즉, 자신이 선호하는 인식론적 출발점 — 으로 불러야 한다. 이것은 사고-세계 관계가 다른 모든 관계를 처리하는 방식이라고 여기는 사람에게만 의미가 있으며(그리고 나에게는 그렇지 않다), 이에 따를 때 두 개의 당구공 충돌에 대해 자기-반성적으로 말한다는 것은, 두 개의 당구공 충돌에 대한 나의 사고를 말한다는 것을 의미한다. OOO는 이러한 처리 방식을 거부하고 그것이 "실패로 끝날 수밖에 없다"고 간주한다. 게다가 이것은 나의 "예측"일 따름이 아니라 근대 존재-분류학에 대한 체계적인 거부에서 비롯된 것이다.

우리는 이제 (vi), "'그에 관한 우리의 지식과 언제나 다른', 좀 더 오묘한 '실재적인 것'의 정의 없이 통용 가능한 '실재론'은 있을 수 없다"라는 요점으로 이동한다. 이것은 OOO는 객체가 무엇인지가 아니라 무엇이 아닌지만 말할 수 있다는 오래된 "부정신학" 허위 보도의 또 다른 버전일 따름이다. 그것은 두 가지 수준에서 잘못되었다. 첫째로, "그에 관한 우리의 지식과 다른" 존재자라는 것 외에도 우리가 추론할 수 있는 객체의 여러 특징이 있다. 지식은 울펜데일 자신의 집착이다. OOO에서 객체는 **어떤 것이** 그것과 맺을 수 있는 어떤 관계와도 다르다. 이것만으로도 철학의 출발점을 사고-세계라는 이원적 구도에 가둬버린 울펜데일 같은 존재-분류학자들의 감옥을 넘어 철학의 출발점을 넓히는 중요한 역할을 한다. 그것을 넘어서, OOO에서는 단지 하나가 아니라 여러 객체가 있어야 하며, 이는 즉 OOO는 칸트가 해결 불가능한 것으로 간주하는 것처럼 보이는 질문에 이미 어떤 견해를 취했음을 의미한다. 객체는 또한 자신과 자신의 성질 사이의 균열로 인해 찢어지며, 이는 심지어 포스트후설주의 철학마저 그에 기반해서 작동하는 경향이 있는 은은한 영국 경험주의 너머로 우리를 데려간다. 실재적 객체와 감각적 객체에 관해서 추론해 볼 수 있는 다른 특징들이 있지만, 다른 기회를 위해 나는 그 전체 목록을 남겨두고 싶다.

그러나 두 번째 문제는 울펜데일이 **필로소피아**와 지식을 구별하지 못한다는 점과 관련이 있다—그리고 이것은 울펜데일 혼자의 문제가 아니다. 누군가가, 담론적으로 이용 가능한 사물의 특성에 우선성을 부여하기를 거부할 때 그 사람을 "부정신학"이라고 비난하는 것은 메논의 역설이라는 함정에 빠지는 것이다. 독자들은 이 역설이, 우리는 무언가를 알거나 알지 못하며, 그러므로 출발점에 이미 포함되지 않은 것을 추구하는 것은 무의미하다는 소피스트의 견해에 해당함을 기억할 것이다. 소크라테스는 코스모스에서 인간 존재자가 지니는 지위에 관한 그의 중심적 가르침을 가지고 이에 응답한다. 즉, 우리는 진리 안에 있으면서 진리 안에 있지 않다. 이 문제를 다루는 OOO적 방식은 아래로-환원, 위로-환원, 혹은 이 둘을 동시에 채용한 이중환원을 통해 어떤 객체를 소진하는 것은 불가능하다는 것이다.[16] 울펜데일은 대신 철학을 자연과학과 연속되는 다른 형태의 **지식**(즉, 환원)으로 보기

---

16. Graham Harman, "Undermining, Overmining, and Duomining," in *ADD Metaphysics*.

를 원한다. 이것은 소크라테스가 문제를 바라본 방식이 아니다. 소크라테스에 관한 나의 독해를 일종의 재앙적 반전("아리스토파네스의 『구름』만큼 나쁜 소크라테스에 대한 패러디")으로 묘사한 울펜데일의 후반부의 주석은 철학이 무엇이어야만 하는지에 관한 자신의 뿌리 깊은 근대주의적 시각에 기초한 단순 주장일 뿐이다. 즉, 울펜데일에게 철학은 자연과학이라는 거물 마피아 두목에 대한 인식론적 **법률고문**이다(335, 주석 426). 여기서는 『파이돈』에서 아낙사고라스의 물리적 설명에 관해 말한 소크라테스의 거친 발언의 흔적을 찾아볼 수 없다.[17] 이제 우리는 울펜데일의 저서 2장에서 볼 수 있는 물러남, 사중체, 대리적 인과관계에 관한 그의 분석을 살펴본다. 그것들은 울펜데일이 3장에서 좀 더 일반적인 오류의 패턴을 결정하고 4장에서 내 철학의 원리가 널리 채택될 경우에 닥칠 재앙에 관한 시적 애통함을 주장하기 전에 그의 객체지향 철학 비판의 핵심을 구성한다. 2장을 논하기에 앞서, 나는 각각 물러남, 사중체, 대리적 인과관계를 다루는 절이 고르지 않은 분량과 고르지 않은 진지함을 가지고 있다는 점을 지적해야 한다. 물러남에 관한 부분은 울펜데일이 스스로 자신의 가장 무거운 대포라고 생각하는 것을 발사하는 곳으로서, 내 글이 모호함, 애매성, 비일관성으로 가득 차 있음을 보여주려고 노력한다. 그러나 전반적으로 그가 보여주는 것은 철학에 관한 자신의 전제가 내 것과 같지 않다는 점뿐이다. 울펜데일의 통상적인 수사와는 대조적으로, 이 페이지들에 광범위한 재구성 수술을 수행해야 했던 것은 나이다. 왜냐하면 그것들은 대부분 무자비한 논리의 전시라는 가면을 쓴 따분한 교훈들이기 때문이다. 사중체에 관한 부분은 아주 작은 동의로 시작

---

17. Plato, *Euthyphro, Apology, Crito, Phaedo*, in *Complete Works*.

하지만 덜 흥미로우며, 대부분 울펜데일이 내가 하이데거, 후설, 그리고 솔 크립키를 오독했다고 주장하는 내용으로 구성되어 있다. 대리적 인과관계를 다루는 마지막 구간은 특히 짧은데, 이 구간은 대체로, 과학이 비생명 세계에 관한 논의에서 현재의 독점권을 가질 자격이 있으며, 이와 대조적으로 대리적 인과관계가 제공하는 모든 것은 "정서적emotional 강도의 내관적 이론"이고, 그러므로 미학은 "정서"에 관한 것에 불과하다는 통상적인 과학주의적 상투 문구를 되풀이하는 존재-분류학적 가정을 긍정하는 것으로 제한된다. 따라서 물러남에 관한 내 글은 다른 것보다 더 많은 분량을 차지할 것이다.

물러남

울펜데일은 다음과 같이 말할 때 옳았다. "하먼은 물러남에 관한 자신의 설명에 대해 여러 논증을 펼치고 있다. 지금까지 가장 유명한 것은 그의 첫 번째 저서 『도구-존재』에서 제시된 하이데거의 도구-분석 독해이다."(39) 울펜데일은 OOO가 도구-분석에 관한 나의 독해에서 비롯되었다는 것을 알고 있으며, 주석을 통해 나의 데뷔작 이전과 이후의 글들을 모두 포함하고 있는 『사변적 실재론을 향하여』에서 "〔11개의〕 에세이 중 〔8개는〕 도구-분석의 생략된 요약본을 포함하고 있다"(39, 주석 28)라고 말한다.[18] 그것은 놀라운 일이 아니다.

내 해석에 관한 울펜데일의 반대는 내용과 방법 모든 측면에서 책의 나머지 부분에서 일어나는 모든 것을 형성한다. 내 저작에 관해 논할 때 울펜데일이 가장 좋아하는 비유는 모든 것이 절망적으로 뒤섞

---

18. Graham Harman, *Towards Speculative Realism*.

여 있어서 비판하기 전에 내 논증을 정리해야 한다는 것이다. 자신의 활동에 관한 이 다소 자축적인 설명은 종종 그의 지지자들에 의해 선택되고, 자축이기보다는 마치 사실인 것처럼 반복된다. 여기 그 주장의 초기 버전 중 하나가 있다.

> 도구-분석이 하먼의 저작 전반에 걸쳐 다른 정도를 가지고 참조되며 요약된다는 사실에도 불구하고, 그것의 논리적 구조는 상당히 불투명한 상태로 남아 있다 … 비록 그것이 단일한 논증인 것처럼 언급되지만, 하먼의 버전은 실제로 위에서 논의된 세 가지 형태의 해설, 즉 역사적 형태, 현상학적 형태, 형이상학적 형태를 모두 뒤섞은 여러 별개 논증의 혼합이다. (39)

내 글 속에 뒤엉켜 있는 수많은 실을 고통스러울 정도로 힘들게 조사했다는 이 주장은 정말로 수사적 속임수에 불과하다. 속임수가 이런 형태로 얼마나 자주 반복되는지를 고려할 때 처음부터 그것을 다룰 필요가 있다. 내가 하이데거를 독해하면서 역사적, 현상학적, 형이상학적 접근을 "뒤섞는다"라는 주장으로 시작해 보자. 첫째로, 우리는 이미 울펜데일이 내가 "어느 정도의 기술을 가지고" 역사적 해설의 방법을 다룬다는 점을 인정하는 것을 보았다. 우리는 울펜데일이 이 방법은 독자들을 괴롭혀 굴복시키는 데 사용될 수 있다는 경멸적인 경고를 추가하는 것을 보았지만, 그러나 그는 내가 그렇게 한다는 어떤 증거도 제공하지 않는다. 그러므로 나의 "뒤섞임"에서 "역사적" 성분은 울펜데일의 비판과 관련이 없으며, 따라서 그것은 세 가지 용어가 아닌 두 가지 용어, 현상학적인 것과 형이상학적인 것의 "뒤섞임"으로 구성된다. 울펜데일이 이 두 용어를 가지고 실제로 의미하는 것은 내가 존재론적 영역과 인식론적 영역을 혼합한다는 것이다. 사실 이것은 울펜데일의 저서 전체를 구조 짓는 **두 가지 주요 논증** 중 하나일 따름이다. 만약 나의 첫 번째 실수로 추정된 것이 인식론적 영역과 존재론적 영역을 뒤섞은 것이라면, 두 번째 오류는 비생명 객체에 관해 자연과학이 아직 더 잘하지 못한 방식으로 철학이 무언가 말할 것이 있을지도 모른다고 감히 주장한다는 것이다. 요컨대 울펜데일은 근대 존재-분류학의 두 기둥인 (a) 상관주의, 그리고 (b) 과학-숭배의 충실한 신봉자이며, 그러므로 그의 독창성은 상당히 의문스럽다.

이것이 여기서 언급될 필요가 있는 이유는, 울펜데일이 자신의 저서 끝에 과학의 위대함에 뒤처진 사람들을 위한 쉬운 형태의 회의론을 유포하는 일종의 주류 퇴행적 대륙철학으로 나를 "브랜드화"하기 위해 많은 노력을 기울일 것이기 때문이다(401~6). 울펜데일은 내가 대륙철학이 **원하는** 것을 주지만 자신은 대륙철학에 **필요한** 것을 알고 있다고 말할 것이다. 그러나 울펜데일이 대륙철학에 "필요한 것"은 좀 더 많은 분석철학과 과학이라고 생각한다는 점을 알게 되는 것은 오히려 실망스럽다. 울펜데일은 또한 질 들뢰즈와 알랭 바디우의 "좋은" 부분은 수학에 관한 그들의 관심이고, "나쁜" 부분은 들뢰즈가 미친 펠릭스 과타리와 작업하고 바디우가 사건에 관해 이야기할 때 나온다고 말한다(353~7). 요컨대, 울펜데일이 제공하는 것은 철학에 관한 새로운 비전이 아니라 인식론, 수학주의, 과학주의가 뒤섞인 상당히 표준적인 "합리주의자 터프 가이"다. 나는 마찬가지로 충분히 퇴폐적인 ― 하늘이 잘 알 것인데 ― 오늘날의 대륙철학을 옹호하기 위해 이 말을 하는 것이 아니다. 그러나 분석적 전통과 대륙적 전통이 근본적으로 동의하는 것이 있다면, 그것은 근대 존재-분류학의 두 기둥, 즉 내가 (a) 상관주의라고 부르는 것, 그리고 (b) 세계에 관한 논의에서의 과학의 독점권이라고 부르는 것이다. 두 전통 모두 지식의 도구로서의 언어나 인간 사고에 대한 반성으로 시작하며 칸트를 따른다. 그리고 분석철학은 대륙 전통이 하지 않는 방식으로 과학을 찬양하는 반면, 후자는 세계 그 자체에 관한 불가지론적 침묵을 채택하며 과학-숭배가 저항 없이 계속되도록 허용한다.

요컨대, 분석적 정통과 대륙적 정통의 기본 원리를 **모두** 고수하는 사람은 내가 아니라 울펜데일이며, 근대철학의 두 가지 근본적인 도그마를 받아들이는 사람도 마찬가지로 울펜데일이다. 이것은 울펜데일이 이러한 편견에 동참하는 모든 독자로부터 쉽게 지지받을 수 있음을 사전에 보장한다. 앞에서 우리는 범심론이 별종이라는 낙인을 찍기에 충분하다는 샤비로의 주장을 접했다. 그러나 사실 그 특수한 모욕을 받기까지는 범심론을 지지할 필요조차 없다. 사고-세계 관계에서 시작해서는 안 된다거나 **혹은** 비생명 세계에 관한 논의를 과학이 독점하도록 허용해서는 안 된다고 주장하면서 우리가 근대 존재-분류학의 **기둥 중** 하나에 반대하기만 하면 된다. OOO는 두 가지 요점을 모두 주장하며, 따라서 울펜데일과 브라시에가 정통 사상에 대한 대담한 도전의 일종으로 간주하는 주류 인식론적 과학주의보다 훨씬 더 대담한 입장을 옹호한다. 이런 식으로 그들은 그들이 자기 시대의 산물일 뿐이라는 심각한 위험을 감수해야 한다.

이제 우리는 울펜데일이, 내가 결코 어떤 것과도 혼합하지 않는 세 번째 용어(역사적인 것)를 첨부함으로써, 내가 "인식론적인 것을 존재론적인 것과 혼합한다"는 시시하고 잘못된 혐의를 위장하려는 것을 보았다. 이것은 울펜데일의 저서에서 미묘한 집념을 가장한 불필요하게 기술적인 언어를 통해 보강된다. 나는 무엇보다도 내 주요 요점 중 하나를 취하여 "X로부터의 논증", "Y로부터의 논증", "Z로부터의 논증"과 같은 이산적 논증으로 분할된다고 주장하는 그의 관행을 가리키고 있다. 이것은 울펜데일이 OOO의 엉성한 추론을 분석하는 타협하지 않는 논리학자로 가장할 수 있게 해주지만, 이는 종종 지루한 현학의 신호일 따름이다. 우리는 이것이 나의 하이데거 해석에 관한 그의 불만에서 어떻게 작용하는지 볼 것이다.

그러한 불만들을 다루기 전에 울펜데일의 진행방식에 대한 나의 기본적 반론을 나열하겠다. 울펜데일이 올바르게 다룬 것부터 시작해 보자. "하먼은 도구-분석에 관한 자신의 버전이 하이데거 스스로 지지할 것이 아니며, 그 자체의 진가에 따라 평가되어야 한다는 것을 매우 분명하게 한다"(40). 울펜데일는 바로 그것을 하겠다고 말하지만, 곧 다시 내가 하이데거의 **의도**를 잘못 이해했다고 비난하는 쪽으로 돌아선다. 그리고 울펜데일은 이 비난을 상당히 가혹한 형태로 제기한다.

> 어떤 사상가를 그 사상가 자체에 대항하는 방식으로 읽는 것은 가능하지만, 이것은 그 사상가의 작업 속에 그 사상가의 작업 자체에 부응하지 못하는 어떤 본질적인 요소가 현재해야 함을 요구한다. 그러나 하먼이 하이데거의 도구-분석에서 파헤치려고 하는 요소는 심지어 거기에 존재하지도 않는다. … 하먼은 거기에서 하이데거적이라고 인식할 수 있게 만드는 모든 것, (현존재가 도구와 맺는) 관계를 제거했다. (48)

그렇게 말하는 이유를 언급하면서 울펜데일은 마치 도구-분석에 관한 자신의 더 오묘한 설명이 나의 독해에서 찾을 수 있는 자기-증식적 오류들의 미로를 폭로한 것처럼 보이도록 노력한다. 그러나 사실 울펜데일이 그렇게 말하는 유일한 이유는, 그는 도구-분석이 모든 존재자에 관한 것이 아니라 **실제로는 현존재**에 관한 것이며, 그러므로 내가 "도구와의 조우가 기술되는 의미론적이고 인식론적인 틀을 완전히 버렸다"(48)라고 생각하기 때문이다. 다른 말로 하자면, 정확히 오직 내가 논박하는 것 — 도구-분석이 "의미론적"이고 "인식론적"이라는 것 — 을 전제함으로써만 울펜데일은 도구-분석에 관한 나의 독해가 궤도를 벗어났다고 주장할 수 있다. 정확히 같은 이유로 울펜데일은 자신이 가장 좋아하는 입장을 전개하며 내가 현상학적 영역과 형이상학적 영역을 혼합하고 있다고 비난할 수 있다. 이와 관련된 문제가 하나 있다. 즉, 비록 울펜데일이 내가 하이데거와 조금이라도 유사한 도구-분석은 무엇이든 제거했다고 주장하지만, 그는 하이데거 자신의 말에 신중하게 주의를 기울이며 그것을 근거로 말하는 것이 아니라 주로 브랜덤에게서 도출된 철학적 편견에 근거하여 말한다는 것이다.

그렇다고 하더라도, 울펜데일은 적어도 나의 하이데거 독해에서 자신이 동의하지 않는 다섯 개의 주요 요점을 유용한 목록으로 정리하며 그 장을 시작한다.

1. 하먼은 "현전에 관한 하이데거의 비판을 실행execution이라는 보완적 개념을 지지하는 것으로" 읽는다.

2. 하먼은 존재적/존재론적 구별을 눈-앞에-있음과 손-안에-있음의 구별과 같은 것으로 간주한다.

3. 하먼은 "세계"가 현상학적 지평이 아니라고 주장한다.

4. 하먼은 **현존재**가 하이데거 존재론의 중심이 아니라고 주장한다.

5. 하먼은 망가진 도구와의 조우를 ~로서-구조$^{\text{as-structure}}$로 식별한다. (40)

대체로 이것은 나쁜 목록이 아니다. 이 다섯 개의 진술 중 어느 것도 내 입장을 왜곡하지 않지만, 여기에는 약간의 설명이 요구된다. 게다가, 비록 이 다섯 개 사이에는 상당량의 상호작용이 존재하지만, 울펜데일은 자신의 목록이 실제로는 두 개의 기본적인 반대로 요약된다는 점을 놓치고 있는 것 같다. 요점 1, 2, 그리고 5는 내가 실재적/감각적이라고 부르는 반대와 관련이 있다. 통상적으로 하이데거에게 **눈-앞에-있음**과 **손-안에-있음** 사이의 구별은 어떤 것에 대한 명시적 알아차림과 그것의 암묵적 사용 사이의 차이로 읽힌다. 도구-분석에 관한 나의 독해가 지닌 핵심은 이것이 철학의 좋은 출발점이 되기에는 너무 인간중심주의적이라는 것이다. 유감스럽게도, 인간중심주의적인 독해는 울펜데일이 제공하는 독해와 정확히 일치한다. 울펜데일의 비판 속 세부사항의 과다함은 그것이 전적으로 자신의 **현존재-중심적** 편견에 기초하고 있음을 은폐하는 경향이 있다.

요점 3과 4는 이러한 편견을 좀 더 열린 형태로 제공한다 — 울펜데일은 하이데거의 "세계"가 현상학적 지평이라고 생각하고 **현존재**가 도구-분석의 중심에 있다고 생각한다. 그러나 이것은 물론 근대-분류학의 화신이며, 그것은 즉 우리가 모든 존재자에 관한 논의로 시작할 수 없고 먼저 이러한 존재자들이 **현존재**에게 자신을 현현시키는 방식을 고려해야 한다는 것이다. 사고에 현재하는 것이 우리가 사고 외부의 무언가에 관해 끌어내는 매개된 추론보다 더 확고한 진리라고 주장함으로써 근대철학을 시작한 사람은 데카르트였다.『제1철학에 대한 성찰』과 다른 곳에서 우리는 먼저 신과 신의 선함을 거쳐서

신이 악한 기만자가 아님을 깨달아야 하며, 그 결과로 만약 우리가 우리의 이성이 올바르게 사용되게 한다면, 우리는 세계에 관한 올바른 결론에 도달하기 위해 필요한 모든 것을 가진 것이 된다.[19] 울펜데일은 대부분의 근대 합리주의자와 마찬가지로 "신" 부분을 삭제하지만, 우리에게 진정으로 사물이 존재하는 방식을 제공할 수 있는 것으로서의 이성에 관한 신뢰를 유지한다. 데카르트 이후로는 말브랑슈, 스피노자, 라이프니츠가 있었는데, 이들에게 인간 사고는 데카르트만큼 특별하지는 않았지만, 그들은 여전히 합리주의자였다. 그러나 인간 사고가 의무적인 출발점이 되고 이 방법에서 벗어나는 사람은 누구나 별종처럼 보일 수밖에 없게 된 것은 칸트 이후부터이다. 가장 신선한 예외는 화이트헤드인데, 그는 **바로 이런 이유로** 가장 독창적인 20세기 사상가 중 한 명임에도 불구하고 분석철학과 대륙철학 양쪽에서 따뜻하게 환영받지 못했다.

칸트 시대에 관해 더 이야기하기 전에, 나는 울펜데일의 요점 3이 지닌 또 다른 문제에 관하여 독자의 주의를 환기하고 싶다. 그 문제란, 도구-체계에 드러난 것으로서의 "세계"가 하이데거의 존재론적 주장이 아니라 현상학적 지평으로 받아들여져야 한다는 주장의 귀결이다. 이것이 도입하는 한 가지 문제는 도구-체계가 지평이라면 정통 후설주의자들이 옳고 후설은 하이데거가 도구-분석을 통해 보는 것을 이미 보았다는 것이다. 이 주장의 부조리함이 명백한 것은 아니다. 그러나 이 주장은 — 피터 그래튼에 관한 장에서 보았듯이 — 데리다가 후설의 지향성의 지평이 이미 후설에게, 레비나스가 "타자성"이라는 이름 아래로 요구하는 모든 것을 제공한다고 주장할 때 하이데거의 고유성

---

19. René Descartes, *Meditations on First Philosophy* [르네 데카르트, 『제일철학에 관한 성찰』].

을 놓치는 것과 같은 실수를 범하고 있다. 여기서, 우리가 데리다를 통해 보았듯이, 후설이 그 지점에 먼저 도달했다는 주장의 요지는 우리가 결코 지평에 대한 '적합한' 지향을 할 수 없다는 데 있다. 지평은 모든 지향이 샘솟는 근원적 원천이기 때문이다. 물론 이것은 울펜데일이 이 문제를 다루는 방식은 아마 아닐 것이다. 이것은 지평을 결코 완전히 객체화될 수 없는 무정형 배경으로 취급하는 데는 성공하지만, 후설과 하이데거 사이의 핵심적 차이를 다루지는 않는다. 즉, 그것은 물러나는 것으로서의 하이데거의 존재가 **잠재적으로도** 지향적 행위의 상관항이 아니라는 사실, 심지어 우리가 성공함이 없이 영원히 추구한다는 **텔로스**의 의미에서도 아니라는 사실을 다루지 못한다. 요컨대, 후설의 지평은 관념론적 구조인 반면, 비록 하이데거가 존재를 언제나 **현존재**와 결부시키더라도 존재는 실재론적 구조이다. 울펜데일은 분명 후설주의자가 이 문제에 관해 말하는 모든 것에 동의하지는 않을 것이지만, 그는 후설이 이미 충분하지 않은 이유와 도구-분석이 한 걸음 더 나아간 이유를 설명하는 데 어려움을 겪을 것이다.

이제 철학에 있어 칸트주의 시대의 문제로 돌아가자면, 많은 위대한 철학자의 등급을 매기는 가장 쉬운 방법 중 하나는 다음과 같다. 소수의 진정으로 중추적인 철학자는 철학이 작용하는 용어들 자체를 재정의하는 반면, 반-단계 아래의 위대한 사상가는 그 용어를 재정의함이 없이 그 용어들의 적용성을 확장한다. 이런 측면에서 하이데거 자신의 철학에서 **현존재**의 중심적 역할은 — 그리고 나는 그런 역할이 있음을 부정하지 않는데 — 그가 여전히 칸트가 조각한 공간 속에서 작업하고 있음을 의미한다. 하이데거가 위대하기는 하지만, 나는 그가 칸트 수준이 아니라고 말하겠다. 바로 이러한 이유로 인해, 나는 하이데거가 20세기의 가장 위대한 철학자라는 나의 오랜 주장을 최근까지 재고해 왔으며, 이제는 대신 화이트헤드가 그 자리에 더 어울린다고 생각하게 되었다. 비록 스티븐 샤비로에 관해 다룬 2장에서 설명한 이유로 인해 나는 화이트헤드주의자가 아니지만, 근대 존재-분류학자들 — 브랜덤, 브라시에, 울펜데일을 포함해서 — 이 자신들의 작업을 기초하는 칸트주의적 가정에 심각한 타격을 준 철학자는 하이데거가 아니라 화이트헤드이다. 내가 말하고자 하는 바는 방금 인용한 울펜데일의 다섯 개의 요점 목록이 단일한 요점으로 압축되어야 한다는 것이다 — 즉, "인식론"이 우리가 시작해야 하는 지점이라는 원리에 대한 그의 존재-분류학적 충성이 그것이다. 울펜데일이 내가 하이데거에게서 끌어낸 것이 "실제로는 하이데거 속에 존재하지 않는다"라고 말할 때, 그가 의미하는 것은 하이데거가 당연시하는 칸트주의적 가정을 내가 거부한다는 것일 뿐이다. 사변적 실재론은 종종 일종의 "칸트-때리기" 연습으로 부당하게 묘사되기 때문에, 나는 대부분의 포스트칸트주의자가 받아들이지 않는 **물자체**가 그의 학설에서 보존되어야 하는 한 부분이라는 나의 견해를 독자들에게 상기시켜야 한다. 객체-객체 관계에 관한 모든 언급은 선험적인 사고-객체 관계를 통해 처리되어야 한다는 존재-분류학적 가정이 칸트의 학설에서 거부되어야 하는 부분이다. 메이야수주의적 용어로 말하자면, 내가 아니라 울펜데일이 참된 상관주의자이다. 왜냐하면 울펜데일은 상관주의적 순환의 한 버전을 받아들이지만 나는 받아들이지 않기 때문이다.

이제 울펜데일이 위에 나열된 다섯 개의 요점에 관해 나에게 항의하는 것이 어떻게 잘못되었는지 고려해 보자. 첫 번째는 비유에 관한 호세 오르테가 이 가세트의 논문에서 가져온 용어 "실행"과 관련이 있다.[20] 울펜데일은 눈-앞에-있음과 손-안에-있음을 서로 다른 **종류**의 존재자 목록 — 마치 손-안에-있음이 다른 종류의 존재자가 아닌 오직 망치와 드라이버에 관해서만 말하고 있는 것처럼 — 으로 취급하는 주류 하이데거 학계에 대한 나의 비판에 동의하는 것처럼 보이지만, 그는 존재자의 실행적 실재성이 현전보다 더 깊은 것이라는 나의 주장이 정당하다고 생각하지 않는다. 울펜데일은 내가 이 점에 관해 주류 학자와 나 사이에 거짓된 양자택일을 만들었다고 생각한다. 무엇이 대안인가? 울펜데일 자신의 말에 따르면, "〔하이데거의 구별을 …〕 서로 배타적인 유형의 존재자들 사이의 구별로 환원하지 않고 … 존재의 서로 다른 양태 사이의 구별로 보는 것이 가능하다"(41). 이것은 이미 이상한데, 왜냐하면 나는 현전과 손-안에-있음을 모든 존재자의 두 가지 가능한 **양태**, 나의 감각적인 것과 실재적인 것에 상응하는 것으로 생각하며, 이 단계에서 울펜데일은 그의 개념화가 나의 것과 어떻게 다른지 설명하지 않기 때문이다. 그러나 울펜데일은 내가 **실체**의 전통과 실재적 존재자를 연결하는 점에 관해 부정적으로 논한다. 그가 "양태"로 의미하는 것은 모두 **현존재에 대한** 사물의 두 가지 다른 양태라는 것이 밝혀질 것이다. 그러나 이것은 울펜데일이 이미 주류 하이데거 학계의 주요 전제를 받아들였음을 의미한다. 즉 우리는 사물이 먼저 인간 존재자에게 어떻게 현현하느냐는 관점에서 모든 것을 다루는 데 국한되어 있다는 것을 신념으로 삼는다는 것이다. 기껏해야, 울펜데일이 이 표준 그림에 덧붙이는 것은 내가 존중하지 않는 하이데거주의자들의 진술, "과학은 생각하지 않는다"라는 악명 높은 격언을 가지고 과학을 대하는 태도보다 훨씬 더 큰 과학에 대한 경외심이다.

둘째로, 울펜데일은 내가 **현존재**에 대한 이해가능성intelligibility의 관

---

20. Jose Ortega y Gasset, "An Essay in Esthetics by Way of a Preface," in *Phenomenology and Art*.

점에서 실재를 다뤄야 한다고 생각하지 않는다고 올바르게 지적한다. 이는 울펜데일이 선호하는 단어이지 내가 선호하는 단어는 아니지만, 그는 이 점이 이해가능성이라는 개념을 "외양"의 한 형태에 해당하게 만든다고 주장한다. 이를 바탕으로 울펜데일은 주류 하이데거주의자와 내가 단순히 서로에 대한 거울-이미지일 뿐이라고 주장한다. 우리 둘 다 하이데거가 주로 **현존재**에 대한 유의미성을 이야기하고 있다고 생각하지만, 나는 여기에 부정 기호를 붙이고 거부하는 반면 주류는 긍정할 뿐이라는 것이다. 이것은 울펜데일을, 나와 주류 하이데거주의자 모두 큰 그림을 놓치면서도 무언가를 옳게 이해했다는 견해로 이끈다. 큰 그림이란 하이데거는 존재가 이해가능성의 관점에서 해석되어야 하면서도 어떻게든 모든 해석의 외부에 남아 있다고 생각한다는 것이다. 울펜데일은 이 균형이 "특히 [하이데거의] 후기 저작"(42)에서 가장 잘 나타난다고 생각하는데, 이는 후기에 대지와 세계 또는 은폐와 밝힘 사이의 투쟁에 관한 그의 관심이 증가했기 때문이다. 우선 하이데거에 관한 이러한 발전주의적 설명을 받아들일 이유는 없다: 여기서 문제가 되고 있는 이원성은 1919년 프라이부르크 비상 전쟁 학기의 초기 하이데거 속에서 이미 본격적인 형태로 나타난다.[21] 그러나 더 중요한 점은, 내가 감각적인 것이나 눈-앞에-있음을 단순한 "외양"으로 취급하지 않는다는 것이다. 이전 장에서 보았듯이, 나는 일차적으로 그 모든 진실성에서의 **감각적** 영역의 철학자로서의 레비나스에 관심이 있으며, 또한 실재적 객체가 모든 직접적 상호작용으로부터 단절되어 있다는 점을 고려할 때, 감각적인 것이 인과관계가 촉발될 수 있는 유일한 장소라고 주장한다. 따라서 내가 "이해가능성"을 경

---

21. Martin Heidegger, *Towards the Definition of Philosophy*.

멸한다는 착상은 울펜데일의 주지주의적 편견의 가공품일 뿐이다.

"지평"과 관련된 세 번째 요점에 관해서 울펜데일은 부정확성을 보여준다. 울펜데일은 주류 학계가 한 지평에서 다른 지평으로, 그리고 또 다른 지평으로 후퇴하면서 하이데거를 너무 밀접하게 따라간다는 나의 조롱을 반박하는 데 지나치게 많은 시간을 할애한다. 울펜데일은 많은 학자가 그것을 과장한다고 해서 하이데거의 작업에서 더 깊은 지평으로의 퇴행이 없다는 것을 의미하지는 않는다고 반박한다. **정반대로**, 울펜데일은 우리에게 다음과 같이 말한다. 종종 하이데거의 분석은 "어느 정도 잘-경계 지어진 단일 구조 속에서 종료 지점을 가진다(예를 들어 초기 저작의 **존재 시간성**, 혹은 후기 저작의 **에라이크니스**[생기]Ereignis처럼 말이다)"(43). 처음에 울펜데일의 요점을 이해하기는 어려운데, 왜냐하면 나는 하이데거 속에 단일 구조, 도구-체계가 있음을 이미 수용하고 있기 때문이다. 나는 그것이 "지평"으로, 언제나 우리의 명시적 초점의 객체가 됨이 없이 주어진 것으로서 이미 우리 앞에 있는 것을 가리키는 현상학적 용어로 불려야 한다는 점을 거부할 뿐이다. 그러나 앞서 언급했듯이 만약 울펜데일이 도구-체계를 지평이라고 생각한다면, 그는 이미 하이데거 자신보다 더 정확하게 이 개념을 논한 후설을 고수해야 할 것이다. 하이데거의 고유한 점은 그가 어떤 지평도 **넘어서는** 것을 가리킨다는 것이며, 울펜데일이 특히 이 점에 관해 이의를 제기할지는 불분명하다. 울펜데일을 진정으로 괴롭히는 것은 내가 하이데거의 "지평 너머"에 있는 것을 하나의 통합체로 읽는다는 것이다. "하먼의 대안은 '세계'를 그로부터 존재자들이 나타나는 현상학적 지평보다는 존재자들의 완전한 총체성으로 읽는 것이다. 이것은 재앙적인 오독, 하이데거가 명시적으로 반대하는 오독이다"(43). 이제, 하이데거는 내 독해에 동의했을 것이라고 말하지 않을 것이라는 나의 절차를 올펜데일은 받아들인다고 이미 주장한 바 있으며, 따라서 그 독해를 그 자체의 진가에 따라 판단하겠다고 주장했다. 그렇다면 "하이데거가 명시적으로 반대하는" 어떤 일을 하는 것이 왜 "재앙적인 오독"이 되는지는 불분명하다.

올펜데일의 네 번째 요점에서도 즉시 같은 문제가 발생한다. 내가 비록 하이데거에게 **현존재**는 명백하게 중심적이지만 우리는 그의 분석을 모든 존재자를 포괄하도록 쉽게 확장할 수 있다고 말할 때, 올펜데일의 응답은 다음과 같다. "이것은 지금까지 언급된 다른 요점들의 근본이 되는 오해, 하이데거의 기획에 대한 진정으로 악의적인 오해를 나타낸다"(43). 형용사가 너무 많은 일을 수행하도록 요구되는 것은 언제나 나쁜 신호이며, 여기에서 "악의적인"도 마찬가지이다. 그 단어를 빼고 올펜데일의 문장을 다시 작성해 보자. "이것은 지금까지 언급된 다른 요점들의 근본이 되는 오해, 하이데거의 기획에 대한 오해를 나타낸다." 이로부터 우리는, 내가 하이데거 자신의 자기-이해라는 관점에서 도구-분석을 읽으려는 것이 아님을 올펜데일이 처음에 인정했음에도 하이데거가 실제로 하는 일을 내가 오해하고 있다는 주장으로 돌아갔다는 것을 알 수 있다. 어쩌면 올펜데일은 이것이 내 해석을 그 자체의 진가로 읽으라는 자신의 이전 주장과 모순된다는 것을 알아챘기에, 하이데거의 의도를 잘못 이해한다는 문제보다 더 깊은 철학적 부패가 우리 중에 있음을 암시하는 것처럼 "악의적인"이라는 단어를 추가한 것일지도 모른다. 물론 올펜데일은 그 부패가 무엇인지 정확히 말하지는 않는다. "하이데거가 진정으로 말하고자 하는 것"의 영역에 이미 빠져 있었던 올펜데일은 하이데거가 의미하는 바를 단순히 자신의 편향을 반영하는 용어로 요약한다. "**현존재를 현존재로서 특징짓는 것**Existenz은 **현존재**가 자유롭게 선택하고 따라서 진정한 의미에서 행위하는 것으로 간주할 수 있게 만드는 조건 집합 Existentiale이다"(44). 자유롭게 선택? 행위하는? 이것은 이미『존재와 시간』에 관한 현존재-중심적인 주류 독해처럼 보이며, 이는 정확히 내가『도구-존재』에서 따라가지 않을 것이라고 선언한 노선이다. 다른 말로 하자면, 올펜데일은 내 독해 속에서 무슨 일이 일어나는지 보기 위해 그것을 따라가는 척 가장했지만, 하이데거가 **현존재를 의도했기 때문에 현존재 없이 도구-분석을 읽을 수 없다는 것**으로 빠르게 되돌아 간다. 이 묘책에 대한 기술적인 명칭은 "순환논법"이다. 그것은 다음과 같이 말함으로써 올펜데일이 1929/30년에 하이데거가 세계-형성 인간과 세계-빈곤 동물 사이에 세운 다소 약한 구별을 변호할 수 있게 해준다. "(하먼은) 하이데거가 **현존재**와 유사한 행동 능력(충동)을 갖추고 있지만 그런데도 (단순한 탈억제와는 대조적인 것으로서의) 선택을 가능하게 하는 특정한 조직화의 조건들이 결여되어 있는 (동물을 포함한) 존재자를 묘사하고 있다는 점을 보지 못한다"(44).[22] 요컨대, 올펜데일은 하이데거처럼 동물에게는 충동이 있지만 선택은 인간만이 한다는 상식적인 가정을 전제로 하고 있다. 올펜데일은 그것을 전제하는 것 이상으로 그것을 **존재론화**하여 인간의 "선택"이 다른 어떤 피조물에서 발견되는 것과는 너무도 달라 철학의 뼈대 자체에 내장되어야 한다고 생각한다. 또다시 허들 게임이다. 올펜데일은 동물과 인간 사이에 내가 아무런 차이도 인정하지 않는다고 거짓되게 암시하지만(나에게는 높은 허들이 주어진다), 그런 차이는 실제로 존재하는 것처럼 보이기에(자신에게는 낮은 허들이 주어진다), 그는 인

---

22. Martin Heidegger, *Fundamental Concepts of Metaphysics* [마르틴 하이데거,『형이상학의 근본개념들』].

간과 그 밖의 모든 것 사이에 존재론적 틈을 만들어야 한다고 결론짓는다(**불합리한 추론**non sequitur). 설상가상으로, 이것은 브랜덤의 고통스러울 정도로 상식적인 지성/감수성 구별을 재진술하는 화려한 방식일 뿐이며, 인간/동물 구별에 새로운 빛을 비춤이 없이 선택·이성 등에 관한 잔존하는 합리주의적 상식을 반복할 뿐이다. 울펜데일이 이러한 편견을 하이데거에게 계속 투사할 때 사태는 훨씬 더 재앙적이다. 울펜데일에 따르면, 하이데거에게 세계는 "일반성과 특수성에 대한 포착(예를 들어 펜 그 자체의 가능성 대 이 특수한 펜의 가능성) 양쪽을 비롯한, 가능한 행위의 내적으로 표현된 공간(즉, 가능한 것의 기투)이다"(44). 이것은 하이데거보다는 브랜덤과 훨씬 더 비슷하게 들리며, 그 주장이 하이데거와 관련된 한에서, 그것은 "하먼은 도구-분석이 모든 존재자로 확장될 수 있다고 생각하지만 명백하게 도구-존재는 **현존재**에 관한 것이다"라고 말하는 것에 지나지 않는다. 이것은 최악의 순환성이며 울펜데일이 자신의 저서 전체에 걸쳐 뻔뻔하게 나를 순환성으로 비난한다는 점을 감안할 때, 그는 자신이 걷잡을 수 없이 **순환논법**에 몰두하고 있음을 더 잘 알고 있었어야 했다. 울펜데일은 곧 이 활동을 반복하여 내 견해에 관한 또 다른 잘못된 진술과 결합한다. "하먼은 존재의 여러 양태에서의 차이가 … 존재자의 유형들 사이의 단순한 차이가 아니라는 점을 보지 못했는데, 왜냐하면 그는 가능성의 공간으로서의 세계 내부에서 그것들이 현실태로서 개체화되어야 하는 다양한 방식을 보지 못하기 때문이다"(44~45). 이것은 그 무엇도 제대로 다루지 못한다. 나는 눈-앞에-있음과 손-안에-있음이 존재자 **유형들** 사이의 차이라고 말하지 않는데, 이것은 손-안에-있음을 특정한 하드웨어 항목으로 제한하는, 내가 거부하는 바로 그 주류 독해이기 때문이다. 실제로, 이 요점은 내 해석에서 가장 유명한 트레이드마크 중 하나이다. 존재 양태들이 "가능성의 공간으로서의 세계 내부에서 현실태로서 개체화"된다는 점에 관해 나에게 강의하려는 시도에 대해 말하자면, 이것은 (a) 하이데거와 브랜덤의 혼합이고, (b) 내가 처음부터 거부하는 **현존재**-중심적 하이데거에 관한 타당성을 전제하는 것이다. 사실 이 구절은 울펜데일의 지지자들이 울펜데일의 저서에서 일종의 파괴적인 비판으로 받아들인 것 중 하나로, 그의 책에서 내가 놀라움과 당혹스러움을 동시에 느낀 부분 중 하나였다.

울펜데일의 다섯 번째 요점에는 흥미로운 것과 흥미롭지 않은 것이 뒤섞여 있다. 후자에서 시작해 보자. 울펜데일은, 내가 하이데거의 자기-이해를 드러내려는 것이 아니라 그의 분석이 실제로 수반하는 것을 보여주고자 한다는 나의 선언을 그가 수용했다고 주장했음에도 불구하고, 내가 하이데거의 의도를 오해하고 있다는 불평에 다시 빠져든다. 울펜데일의 말을 빌리자면, "(하면은) ~로서-구조와 그것이 망가진 도구와의 조우와 맺는 관련성에 관한 하이데거의 설명을 오해하고 있다"(45). 이것만으로도 충분히 문제지만, 이제 우리는 이 제스처에 익숙하고 더 이상 놀라지 않을 것이다. 사태를 더욱 악화시키는 것은 ~로서-구조를 어떻게 이해해야 하는지에 대해 제시된 설명이 지극히 사소하다는 점이다. "핵심적인 점은 하이데거가 해석학적 '로서'와 명제적 '로서'를 구별하고 이들을 각각 손-안에-있음과 눈-앞에-있음과 연합시킨다는 것이다. … 이것은 본질적으로 **암묵적인 것**과 **명시적인 것** 사이의 관계에 관한 문제이다"(46). 이 구절에는 울펜데일의 논증이 지닌 가장 나쁜 세 가지 특징이 결합해 있다. 즉, 그것은 (a) 하이데거에 관한 **현존재**-중심적 독해를 전제로 하고 있는데, 그것은 전제되어야 할 것이 아니라 논의되었어야 할 문제이다. (b) 하이데거를 암묵적/명시적 구별로 환원하고 하이데거에게 존재는 "암묵적"

일 따름이 아니라 현상학적으로 접근 불가능한 것임을 무시함으로써 그를 후설과 혼합한다. (c) 이번에는 암시적/명시적 구별을 통해 또다시 브랜덤의 집착을 끌어들인다. 상황은 간단하다. "그것이 명백하게 하이데거가 의미한 바"이기에 도구-분석은 오직 **현존재**에 대해 숨겨져 있거나 현재하는 것에 관한 것일 수 있다고 가정하는 한, 도구-분석이 그 자체의 논리 안에서 실제로는 분석이 주장하는 것보다 훨씬 더 많은 것을 우리에게 말해준다는 내 주장을 결코 따라올 수 없다. 당신은 하이데거 자신과 함께 칸트주의적인 초월론적 사고-객체 도그마 내부에 머물면서 우리를 그 너머로 밀어내는 하이데거의 모든 것을 억제했다. 울펜데일이 암묵적 해석에서 추상 언어적인 일반성으로의 이동에 관해 말할 때, 그는 도구-분석이 전적으로 인간 실천과 인간 합리성 사이의 차이에 관한 것임을 보지 못하는 무식한 사람들에게 정상급 수업을 진행하고 있기보다는 ― 그는 이렇게 생각하고 있는 것이 분명하다 ―, 단지 자신의 출발점이 지닌 제한성을 활용하고 있을 뿐이다. 나는 이것보다 더 주류 하이데거 독해인 것을 상상할 수 없다.

울펜데일의 다섯 번째 요점에서 좀 더 흥미로운 부분은 도구-분석이 인과관계의 문제로 확장될 수 있다는 나의 주장과의 그의 대립이다. 도구 분석이 "사용"과 관련이 있다는 것을 부인하면서 나는 사실상 그것이 "도구에 대한 의존의 문제로 이해되어야 한다"(45)고 말한다. 거기까지는 맞다. 그런데 울펜데일은 이제 그가 파괴적인 반격으로 간주하는 것처럼 보이는 것을 시작한다.

의존은, 존재자 사이의 모든 상호작용이 서로를 무언가"로서" "이해"하는 것으로 기술될 수 있다는 하먼의 주장을 뒷받침하는 본질적으로 **인과적인** 개념이며, 그러한 모든 상호작용은 망가진 도구와의 조우와 유

사하다는 추가적인 개념으로 이 개념이 발전한다는 것은 사실이다. (45)

울펜데일이 이 구절에서 "이해"와 "로서"에 주의 환기용 인용부호를 넣는 이유는 분명하지 않다. 추정컨대 울펜데일은 마치 돌덩어리가 자신이 던져진 물을 "이해"할 수 있는 것처럼 내가 샤비로, 스트로슨, 찰머스조차 받아들일 수 없는 종류의 본격적인 범심론을 주장하고 있음을 암시하려고 하는 것 같다. 앞에서 입증한 바와 같이, 나는 그러한 주장을 하지 않는다. 대신, 나의 논증은 비록 이해와 ~로서-구조에 관한 하이데거의 논의 자체는 **현존재**의 기본적 특징에 관한 분석으로서 제시되지만, 그 분석은 인과적 영역으로 쉽게 확장될 수 있는 매우 일반적인 특징을 갖고 있음이 밝혀진다는 것이다. 인간과 비인간 사이의 차이가 무엇이든 간에 — 그리고 얼마나 많든 간에 — 그것들은 **모든 관계에 공통적인 것이 무엇인지 알려주는 선험적인 평평한 존재론**의 관점에서 재정의되어야 한다. 무엇보다도, 만약 우리가 브랜덤과 울펜데일과 함께 (돌덩어리는 말할 것도 없고) 동물과 비교해서 인간을 특징짓는 것이 해석, 선택, 이성, 암묵적/명시적 구별이라고 가정하는 것으로 시작한다면, 우리가 훨씬 더 깊이 파고들어야 하는 순간에 우리에게는 오직 상식적인 것, 인간의 특별함에 관한 전-존재론적 일화만이 남게 된다. 그러한 파고듦이야말로 울펜데일이 하지 않는 것이다. 울펜데일은 마치 내가 코스모스의 모든 곳에 언어가 현재한다고 주장하고 있다는 듯이 "우리의 일상적인 지성이 존재자들을 포착하는 규범적 기능으로부터 존재자들의 인과적 능력을 [추출]"하기 위해서는 "특별한 언어적 도구"가 필요하다고 보고할 뿐이다(46). 다시 한번, 울펜데일이 "눈-앞에-있음의 전형은 일상적인 관행에서 가질 수 있는 어떤 역할과도 독립적으로 과학에 의해 상정된 존재자(예를 들어

전자, 블랙홀, 미토콘드리아 등)"(47)라고 말할 때 문제는 더욱 악화한다. 우리는 이제 적어도 세계의 과학적 객관화를 찬양하려는 경향은 없었던 하이데거 자신과는 거리가 아주 멀다. 다시 한번, 울펜데일의 입술을 통해 말하는 자는 하이데거 자신이 아니라 브랜덤이다. 하이데거는 눈-앞에-있음의 "전형적" 형태에 관해서도 말하지 않는다. 하이데거에게 모든 형태의 눈-앞에-있음은 존재신론과 기술의 어둡고 비통한 지배에 속한다. 분명 당신은 하이데거가 눈-앞에-있음에 너무 가혹하다고 주장할 수도 있지만, 그것은 내가 이미 내 작업에서 하는 일이다. 그러나 하이데거에게 모든 형태의 눈-앞에-있음이 하나의 기본적인 공통점을 공유한다는 점에는 의문의 여지가 없는데, 그 공통점이란, 눈-앞에-있음의 형태는 그것이 제시하는 것의 **존재**를 망각한다는 것이다.

명백하게 울펜데일은 현전의 이런 평평한 의미를 싫어한다. 그것이 하이데거주의적 틀 내부에서는 뚜렷하게 불가능한 과학의 가치 설정에 걸림돌이 되기 때문이다. 그렇게 너무도 빈번하게 일어나듯이, 울펜데일은 그것에 대항해서 지속적 논증을 수행하기보다는 형용사적 모욕에 의존한다. "따라서 과학은 이 공허한 의미에서의 순수한 현전의 영역이 아니라, 오히려 우리의 편협한 형태의 삶에 암묵적인 예상들을 넘어서 진정으로 가능한 것을 생각해 내려는 시도의 선구자이다"(47, 강조 수정은 하먼). "공허한?" 오, 이런. 그러나 울펜데일은 어디에서도 현전에 문제가 있다고 생각하는 것이 "공허"하다는 것을 입증하지 않는다. 현전에 문제가 있고, 그 문제는 현전이 아닌 다른 어떤 것으로 반대되어야 한다는 것이 바로 하이데거의 생각이었다. 대신, 울펜데일은 반대 원자가를 지닌 주류 하이데거주의를 채택할 따름이다. 울펜데일이 말했듯이, 우리는 "편협한" 일상 습관으로 시작하고,

이 암묵적인 편협함은 마침내 우리가 과학적 연구의 "좋은 현전"을 가질 때까지 점점 더 명시적으로 된다. 나로서는 이런 해석이 … 공허하다고밖에 생각되지 않는다. 그것은 그 해석이 하이데거가 의미한 바에 동의하지 않기 때문이 아니라, 실천/이론 구별이 출발점으로 삼기에는 그다지 깊지 않을 따름이기에 도구-분석을 암묵적인 것과 명시적인 것 사이의 대비로 읽는 것은 그것을 돌이킬 수 없을 정도로 인간화하는 것이기 때문이다. 그것이 『도구-존재』의 핵심이다. 그러므로 나는 울펜데일이 "[하먼은] 지성의 구조를 대량으로 삭제했고, 그러므로 도구와의 조우가 기술되는 의미론적이고 인식론적인 틀을 완전히 폐기했다"(48)라고 결론지었을 때 흔들리지 않았다. "의미론적"과 "인식론적"이라는 단어는 최소한 내 용법에서 생소한 만큼 하이데거에게도 생소하다. 그러나 더 중요한 점은, 우리는 다시 한번 울펜데일이 내 해석은 그 자체로 실패한다는 것을 보여주겠다는 자랑으로 시작했다는 사실을 기억해야 한다는 것이다. 실제로 일어나는 일은 반대다. 울펜데일은 도구-분석이 명백하게 **현존재**의 실천적이고 이론적인 현존에 관한 것이라고 주장하거나 혹은 차라리 전제하고 있을 따름인데, 그것은 내가 『도구-존재』에서 처음부터 끝까지 부정하는 바로 그것이다. 울펜데일은 자신의 합리주의적 희망 목록을 『존재와 시간』에 그저 투사하기보다는 현실적인 반론을 세웠어야 했다.

도구-분석에 관한 자신의 해석이 내 해석보다 더 나은 이유에 관한 울펜데일의 반복적인 설명이 여전히 거의 30페이지 정도 남아 있다. 우리는 울펜데일의 기본 전략이, 도구-분석이 인간에 관한 것이며 궁극적으로 "명시적인" 인간 과학의 위대한 업적에 관한 것이라는 억지 주장에 불과하다는 것을 이미 보았다. 억지가 49쪽에서 78쪽까지 계속된다. 그리고 나는 그 점을 더 살펴보기보다는 그 페이지들을 대충 훑어보고 가능한 새로운 공격 노선의 신호를 찾아보겠다. 다음에 나오는 내용 중 완전히 새로운 것은 없는데, 왜냐하면 그것들은 모두 내가 현상학을 형이상학과, 혹은 인식론을 존재론과 혼합하고 있다는 주장을 어떻게든 포함하기 때문이다. 그러나 때때로 그것들은 약간 다른 관점을 가지고 있으므로 직접적으로 대답할 가치가 있다.

울펜데일은 자신이 "실행으로부터의 논증"이라고 부르는 페이지들에서 내 분석의 실수로 보이는 것에 대해 우려한다. 객체가 "모든 **인식적이고 인과적인** 접촉으로부터 물러난다"라고 주장하면서 나는 "〔나의〕 현상학적 방법에 관한 설명을 〔제공하지 않는다〕"라고 말해진다(49). 그러나 중요한 점은 이 방법은 애초에 현상학적인 방법이 아니라는 것이다. 도구가 **현존재**에 어떻게 나타나는지에 관한 현상학으로 시작하는 것은 내가 아니라 울펜데일의 요구 사항이다. 내 논증을 간단히 진술하자면, 우리 자신이 세계 속에서 도구를 사용하는 인간이라는 사실은 인간이 도구-존재를 직접적으로 조우하지 **않는다**는 것을 이해하는 근거가 아니다. 오히려 우리는 이것을, 도구들이 종종 우리를 놀라게 한다는 사실뿐 아니라, 어떤 것을 사용한다는 것이 그것이 된다는 뜻은 아니라는 점, 그리고 어떤 것과 조우한다는 것이 그 존재 전체와 조우한다는 뜻은 아니라는 깨달음에서 추론한다. 그런데 정확히 같은 추론이 우리 자신이 아닌 다른 존재자에도 적용된다. 우리는 다른 인간과 동물도 그들이 상호작용하는 것의 존재 전체를 조우할 수 없으며, 의식적 알아차림이 전혀 없는 것으로 추정되는 존재자에 관해서도 같은 것을 말할 수 있다고 추론할 수 있다 ― 중세 이슬람 사상으로부터 빌려온 내가 자주 사용하는 예시, 면직물을 불태우는 불꽃에서처럼 말이다. 우리가 면직물의 존재를 정확히 다루지 못하는 것은 면직물에 대한 인간의 "알아차림"으로 인한 것이 아니라 — 이것은 칸트의 중심적 도그마이다 — 단지 어떤 관계도 그 관계항을 소진할 수 없기 때문이다. 이와 대조적으로, 올펜데일은 내가 "의존된 사물에 관한 **알아차림**으로 이해될 수 있는 것을 결여한" 존재자에 ~로서-구조를 확장한다고 불평함으로써 근대의 도그마를 옹호한다(51). 그러나 정확히 이것이 요점이다. 나는 이미 어떤 것이 유한하기 위해 "알아차림"이 필요하지 않다고 주장했으며, 따라서 애초에 "유한성"이라는 용어를 인간으로 제한할 이유가 없다. 더 나아가 올펜데일은 내가 도구에 대한 고유하게 능동적인 감각에서 다소 다른 감각, 도구에 대한 다소 **수동적인 의존** 감각으로 미끄러져 간다고 불평한다. "주어진 상태를 **수동적으로 유지**하는 데 필요한 '도구'에 대한 초점으로 대체되며 … 목표를 향해 **능동적으로 전개**된 도구에 대한 강조는 사라졌다"(50). 올펜데일은 수동적 의존이 "하나의 목표를 달성하는 것만큼이나 적절한 목표"(50)일 수 있다는 것을 반쯤 인정하지만, 그렇게 함으로써 자신의 인간중심주의적 편향을 반영하는 "목표" 개념에 여전히 충실하다. 도구-분석에 관한 나의 독해의 요점은 인간이든 동물이든 무생물이든 모든 **관계**는 그것들이 관계한 것을 동등하게 소진할 수 없다는 것일 따름이다. 올펜데일처럼 하이데거가 그렇게 말했기 때문에 도구-분석은 오직 인간에 관한 것이라고 가정하며 시작하지 않는 한, 목표 지향 행동은 이러한 측면에서 고유하지 않다. 다시 말하지만, 내 요점은 돌덩어리와 혜성이 "목표"를 가지고 있다는 것이 아니라 관계성의 분석이 목표 지향 실천보다 훨씬 더 원시적인 관계에도 적용되어야 한다는 것이다. 올펜데일이 "여기서 현상학이라는 가장이 이미 미끄러져 내렸음을 볼 수 있다"(51)라고 덧붙일 때, 그는 내가 그런 가장을 한 적이 없다는 것을 잊고 있는 것이다. 도구-분석이 도구의 "현상학"이어야 한다는 착상은 올펜데일 자신의 편향일 뿐인데, 왜냐하면 나에게 도구-분석은 일차적으로 결코 나타날 수 없는 것에 관한 것이기 때문이다. 울펜데일은 도구-분석이 "알아차림 그 자체가 결여된 것이라기보다는 오히려 특정 **종류**의 알아차림이 [결여된] 처신"(51)에 관한 것이어야 했다는 무의미한 경고로 결론을 내린다. 그 결론을 무의미하게 만드는 것은 내가 그 반대를 주장하지 않는다는 점이다. 『도구-존재』의 초반부터 나는 하이데거 자신의 **현존재**-중심적인 동기 안에 머무를 의도가 없으며, 그의 도구-분석이 암묵적인 것과 명시적인 것의 상충 같은 인간-특정 사례로 제한될 수 없다는 것을 보여줄 것임을 명료하게 했다. 내 저작에 느슨하게라도 익숙한 모든 사람에게 그것은 기록된 사실의 문제이기에, 울펜데일은 그러한 주장으로 단지 종이로 된 문을 부수고 있을 뿐이다. 유한성이 완전한 의식적 알아차림을 요구한다고 생각하는 것은 칸트의 독단적 핵심이며, 마침내 화이트헤드에 의해 풍비박산이 나버린 어떤 것이다.

어떤 것에 의존하려면 그것이 특정한 인과적 능력을 갖추고 있어야 한다는 점에서 내가 옳다고 인정한 후, 울펜데일은 "하먼이 의존을 도입하고 사용하는 방식이 현상학적이기보다는 형이상학적이라는 바로 그 점에서 의심스럽다"(52)라고 덧붙인다. 여기까지는 새로운 것이 없다. 새로움의 알맹이는 뒤따르는 울펜데일의 주장에서 나온다. "하먼은 사물을, 이러한 능력을 **소유**할 따름이기보다는 이러한 능력으로 **구성**되는 것으로 기술할 때 이미 형이상학으로 빠져들고 있다"(52). 여기서 울펜데일은 나를 조지 몰나르와 그 외 힘의 형이상학자들과 혼동한다.[23] 나는 어떤 의미에서도 객체가 그 인과적 능력으로 **구성**된다고 생각하지 않는데, 왜냐하면 나에게 이것은 객체의 파생적

---

23. George Molnar, *Powers*.

이고 관계론적인 개념화이기 때문이다. 객체는 **일차적으로** 인과적 행위자가 아니라 그 객체를 구성하는 조각들에 대한 특정한 단순화이다. 실제로, 나는 현재와 어쩌면 미래에까지 그 무엇에도 인과적 효과를 발휘하지 않음에도 불구하고 존재하는 **휴면 중인** 객체를 구체적으로 이론화한다.24 몰나르는 존경할 만한 분석철학자이기에, 나는 울펜데일이 형이상학을 한다는 이유로 **몰나르**에 반대하지는 않으리라고 추측한다. 울펜데일이 생각하는 나와 몰나르의 진정한 차이는 현상학을 은밀하게 형이상학과 뒤섞으면서 현상학을 하는 나의 "가장"에 관한 그의 잘못된 비난에서 비롯된 것처럼 보인다. 울펜데일은 물러난 객체를 가리키기 위해 "비가시성"이라는 단어를 사용하는 것에서 그러한 가장의 흔적을 본다. 그러나 나는 일반적으로 이 용어를 도구에 대한 인간의 사용을 가리키고 그저 그 특수한 요점을 설명하는 방법으로 사용한다. 그러나 울펜데일은 인간에게 비가시적인 것이 서로에 대한 사물들의 물러남을 수반하지 않는다고 주장함으로써 이 용어를 과도하게 결정한다. 그것은 충분히 참이지만, 내 논증이 진행되는 방식이 아니다. 그것은 "인간이 도구를 사용할 때 도구를 볼 수 없으므로 무생물 사물들도 서로 접촉할 수 없다"는 것이 아니다. 대신에 다음과 같다. "인간에 대한 도구의 비가시성은 도구를 사용하는 우리의 행위가 지닌 '암묵적' 특징을 가리킬 뿐만 아니라, 사물의 암묵적 사용이 도구를 명시적으로 지각하는 것보다 더 직접적으로 사물을 포착하는 것이 아님을 볼 수 있게 해준다. 그리고 인과적 상호작용에 대해서도 같은 것이 해당하는데, 인과적 상호작용 또한 상호작용하는 객체들의 완전한 실재성을 전개하지 않는다."

---

24. Harman, "Time, Space, Essence, and Eidos."

울펜데일은 계속해서 내 모델에 "접근 불가능성의 접근 가능성이라는 **일반적 역설**"과 "양태성과 시간성이라는 좀 더 **특정한 역설**"이 있다고 말한다(55). 울펜데일은 이러한 역설을 다음과 같이 조롱한다. "선문답하는 선사가 말한다. 순수한 행위는 모든 피상적인 행위 너머에 놓여 있고 순수한 현실태는 모든 가능적 현실태를 근거 짓는다. 한 손이 천천히 박수를 친다"(55). 나는 울펜데일이 역설적인 것과 난센스를 동일시하는 것을 거부하며, 그 점을 염두에 두고 한 번에 하나씩 살펴보겠다. 대신, 나는 역설의 출현이 종종 우리가 실재적인 어떤 것에 닿았다는 최상의 지표라고 말하겠다. 접근 불가능성의 접근 가능성이라는 "일반적 역설"에 관해서 말하자면, 이것은 상관주의적 순환을 불러들이는 통상적인 묘책일 뿐이다. 데리다는 레비나스주의적 타자성에 대항해서 그것을 사용했고, 독일 관념론자들은 칸트의 **물자체**에 대항해서, 메이야수는 약한 상관주의자에 대항해서 사용한다. 그것은 언제나 대략 다음과 같이 진행된다. "만약 어떤 것이 접근 불가능하다고 말한다면, 우리는 어떻게든 이미 그것에 접근한 것이고, 따라서 수행적 모순이 있게 된다. 제한성을 아는 것은 이미 그것을 넘어선다." 여기서 내 요점은, 직접적 접근과 간접적 접근 사이에는 거의 언제나 생략되는 차이가 있다는 것이다. "사고 외부에 어떤 것이 존재한다"라고 말하는 것은 실제로 그 자체로 하나의 사고이지만, 이것은 사고에 의해 가리켜진 것이 그러므로 마찬가지로 사고라는 것을 의미하지는 않는다. 울펜데일의 동맹인 브라시에는 "난로의 보석"으로 알려진 논증을 일축할 때 종종 유사한 요점을 세운다.[25] 하이데거주의자의 관점에서, 도구가 오작동을 통해서 현현한다는 사실은 도구가 그

---

25. David C. Stove, *The Plato Cult and Other Philosophical Follies*.

현현으로 구성된다는 것을 의미하지 않는다. 현재한 것보다는 부재한 것에 대한 접근을 열고, 바로 그 이유로 인해 비정상적으로 강력한 경향이 있는 암시적이고 비유적인 언어의 사례와 생략삼단논법^{enthymeme}의 수사학적 사용의 사례를 통해 우리는 이 점을 일상생활에서 알고 있다. "모든 피상적인 행위 너머의 … 순수한 행위, [그리고] 모든 가능적 현실태를 [근거 짓는] 순수한 현실태"라는 "좀 더 특정한" 역설에 관해 말하자면, 이것은 대부분 울펜데일이 『도구-존재』의 특정 구절의 언어를 과도하게 읽는 데 뒤따르는 문제이다. 좀 더 구체적으로 말하자면, 울펜데일 스스로 곧 인식하는 것처럼 나는 『도구-존재』의 초기 구간에서 객체의 실행적 실재성을 "행위"^{act}로 기술할 뿐이다. "행위"는 통상적으로 다른 무언가에 효과를 새긴다는 것을 의미하며, 내 실재적 객체의 요점은 그러한 효과가 없을 때도 그것이 실재적이라는 것이다. 일단 이 점을 이해하면, 거기에는 역설이 전혀 없다. 객체는 행위하기 위해 존재해야 하며, 그것이 어떤 "가능태"를 가지는지와 관계없이 존재해야 하는데, 가능태 또한 실재적 객체에서 배제된 관계성을 의미하기 때문이다.

물러남에 관한 울펜데일의 페이지에 세 개의 요점이 남아 있다. 첫 번째는 내가 하이데거의 도구-체계를 하나의 거대한 존재자라고 주장함으로써 도구-체계에 관한 하이데거의 논증을 망친다는 울펜데일의 주장이다. 여기서 울펜데일의 주요 논증은 다시 한번 내가 현상학적인 영역과 형이상학적인 영역을 혼합한다는 옛날이야기다. 이는 오직 울펜데일이 도구-분석은 **현존재**에 제한된다는 주류 전제를 세우기에 가능한 것이며, 그는 —늘 그렇듯— 그것을 "양태적"이라는 표현으로 감추고 있는데, 이는 자신이 지금 같은 말을 반복하고 있다는 사실을 덮기 위한 일종의 만병통치 수프 같은 처방이다. 두 번째는 울펜데일이 나의 "초과로부터의 논증"이라고 부르는 것, 즉 어떤 객체도 이론적, 실천적, 혹은 인과적 접촉을 통해 결코 소진될 수 없다는 주장을, 세 경우 모두 동일한 이유로 적용할 수 있다는 것에 대한 거부이다. 여기서 울펜데일은 "질적" 초과와 "양적" 초과 사이의 구별에 의지할 것이며, 울펜데일은 후자를 옹호한다. 세 번째이자 마지막으로, 울펜데일은 나무에 관한 완전한 지식은 그 자체로는 나무가 아니기 때문에 지식은 직접적 접근의 형태라기보다는 오직 나무의 번역일 수밖에 없다는 나의 논증을 추적한다. 울펜데일은 제임스 레이디먼과 돈 로스에 관한 내 논문에서 이 논증을 인용했지만, 이 논증은 이후 나의 저서 『객체지향 존재론』에서 다시 나타났다. 스티븐 멀홀이 『객체지향 존재론』에 쓴 나의 주장을 비판했다(이 책 『객체지향 교전』의 8장 참조). 이 세 가지 요점에 관한 울펜데일의 분석이 지닌 종종 불필요하게 기술적인 특징은 상당히 근본적인 철학적 반대를 은폐하면서 자신의 논증이 정확하다는 거짓된 분위기를 제공하고 내 논증은 부주의하다는 가짜 냄새를 풍긴다. 나는 그것들을 순서대로 다룰 것이다.

울펜데인은 다리^{bridge}가 어떻게 하나의 전체론적 존재자가 되는지에 대한 나의 분석을 내가 아닌 하이데거의 용어로 고려하면서 『존재와 시간』에 나오는 가장 밀접하게 관련된 구절을 인용하지 않았다. "엄밀히 말하자면, 하나의 도구로서의 사물 같은 것은 '존재하지' 않는다. 모든 도구의 존재는 언제나 도구의 총체성에 속해 있으며, 그 안에서만 이 도구가 이 도구로서 존재할 수 있다."[26] 어떤 의미에서 하이데거에 관한 나의 독해 전체가 이 한 구절에 대한 반대를 지향한다. 이 구절은 결코 텍스트상 이례적인 부분이 아니지만, 도구-분석에서 일

---

26. Heidegger, *Being and Time*, 97 [하이데거, 『존재와 시간』].

어나는 일을 매우 잘 설명해 준다. 하이데거는 눈-앞에-있음을 고립, 사실상 잘못된 고립을 의미하는 것으로서 받아들인다. 분명 나는 이 견해에 동의하지 않는데, 왜냐하면 나에게 **눈-앞에-있음은 현존재**에 대한 것이든 아니면 다른 어떤 것에 대한 것이든 일차적으로 **관계**에 관한 것이기 때문이다. 그러나 하이데거는 실제로 다른 모든 존재자로부터 추상화한 것으로 고려되는 존재자에 관한 것으로서의 눈-앞에-있음을 말하며, 그가 도구에 관한 그의 과격-관계론적 개념화를 도입하는 이유는 그가 보기에 플라톤 이래로 서양철학을 지배해 온 눈-앞에-있음에 대항하기 위해서이다. 이와 대조적으로, 울펜데일은 **말할 필요도 없이**『존재와 시간』을 눈-앞에-있음에 대항하는 논증으로 읽고 싶지 않다 한다. 왜냐하면 그는 "좋은" 형태의 눈-앞에-있음, 즉 과학적 지식을 하이데거에게서 찾아볼 수 있다는 결과를 선호하기 때문이다. 울펜데일이 놀라운 용어 "양태"를 채택할 때마다 추구하는 것은 그것뿐이다. 이는 그저 도구-분석이 "편협한" 실천과 존경할 만한 인지적 추상화 사이의 차이에 관한 것이라는 그의 믿음을 드러낸다. 이것은 울펜데일이『도구-존재』속 다리에 관한 나의 분석에 대항해서 사용하는 무기 중 하나이다. 다른 하나는 도구는 어떤 기능성보다도 "깊다"고 내가 말하면서 스스로 모순에 빠지기 전에 내가 도구의 "기능적" 의미에 의존함으로써 나 자신과 모순된다는 것을 보여주려는 시도이다. 그러나 울펜데일은 내가 서로 다른 시간에 서로 다른 두 가지를 말한다고 주장하는 것 이상으로, 기능성 자체보다 "더 깊은" 것에 이르는 단계가 기능성에 **의존**하므로 논증이 스스로 파괴된다는 것을 암시하고 싶어 한다. 그러나 문제는 이것보다 상당히 단순하다.

소위 "실행으로부터의 논증"이라고 불리는 것을 다룰 때, 우리는 울펜데일이『도구-존재』의 "양태적 긴장"에 관하여 내가 도구를 활동성, 어떤 **특수한** 활동성보다도 깊은 활동성으로 언급한다는 점에 대해서 불평한다는 것을 보았다. 그러나 이것은 울펜데일이 그 저서의 교육학적 구조를 오독한 것의 산물일 뿐이다. 울펜데일 자신도 인정했듯이, 책의 앞부분에서 나는 도구-존재자를 행위나 실행으로 표현했지만 책의 뒷부분에는 다음의 구절이 있다.

> 내가 고의로 지나친 단순화를 행한 것에 책임이 있다는 점을 독자들에게 인정할 때가 되었다. … 사실, 도구/망가진 도구 구별을 인과성과 가시성의 차이로 대체하는 것은 허용되지 않는다. **심지어 야생의 인과관계조차도 이미 눈-앞에-있음의 영역에 속한다는 것이 밝혀졌기 때문이다.**27 (62)

비록 울펜데일은 이것을 "기능적 고정성과 나타나는 변화 사이의 모순을 해결"하기 위한 시도라고 부르지만, 그것이 실제로 보여주는 것은 "실행으로부터의 논증"의 모순처럼 보이는 것에 관한 그의 모든 이전 불만들이 『도구-존재』 자체의 페이지들 내에서 정리된다는 점이다. 나는 여전히 "실행"이라는 용어를 좋아하지만, 울펜데일이 "실행으로부터의 논증"이라고 부르는 것은 책 1장에서 논증의 잠정적 단계일 뿐이다. 그 후에 내가 독자를 앞서 인용한 구절 속 『도구-존재』의 중심 사상으로 이끌기 전까지 말이다 — 즉 인과관계는 실천과 이론만큼이나 존재자들을 눈-앞에-있음으로 환원한다는 것이다. 따라서 객체가 실행적이라는 의미는, 기능 또한 관계이므로, 결코 "기능적" 의미일 수 없을 따름이다.

---

27. Graham Harman, *Tool-Being*, 221.

어쨌든, 『도구-존재』의 독자는 221쪽에서 울펜데일이 인용한 위 구절을 발견한다. "심지어 야생의 인과관계조차도 이미 눈-앞에-있음의 영역에 속한다는 것이 밝혀졌기 때문이다." 이것은 인과적 기능이 이제 사물들의 선험적 실재성에서 파생된 것으로 여겨지며, 이러한 실재성 없이 사물들은 전혀 영향을 미칠 수 없음을 의미한다. 책의 그 시점 이전에 나온 도구-존재자에 대한 모든 기능적 기술은 내가 공개적으로 밝힌 것처럼 단지 예비적인 것일 뿐이며, 잠정적 분석이 최종 분석으로 대체되었다는 것을 이해하는 데 책이 어떻게 쓰였는지에 관한 지식은 전혀 필요하지 않다. 내게 완전히 물러난 것으로서의 객체라는 개념은 기능성이 사물의 깊은 존재라는 초기 작업가설로부터 **전기적**으로 출현했지만, 서로 간에 **논리적** 의존성은 없다. 나는 책을 다시 써서 대신 인과적 관계조차 눈-앞에-있음의 수준에서 일어난다는 주장으로 논의를 시작할 수도 있었지만, 첫 페이지부터 독자가 그 주장을 소화하기에는 무리가 있을 것 같아 그렇게 하지 않았다.

그러나 기능적/인과적인 것에서 물러남으로의 이동은 하이데거가 아니라 나 **자신**의 이동이다. 하이데거는 분명 기능적인 의미에서 자신의 도구-분석을 말한다. 그러므로 울펜데일이 내가 도구-존재자를 기술하기 위해 기능/효과/참조라는 언어를 사용하는 것에 관해 논할 때, 이것은 내 입장이 아니지만, 사실 하이데거 자신을 그렇게 읽어야 한다. "엄밀히 말하자면, 하나의 도구로서의 사물 같은 것은 '존재하지' 않는다." 이것은, 울펜데일이 다리에 관한 나의 설명을 하이데거가 의도한 바에 대한 일종의 오해로 요약하더라도, 그것이 『존재와 시간』이 의도하는 바에 관한 완벽하게 정확한 설명이라는 것을 의미한다. 다음은 울펜데일이 『도구-존재』의 22에서 25쪽 사이에서 볼 수 있는 내 해석을 요약한 것이다. "다리를 구성하는 다양한 대들보, 너트, 그리고 볼트는 다리에 의해 의존되는 동시에, 다른 사물들이 의존하는 체계적인 효과로서의 다리를 유지하는 기능적 역할을 실행하는 것으로 포착된다"(56). 이 구절의 모든 것은 옳다. 그러나 다음의 후속 발언은 그렇지 않다. "세계에 관한 하이데거의 설명을 단순한 총체성으로 붕괴시키는 것은 참조 관계에 관한 이런 해석이다"(56). 하이데거의 명쾌한 구절 "엄밀히 말하자면, 하나의 도구로서의 사물 같은 것은 '존재하지' 않는다"가 여기서 나를 강력하게 뒷받침한다는 점을 고려할 때, 왜 울펜데일은 나의 독해를 하이데거의 세계 설명에 대한 "붕괴"로 해석하는가? 우리는 도구-분석이, "그 가능적 상태라는 관점에서 이해되는, 유형과 사례 양쪽 사이의 관계를 포함하는 복잡한 지평"(56)을 보여준다는 울펜데일 자신의 해석이 지닌 완전히 주류적인 성격으로 되돌아간다. 나는 하이데거를 후설과 구별할 필요가 있기에 하이데거의 분석이 "지평"의 관점에서 해석될 수 없다는 점을 이미 말했다. 지평은 인간 관찰자에 대한 암묵적 배경이다. 그것은 아마도 완전히 객체화될 수는 없겠지만, 지향적 행위의 가능한 상관항이 아닐 수 있는 모든 실재를 "부조리한" 개념으로 간주한 후설의 거부에 의해 여전히 지배받는다. 존재의 의미에 관한 물음에 대해서 가능한 지평으로서의 시간을 말할 때처럼, 하이데거가 때때로 "지평"이라는 단어를 긍정적인 의미로 사용한다는 것은 사실이다. 하지만 하이데거를 가장 잘 읽은 사람 중 한 명으로 꼽히는 한스 게오르그 가다머는 이미 이 장치를 아주 잘 꿰뚫어 보고 있었다.

> 사실, 『존재와 시간』의 관념들이 펼쳐짐에 따라, 그것은 처음에는 단지 초월론적 반성의 강화, 존재의 지평이 시간으로 드러나는 더 높은 단계의 반성에 도달하는 것처럼 보였다. … 그러나 그것은 그 이상의

것이었다. 하이데거의 테제는 존재 자체가 시간이라는 것이었다. 이것은 근대철학의 주관주의 전체를 산산조각 냈다.[28]

이만큼 심오한 하이데거 주석을 다섯, 여섯 구절이라도 더 찾을 수 있을지 의문이다. 그것의 함의는 하이데거의 분석을 "지평"의 관점에서 말하는 것이 "근대철학의 주관주의 전체"에 너무 많은 근거를 둔다는 것이며, 울펜데일의 해석은, 도구-분석을 완강하게 인간화하는 그의 관점을 고려할 때 완벽하게 부합하는 예시라고 할 수 있다. 다시 말하지만, 울펜데일은 도구-분석에 관해 습관적으로 다음과 같이 말한다.

> 하이데거는 우리에게 복잡한 양태적 인식론을 제공한다. 하이데거는 현상학적 틀을 구축하고, 그 안에서 우리가 조우하는 존재자들을 이해하는 우리의 방식을 분석한다. 여기에는 실천을 통해 우리가 사회화되는 **규범적 특징**에 대한 이해, 이 속에 함축된 존재자들의 **인과적 특징**에 대한 주제 없는 이해, 그리고 그로부터 발전시킬 수 있는 다양한 수준의 주제적 이해가 포함된다. 망가진 도구와의 조우에 관한 하이데거의 분석은 이러한 양태적 이해 수준 사이의 접속에 대한 세밀한 입증이다. (65)

또다시 우리는 나의 해석이 아니라 울펜데일의 해석이 하이데거와 아무 관련이 없다는 것을 알 수 있다. 울펜데일의 독해에서 "규범성"의 역할은 하이데거가 아니라 브랜덤에게서 비롯된다. "실천을 통해 우

---

[28] Hans-Georg Gadamer, *Truth and Method*, 247~48 [한스게오르크 가다머, 『진리와 방법』1 · 2].

리가 사회화되는"이라는 울펜데일의 언급은 하이데거가 아니라 휴버트 드레이퍼스로부터 인용한 것처럼 들린다.29 그것은 이미 앞에서 인용한 구절에서 가다머가 거의 60년 전에 본 것에 미치지 못한다. 즉, **현존재**의 분석은 존재 그 자체에 관한 논의를 향한 관문일 따름이며, 이때 존재는 단지 **현존재**의 "암묵적" 이해에 대한 상관항으로서의 존재가 아니다. 간단히 말해서, 울펜데일은 하이데거를 인간 진보의 궁극적인 버전인 과학과 함께 다양한 종류의 지식이 어떻게 출현하는지에 관한 인류학적 설명을 제공하는 사람으로 환원한다. 나의 절차는 정확히 그 반대이다 — 도구-분석에 배치된 관념들이 도구보다 훨씬 더 많은 것에 유효하다는 것을 보여줌으로써, 우리는 울펜데일의 방식으로 그것을 지루한 "인식론적", 그리고 "의미론적" 발판으로 강화함이 없이 "근대철학의 주관주의 전체를 산산조각" 내기 기획을 속행할 수 있다.

내가 제공하는 다리의 예시에서 우리는 너트·대들보·케이블·패널이 발판·패널·콘크리트를 지지하는 것을 본다. 하이데거에게 이 조각들은 독립된 단위체로 취급되지 않고 그것들이 수행하는 작업에 삼켜져 있다. 다리는 완성되었고, 그것은 매끄럽게 기능하는 다리를 의식적으로 알아차리지 못하는 **현존재**의 추가적 행동을 가능하게 한다. "엄밀히 말하자면, **하나의** 도구로서의 사물 같은 것은 '존재하지' 않는다." 울펜데일은 더 나아가서, 내가 어떤 사람이 자신의 내부 장기와 맺는 "부분전체론적" 혹은 내적 의존성을 중력이나 산소와 같은 요인과 맺는 "환경적" 또는 외적 의존성과 혼합한다고 논박한다. 나는 그런 차이는 없다고 생각한다. 다리를 건너는 누군가가 심장마비에 걸리든, 세상의 모든 산소가 갑작스럽게 사라지든, 다리 기둥 중 하나가 무

---

29. Hubert Dreyfus, *Being-in-the-World*.

너지든, 숨이 끊긴다는 점은 동일할 것이다. "부분전체론적"이든 "환경적"이든 상관없이 어떤 경우가 되었든, 다리-체계와 나 자신의 존재 가능성 사이의 매끄러워진 연동은 파열된다. 울펜데일은 더 나아가 내가 **"부정적** 의존 관계(예를 들어, 운석이 우주에서 나에게 떨어지지 않는 것에 관해 내가 운석과 맺는 의존성)를 혼합하기까지 [한다]"(57)라고 주장한다. 이것은 내가 말할 법한 것이라기보다는 화이트헤드의 "부정적 파악"처럼 들린다. 어쨌든 울펜데일은 재확인할 수 있는 페이지 근거를 인용하지 않으며, 『도구-존재』의 22~24쪽에 있는 다리에 관한 논의 중에 나는 분명 그런 종류의 언급을 한 적이 없다.

울펜데일은 또한 내가 하이데거의 전 지구적 전체론과 개체에 대한 나의 초점 간의 "긴장"을 이야기한다고 말하지만, 곧 "긴장"이라는 용어를 내 논증에 내재한 문제를 가리키는 데 사용하기 시작한다. 울펜데일은 하이데거의 경우 개체적 다리-조각들이 총체적인 기능적 체계 속 그것들의 위치에 따라 개체화되는 반면, OOO의 경우 실재적 개체성이 그러한 배치보다 **우선**된다는 점을 올바르게 지적한다(58). 그런 다음, 울펜데일은 "하먼이 실행을 기능적 역할로 특징짓는 것을 통해 총체성과 비가시성을 연결하는 방식 속에서 긴장이 드러난다"(58)라고 불분명하게 덧붙인다. 이것은 긴장이라고 하기 힘들며, 오히려 "엄밀히 말하자면, **하나의** 도구로서의 사물 같은 것은 '존재하지' 않는다"라는 원리가 도구-분석이 수행하는 것을 정확히 보여주는 방식에 대한 매끄러운 입증이다. "비가시성"은 인식론적 용어일 뿐이라는 울펜데일의 끈질긴 주장에도 불구하고, 다리-체계의 기능적 총체성은 그것의 비가시성과 하나이자 같은 것이다. 울펜데일은 하이데거에게서는 언제나 **현존재**가 모든 도구-체계의 종점이며, 따라서 **현존재**에 대한 무언가의 비가시성은 더 큰 체계에 의해 세부사항이 억제되는 그 더 큰 체계에 참여하는 것과 하나이자 동일한 것이라는 점을 잊고 있는 것처럼 보인다. 그런 다음 울펜데일은 상황에 대한 나의 존재론화에 관하여 잘못된 논증을 세운다. "우리는 망치의 역학과 우리의 망치 사용보다⋯ 우리가 망치로 하는 일에 초점을 맞춘다. 그럼에도 불구하고, 이러한 현상학적 통찰은 쉽게 간과되는 세부사항으로 우리가 주의를 돌릴 가능성을 배제하려는 것이 아니다"(58). 다른 말로 하자면, 울펜데일은 우리가 망치를 보기로 결정하자마자 망치의 비가시성은 멈춘다고 주장하며, 두 가지 중요한 문제를 다루어야 한다는 점을 무시한다. 첫째로, 만약 우리가 망치로 만들고 있는 책장에서 주의를 돌리면, 우리는 이제 망치가 종점인 새로운 도구-체계 안에 있을 뿐이다 ─ 비록 망치를 지탱하는 모든 부분과 환경적 조건(둘 사이에 중요한 차이는 없다)은 여전히 시야에서 억제되어 있겠지만 말이다. 그리고 둘째로, 망치를 보는 것은 그 실행을 제거하는 것이 아닌데, 왜냐하면 우리는 여전히 우리의 특정한 **현존재**-미래적 방식으로 망치를 객체화하고 있기 때문이다. 이것이 브랜덤-울펜데일의 암묵적/명시적 구별이 이 경우에 참일 수 없는 이유이다. 궁극적으로, **현존재**가 망치를 암묵적으로 사용하든 명시적으로 응시하든, 이 두 가지 사용 모두 망치 그 자체에는 미치지 못한다. 그러나 울펜데일은 계속해서 의식적 알아차림에 특별한 힘을 부여하고 있다. "정교하게 연결된 전체로서의 작업에 대한 우리의 **알아차림**은 그 작업의 어떤 양상으로든 우리의 주의를 다시 기울일 수 있게 해준다"(59). 좋다. 그래서 이제 우리는 책장에서 망치로 주의를 돌린다. 그러나 그렇게 할 때 우리는 도구-체계의 개체군을 이동시켰을 따름이며 그것을 "명시적" 알아차림으로 전환하지는 않았다.

이 시점에서 울펜데일은 "가장 이상한 움직임은 아직 오지 않았다"(59)라고 선언한다. 내가 독자들에게 강요하려 하는 이 기이한 묘책이란 무엇인가? "[하먼에게] 전체로 붕괴하는 것은 부분들의 **가시성**뿐만이 아니라 부분의 **이산성**이다 ─ 소실은 **흡수**로 된다"(59). 처음에 이것은 현상학적인 것(소실)과 존재론적인 것(흡수)을 혼합하는 것에 대한 불평의 또 다른 반복처럼 보이지만, 울펜데일은 도구의 각 항목이 비축된 실체가 아니라 체계 내부에 있는 한에서만 그 자신일 수 있는 그런 도구-체계의 종점으로서 **현존재(현상학)**를 취급하며 우리를 위해 이것을 수행하는 것이 하이데거 자신이라는 점을 놓치고 있다. "엄밀히 말하자면, 하나의 도구로서의 사물 같은 것은 '존재하지' 않는다." 그러나 사태는 이것보다 더 나쁘다. 울펜데일은 또한 내가 논리적 모순에 책임이 있다고 주장하고 싶어 한다. 왜냐하면 도구-분석에 관한 나의 독해는 볼트, 대들보, 케이블의 **이산성**을 요구하고, 그다음에 그것들이 전혀 이산적이지 않다고 결론짓기 때문이다. 울펜데일은 이에 관해 다음과 같이 논평한다. "이것은 매우 문제적이다 … 우리는 이 시점에서 하먼의 전제 대부분은 아니더라도 일부는 **귀류법**에 의해 파훼된다고 주장해도 용서받을 것이다"(59~60). 울펜데일의 논증이 지닌 부정직한 특징을 지적하기 전에, 나는 용서하지만 잊지는 않을 것이다. 내가 개체적인 다리-조각들을 언급하는 요점은 **도구-분석**이 처음부터 그것들의 개체성을 허용하지 않고 다리의 총체적 체계로 삼켜 버린다는 것을 보여주기 위함이다. "엄밀히 말하자면, 하나의 도구로서의 사물 같은 것은 '존재하지' 않는다." 나는 하이데거가 개체적 특징을 인정한다고 긍정하는 것이 아니라, 처음부터 그의 도구-분석에 의해 이러한 개체성이 상실되었음을 보여주기 위해 다양한 조각들을 언급한다. 하이데거에게는 긴장이 전혀 없으며 오히려 모순이 있다. 왜냐하면 하이데거는 도구의 모든 항목을 그것들이 섬기는 전체, 궁극적으로는 **현존재**에 대한 어떤 전체로 분해할 따름이기 때문이다. "엄밀히 말하자면, 하나의 도구로서의 사물 같은 것은 '존재하지' 않는다." 내 논증은 이것이 도구가 어떻게 **망가지는지**에 관한 하이데거의 통찰과 잘 어우러지지 않는다는 것, 그리고 이 통찰은 엄밀히 말하자면 **하나의 도구로서의 사물**이 **존재함**을 보여준다는 것이다! 다리의 받침대가 무너지면, 무너지는 것은 전체로서의 다리가 아니라 받침대이며, 따라서 우리는 잘못 기능하지 않는 조각들의 개체적 비축에 의존하는 유약한 도구-체계를 말할 수 있을 뿐이다. 요컨대, "배경 속을 떠도는 살아있는 모순들"(60~1)은 나의 것이 아니라 하이데거의 것이고, 그것이 내가 『도구 존재』를 쓴 바로 그 이유이자 그 책이 지향하는 바이다. 간단히 말해서, 하이데거는 두 가지 방식을 모두 원한다. 엄밀히 말하자면, **하나의 도구로서의 사물**은 **있는** 동시에 **없다**. 이것은 20세기 철학에서 가장 중요한 사고 실험의 본질적 실패이다. 우리는 그것의 여러 귀결을 탐구하거나, 혹은, 하이데거 스스로 도구는 체계 내에서의 그것의 위치에 의존하게 하고 차례로 체계는 **현존재**에 의존하게 함으로써 "현상학적" 수준과 "존재론적" 수준 사이의 구별을 지웠음에도 불구하고, "현상학적" 수준과 "존재론적" 수준 사이의 차이로 추정되는 것의 관점에서 그것을 둘러댈 수도 있다. 하이데거가 우리에게 인과적이고 암묵적인 것, 그리고 "규범적인 것"의 "양태적" 현상학을 제공할 뿐이라고 주장하면서 그 둘을 인위적으로 분리하며 쉬운 길을 택한 사람은 울펜데일이다. 울펜데일은 당면한 사례가 제기한 도전에 맞서지 않았다.

울펜데일은 내 논증에서 "한 번에 하나의 모순"(61)씩 다룰 것이라고 현학적으로 주장한 후, 곧 도구-분석을 **인간 알아차림**의 의미에서 암묵적인 것과 명시적인 것 사이의 차이를 제공하는 것으로 사소하게 만든다(61). 하이데거 자신은 체계 속에서 도구들이 서로 융합되는 방식에 "암묵성"을 소재시킴으로써 오래전에 이 점을 넘어섰음에도 말이다. 우리는 이를 단순히 "현상학적"이라고 말할 수는 없다. 마치 이것이 이산적인 물리 개체들로 이루어진 체계 밖에 실제 세계가 존재한다는 상식적 가정을 덧붙이면 보완될 수 있는 것처럼 말이다. 하이데거의 관계론적 존재론은 그것보다 훨씬 더 야심 차기 때문이다. 오직 도구를 사용하는 **현존재**에 대해서만 "현상학적인"일 뿐인 선재하는 개체라는 착상은, 도구-체계 외부에서의 눈-앞에-있는 사물의 현존을 가정해야 한다. 그러나 하이데거는 실제로 그러한 사물들을 전체로서의 체계의 파생적 **부산물**로 취급한다.

울펜데일은 얼어붙은 호수 위에 놓인 기기의 예시를 들며 내가 수행한 "움직임"을 인용한다. 이 기기 역시, 내가 주장하듯, 호수를 단지 안정된 표면(감각적 객체)으로만 조우한다. 얼음에 쉽게 머물러 있는 호수에는 기기가 현재 감지하지 못하는 유약성이 떠돈다. 얼음이 녹기 시작하면, 표면의 손-안에-있음이 무너지고 표면의 본유적인 유약성이 기기가 호수 바닥으로 가라앉게 하는 심각한 귀결을 초래한다. 내가 이미 주장했듯이, 이것은 호수에 대한 기기의 "알아차림"을 요구하지 않는다. 여기에 범심론은 없다. 얼음에 대한 기구의 순전한 인과적 의존성은, 후설에게서 볼 수 있는 정신 앞에 있는 현상의 현전과 마찬가지로 눈-앞에-있음의 또 다른 형태임이 밝혀졌다. 여기서 모순을 발견한다고 주장하는 대신, 울펜데일은 또 다른 전형적인 반-OOO 비유인 "부정신학"으로 돌아간다. 울펜데일이 말하듯이, "다시 한번 우리는 실행이 무엇이 아닌지를 들으며 그것이 **무엇인지**에 관해서는 듣지 못한다"(64). 나는 부정신학 혐의에 대한 나의 대답을 반복하기보다는, 『도구-존재』가 이미 "실행"이라는 용어의 기능적 의미를 넘어서서 그것을 모든 기능, 원인, 혹은 효과보다 더 깊은 것으로 취급함에도 불구하고 울펜데일이 여전히 "실행"이라는 단어를 사용하는 것에 관해 지적하는 이유를 묻고 싶다. 울펜데일은 다음과 같이 잘못되게 진술한다. "[하먼은] 실행을 기능의 관점에서 특징짓는 것을 멈추지 않는다. 그는 계속해서 체계적 통합성의 관점에서 객체를 생각한다"(64). 그러나 나는 인과관계가 여전히 눈-앞에-있음의 수준에 속하는 관계론적 개념이라는 것을 주목하자마자 실행을 기능으로 특징짓는 것을 **그만둔**다. 얼어붙은 호수 위에 안정적으로 놓여 있는 기기의 사례에서 호수의 "실행"은 명백하게 기능의 관점에서 특징지어지지 **않는**다. 그것의 현재 기능이 기기를 안정화하는 것이며 그 기능은 곧 중단되어 기기에 심각한 결과를 초래할 것이기 때문이다. 두 번째 주장, 즉 내가 "계속해서 체계적 통합성의 관점에서 객체를 생각한다"는 주장은 하이데거 자신의 접근법에 따른 직접적 결과이다. "엄밀히 말하자면, **하나**의 도구로서의 사물 같은 것은 '존재하지' 않는다." 그러나 명백하게 그것은 나 자신의 견해가 아니며, 나는 하이데거의 다른 측면, 즉 **망가진** 도구의 사상가로서의 하이데거를 강조한다.

울펜데일의 남은 요점에 관해서는 좀 더 간략하게 다루겠다. "초과로부터의 논증"부터 논하기 시작하겠다. 이것은 사실 울펜데일이 『도구-존재』를 "파악하려고 애쓰기"(그의 표현이다) 위해 울펜데일에게 필요했던 별개의 논증이 아니다. 실행은 기능이 아니라 그 어떤 기능보다도 깊은 것임을 깨닫는 순간, 그것은 **이미** 초과로부터의 논증이다. **현존재**도, 거위도, 호수 위에 놓여 있는 얼어붙은 기기도, 그 총체성에서의 다른 객체와 관계할 수 없다. 울펜데일은 다음과 같이 말한다. "이론과 실천의 동일화는 지식과 인과관계라는 더 논쟁적인 동일화를 위한 길을 열어준다"(67). 한 페이지 후에 울펜데일은 내가

"객체의 인과적 능력이 그것에 관한 우리의 이해를 초과할 수 있다는 **명백한 사실**"에서 "이 초과가 구성하는 실재적 객체는 조우할 수 없고, 오직 그 뒤로 실재적 객체가 물러나는 별개의 감각적 객체와만 조우할 수 있다는 **논쟁적인 주장**"(68)으로 넘어간다고 주장한다. 그러나 무엇보다도, 내 논지는 이제 객체의 "인과적 능력"이 그것에 대한 우리의 이해를 "초과"할 수 있다는 "명백한 사실"의 수준을 훨씬 넘어섰다. 왜냐하면『도구-존재』의 이 단계에서 실재적 객체가 인과적 능력으로 구성되어 있다는 것은 나의 논증이 아니기 때문이다. 그것은 1장에서 오직 교육적 장치로서만, 이후에 인과관계조차 눈-앞에-있음의 영역에 속한다고 말하기 전에만 참이다. 실재적 객체는 다른 객체와의 가능한 관계를 수반하는 "능력"일 뿐만 아니라, 능력보다 더 깊은 무언가이다. 그러나 두 번째이자 더 중요한 것은, 인과적 제한과 인식적 제한이 같은 용어로 생각될 정도로 울펜데일에게 "논쟁적인" 이유는 무엇인가? 놀랍지 않게도, 그것은 내가 현상학과 형이상학 사이를 "애매하게 만들고" 있으며, 그것들을 서로에게로 "붕괴시키고" 있다는 그의 주장 — 단순한 주장 — 이다(69). 반복하자면, 이 주장은 존재자들이 도구-체계로 물러나는 것이 **현존재**의 경험에 관한 "현상학적" 기술에 불과하다고 가정함으로써 울펜데일을 하이데거 이전 수준에 배치하며, 하이데거가 개체성을 눈-앞에-있음으로 환원하는 것은 정확히 그 반대를 의미한다.

울펜데일이 이 점을 논하는 또 다른 방식은 내가 "사실적" 초과를 "본질적" 초과로 전환한다고 말하는 것이다(69). 울펜데일이 의미하는 바는 기본적으로 다음과 같다. "저기요, 물론 우리는 우리를 둘러싼 객체에 관하여 모든 것을 알지는 못하지만, 그렇다고 우리가 알려고 시도해도 배울 수 없다는 것은 아니라고요!" 그가 여기서 명백하게 보존하려고 하는 것은 과학이 실재적인 것을 직접적으로 알 수 있으며, 따라서 우리는 사물 속에 "본질적으로" 알 수 없는 것이 존재한다고 말할 수 없다는 주장이다. 울펜데일은 또한 약간의 용어적 꼬투리를 잡으며 우리가 조우하는 객체들을 "내적으로" 알 수 없다고 볼 필요는 없다고 주장한다. 왜냐하면 그것들은 유한한 인식 주체에게 "외적으로" 알 수 없는 것일 뿐이기 때문이다. 울펜데일은 곧 이것을 "질적" 초과와 "양적" 초과 사이의 구별로 다시 진술하며 후자야말로 실제로 우리가 직면한 모든 것임을 함축한다. 울펜데일은 "주체가 각 사물에 속하는 무한한 특징들 중 유한한 수만을 파악할 수 있을 뿐, 원리적으로 포착할 수 없는 **특별한** 특징은 없다는 것"이라고 자신의 입장을 요약한다(70). 따라서 울펜데일의 경우, 우리는 외적 및 양적 불가지성만을 다루고 있다. 사물의 **모든** 특징을 포착할 수 없다는 사실이 예를 들어 그중 3천 개를 포착하지 못한다는 것을 의미하지는 않는다. 울펜데일은 그가 "내적" 및 "질적" 형태의 포착 불가능성이라고 부르는 것을 내가 어떤 사물의 "실체적 비축"과 동등한 것으로 보는 입장을 취한다고 말할 때 옳았다. 그러나 예상대로 그는 이것을 인식론적 과잉과 인과적 과잉의 혼합이라며 비난하는데, 우리가 반복적으로 보았듯이 실제로 이것이 그의 도구상자에서 찾을 수 있는 유일한 논증이다. 울펜데일은 그것을 다음과 같이 표현한다. "지식과 인과관계 사이의 애매함은 따라서 그것이 불러일으키는 신비주의mysterianism와 함께 양적 초과에서 질적 초과로의 불법적인 비약을 위장한다"(72).

먼저 "신비주의" 혐의를 다루어 보자. 이 책 전체에 걸쳐 내가 주장하고 있듯이, 우리가 메논의 역설에 우리 자신을 국한하고 우리가 무언가를 알고 있거나 알지 못한다고 생각하는 경우에만 이 혐의는 유효하다. 이 기본적으로 합리주의적인 입장은 내가 충분히 자주 인용한 에이드리언 존스턴의 말로 가장 잘 표현되었다. 그 말은 여기서 다시 인용할 가치가 있다.

> 19세기와 20세기의 수많은 포스트관념론자는 결국 그 근본에 있어 부정신학의 논리와 구별하기 어려운 논리를 가진 안이한 신비주의를 조장하는 데 그쳤다. 불변의 뼈대 서식은 다음과 같다. 주어진 "x"가 있고, 이 "x"는 범주, 개념, 술어, 특성 등의 수준에서 합리적이고 담론적으로 포착될 수 없다.30

이 구절의 문제는 "불가지론적 x"와 "범주, 개념, 술어, 혹은 속성 수준에서의 담론적 포착" 사이의 잘못된 이원론이다. 이것이 정확히 소크라테스가 거부한 이원성이다. 왜냐하면 우리는 진리 안에 있으면서 진리 안에 있지 않기 때문이다. 비록 울펜데일은 아마도 이것이 단지 "양적" 초과일 뿐이며, 그러므로 소크라테스는 이미 많은 것을 알고 있지만 나머지는 아직 알지 못한다고 말하고 싶겠지만, 그것은 엄밀한 의미에서의 **필로소피아**가 아니다. 소크라테스의 무지 선언은 "나는 3천 가지만 알고 나머지 5천4백만 가지는 아직 모른다"라는 의미가 분명 아니다. 그것이 의미하는 바는 우리가 실재에 비스듬히 또는 돌아서 접근해야 하고, 직접적으로가 아니라 간접적으로 알아야 한다는 것이다. 이것은 자연과학이 좋아하는 진행 방식이 아니지만, 예술 및 건축 비평에서 전기를 거쳐 와인 시음에 이르기까지 그렇게 하는 다른 여러 인간 인지 양태가 있다. 이러한 사례들에서, 그것은 모든 사

---

30. Adrian Johnston, "Points of Forced Freedom Eleven (More) Theses on Materialism," in *Speculations IV*, 93.

실에 도달하지 못하는 "양적" 실패에 관한 문제가 아니라, 그것이 "담론적으로 포착할 수 있는" 의미에서의 사실과 조금이라도 관련이 있는지에 관한 문제이다. 예술과 인문학에서 우리는 울펜데일이 경멸하는 "질적" 접근을 쉽게 찾을 수 있다. 울펜데일이 질적 접근을 경멸하는 것은 정확히 그가 소크라테스와는 대조적으로 철학이 자연과학의 개인 비서 역할을 해야 한다고 가정했기 때문이다.

아마도 더 중요한 점은, "양적" 포착 불가능성을 고려하는 한, 울펜데일은 자신의 논증이 내가 자주 직면하는 관련 이의와 유사하다는 것을 인식하고 있다는 점이다. 직접적 관계는 불가능하다는 나의 논증에 대항해서 많은 비평가는 "관계는 직접적이지만 부분적"이라며 반박했다. 샤비로에 관한 앞의 장에서 브라이언트와 연결해서 이 점을 이미 논했기 때문에 여기에서 전체를 검토하지는 않을 것이다. 그러나 브라이언트와의 논쟁에서 발생한 인과적 용어보다는 울펜데일의 인식론적 용어로 다시 진술하는 것은 도움이 될 수 있다. 울펜데일이 기본적으로 주장하는 것은 내가 어떤 사물의 모든 것을 알 수는 없더라도 일부는 알 수 있다는 것이다. 그렇다면 내가 장미에 관한 1천 가지 사실을 알고 있는 식물학자라고 가정해 보자. 울펜데일은 장미에 관해서 1천 가지 사실보다 "무한히" 더 많은 사실이 있을 수 있다는 것을 인정하는데, 여기서 나는 그가 무한한 숭고로 곧장 도약하는 것에 대해 유죄라고 생각한다. 왜냐하면 그것은, 『하이퍼객체』에서 모턴이 다루는 방식으로 말해서, 단순히 매우 큰 유한수의 사실에 관한 문제일 뿐이기 때문이다. 그러나 장미에 관한 어떤 주어진 사실을 아는 것은 이미 장미 전체로부터 추상화한 것, 장미 그 자체로부터 제거되어 내 정신 속에 자리 잡은 것이다. 이것이 단지 장미에 관한 "외적" 불가지론성을 수반할 수 없는 이유는, 메를로-퐁티가 잘못 생각한 바와 같이 집이 무한수의 가능한 관점으로 만들어져 있다는 것처럼, 장미가 유한하거나 심지어 무한한 수의 "사실"로 구성되어 있지 않기 때문이다. 우리는 집이 그 자체로는 관점이 아니더라도 관점들을 가능하게 하는 것임을 알았고, 장미 또한 마찬가지이다. 즉, 장미에 관한 모든 가능적 사실은 결코 장미로 귀결되지 못한다.

이것은 내가 다른 논증을 함께 섞어서 자신을 매우 고된 문헌학 노동으로 몰아넣었다는 울펜데일의 책의 오랜 가식에도 불구하고, 다른 논증과 구별되지 않는 내 논증 중 하나를 "파악하기 위해 애쓰는" 울펜데일의 마지막 시도로 우리를 직접 이끈다. 새롭고 분리된 것으로 추정되는 논증은 소위 "동일성으로부터의 논증"이라고 불리는 것이다. 울펜데일은 레이디먼과 로스에 관한 내 논문으로부터 그것을 인용해 오지만, 그것의 원래 표적은 메이야수의 수학주의였다. 독자는 메이야수가 사물의 일차 성질이 수학화될 수 있는 것이라고 주장했음을 기억할 것이다. 그는 이것이 피타고라스주의로 귀결된다는 모든 혐의를 재빨리 회피하고, 이를 위해 "무의미한 기호들"로 구성된 수학 이론(바디우 속에서 이미 발견된 논증이다)을 발전시킨다. 달리 말해서, 메이야수는 자신이 **실재 그 자체**가 수학적이라고 주장하는 것이 아니라 수학이 사물의 진정한 일차 성질을 그 자체로 **지표화**한다고 주장하는 것이라고 말한다. 문제는 그렇게 하려면 이러한 일차 성질이 귀속되는 외적 매개체로서 오랫동안 대기해온 "죽은 물질"을 상정해야 한다는 것이다. 내 책의 독자들에게 알려진 바와 같이 나는 "죽은 물질"이라는 개념에 합당한 동기가 없다고 본다. 죽은 물질은 자명하게 의미 있는 것처럼 보일지도 모르지만, 그것은 주로 세계로부터 형상을 추출하여 정신으로 가져오는 것으로서의 지식의 관념에 반대하는 사람들로부터 받는 관념론 혐의를 부인하는 데 사용되어 왔다. 따라서 나는 메이야수에게 "죽은 물질"이라는 자의적 상정이 없다면 그는 사실상 피타고라스주의자가 될 것이라고 반대했는데, 왜냐하면 그는 레몬에 관한 완벽한 지식과 레몬 그 자체는 하나이자 동일한 사물이라고 주장하게 될 것이기 때문이다. 죽은 물질을 상정하지 않으면, 동일한 일차 성질이 레몬과 그것에 관한 우리의 지식 모두에 존재할 것이다.

이제 울펜데일은 내 반론을 자그마치 다섯 개의 분리된 명제로 나누고, 나로 하여금 그중 일부를 다른 것으로부터 추론하게 이끈 논리적 실수라고 추정된 것들의 지도를 그리려고 한다. 그러나 이 논증은 그가 생각하는 것보다 정말로 훨씬 단순하며, 우리는 이 책의 8장에서 멜훌과 함께 다시 보게 될 것이다. 문제가 되는 유일한 질문은 이것이다. 즉, 객체의 형상들과 객체에 관한 지식의 형상들 사이의 차이는 무엇인가? 메이야수의 대답은 실질적으로 차이가 없다는 것이다. 즉, 우리는 사물의 일차 성질(그 형상)을 수학화할 수 있으며 이것은 피타고라스주의가 아닌데, 사물이 형상과 함께 마음으로 유입되지 않는 죽은 물질로도 구성되어 있기 때문이다. 내가 그런 것처럼 죽은 물질, 또는 심지어 살아있는 물질의 개념을 거부하는 사람에게는 이 논증이 통하지 않는다. 메이야수는 "물질"을 피타고라스주의에 대항하는 보루로서 상정했을 뿐이며, 이러한 시도 속에서 "물질"이 그의 독자들에게 그가 과학, 계몽주의, 그리고 정치적 좌파를 지지하는 훌륭한 "유물론자" 원리처럼 보일 것이라는 사실에 의해 도움을 받았다. 따라서 그는 애초에 형상과 구별되는 물질과 같은 것의 현존을 받아들일 이유가 없다고 생각하는 나 같은 강경파를 제외하고는 많은 반발을 받지 않는 경향이 있다.

울펜데일의 논증은 어딘가 다른 것처럼 보이지만, 그 근본에서는 같다. 그는 사물의 **모든** 형상을 아는 일의 어려움을 인정하는 것으로 시작한다. 이는 아마도 그가 선호하는 모델이 수학보다는 자연과학이고, 과학에서는 어떤 주어진 주제를 소진했다고 주장하는 것이 더 어렵기 때문일 것이다. 언제나 뉴턴의 뒤를 잇는 아인슈타인이 있고, 수학의 새로운 분야는 언제나 열리고 있지만 잘 다져진 수학 분야가 완전히 무너지는 경우는 지극히 드물다. 그렇기에 오늘날에는 과학적 패러다임이 붕괴해도 일정한 수학적 핵심은 남는다고 주장함으로써 과학을 수학적 용어로 재구상하려는 다양한 시도가 있다. "구조적 실재론"은 잘 알려진 이러한 전략으로, 레이디먼과 로스는 그것의 변형 하나를 제시할 뿐이다. 나는 이러한 시도가 실패했다고 생각한다. 어쨌든 울펜데일의 논증은 사물 속에 방대한 수의 알려지지 않은 특성을 인정하려는 그의 더 큰 의지로 인해 메이야수의 입장과는 다르다. 그렇지만 울펜데일은 이러한 불가지론성이 "외적"이고 "양적"인 것이라고 말하는데, 이는 과학과 기술의 미래 발전을 통해 그러한 특성들이 알 수 있는 것이 될 수도 있음을 의미한다.

그러나 그 근본에서 그들의 논증은 하나이자 같은 것이다. 메이야수와 울펜데일 모두에게, 사물의 형상이 그 사물에 관한 지식의 형상과 다를 수 있는 내적 방식은 없다. 그리고 바로 이것이 내가 거부하는 것이다. 그 이유는 라투르의 유명한 구절, 즉 "변형 없는 수송은 없다"와 관련이 있다. 장미로부터 사실들을 추출한다는 것은 집을 여러 각도에서 바라보는 것과 같다—그것은 우리가 집을 여러 관점에서 본다고 해서 집 그 자체에 더 가까워지는 것이 아닌 것처럼 장미 그 자체에 더 다가가는 것이 아니다. 그렇게 하는 것은 이 객체들에 관한 감각적 정보의 양을 늘릴 뿐이다. 울펜데일은 내가 감각적 정보를 "경험론적" 정보와 혼동한다고 주장하지만, 이것은 단지 이론이 감각보다 실재적인 것에 더 가깝게 다가갈 수 있다는 우월성 주장에 불과하다. 그리고 바로 그 점이 지금 논쟁의 대상인 것이다. 장미에 관한 사실은 내 정신 속의 형상이지만, 장미 그 자체의 형상과 비교할 수 없다. 그 이유는 장미에 관한 어떤 사실도 실제로는 장미와 나의 관계에 관한 사실이기 때문이다. OOO가 주장하듯이, 마치 물이 수소와 산소로 형성된 새로운 객체인 것처럼, 그 관계는 그 자체로 새로운 객체이다. 메이야수의 "죽은 물질"은 피타고라스주의의 유령에 대한 빈약한 해결책이지만, 올펜데일의 해결책 또한 위험할 정도로 피타고라스에 가깝다. 그는 우리가 장미의 **모든** 성질을 알 수는 없다는 것을 인정하지만, 대신 내가 알고 있는 성질이 내 정신과 장미 모두에서 동일하다는 국소적 피타고라스 이론을 제시하기 때문이다. 그리고 배경 어딘가에 "죽은 물질"이 있다는 가정 없이, 그는 왜 장미의 영양 보급 메커니즘에 관한 나의 지식이 영양 보급 그 자체와 동일하지 않은지 설명할 수 없을 것이다. 객체는 한 번에 하나씩 벗겨서 직접적으로 알 수 있는 수천 가지 형상의 다발이 아니라, 다른 형상이 되지 않고는 그 객체로부터 추상될 수 없는 형상들의 체계이다.

사중체

나의 사중체 해석에 관한 올펜데일의 논의는 충격적이게도 긍정적인 지적으로 시작한다.

하먼의 사중체 독해는 사중체를 하이데거 저작의 중요하지 않은 특징으로서 외면하거나 그것을 구성하는 범주들의 수적 특정성을 부정하는 것을 거부했다는 점에서 찬사를 받아야 한다. 게다가, 그 독해는 이러한 범주들을 그 독해가 기본적으로 옳게 포착한 두 가지 구별, 즉 밝

힘/은폐됨, 그리고 다양/단일의 교차 결과로 해석했다는 점에서 찬사 받아야 한다. (79)

우리는 울펜데일이 내가 무언가에 관해 대체로 옳다고 생각하는 책의 구간으로 진입하고 있는 것일까? 당연히 아니다. 낯익은 부정 정동이 빠르게 재등장한다. "바로 이러한 구별들에 관한 [하먼의] 해석에서 모든 것이 잘못되어 버린다"(79). 특정한 어떤 것들이 잘못된다는 말이 아니라는 점을 기억하라. **모든 것이 잘못된다.** 나는 다시 탐정 말로우의 한탄을 상기한다. "모든 터프 가이는 단조로운 법이지. 전부 에이스 카드로 이루어진 덱으로 카드놀이를 하는 것처럼. 모든 것을 가진 동시에 아무것도 가지지 않은 거야."[31] 52장의 에이스 카드로 구성된 울펜데일의 덱을 검토하여 그중 하나라도 진짜인지 확인해 보자.

그는 나의 사중체 독해에 처음부터 두 가지 문제가 있음을 발견한다. "가장 심각한 문제는 하먼이 더 잘 알려진 [1949년] 사중체를 … 하이데거의 저서 초기에 발견되는 또 다른 사중체 도식, 즉 1919년 프라이부르크 비상 전쟁 학기 동안의 강의에서 발견된 것과 합친다는 것이다"(80).[32] 그런데 여기서 끝이 아니다. "하먼이 '어떤 것'에 관한 1919년 도식의 관심을 보편성과 반대되는 특이성, 존재와 반대되는 존재자의 문제로 읽으며 그 도식을 오독했다는 사실로 인해 사태는 복잡해진다"(80). 그는 1930년대의 하이데거가 내 주장을 뒷받침해줄 가장 강력한 근거를 제공한다고 추정하면서 내가 1930년대의 하이데

---

31. Chandler, *The Long Goodbye*, 483 [챈들러, 『기나긴 이별』].
32. 1949년 사중체에 관한 원본 자료는 Heidegger, "Insight into That Which Is" in *Bremen and Freiburg Lectures*를 보라. 1919년 사중체는 Martin Heidegger, *Towards the Definition of Philosophy*에서 볼 수 있다.

거 속에서 사중체의 모든 흔적을 억누른다는 관련 불만을 덧붙인다. "하먼은 1919년 도식과의 연속성을 읽으려는 시도를 위해 대부분의 경우 〔『예술작품의 근원』과 『철학에의 공헌』을〕 간과한다. 그러므로 사중체를 구성하는 두 가지 구별에 관한 그의 해석이 이 작품들로부터 더 많은 견인력을 얻는 것은 아이러니하다"(81).[33]

마지막 요점부터 시작하겠다. 내가 1919년 강의에 그렇게 집중하는 이유는 통상적으로 "후기" 하이데거가 독점하는 수수께끼로 여겨졌던 사중체가 그가 스물아홉 살에 가르쳤던 강의에서 이미 완전히 작용하고 있음을 보여주기 위한 것이다. 내가 아는 한 이것은 이전에 학자들에게서 주목을 받지 못했지만, 시어도어 카이실은 역시 일반적으로 후기 하이데거에게 국한된 것으로 여겨지는 에라이크니스 Ereignis(사건)라는 용어가 초기 강의의 핵심이라고 비슷하게 대담한 주장을 했다.[34] 실제로, 하이데거 사상의 중추적인 "전환"과 그에 상응하는 "초기"와 "후기" 시기 사이의 날카로운 구별을 향한 학계의 집중은 너무나 널리 퍼져 있어서, 이를 반대하는 것은 이미 위험한 입장이다. 1919년과 1949년은 하이데거의 사중체 구조의 원초적이고 궁극적인 버전을 제공하므로 그의 경력에서 이 두 가지 특정한 순간을 계속 주시해야 한다. 물론, 그의 철학에서 이 개념이 지닌 오랜 역사를 쓰는 것도 흥미로울 것이다. 그러나 내가 그렇게 한다면, 나는 『예술작품의 근원』과 『철학에의 공헌』에 초점을 맞추는 울펜데일의 다소 관습적인

---

33. Martin Heidegger, "Origin of the Work of Art," in *Off the Beaten Track* ; Martin Heidegger, *Contributions to Philosophy* [마르틴 하이데거, 『철학에의 기여』].
34. Theodore Kisiel, *The Genesis of Heidegger's Being and Time*. 카이실의 부록 D 참고, "Genealogical Glossary of Heidegger's Basic Terms, 1915~1927," 490 이하. [Ereignis는 보통 한국에서 생기로 번역된다.]

경로를 따르지 않을 것이다. 대신, 나는 사중체의 발전 속에 더 중요한 두 가지 다른 요점이 있다고 생각한다. 울펜데일이 언급하지 않은 그 중 하나는, 1941/42년에 작성된, 「니체의 형이상학」이라는 표제를 달고 있는 『전집』 50권의 일부이다.35 거기서 우리는 니체에 관한 **오중 독해**를 소개받는다. 이것은 니체 자신은 거의 사용하지 않은 핵심적인 다섯 번째 용어 — 게레히트카이트Gerechtigkeit(정의), 소크라테스 이전의 사상가 아낙시만드로스에 대한 암시로 추정된다 — 가 추가된 하이데거 자신의 사중임을 우리는 인식할 수 있다.36 그 독해의 다섯 번째 용어를 벗기면, 나머지 사중체는 니체에 관한 하이데거의 더 유명한 여러 권의 저작 전체를 (아무리 은연중에라도) 지배하게 된다.37 비록 내가 『도구-존재』에서 명시적으로 논함에도 불구하고, 울펜데일이 누락한 더 큰 요점은 1929년 쌍둥이 저작 『형이상학이란 무엇인가?』와 『근거의 본질에 관하여』가 맡는 핵심 역할인데, 이것들은 1919년 강의에서 처음 등장한 이중 축으로 다시 우리의 주의를 환기한다.38

이제 내가 사중체의 1919년 버전과 1949년 버전을 "혼합한다"는 울펜데일의 주장을 살펴보겠다. 여기 예비적인 말이 준비되어 있다. 책의 앞부분에서, 울펜데일은 그의 블로그 게시물에 관한 2010년 이메일에서 우리가 확인한 서로 간의 불일치를 언급하며 다음과 같이 말한다. "나 자신이 (철학적으로) 헌신하는 분야는 … 하먼의 것과 상당히 다르며, 이는 내 입장에서 그를 예찬할 근거가 거의 없다는 것을 뜻한

---

35. Martin Heidegger, *Nietzsches Metaphysik/Einleitung in die Philosophie*.
36. Martin Heidegger, "The Anaximander Fragment," *The Dawn of Western Philosophy*.
37. Martin Heidegger, *Nietzsche*, 4 vols.
38. Martin Heidegger, "What Is Metaphysics?" in *Pathmarks*; Martin Heidegger, "On the Essence of Ground," in *Pathmarks*.

다"(35). 이것은 요점을 놓치고 있는데, 왜냐하면 그것은 "예찬"이 아니라 **공정함**의 문제이기 때문이다. 혹독한 비판으로 가득 차 있음에도 여전히 공정한 책이나 논문을 우리는 상상할 수 있다. 그것을 "상상" 하는 것 이상으로, 우리 모두 이 비판적 장르의 훌륭한 예시를 실제로 읽는다. 그렇다면 울펜데일의 책을 "예찬"이 부족할 뿐만 아니라 근본적으로 불공정하게 만드는 것은 무엇인가? 단지 그의 글 대부분이 논증 자체의 장점에 따라 성공하거나 실패해야 하는 것에 불필요한 모욕을 첨가해서가 아니다. 더 중요한 점은, 울펜데일이 그저 내 논증에 반론을 제기하고 무슨 일이 일어나는지 지켜보기보다는 다양한 방식으로 사전에 자신을 우월한 합리성의 대좌에 위치시키려고 시도하고, 그 과정에서 불공정함이 발견된다는 것이다. 예를 들어, 나의 사중체 독해에 대한 그의 비판에서 그는 학생이 노력해서 작성한 논문을 붉은 잉크로 표시하는 노련한 베테랑의 태도를 취하지만, 세부사항을 볼 때 나의 해석이 그의 해석을 위한 영감이었다는 것은 완벽하게 명료하다. 울펜데일의 저서를 읽는 독자는 사중체가 처음 등장한 이후로 수십 년 동안 무시되거나 사소하게 여겨져 왔다는 점, 그리고 니스의 고故 장-프랑수아 마테이의 훌륭한 시도와 나란히 『도구-존재』 속 사중체에 관한 나의 해석이 처음으로 사중을 하이데거의 중심 주제로서 취급한 시도 중 하나임을 결코 알 수 없다.[39]

    그러나 정당한 인정을 하지 못하는 이런 태도는 청춘의 경솔함이 지닌 낯익은 특징일 뿐이다. 의심의 여지 없이 우리 모두 우리 삶의 어느 시점에서 그러한 실수를 저지른다. 더 중요한 불공정함의 예시는 내가 1919년과 1949년 버전을 "혼합한다"는 울펜데일의 주장인데, 이

---

[39] Jean-Francois Maffei, *Heidegger et Holderlin : Le Quadriparti*.

는 독자들에게 이 두 모델을 해석하는 방법에 관해 우리가 동의하지 않을 뿐만 아니라 내가 어리석게도 그것들이 하나이자 같은 것이라고 주장한다는 것을 함의하기 때문이다. 우리는 이것이 오류임을 간략하게 볼 것이다. 내가 두 모델 사이의 "연속성을 읽으려는 시도"(81) 속에서 『예술작품의 근원』과 『철학에의 공헌』의 역할을 제한한다는 울펜데일의 주장 또한 있었다. 또한, 울펜데일이 『쿼드러플 오브젝트』를 읽었고, 그 책에서 내가 1919년과 1949년 버전의 사중체가 동일하다고 생각하지 않는다는 점을 충분히 분명하게 했음을 고려할 때, 다소 이상한 주장이다.[40] 독자는 그 책의 88쪽으로 돌아가, 글머리 표로 정리된 목록 속에 제시된 다음의 대조를 살펴보도록 요청받는다.

- 1919년: " '어떤 것'으로서의 사과와 사과의 특정한 사과-성질들 사이에 결투가 벌어지고 있다."

- 1949년: "전체로서의 실재와 사과-성질들 사이에 결투가 벌어지고 있다."

나는 두 모델을 "혼합하기"는커녕, 1919년의 사중체가 각 개별 객체에 분리된 통합성을 귀속시키는 반면 1949년의 사중체는 전체로서의 실체의 통합성에 관한 것임을 분명하게 밝힌다. 이는 하이데거가 『존재와 시간』과 『존재와 시간』과 『형이상학이란 무엇인가?』에서 **불안**을 다루는 방식과 맥을 같이한다. 그러나 나는 두 모델을 "혼합하지" 않을 뿐만 아니라 1949년 모델을 1919년 모델로부터 **퇴보**한 것으로 취급

---

40. Graham Harman, *The Quadruple Object*, 87~91 [그레이엄 하먼, 『쿼드러플 오브젝트』].

하고 초기 버전을 OOO에 훨씬 더 가까운 것으로 기술한다. 『쿼드러플 오브젝트』에서 언급했듯이 나는 여전히 초기 모델이 "단일적" 측면을 지나치게 흄주의적 "성질들의 다발"에 합치하는 방식으로 취급하는 잘못을 범할 수 있다고 생각한다. 이것은 하이데거가 후설의 가장 위대한 발견, 즉 지향적 객체와 그 감각적 성질 또는 음영 사이의 긴장을 간과했을 따름이라는 나의 핵심적 요점을 입증한다. 이 특정한 측면에서는 후설이 좀 더 진보된 사상가로 남는다. 좀 더 기술적인 용어로 말하자면, 하이데거의 1919년 "형식-논리적인 객체적 어떤 것"formallogisches gegenständliches Etwas은 모든 개체적 사물에 대해 같다. 우리가 사과의 경우를 고려한다면, "그것의 '어떤 것' 극에 관해 특별하게 사과스러운 것은 없다 … 이것은 '어떤 것'을 흄의 '다발'에 혼란스러울 정도로 가깝게 만들며, 다발로서 그것은 면직물, 개, 멜론, 혹은 나무에 대한 우리의 각각의 경험과 구별되지 않는다."[41] 또한, 울펜데일이 "하먼은 자신의 사중체로 연속성을 그려내기 위해 하이데거 버전의 밝힘/은폐됨, 그리고 다양/단일 축을 과소평가한다"(82)라고 말한 것도 잘못된 것이다. 왜냐하면 나는 이것이 참이 아님을 분명히 했기 때문이다. 마침내 자신의 주석 92에 와서야 울펜데일은 『쿼드러플 오브젝트』와 달리 『도구-존재』에서 내가 이 점에 관해 덜 명시적이라는 합당한 지적을 한다. 방금 그 책들로 돌아가서 관련 구절을 다시 읽고 나는 이것이 사실임을 알 수 있었다. 그러나 이것이 『도구-존재』를 저술하던 당시의 전략적 단순화였는지, 혹은 나중이 되기까지 내 모델과 하이데거의 모델 사이에 있는 이러한 차이를 내가 완전히 의식하지 못했던 것인지는 더 이상 기억하지 못한다. 즉, 누군가는 울펜데

---

41. 같은 책, 88.

일의 설명을 통해 내가 이 점을 완전히 놓쳤다고 추측할 수 있다.

그것은 우리를 나의 사중체 독해에 관한 울펜데일의 마지막 주요 불만, 즉 "하먼이 또한 1919년 버전의 '어떤 것'에 대한 관심을 보편성과 반대되는 특이성, 존재와 반대되는 존재자의 문제로 읽으면서 오독한다는 사실"(80)로 이끈다. 앞에서 보았듯이, 이것은 "오독"의 문제가 아니라 특정한 존재자로부터 떨어져서 존재 일반을 말하는 것이 의미가 있는지에 관한 나와 울펜데일 사이의 철학적 대립의 문제이다. 어쨌든 그는 자신을 잘못된 길로 인도하는 결론을 내린다. 그는 "하먼은 전체가 스스로를 은폐한다고 생각하는 것이 아니라 현존하지 않는다고 생각한다"(83)라는 올바른 관찰로 시작한다. 이 올바른 전제로부터 그는 근본적으로 잘못된 무언가로 나아간다. 즉, "전체에 대한 하먼의 거부는 전체를 다른 모든 존재자로 구성된 단일한 존재자로 해석하는 것으로 이끈다 … 이것은 하이데거의 입장을 그가 존재신론이라고 부르는 것의 변형으로 만드는데, 그것이 존재를 단일한 특권화된 존재의 관점에서 이해하는 한에서 그렇다"(83). 그런 다음, 울펜데일은 내가 두 개의 분리된 구별을 "혼합"한다고 추가로 주장한 다음에 주석을 사용해 내가 "(그의) 책의 범위를 벗어나는" "난해한 전환"을 수행한다고 비난한다(83, 주석 95).

그러나 여기서 세 개의 분리된 문제를 "혼합"하고 "난해하게" 만드는 것은 울펜데일이다. 첫째로, 우리는 울펜데일이 전체를 단일한 객체로 취급함이 없이 "전체로서의 존재"를 말하고 싶어 한다는 것을 알고 있다. 이전 절에서 보았듯이, 이것이 수행될 수 없는 이유는 하이데거 자신이 도구-체계를 전체론적 통합체로 취급하기 때문이다. 나는 앞에서 이 점을 주장했고, 여기서 반복하지 않을 것이다. 둘째로, 울펜데일은 하이데거의 열망을 자신의 열망과 혼합한다. 왜냐하면 우리는 이후에 울펜데일이 **존재자**가 오직 암시나 다른 간접적 접근을 통해서만 알려질 수 있다는 내 요점을 인정하면서도 존재 그 자체는 직접적인 지적 처리를 통해 더 잘 다루어진다고 주장하는 것을 보았기 때문이다. 그러나 이것은 단지 인식론적 소망에 불과한 것으로, 존재를 그에 대한 어떤 **개념**과도 혼동해서는 안 된다는 하이데거 자신의 강한 주장과는 잘 어우러지지 않으며 그 점에서 데리다는 우월한 신중함을 보여준다. 셋째이자 마지막으로, 하이데거의 도구-분석이 존재를 단일한 존재자로 취급한다고 말하는 것은 울펜데일의 주장처럼 하이데거에게 "존재신론"을 귀속시키는 것이 아니다. 비록 하이데거가 "단일한 특권화된 존재의 관점에서 존재를 〔이해하는 것〕"에 대해 존재신론을 비난하는 것은 사실이지만, 이것은 **일원론** — 하이데거 스스로 물러남과 통합체를 혼합하는 것을 고려할 때, 하이데거는 종종 스스로 그 학설에 가까워진다 — 에 대항하는 논증이 아니라 **현전**에 대항하는 논증이다. 하이데거에게 존재신론이 지닌 문제는 "단일한 특권화된 존재"보다는 이 특권화된 존재가 정신에 직접적으로 현재하는 것으로 만들어질 수 있다는 가정에 관한 것이다. 그래튼에 관한 나의 논평에서 볼 수 있듯이, 우리는 존재신론이 일차적으로 현상학과 하이데거의 단절을 표시한다는 점을 이해하지 않고서는 존재신론의 개념을 이해할 수 없다. 이것은 『시간 개념의 역사』와 거기서 후설이 **존재물음**을 놓친 이유 — 그 연상의 사상가가 존재를 "지향적 행위와의 가능적 상관관계"라는 의미로 해석한다는 사실 — 에 관한 논의에서 분명하게 볼 수 있다.

울펜데일이 사중체에 관해 다루는 장의 나머지 절들로 마무리하자. 울펜데일은 전형적이고 불필요하게 기술적인 방식을 사용해서 그것들을 "형상으로부터의 논증"(84~8)과 "본질로부터의 논증"(88~95)이라고 부른다. 상기하건대, 그의 책에서 "X로부터의 논증"이라는 제목이 붙은 여러 절은 모두, 내 논증이 너무 모호하고 뒤엉켜 있기에 그가 나를 위해 그것들을 분리해야 했다는 그의 핵심적인 수사학적 자만을 뒷받침하기 위한 노력이다. 그러나 편향되지 않은 독자는 예외 없이 내 논증이 울펜데일의 논증보다 더 명료함을 발견할 것이다.

그는 놀랍게도 나의 이중-축 모델을 인정하는 것처럼 보이는 것으로 시작한다. "하먼은 객체와 성질 사이의 구별에 관해서 **실제로는 논증할 필요가 없다**. 적어도 그것이 주어와 술어 사이의 **직관적 구별**에 대한 상관항인 한에서는 말이다"(84, 강조는 하먼). 그가 생각하기에 더 많은 검토가 필요한 것은 이러한 구별이 다른 축, 즉 실재적/감각적 구별을 유발하는 방식이다. 적어도 얼마간, 그는 객체/성질 구별이 후설에 관한 올바른 해석일 뿐만 아니라 지향성 자체에 관한 정확한 진단이라는 점을 받아들이는 것처럼 보인다. 다른 말로 하자면, 지금으로서 그는 각각의 감각적 개체마다 객체-극이 구별된다는 나의 주장을 인정하고 있다. 우리는 울펜데일이 내가 **실재적** 수준에서 그렇게 한다는 것, 즉 내가 실재적 수준에서도 객체-극을, 모든 것이 공유하는 일반적 "존재"로 만들기보다는 개체화한다는 점에 관해 불평한다는 것을 이미 알고 있다. 그렇다면 그의 논증이 보여주는 현재 상태는 다음과 같다. "그것은 감각적 수준에서는 작용할 수 있지만, 실재적 수준에서는 하이데거가 요구하는 존재의 일반성을 지워버린다." 나의 후설 해석에 관한 그의 추가적 요약(84~6)은 희미하게 냉소적이지만, 그는 내가 지금부터 고려할 예외를 제외하고는 대부분 동의하지 않는 기색 없이 통과한다.

그 예외는 내가 **형상**^{eidos}이라고 부르는 SO-RQ 긴장과 함께 발생한다. 울펜데일이 올바르게 지적하듯이 나는 SO-SQ가 감각적 객체로부터 감산될 수 있는 순전히 우연적인 성질들로 구성되어 있다고 주장하지만, 이것은 객체로부터 어떤 본질적인 성질을 전혀 제거함이 없이 SO-RQ에는 수행될 수 없으며, 이는 분명히 내가 결코 받아들일 수 없는 것이다. 그의 이의는 이 점에 관한 것이 아니라, 감각적 성질은 감각 기관을 통해 알려지고 형상적 성질은 지성을 통해 알려진다는 후설의 주장에 대한 나의 유사한 거부와 관련이 있다. 나는 나의 2012년 본 대학 여름 학기 강의 당시 바로 이 점에 관해서 그가 놀라워하며 질문을 했던 것을 기억하며, 그리고 그런 질문은 나에게는 전혀 놀랍지 않았다. 뼛속까지 합리주의자인 울펜데일에게, 만약 지성이 실재에 직접적으로 접근할 수 없다면 철학은 파멸할 것이다.[42]

내가 후설주의적 지적 직관을 부정하는 것에 대한 그의 공포는 그에게 논의를 더욱 흐리게 만드는 세 가지 추가적 주장으로 이끈다. 첫째로, 그는 "후설의 형상 개념은 하먼이 발전시키고자 하는 개체적 본질에 관한 설명과 반대되는 일반적 본질에 관한 설명"이라고 주장한다(86). 이것은 울펜데일이 나에게 맞서서 인용하는 유일한 출처 『이념들 1』에서 명료한데, 나는 내 논의 전체를 걸쳐 『논리연구』를 참조한다. 이런 식으로 그는 1900/1901년의 후설과 1914년의 후설 사이의 관계에 관한 난처한 문제를 만든다. 이 시간 동안 후설은 반쪽짜리 모조 실재론에서 본격적인 관념론으로 전환한 것으로 유명하다. 후설이 1890년대에 이미 관념론자였다는 나의 견해를 고려할 때, 나는 『논리연구』에서 형상적 성질은 알 수 있는 보편자라는 의미로도 사용된다는 개념을 기꺼이 받아들인다. 그러나 나는 애초에 내가 후설주의자라고 주장하지 않기에 그 요점은 중요하지 않다. 나는 이미 감각적 직

---

[42] 내가 마르쿠스 가브리엘의 본 대학 여름 학기의 일환으로 강의를 한 것은 2012년 7월 10일이다.

관과 범주적 직관 사이에 있는 후설의 강한 상충을 폐기했고, 내가 후설 자신의 성질 이론에 충실한지에 대해서도 마찬가지로 거의 관심이 없다. 설령 울펜데일이 『논리연구』에서 그 주제가 처리되는 방식이 이후 『이념들 1』의 설명과 크게 다르지 않다는 것을 내가 만족할 만큼 증명할 수 있다고 해도 내 대답은 다음과 같을 따름이다. "그렇군요. 그럼 이 점에서 관해서도 저는 후설에 반대합니다." 후설에 대한 나의 경의는 감각적 객체, 감각적 성질, 그리고 형상적 성질 사이의 핵심적인 삼중 구별로 제한되며, OOO의 용법에 따르면 그것은 SO-SQ/SO-RQ로 표현된다. 나는 이것을 경험주의적 "성질들의 다발" 모델에 대한 결정적인 타격으로 간주하며, 실재적인 것의 요소(즉, RQ)가 감각적 현존 그 자체의 심장에 내재하여 있다는 놀랍도록 역설적인 인식이라고 생각한다. 나는 후설의 철학이 지닌 추가적인 짐을 짊어질 의무가 없으며, 후설의 관념론은 후설의 철학에서 가장 무거운 짐일 뿐이다.

그러나, 그리고 이것이 나의 두 번째 요점인데, 울펜데일은 내가 스스로 후설주의자라고 주장하지만 실제로는 그렇지 않다는 자신의 가정을 계속 유지한다. 이것은 절의 끝부분에서 분명한데, 그는 내 모델에 관해서 "그 모델이 기반하고 있어야 할 후설주의적인 현상학적 방법과 전혀 유사하지 않다"라고 불평한다(88). 유사성이 없는가? 그는 또다시 과장한다. 다른 철학자와 마찬가지로 나는 후설과 어떤 점에서는 동의하고 다른 점에서는 반대할 권리가 있으며, 따라서 나는 후설로부터 자유롭게 SQ-SO-RQ 삼각형을 끌어내면서도 RQ가 지성을 통해 관통될 수 있다는 그의 가정을 받아들이지 않을 수 있다. 나의 비합리주의적 접근법에 관해 매우 불쾌해하는 것은 울펜데일이며, 나의 논증이 "매혹을 … 이론과 혼합하는 것처럼 보인다"(88)라고 말하는 방식으로 그는 그래튼의 잘못된 말을 되풀이한다. 전혀 그렇지 않다. 그 둘은 완전히 다르다. 매혹은 실재적 객체의 미학적 물러남에 의해 생산된 RO-SQ 융합으로, 비유의 경우에 그런 것처럼 관찰자가 실종된 객체를 수행해야 한다. SO-RQ라는 완전히 다른 축을 따라 발생하는 이론에 그러한 수행은 없다. 반복하자면, 매혹은 RO-SQ이고 이론은 SO-RQ로, 서로 단 하나의 용어도 공유하지 않는다. 유일한 유사성은 둘 다 실재적 요소(매혹은 RO, 이론은 RQ)를 포함하고 있다는 것이며, 이는 두 경우 모두에 지성을 빠져나가는 무언가가 있음을 의미한다. 울펜데일이 양쪽 모두에 관한 내 설명을 동등하게 싫어한다는 사실이, 내가 그 둘을 다루는 과정에서 그것들을 "혼합한다"는 것을 의미하지는 않는다. 그것은 단지 울펜데일이 경멸하는 종류의 "정서적 효과로부터의 논증"일 것이다. 요컨대, 이것은 울펜데일이 철학적 토대에 관해 나와 대립하면서 그 대립을 나의 해석상의 실수로 묘사하는 또 다른 사례이다.

이제 울펜데일의 세 번째 요점을 살펴보자. 그것은 2007년 사변적 실재론의 공동 협력 전성기에 이미 브라시에를 불편하게 만들었던 요점이다. 울펜데일은 내가 성질이 보편적이기보다는 개체적이거나 특정한 것으로 취급한다는 점을 고려하면서 "이러한 일반성의 결여는, 공유될 수 있는 성질이 존재하지 않는 한, 비교 과정에 대한 근거가 없음을 의미한다"라고 추가로 불평한다(87). 그것은 우리를 다음과 같은 결정적 구절로 이끈다. "형상으로부터 우유성을 분류하는 **기준이 없**는 한에서, 이것은 감산 과정의 기반을 완전히 신비하게 만든다. 본질적으로, 하먼이 하는 일은 이 신비를 이용하는 것이다"(87, 강조는 하먼). 여기서 울펜데일은 내가 "인식주의"라고 부르는 근대 존재-분류학의 한 양상에 대한 충성을 선언한다. 인식주의는 실재적인 것이 알려질 수 있는 한을 제외하고는 그것에 관해 전혀 관심을 두지 않는 실재론의 한 브랜드이며, 따라서 나의 소크라테스 해석에 관한 울펜데일의 너그럽지 못한 반응이 따라온다. 나는 소크라테스가 결코 지식을 얻지 못하고 심지어 지식을 얻으려는 의도조차 없다고 주장한다. 이에 대해 울펜데일은 내가 소크라테스를 가치 없는 소피스트로 부르고 있다고 보며, 이를 아리스토파네스에 필적하는, 우리 학문의 영웅에 대한 도착적 해석이라고 말한다. 다시 말하지만, 이것은 울펜데일이 메논의 역설을 "암묵적으로" 수용하는 데 달려 있는데, 그는 어떤 것을 알 수 있거나 알 수 없고, 알 수 없는 것에 대해서는 말할 가치조차 없다고 생각하기 때문이다. 즉, 그것은 비트겐슈타인의 "말할 수 없는 것에 대한 침묵이다."[43] 그러나 이 방식을 통해 울펜데일은 그저 인식론을 위해 철학을 폐기하고 있는 것이며, 과학의 더 위대한 영광을 위해 **필로소피아**를 내던지고 있는 것이다. 실재적인 것을 앎이 없이 그것에 도달하는 다양한 방식이 있으며, 그러한 모든 노력이 동등한 것은 아니다. 우유적인 것과 본질적인 것을 구별하기 위한 "기준"이 필요하다고 말하는 것은, 많은 명제가 우리 앞에 동등하게 배열되어 있고, 그중 일부가 참일 때 다른 일부는 거짓이며, 거짓으로부터 참을 선별하기 위해서는 유효한 인식론적 기준이 필요하다는 것을 가정하는 것이다. 여기서 우리는 본질적으로 셀러스의 현시적 이미지와 과학적 이미지의 수준에 있다. 즉, 우리는 많은 이미지와 직면하고, 일부는 과학적일 때 다른 일부는 덜 과학적이다. 말할 필요도 없이, 이러한 실망스러운 이미지의 형이상학은 OOO가 문제를 직조하는 방식

---

43. Ludwig Wittgenstein, *Tractatus Logico-Philosophicus*, 89 [루드비히 비트겐슈타인, 『논리-철학 논고』].

이 아니다. 내 모델에서 매혹과 이론은 모두 지성이 감각보다 더 직접적으로 만질 수는 없는 실재적인 것의 요소(그러나 그 요소는 **동일하지 않은**데, 매혹은 실재적 객체와, 이론은 실재적 성질과 관련된다)와 씨름한다. 여기서 울펜데일은 의심의 여지 없이 "부정신학" 혐의에 의지할 것이다. 그러나 우리는 실재적인 것의 **간접적인** 탐지를 위한 방법을 창안해야 할 필요성에 직면한다. 왜냐하면 그 간접적인 탐지야말로 실재적인 것이 허용하는 모든 것이기 때문이다. 이것이 수행되는 방법의 한 예시는 나의 책 『비유물론』에서 전개되었다. 만약 우리가 네덜란드 동인도회사의 역사에서 본질적 요소와 본질적이지 않은 요소를 나누는 "기준"을 요구한다면, 그러한 기준은 외적이고 우연적인 것 — 어떤 뉴스가 그 당시에 가장 화제였는지, 어떤 전쟁이 가장 많은 수의 사상자를 냈는지, 어떤 화물이 가장 많은 수익을 냈는지 — 일 수밖에 없다. 우리는 울펜데일이 내가 방법론에 관해 논하지 않는다고 가장하기 좋아하는 것을 보았다. 그러나 사실 나는 자주 방법론에 관해 논한다. 『비유물론』의 사례에서 추구했던 것 — 그리고 거기에는 그 책을 훨씬 넘어서는 파급력이 있다 — 은 동인도회사와 다른 무언가 사이의 돌이킬 수 없는 공생의 순간이다. 그리고 이 지점에서, 외적 "기준"은 충분하지 않다. 그 대신, 필요한 것은 소크라테스가 그토록 자주 보여준 것과 같은 손길과 기민함이다.

마지막으로 울펜데일이 "본질로부터의 논증"이라고 부르는 것을 검토해 보자. 여기서 그는 내가 후설을 심각하게 왜곡한 것과 동일한 방식으로 솔 크립키의 지시 이론에 관한 나의 해석이 크립키를 "심각하게 〔왜곡한다〕"(93)고 주장한다. 전자의 경우, 우리는 후설에 관한 왜곡은 없었고, 내가 후설의 본질직관 이론을 거부하기에 그에게서 어떤 것도 가져올 수 없다는 울펜데일의 자의적 요구만이 있을 따름임을 보았다. 후설의 사례에서 그것은 특이한 논증이었는데, "크립키로부터의 논증" 역시 그 자체의 특이한 특징을 가지고 있다. 그는 다시 후설을 통해 시작한다. "(하먼은) 다른 모든 지향적 행위는 명명적 행위 위에 기초한다는 후설의 주장을 이렇게 해석한다. 즉, 모든 지향적 관계에서 우리는 하나의 즉각적인 '이것'(감각적 객체)을 **알게 되며**, 그것이 다시 그늘진 '이것'(실재적 객체)을 가리킨다는 것이다"(89). 이 구절을 읽고 나는 혼란스러웠다. 왜냐하면 후설이 지향적 행위의 잠재적 상관항이 아닐 수도 있는 객체를 **선험적으로** 배제했다는 점을 감안할 때, 나는 후설이 실재적 객체에 관한 개념을 전혀 갖고 있지 않다고 생각하기 때문이다. 그리고 울펜데일은 이 점을 알고 있어야 한다. 그래서 나는 그의 인용문을 따라 『게릴라 형이상학』의 28~29쪽을 참고했고, 즉시 그가 나를 틀리게 이해했다는 것을 발견했다. 내가 쓴 것은 다음과 같다. "아리스토텔레스와 공명하고 솔 크립키를 예기하며, 후설은 이름이 '고정된 명칭'fixed appellation('고정 지시어'rigid designator 참조)이라고 주장한다. 이는 어떤 특수한 감각적-물질적 성질들의 집합이 아니라 근본적으로 그늘진 '이것'을 직접적으로 가리킨다"(28).[44] 울펜데일의 입장에서 보자면 그는 통상적으로 내가 감각적이기보다는 실재적인 것에 관해 말할 때 사용하는 "그늘진"이라는 단어로 인해 오도되었을 것이다. 그러나 정원에서 비행하는 검은 새라는 후설이 드는 예시에 관한 이어지는 구절은, 감각적 검은 새와 구별되는 실재적 검은 새가 아니라, 내가 후설과 함께 수많은 가시적 특성과 구별되는 검은 새를 말하고 있음을 충분히 분명하게 보여준다. 후설 철학의 다른 모든 것과 마찬가지로, 명목적 행위는 그의 우주 모델에서 완전

---

44. Graham Harman, *Guerrilla Metaphysics*, 28.

히 배제된 물러난 실재적 객체와의 교류 수단을 가지고 있지 않다.

울펜데일은 프레게주의적 용법의 도움을 빌려 다음과 같이 말한다. "〔후설에 관한 하먼의 해석에서〕 이름은 마치 그것의 지시 대상을 결정하는 **의미**|sense인 것처럼 〔감각적 객체에〕 붙어 있다. 이것은, 하나의 사물이 여러 이름을 가질 수 있는 한에서, **이산적인** 감각적 객체들이 **동일한** 실재적 객체를 지시할 수 있음을 의미한다"(89).⁴⁵ 울펜데일이 아마 염두에 두고 있는 것은 "샛별"morning star과 "개밥바라기"evening star라는 두 가지 다른 이름을 가진 금성에 관한 프레게의 유명한 예시이다. 그러나 후설의 관념론에 비추어 볼 때, 분명 몇 가지 한정이 필요하다. 후설 철학에는 실재적 객체가 없기에 금성은 감각적 객체 이상의 것일 수 없지만, 우리는 여전히 금성을 "샛별"과 "개밥바라기"의 "지시 대상"이라고 부를 수 있다. 이것은 두 개의 감각적 객체와 하나의 실재적 객체 사이의 관계일 수 없으며 (후설에게는 그러한 구별이 없다) 두 개의 음영과 하나의 감각적 객체 사이의 관계일 뿐이다. 즉, 나는 아침-시간에 지평선 근처에 있는 어떤 밝은 행성을 조우하고, 이후 그해 연말에 어떤 밝은 행성의 밤-시간 음영을 조우한다. 일단 그것들이 둘 다 금성임을 알게 되면, 나는 이 두 음영이 두 개의 다른 감각적 객체가 아니라 하나의 같은 감각적 객체를 지시한다고 결정한다. 실재적 객체에 관한 어떤 언급도 후설에게는 적용될 수 없을 따름이다. 울펜데일이 이어서 지적했듯이, 감각적 객체를 알게 되기 위해 내가 기술이 필요하다고 보지 않았다는 점은 옳았지만, 즉각적 지각 속에서도 언어가 작동한다고 생각하는 철학자가 아니라면 이와 반대

---

45. Gottlob Frege, "Uber Sinn und Bedeutung," *Zeitschrift fur Philosophie und Philosophische Kritik*.

되는 입장을 취할 사람이 있을지 모르겠다. 내가 오르테가의 "느낌-사물"feeling-thing이라는 용어를 감각적 객체와 연관시킨다는 울펜데일의 요점도 옳다. 이는 감각적 객체가 그 효과에 관한 모든 분석에 선행해서 우리에게 통합된 효과를 미치는 한에서 그렇다. 그러나 유감스럽게도 그는 나를 "느낌"이라는 단어와 연관시켜서 OOO의 "정서적 내관"이라고 추정된 것에 대한 최종 공격에 힘을 실어주기 위해 이런 연결고리를 만든 것으로 보인다. 그러나 오르테가의 느낌-사물은 후설의 지향적 객체가 그러하듯이 "정서"에 국한되지 않는다. 오히려 그것은 이론적 추론을 통해 성취된 것을 포함하여 이러한 객체가 지닌 특징의 모든 양식manner과 얽혀 있다. 울펜데일은 나의 후설 독해와 관련하여 "실재적 객체"라는 구절을 혼란스럽게 사용하지만, 그는 적어도 크립키의 경우가 다른 것처럼 **보인**다는 것을 잘 의식하고 있다. 울펜데일이 표현하듯, 후설에게 차이는 이름과 그 의미 사이에 있는 반면, 크립키에게는 그 차이가 이름과 그 지시 대상 사이의 차이에 해당하므로, 마치 우리가 사고-세계의 상관관계를 벗어나 실재 그 자체를 향해 나아가는 것처럼 보인다(90). 이는 올바른 궤적을 그리고 있는 것처럼 보인다. 그러나 이 주장에 뒤따르는 울펜데일의 해설은 피할 수 있는 오류에 빠지게 된다. "[후설에게] 즉각적인 '이것'은 우리에게 그에 관한 이해를 제공하는 **특수한 기술들** 이상의 것인 반면, 그늘진 '이것'은 모든 **가능적 기술**보다 더 깊은 무언가이다"(90). 이것을 혼란스럽게 만드는 것은 후설의 감각적 객체가 이미 "모든 **가능적 기술**"보다 깊기 때문이다. 이 점이 바로, 후설이 사물의 모든 표현에 대한 토대를, 그 사물이 주어지게 되는 우선적인 명목적 행위에 두는 이유이다. 크립키의 이론이 그저 감각적인 것이 아니라 실재적인 것을 가리키는지는 별개의 문제이지만, 그와 후설의 차이점은 확실히 "모든 가능적 기술"과 "특수한 기술들" 사이에 있는 것이 아니다.

또한, 내가 진심으로 놀랍다고 느낀 점에 한 단락을 할애할 가치가 있다. 울펜데일은 나의 실수를 지적할 기회를 좀처럼 놓치지 않지만, 『게릴라 형이상학』에서 내가 저지른 가장 큰 실수를 완전히 놓친다. 출판 직후 내가 알아차린 그 실수란 크립키의 고정 지시어가 실재적 객체를 가리키는지 아니면 감각적 객체를 가리키는지에 관한 모호성이다. 내가 그것이 실재적 객체라고 주장하는 것처럼 보이는 두 개의 구절이 있다. (a) "오르테가에 따르면 사물의 내면성은, 그것이 속성들의 어떤 총합으로도 교체될 수 없는 한, 절대적으로 헤아릴 수 없는 깊이이다(러셀의 이름 이론에 대한 크립키의 반론 참조)."[46] (b) "고정 지시어는 실재적 [성질을] 가진 지하의 닉슨 대통령을 가리키고 있지만, 정의상 실재적 객체의 경우에는 이러한 [성질이] 무엇인지 정확히 결정하는 것은 불가능하다."[47] 이와는 대조적으로, 고정 지시어가 대신 감각적 객체를 가리킨다고 주장하는 가장 명확한 구절은 다음과 같다.

우리가 고정 지시어로서의 고유명사를 통해 가진 것은 금과 닉슨 그 자체가 아닌 느낌-단위체 "금" 또는 "닉슨"이다. 왜냐하면 그것들은 오직 그것들 자신의 실재성을 실행하는 것으로만 구성되어 있고, 한정적 기술만큼이나 이름이나 사고로 결코 환원될 수 없기 때문이다. 고유명사가 형용사보다 사물을 더 잘 가리키더라도, 그것은 사물 그 자체가 아닐 따름이다.[48]

---

46. Harman, *Guerrilla Metaphysics*, 105.
47. 같은 책, 199.
48. 같은 책, 109.

상기하건대, "느낌-단위체"라는 용어는 오르테가의 비유 이론으로부터 가져온 것으로, 나는 그 용어가 후설의 지향적 객체 및 나 자신의 감각적 객체와 유사하다고 주장한 바 있다. 이제 OOO의 기준에 따르면 크립키 이론의 지시는 실재적 객체를 가리킬 수 없다는 것이 분명해 보일 수 있다. 우리는 그저 금의 본질은 79개의 양성자를 갖는 것이라는 그의 견해를 고려하기만 하면 되는데, 기본적으로 그 견해는 포착하기 어려운 깊은 본질과 공통점이 없는 과학주의적 결론이다.[49] 아마도 내가 두 가지 상반되고 오해의 소지가 있는 구절을 쓸 때 염두에 둔 것은 자비에르 주비리가 본질의 깊은 비관계론적 실재성을 **말하면서도** 그 본질을 사물의 "원자-피질 구조"에 위치시킨다는 점일 것이다. 이것은 크립키의 79개-양성자 금-본질과 유사한 과학주의적 어조로 들리기 때문에, 두 저자 모두 그럼에도 불구하고 물러난 본질에 관심을 갖고 있다고 생각했을 수 있다. 그러나 현재로서는 주비리가 크립키보다 그러한 가능성에 훨씬 더 가깝다고 주장하겠다. 이 문제는 무서울 정도로 OOO에 관해 방대한 지식을 가지고 있는 몰타의 니키 영에 의해 가장 잘 조명되었다. 나에게 보낸 이메일에서 영이 말했듯이, 고정 지시는 명백하게 매혹의 한 형태가 아니며, 그러므로 그것은 실재적 객체가 아닌 감각적 객체를 가리켜야 한다.[50] 여기서 나는 영이 옳다고 생각한다.

우리는 주요 주제로 돌아간다. 울펜데일은 내가 라이프니츠주의적인 요소와 크립키주의적인 요소를 불법적으로 조합한다고 생각한다. 『모나드론』 §8에서 가져온 라이프니츠주의적인 요소란, 비록 모든

---

49. Xavier Zubiri, *On Essence*.
50. Niki Young, 2019년 2월 20일 개인적 소통.

모나드는 하나이지만 그것들은 다수의 성질을 가져야 한다는 것이다. 그렇지 않으면, (a) 모나드들은 존재할 수조차 없고, (b) 모나드들은 변화할 수 없을 것이고, (c) 모나드들은 모두 똑같을 것이다. 올펜데일이 내 논증을 정확하게 요약하는 것처럼, "만약 감각적 성질이 이러한 본질을 구성할 수 없다면, 그렇게 할 수 있는 완전히 별개 유형의 성질이 있어야 한다"(92). 그는 이 논증을 거부하는 것 같지도 않다. 그의 진짜 불만은 내가 크립키를 활용하는 방식에 있다. 그가 말하듯이, "[하먼에게] 이름의 지시 대상이 그 이름이 가진 성질에 대한 우리의 믿음과는 어떻게든 독립적임을 크립키가 보여주었기 때문에, 그 이름이 지시하는 객체의 개체화는 이러한 믿음과는 아무런 관련이 있을 수 없다는 것이다"(91). 그러나 이것은 크립키를 제대로 이해하는 문제라기보다는 나와 올펜데일 사이의 통상적인 대립의 문제이다. 그는 사물의 참된 성질과 거짓된 성질이 모두 정신에 이용 가능한 것이며, 우리에게는 그것들을 분류할 기준이 필요하다고 생각한다. 나는 정신에 이용 가능한 모든 성질이 사물에 미치지 못한다고 생각하며, 이것이 "우리의 믿음"이, 우리의 믿음이 무엇에 관한 것인지와 결코 동형일 수 없는 이유이다. 올펜데일은 이것이 회의론과 부정신학으로 이어진다고 생각하는 반면, 나는 이것이 실재에 간접적으로 접근하는 새로운 방법을 자아낸다고 생각한다. 이러한 차이의 한 예시는 올펜데일의 지적이다. 올펜데일에 따르면 크립키는 단지 "양태적" 의미에서의 고정 지시를 뜻하며, 예를 들어 아리스토텔레스가 면도를 했다거나 플라톤과 함께 공부하지 않았을 수도 있다는 등의 반사실적 경우를 가리킨다. 반면 올펜데일은 내가 이러한 지시어를 사용하는 방식을 "인식적"이라고 부른다. 그가 멋지게 표현한 바와 같이, "그러므로 [크립키는 하먼과 달리] 사물의 본질을 포착하는 것이 불가능하다고 생각하지 않으며, 그것을 지시하는 이름의 의미를 파악하는 것과는 별개라고 생각할 따름이다"(94). 그러나 후설의 경우와 마찬가지로, 나는 울펜데일이 내가 크립키의 이론이 가진 양상 중 일부를 받아들인다는 이유만으로 내가 크립키 이론의 **모든** 양상에 얽매여 있다고 생각하는 이유를 알 수 없다. 2007년 골드스미스 학회에서 나는 크립키의 입장을 "실망스러운 실재론"이라고 불렀고, 그 이유가 바로 여기에 있다.[51]

이를 바탕으로 울펜데일은 내 입장을 "고정 지시"라기보다는 "완강한 지시"라고 불러야 한다고 주장한다. 왜냐하면 "〔하먼에게〕 이름은 반사실적 변형 전체에 걸쳐 동일한 사물을 지시할 뿐만 아니라, 모든 가능적 나타남에 걸쳐 동일한 사물을 지시하기 때문이다"(94). 이 익살의 요점은 무엇인가? 물론 울펜데일에게 그것은 "기준"의 문제이다. 만약 우리가 사물의 본질적인 특징과 본질적이지 않은 특징을 구별하고자 한다면, 경우에 따라 동그라미로 표시할지 엑스로 표시할지 판단할 수 있도록 이러한 모든 특징이 동등하게 이용 가능한 것이어야 한다. 이것은 동일한 특성이 한 사물에는 본질적일 수 있고 다른 사물에는 우유적일 수 있다고 말할 때 울펜데일이 추구하는 것이다. "살아있는 세포의 염도는 … 세포가 기능하려면 좁은 범위 내에 유지되어야 하는 반면 … 조리된 파스타의 염도는 … 범위를 벗어나도 [파스타는] 분해되지 않는다"(92~3). 그러나 이것을 말하려면 그는 "염도"를 정신이 이용 가능한 보편적인 것, 본질적이거나 우유적일 수 있는 보편자로 취급해야 함에 주의해야 한다. 그런데 울펜데일 자신이 이미 불평했듯이, 나에게 있어서, 본질적 성질은 개별 객체에 고유한 것이며, 울펜데일조차 인정하듯이 이 수준에서는 매혹 같은 것만이 우리

---

51. Ray Brassier et al., "Speculative Realism," in *Collapse III*, 379~80.

를 도울 수 있다. OOO에서 우리는 본질적인 것이 접근 불가능한 것임을 알기에, 우리에게 필요한 것은 "기준"이 아니라 네덜란드 동인도회사의 사례와 같이 간접적으로 본질적 성질에 도달하는 방법이다. 따라서 울펜데일이 그의 책 전체를 걸쳐 함의하듯이 내가 문제의 핵심으로 "기준"을 거부한다는 것이 누구나 자신이 원하는 대로 말할 수 있다는 의미는 아니다. 대신, 그것은 사물의 실재적 성질이 좀 더 간접적인 접근 수단을 요구함을 의미할 뿐이다. 그러나 물론, 철학과 과학 사이의 연속성을 향한 울펜데일의 독단적인 합리주의적 전념은 그가 간접적 접근을 오직 부정신학으로만 볼 수 있다는 것을 의미한다.

    이와 관련하여 그의 마지막 주장은 개체를 향한 OOO 관심의 핵심을 공격하려는 시도이다. 그는 "기준"이 없다면 우리는 존재자가 하나가 아니라 다수인지조차 알 수 없다고 주장한다. "아마도 더욱 우려되는 점이란, 왜 우리가 이산적 나타남의 복수성의 근저에 있는 어떤 단일한 **아페이론**이 아니라 이산성 자체의 실재성을 긍정해야 하는지 의아하게 여기는 채로 남겨진다는 것이다"(95). 울펜데일의 주장은 내 논증이 순환적이라는 것처럼 보이며, 이를 확립하기 위해 그는 내가 수많은 이산적 존재자의 현존이라는 "눈부시게 명백한 사실"을 언급했다고 인용한다. 그는 이 구절의 출처를 밝히지 않으며, 나는 『도구-존재』와 『게릴라 형이상학』에서 이 구절을 찾아보았지만, 이 정확한 표현을 찾지는 못했다. 내가 찾을 수 있는 가장 근접한 것은 레비나스의 진실성을 언급하는 구절인데, 그것은 다음과 같이 진술된다.

    레비나스가 논하듯이 삶은 진실성, 총체적인 도구 체계뿐만 아니라 무수히 다양한 이산적 요소와 씨름하는 진실성이다. 현시점에서 문제는 우리가 개체적 객체들의 이러한 현존을 눈부신 경험적 사실로만

인정할 수 있다는 것이다 — 하이데거 이론의 맥락 속에서는 아직 그것을 위한 여지가 발견되지 않았다.52

그러나 여기서 지시 대상은 눈부신 **경험적** 사실이며, 이는 내가 **감각적** 객체를 논하고 있음을 의미한다. 추정컨대 울펜데일조차 **경험**의 수준에서 많은 개체적 사물이 있는 것 같다는 점을 인정할 것이며, 이 수준이야말로 감각적 객체가 관련이 있는 곳이다. 분명 울펜데일이 의미하는 바는 개체적인 감각적 객체의 복수성이 **실재적인 것**은 단지 일자가 아님을 증명해 주지는 않는다는 것이다. 이는 정당하지만, 나는 실재적인 것의 수준에서 다수성을 "눈부신 경험적 사실"이라고 부른 적이 없다. 오히려 그 반대인데, 나에게 실재적인 것은 감각적, 이론적, 혹은 실용적 경험보다 더 깊은 무언가이기 때문이다. 사실, 실재적인 것의 수준에서의 복수성을 위한 논증이 필요하다. 나는 이미 데리다와 관련하여 그래튼을 다룬 장에서 실재적인 것의 복수성을 위한 논증을 제공했으며 여기서 반복하지 않을 것이다. 그러나 나는 울펜데일이 분명히 읽었지만 결코 논박하지 않은 논문,「나도 유물론은 파괴되어야 한다는 의견에 동의한다」에서 레이디먼과 로스에게 대항해서 똑같은 논증을 제시했다. 그는 자기 책에서 그 논문을 인용했을 뿐만 아니라, 그것이 스코틀랜드 던디에서 처음 강의로 전달될 때 청중 사이에 있었다.53

---

52. Harman, *Tool-Being*, 43.
53. 던디 학회에서 내 강연은 2010년 3월 27일에 "실재적 객체인가 물질적 주체인가? 대륙 형이상학 컨퍼런스"라는 표제로 진행되었다. 울펜데일과 나는 그 시점에도 여전히 상당히 좋은 관계를 유지하고 있었고, 나중에 그가 들뢰즈는 아래로-환원자도 위로-환원자도 아니라고 주장하며 나에게 접근했던 것을 기억한다. 나는 그 당시에 강의로 너무 지쳐서 대답할 수 없었고 양해를 구한 뒤 방에서 나갔다. 나는 무례의

대리적 인과관계

대리적 인과관계에 관한 부분(97~105)은 여기에서 고찰한 세 절 중에서 가장 짧고 가장 덜 흥미롭다. 주로 울펜데일이 이 주제가 "(그가) 이미 고려했고 거부한 논증들"(97)에 의해 유발되었다고 생각하기 때문이다. 좀 더 구체적으로, 우리는 울펜데일이 근대 존재-분류학의 쌍둥이 기둥, 즉 (a) 상관주의적 순환과 (b) 과학-숭배를 향한 그의 지속적인 충성 때문에 대리적 인과관계를 거부한다고 말할 수 있다. 요점 (a)는 객체-객체 상호작용이 사고-객체 상호작용과 동일한 철학적 질서를 보유한다는 점을 부정하는 데 사용된다. 인식론적 출발점에 관한 그의 주장을 고려할 때, 그는 사고-객체 상관관계(또는 "현상학적 지평")가 모든 엄격한 철학이 시작되어야 하는 곳이라고 생각한다. 우리는 종종 간과되는, 상관주의적 순환에 대한 메이야수의 찬사를 고려할 때, 이것이 메이야수에게서도 참이라는 것을 보았다. 그것은 바디우가 말하는 비일관적 다수성과 일관적 다수성 사이의 상충에 대해서도 동등하게 참인데, 전자는 오직 "셈"count의 소급적 효과로 취급될 뿐이며, 그의 글 속에는 인간 이외의 어떤 것이 셈을 수행할 수 있다는 증거가 없기 때문이다.[54] 내가 이 모든 것을 언급하는 이유는, 만연한 대륙적 편견을 계산적으로 조달하는 사람으로 나를 묘사하는 울펜데일의 책의 마무리 어조에도 불구하고 여기서 울펜데일이야말로 정확히 대륙적 주류에 속해 있음을 강조하기 위해서다. 그는 OOO가 상관주의의 가장 극단적 형태를 범했다고 주장하겠지만, 이

의도가 없었지만, 그 사건 역시 그를 불쾌하게 했을지 모른다.
54. Alain Badiou, *Being and Event*, 25 [알랭 바디우, 『존재와 사건』].

것은 그가 메이야수처럼 상관주의를 유한성과 등가인 것으로 간주하고, 따라서 실재에 관한 직접적 지식에 대한 접근을 확보해야만 그것을 극복할 수 있는 것으로 간주하기 때문이다. 나는 이것이 칸트주의적 상관주의의 주된 문제가 아니라고 생각하며, 오히려 그 문제는 자명한 진술로 널리 받아들여지는 잘못된 태도로 구성되어 있다. 그 잘못된 태도란, 객체-객체 관계를 객체와 인간 사고 사이 관계의 파생적 버전으로 취급하지 않고는 어떤 객체-객체 관계도 말할 수 없다는 것이다. 요점 (b)에 관해서 말하자면, 내가 과학-숭배라는 구절로 의미하는 것은 오직 과학만이 객체-객체 상호작용에 관해 말하는 것이 허용되고, 과학이 이 일을 아주 잘하고 있기에 철학자들은 그 문제에 관해 입을 다물고 단지 "우리가 가진 최고의 과학"의 결과에 관해서 논평만 하면 된다는 개념이다. 따라서 대리적 인과관계에 대한 울펜데일의 재빠른 일축은 그의 출발점 속에 구축된 다소 평범한 편향에 따른 자연스러운 귀결이다. 만약 당신이 같은 편향을 받아들인다면, 당신은 울펜데일의 주장을 너무 쉽게 수용하고 어려운 문제로 밀어붙이지 않을 개연성이 높다.

그는 『게릴라 형이상학』의 한 구절을 인용하며 시작한다. "일단 세계가 완전히 사밀적인 진공 속에 밀봉되어 있으면서도 서로에게 여러 힘을 발휘하는 물러난 객체들로 이루어져 있음을 인정하고 나면, 다른 모든 문제가 연달아 출현한다. 게릴라 형이상학의 전략에 동의하지 않는 자는 누구든지 그 전략의 초기 단계 중 어느 것이 무효인지 명료하게 특정해야 할 것이다."[55] 이에 대해서 그는 무례하게 응답한다. "이것이 정확히 내가 수행한 것이다. 모든 단계는 고사하고 이러한 초

---

55. Harman, *Guerrilla Metaphysics*, 97.

기 단계에 관해 어떤 것도 유효한 것으로 입증되지 않았다. 이것은 자동으로 대리적 인과관계를 배제하는 것처럼 보인다"(97). 그러나 앞서 언급한 것처럼, 울펜데일이 대리적 인과관계의 무효성을 입증하는 것으로 간주하는 것은 실제로는 존재-분류학적 두 단계, 즉 (a) 상관주의적 순환과 (b) 세계 그 자체에 관한 논의에서의 과학적 독점을 향한 자신의 편향된 전념이 낳은 결과일 뿐이다. 대리적 인과관계 이론에 관한 그의 거침없는 여덟 페이지 속에서 이것이 어떻게 작용하는지 간단히 살펴보겠다.

먼저 울펜데일은 문제를 설정하기 위해 내가 제시한 역사적 맥락을 살펴본다. 앞서 우리는 울펜데일이 내가 "어느 정도의 기술을 가지고" 역사적 맥락화 방법을 전개한다는 점을 인정하지만, 그런 다음 즉시 이것이 내가 기술하는 출처들에 친숙하지 않은 독자를 겁주려는 시도로 이어 "질 수도 있다"고 내 저작 속의 관련 사례를 결코 제시하는 법이 없이 경고하는 것을 보았다. 현재 절에서 그는 내가 이 주제에 관해 독자들을 겁주려 한다는 점을 암시해 보려는 성의 없는 시도를 하지만, 결코 솔직하게 주장하지 않는다. 그는 다음과 같이 시작한다. "[하먼은] 인과관계에 대한 **기회원인론적** 설명의 전통에 관한 추가적인 역사적 서사를 제공하는데, 이는 그의 이론이 응답하는 문제가 그의 관심보다 더 광범위한 관심사로부터 출현한다는 것을 시사하기 위한 것이다"(97~8). 나는 그저 "시사"하기만 했던 것이 아니라, 초기 이슬람 사변에서 찾을 수 있는 기회원인론(아샤리파), 17세기 대륙철학에서 찾을 수 있는 기회원인론(데카르트, 말브랑슈, 스피노자, 라이프니츠), 그리고 다른 이들의 기회원인론만큼이나 확연하게 기회원인론적인 버클리의 기회원인론까지, 다양한 변종의 기회원인론 사이의 차이와 유사성에 관한 다수의 분석을 제공했다. 모든 파악(관계)의 (영원한 객체를 통한) 매개자로서의 중심적인 인과적 역할을 신에게 귀속하는 20세기 사상가 화이트헤드는 매력적인 역사적 아웃사이더로 그 목록에 추가된다. 울펜데일은 내가 흄과 칸트를 다른 종류의 기회원인론을 제공하는 철학자로 독해한다고 올바르게 덧붙이다. 즉, 그들은 신 대신 정신을 유일한 인과적 매개자로 삼는다는 점에서 다르다. 나에게 이 논증은 중요하다. 왜냐하면 이는 기회원인론이 흔히 여겨지는 것처럼 단지 우스꽝스럽게 구식인 종교 이론이 아님을 보여주며, 인간 정신으로 인과적 독점성을 이전함으로써, (울펜데일의 버전을 비롯한) 근대 존재-분류학이 자신도 모르는 사이에 기회원인론의 파생적 형태로 남아 있다는 점을 보여주기 때문이다. 이것은 근대 유럽 합리주의가 역설적으로 중세 이슬람의 가장 급진적인 이론에 비밀스럽게 의존하고 있음을 시사하는 추가적인 장점을 가지고 있으며, 역사적 연구의 새로운 길을 개방한다. 이 모든 것은 울펜데일에게 다음과 같은 놀랍지 않은 진술을 하게 만든다. "이제 이것은 흄과 칸트가 폐기할 형이상학적 용어로 그들의 인식론적 관심을 읽는 것인 한에서 나로서는 그들에 대한 다소 비뚤어진 독해를 제시하는 것처럼 보이지만, 여기에는 분명한 연속성이 있다"(99). 먼저 "비뚤어짐"이라는 혐의를 다루고, 두 번째로 "여기에는 분명한 연속성이 있다"는 인정처럼 보이는 것을 다루겠다.

나의 흄과 칸트 독해에서 비뚤어짐으로 추정되는 것은 전적으로 인식론과 형이상학 사이의 격차라는 울펜데일의 전제에 의존한다. 앞에서 이미 보았듯이 나는 내가 엄격하게 거부하는 상관주의적 순환의 수용에 기반을 두는 그런 엄밀한 구별을 거부한다. 그렇지만 잠시 이 주장을 따라가며 이것이 우리를 어디로 데려가는지 살펴보자. 어째서 비뚤어짐이라는 혐의를 만드는지는 쉽게 이해할 수 있다. 결국 모든 신학적 기회원인론자들은 인과관계가 실제로 세계 속에서 작용하는 방식에 관해 긍정적인 주장을 한다. 중세 바스라의 아샤라파는 신의 권능은 너무나 강력해서 신은 유일한 창조주일 뿐만 아니라 유일한 인과적 행위자임이 틀림없다고 생각했다. 데카르트에게 신은 두 이산적인 유한 실체 사이의 다리를 제공한다. 말브랑슈는 신이 **모든** 두 사물 사이의 관계를 매개한다는 점에서 아샤라파 견해에 더 가깝다. 스피노자에게 신은 유일한 실체이며, 모든 것은 신이나 자연 안에서 일어난다. 라이프니츠에게 인과관계처럼 보이는 것은 신이 정한 예정조화가 모나드들 사이에서 실현된 결과이다. 버클리에게 신은, 숨겨진 인과력을 가지지 않는 단순한 이미지인 사물 그 자체로부터는 기인할 수 없는 규칙성처럼 보이는 것의 유일한 생산자이다. 화이트헤드에게도 모든 관계는 신을 통과한다. 명백하게 이것들은 모두 오늘날의 기준에서 볼 때 "전-비판적"이거나 "독단적인" 것으로 간주될 강력한 형이상학적 주장이다. 그러나 우리는 인과관계가 진정으로 무엇인지 알 수 없고, 심지어는 그것이 현존하는지조차 알 수 없으며, 따라서 인과성과 같은 것이 어떻게 정신에 나타나는지에 주의를 집중해야 한다고 말할 따름인 흄과 칸트의 경우도 그렇게 다르지 않지 않은가?

그 차이는 보이는 것만큼 크지 않다. 그 차이는 첫 번째 집단은 세계 그 자체에 관해 주장하고 두 번째 집단은 세계에 대한 인간의 경험에 관해서만 주장한다는 용법적 기교를 통해서는 분명 증명될 수 없다. 그 이유는 우리에게 주어진 것에서 출발하여 그늘진 저 너머에 관해 사변하지 않기로 한 결단 자체가 **존재론적** 학설이기 때문이다. 인식론은 단지 특정한 존재론에 대한 이름일 뿐이며, 완전히 분리된 철학 분야가 아니다. 즉, 인식론자는 우리가 사고-세계 관계에는 직접적으로 접근할 수 있지만, 비생명 사물들 사이의 세계-세계 관계에는 직접적으로 접근할 수는 없으며, 따라서 우리는 세계와 접촉할 수 있는 하나의 **특정** 존재자(정신)의 능력을 먼저 검토하지 않고는 철학화할 수 없다고 가정할 따름이다. 인식론자와 신학적 기회원인론자에게는 모두 어떤 중요한 궁극적 존재자가 있고, 그 존재자가 실재와 맺는 다양한 관계가 다른 존재자들의 관계와 **종류가 다르다는 점**을 유지한다는 측면에서 서로 완전히 똑같다. 인정컨대, 오늘날에는 인식론적 견지가 신학적 견지보다 훨씬 더 존중받는다. 결국, 우리 모두 의식적 경험을 가지지만 누구도 신을 직접적으로 본 적이 없기에 첫 번째 대안이 훨씬 더 엄밀한 출발점인 것처럼 보인다. 그러나 문제는 다음과 같다. 우리가 (흄과 칸트처럼) 우리 자신의 경험이 우리 외부에 현존하는 인과관계들의 증거를 제공하는지에 관한 의심에서 출발한다는 사실은, 세계에 대한 우리의 경험으로부터 얻어지는 것이 아니다. 경험 없는 존재자가 전혀 철학을 할 수 없다는 사소한 의미를 제외하고는 말이다. 대신, 이 의심 자체가 우리의 경험과 그 외부에 있는 세계 사이에 차이가 있을 수 있다는 **추론**을 요구한다. 그리고 동일한 이유에서, 우리는 오래된 기회원인론자들이 정확히 그랬던 것처럼 객체-객체 관계에 관해 아주 똑같은 추론을 수행할 수 있다. 올펜데일이 내가 모호한 "방법론"을 가지고 있다고 비난할 때마다, 그가 실제로 의미하는 전부는 다음과 같다. 그는 우리가 사고-세계 관계에는 직접적으로 접근할 수 있지만 세계-세계 종류에는 접근할 수 없다고 가정하는 데 있어 존재-분류학자들과 완전히 일치한다. 이러한 편견에 맞서는 OOO 방법론은 명료하다 — 즉, 우리의 경험과 실재 사이의 가능한 차이를 추론하는 것, 그리고 객체들의 관계와 이러한 관계로부터의 객체들의 독립성 사이의 또 다른 가능한 차이를 추론하는 것은 하나이자 같은 추론이라는 것이다. 만약 우리가 유아론적 경험의 가능한 관넘론적 일원론을 포기할 준비가 되어 있다면(그렇게 하지 않으면 과학은 결코 작용하지 않을 것이다), 동일한 이유로 우리는 **비인간적 존재자들 사이의 직접적 접촉**이라는 개념을 포기해야 한다. 더 도발적으로 말하자면, 울펜데일은 그가 좋아하는 존경할 만한 무신론을 선포할 수 있지만, 우리의 출발점으로서 "인식론"을 고수함으로써 그는 기본적으로 다른 모든 인과관계의 뿌리가 되는 단일한 초능력 초존재자라는 신학적 전통 안에 남아 있다.

그 점과는 별개로, 그는 이상하게도 "여기에는 분명한 연속성이 있다"는 점을 인정하는데, 이것은 그가 기본적으로 내 요점을 파악하고 거기에 장점이 있다고 본다는 것을 의미한다. 당연히 그는 이 결과에 감사하고 그것을 알아챈 나를 인정하기 위해 공격을 멈춘 것이 아니다. 그러나 그것은 OOO 방법의 주요 역사적 결과 중 하나이다. 스티븐 내들러가 니콜라우스$^{\text{Nicolas d'Autrecourt}}$의 글 속에서 찾을 수 있는 흄의 기회원인론적 뿌리에 관하여 훌륭한 저술을 남기긴 했지만, 내가 아는 한 어떤 철학사가들도 이 결과를 OOO만큼 명료하게 관통한 적이 없다.[56] 대신, 언제나 그렇듯 여기서도 울펜데일은, 심지어 나에게 동의하는 경우에조차, 나의 절차에 관하여 부정적인 말을 남길 수 있는 모든 가능한 경로를 탐구한다. 그는 주제를 변경하고, 이 모든 사상가가 간접적 인과관계를 고려하는 **동기**는 다르며, 마치 내가 기회원인론에 관한 장에서 이미 상당한 분량으로 그 점을 논의하지 않은 것처럼 말함으로써 이를 수행한다. 그가 말하듯이, "인과관계에 관한 유사한 설명들에는, 그것들이 모두 어떤 형태의 **인과적 매개**를 요구하는 한에서, 그 설명의 동기를 부여하는 것처럼 보이는 서로 중첩

---

56. Steven Nadler, " 'No Necessary Connection'," in *Occasionalism*.

되는 주제들이 있다. 그러나 이러한 요구는, 이 서사를 구성하는 다양한 하위-전통이 공통으로 가진 단일한 **문제**로부터 떠오르는 것은 아니다"(99). 그럴 리가 없다. 철학자들이 서로 다른 동기로부터 출발해서 같은 장소에 도달할 수 있다는 것은 놀라운 일이 아니며, 울펜데일은 이 점을 알고 있다. 모든 실재론자가 실재론에 관해 같은 동기를 갖고 있는가? 혹은 모든 신학자가 신을 믿는 동기가 같은가? 그렇다면 우리는 모든 기회원인론적 체계를 단일한 용어로 가리키는 것이 아닌 그것들에 각각 다른 이름을 부여해야 할까? 그런 것은 역사적으로 무력화될 것이다. 이러한 비판 노선이 우리를 어디로도 데려가지 못한다는 것을 감지했는지 울펜데일은 "이 서사를 넘어서, 우리는 매개되지 않은 인과적 관계의 문제적 지위를 받아들이기 위해 여전히 몇 가지 타당한 이유가 필요하다"라고 말하며 주제를 다시 변경한다(99). 이것은 내가 간접적 인과관계에 관한 이전 사상들에 대한 역사적 서사를, 그것을 다시 한번 포용하기 위한 충족 이유로 여긴다는 점을 암시하는 듯하다. 그러나 물론 나는 그런 말을 한 적이 없고, 생각해 본 적도 없다. 오히려 그 반대가 참이다. 나는 나의 철학적 길을 따라가다 보니 간접적 인과관계가 필요하게 되었고, 그다음에야 내가 이 문제에 직면한 첫 번째 사람이 아니라는 것을 확인하는 숙제를 하게 되었다.

그런데 울펜데일은 내가 사고-객체 관계와 객체-객체 관계가 그 종류에서 존재론적으로 다르지 않다는 **논증**을 통해 간접적 인과관계에 이르렀다는 점을 잘 알고 있다. 그는 스스로 반론을 제시하려 하기보다는 내 논증이 너무 난해해서 내 글로부터 내 논증을 신중하게 추출하는 데 귀중한 시간을 소비해야 했다는 평소의 가식을 채택한다. 내가 이미 충분히 명료하게 세운 논증에 기술적인 것처럼 들리는, 분석철학자다운 이름을 인위적으로 붙이는 그의 전형적인 습관에서 우리는 이것을 볼 수 있다. 이 사례에서 그는 그것을 "독립성으로부터의 논증"이라고 부른다. 자연스럽게 그는 그것을 "인식적 접근과 인과적 상호작용에 관한 주장들의 얽힘"(100)이라고 부르지만, 여기에서 그는 평소와 다름없이, OOO가 언제나 이의를 제기하는 인식론과 존재론 사이의 근본적 차이를 가정함으로써 순환논법의 오류를 범한다. 그런 다음 그는 "다른 논증들의 기저에 있는 불합리한 추론"(100)을 입증하겠다고 약속한다.

이 참담하게 **불합리한 추론**은 무엇인가? 울펜데일은 내가 한 번도 가져본 적이 없는 또 다른 관점을 나에게 귀속시킴으로써 좋지 않은 출발을 한다. 즉, 그는 내가 인과관계와 지식을 "혼합하는" 것이 "사물을 목적을 향해 **투쟁**strive하는 것으로 〔취급한다〕"라고 말한다(100). 그러나 범심론을 향한 나의 신중한 태도가 보여주듯이, 나는 비생명 객체가 다른 존재자에 영향을 미치기 위해 "투쟁한다"striving라고 주장한 적이 없다. 그의 논증은 다음처럼 보인다. 즉, 분명 지시는 성공하거나 실패할 수 있지만, 인과관계에 관해 같은 것을 말하는 것은 비생명 사물의 불법적 의인화라는 것이다. 내 글에서 이 주장의 출처는 불분명한데, 왜냐하면 그것은 울펜데일이 내 "주장들의 얽힘"이라는 덤불에서 찾은 주장이 아니라 그가 스스로 창안한 것이기 때문이다. 내 입장에 따르면, "면직물이 젖어 있어서 불길이 면직물을 태우는 데 실패했다" 또는 심지어 "면직물이 젖어 있어서 불길은 면직물을 태우는 데 성공적이지 않았다"라고 말하는 데는 잘못된 것이 없다. 그리고 울펜데일이, 존재-분류학자들이 언제나 그러는 것처럼 비유를 향해 지극히 청교도적인 태도를 보이고 "실패"와 "성공"은 자유 의식이 있는 행위자에게만 귀속되어야 한다고 주장하더라도, 우리는 이 문제를 쉽게 해결할 수 있다. 즉, 우리는 그가 원하는 대로, 그 결과로 양식이 아무리 지루해지더라도, 그가 이러한 단어들을 인간에게 제한하게 놔두고 그가 불쾌하게 여기지 않을 만한 다른 단어를 도입할 수 있다. 예를 들어, 우리는 "화자는 실제로는 세계 속 객체를 지시하지 않았다"did not" 및 "불길은 면직물을 태우지 않았다"와 같이 말할 수 있다. 나는 울펜데일이 더 나아가 "~지 않았다"did not가, 마치 독일어에서 인간이 먹는 것에는 에쎈essen을 사용하지만 동물이 먹는 것에는 프레쎈fressen을 사용하는 것처럼, 인간만을 지칭해야 하고 비생명 객체에 불법적으로 확장되어서는 안 된다고 주장하지 않기를 진심으로 바란다. 이는 단지 인위적으로 두 개의 평행한 언어를 요구함으로써 존재-분류학을 집행하려는 시도에 불과할 것이다. 어쨌든, OOO는 객체가 무언가를 향해 "투쟁한다"고 주장한 적이 없으며, 이는 내가 거부하는 OOO에 대한 역동설적인 수정과 좀 더 비슷하게 들린다. 논증을 세우기보다는 편견을 단순히 재진술한 후, 울펜데일은 마치 전자를 성공적으로 달성한 사람의 분위기를 뿜어내며 결론을 내린다. "표상적 성공의 기준과 인과적 성공의 기준 사이의 애매함이야말로 [하면에게] 인식적 과잉을 인과적 독립성으로 전환할 수 있게 해준 것이다"(101).

어떤 문제에 관해서 논쟁 중인데 한 진영이 자신의 견해를 사전에 그 문제에 대한 판단 기준으로 구축하는 경우를 "순환논법"이라고 부른다. 이것이 바로 울펜데일이 여기서 하는 일이다. 그는 어느 정도 이 점을 알고 있는 것처럼 보이는데, 추가적인 논증보다는 추가적인 모욕으로 절을 마무리하기 때문이다. 그는 내 모델이 "**정보**에 대한 접근보다는 **최면**에 대한 접근에 더 가깝다"라고 말한다(102). 물론 그는 자신의 여러 독자 사이에 숨어 그 점을 교묘하게 피할 것인데, 그들은 비웃음과 책의 부정 정동을 찾아온 것이지 대리적 인과관계에 관한 여러 사례를 신중하게 평가해 보기 위해 온 것이 아니기 때문이다. 그리고 그는 비록 "〔하먼의〕 불합리한 추론은 노골적인 순환성에 의해 숨겨졌다"(102)라는 주장으로 끝을 맺지만, 우리는 이 인식적인 것과 인과적인 것의 균열 자체를 전제하며 인식적인 것과 인과적인 것 사이의 거대한 균열을 주장하는 순환 속에 갇힌 사람은 바로 울펜데일이라는 것을 이미 보았다. 그 절에 남아있는 유일한 문장은 실수일 따름이다. "하먼의 미학은 정서적 정동작용에 관한 내관적 이론이다"(102). 다시 말하지만, 나는 삼인칭 과학적 기술에 대한 일인칭 내관의 우선성을 명시적으로 거부하고, 둘 다 동등하게 사물의 우선적인 영인칭 실재성에서 파생된 것으로 취급한다.[57] 게다가 울펜데일이 미학과 "정서"를 동일시하는 것은 『판단력 비판』을 재빠르게 다시 읽어도 명료하게 알 수 있는, 미학이 무엇에 관한 것인지에 대한 과학주의적 패러디이다. 이미 칸트를 통해서 미학은 취향의 "정서"가 아니라 취향의 무관심의 문제라는 것을 알 수 있다. 적어도 이 실수는 울펜데일 자신의 편향 이면에 숨겨진 깊은 정서적 전제를 드러낸다. 그 전제란 과학은 차갑고 단단하며 엄격하지만, 예술은 반박되는 법이 없이 자신이 원하는 것은 무엇이든 말할 수 있는 비현실적 바보들로 가득 차 있다는 것이다. 철학에 이보다 더 정서적인 기반은 없었다. 울펜데일의 인도자, 언짢은 얼굴로 노려보는 브라시에의 저서에서 그것은 더욱 정서적인 형태를 취한다.

다시 한번, 자신이 나보다 내 논증을 더 잘 식별했다는 것을 암시하기 위해 내가 완벽하게 잘 세운 논증에 불필요하게 기술적인 이름을 제공하며, 울펜데일은 이제 그가 "보충으로부터의 논증"(102)이라고 부르는 것으로 주의를 돌린다. 나는 이미 다른 곳에서 내 견해를 더 효과적으로 요약했지만, 그는 완벽한 정확성을 가지고 다음과 같이

---

57. Graham Harman, "Zero-Person and the Psyche," in *Mind That Abides*.

내 견해를 요약하는 것으로 시작한다. "〔하먼은〕 철학이 다른 수단을 통해 과학과 동일한 주제에 접근할 수 있다고 주장함으로써 과학과 동일한 주제를 다룰 수 있는 철학의 권리를 옹호한다"(103). 물론, 존재-분류학적 분업에 대한 그의 사전적 전념을 고려할 때, 울펜데일은 반대 견해를 취한다. 즉, 오직 과학만이 객체-객체 관계에 관해 논할 수 있으며 (그리고 그것이 얼마나 성공적이었는지 보라!) 철학자는 사고-세계 관계에 관한 초월론적-인식론적 반성에 만족한 채로 남아야 한다. 통상 그렇듯이, 그는 "지금까지 하먼의 방법론을 결정하는 데 있어 우리가 조우했던 어려움"을 중복해서 언급하며 내 견해를 문제 삼으려 한다. 이제 그것은 언제나 그러했듯이 내가 울펜데일 스스로 속해 있는 인식론의 상관주의적 순환에 그와 합류하지 않는다는 점에 대해 그가 얼마나 두려워하는지를 말해주는 것에 지나지 않는다.

내가 『게릴라 형이상학』에서 자연주의는 인과관계를 "두 물질적 덩어리가 서로에게 부딪치거나 장을 통해 상호 영향을 받는 물리적 문제"[58]로 취급한다고 불평하는 또 다른 구절을 인용하면서, 울펜데일은 이 불평이 "믿을 수 없을 정도로 조잡한 버전의 과학"(103)에 적용된다고 가장한다. 그러면서 과학에 관한 나의 "조잡한" 견해에서 배제된 주제로서 "위상 공간 모델 설계, 통계 분석, 정보 이론 등"(104)을 인용한다. 그러나 울펜데일은 내가 기존의 과학적 접근법에 관한 소진적 목록을 제공하려고 하지 않았음을 알고 있으며, 심지어 위의 구절에서 그는 "등"이라는 단어에 지나치게 의존한다. 더 중요한 점은 우리가 알고 있는 과학이 모든 인과관계가 **간접적**일지도 모른다는 착상을 명시적으로 정식화하지 않았다는 것이 내가 의미하는 바임을 그

---

58. Harman, *Guerrilla Metaphysics*, 18.

가 알고 있다는 것이다. 울펜데일이 어떤 식으로든 과학에 그런 정식이 있다고 생각한다면, 이는 오히려 OOO의 즉각적인 과학적 관련성을 뒷받침하는 근거가 될 뿐이다. 그러나 그는 그렇게 생각하지 않는다. 왜냐하면 그는 이어서 내가 과학은 간접적 지식에 국한되고 **철학**은 어떻게든 직접적으로 접근할 수 있다고 생각한다는 "조잡한 오해"에 관해 기괴하게 불평하기 때문이다. "다시 생각해 보면 진짜 문제는 하먼의 접근법이 어쨌든 [과학에] 주의를 기울이지 못하게 한다는 것이다. 그가 우려하는 한, 과학은 우리에게 **실재**에 관해서 아무것도 알려주지 않는다. 과학은 오직 실재의 **외양**에 관해서만 이야기할 수 있는 반면, 철학은 스스로 그러한 실재에 관해 이야기한다"(104). 이보다 OOO와 덜 양립 가능한 교훈은 상상하기 어려울 것이다. 우선, 울펜데일은 과학이 우리에게 실재에 관해 가르쳐주어야 함에도(그에게는 낮은 허들이 주어진다) 나는 과학이 실재에 관해 아무것도 가르쳐주지 않는다(나에게는 높은 허들이 주어진다)고 생각한다고 주장함으로써 '허들 게임'을 한다는 점에 주목하라. 그러나 사실, 과학이 다른 어떤 학문보다 실재에 관해 우리가 말할 수 있는 모든 것을 더 잘 알려준다고 가정하는 것은 울펜데일이 넘어야 할 꽤나 높은 허들이며, 이는 논박하기 어려운 명제가 아니다. 임의의 존재자의 내적 실재성이 어떤 수단으로도 소진될 수 없다는 것을 입증하자마자, 과학과 비-과학 분야 어느 것도 객체들의 특수한 범주를 통달했다고 주장할 수 없게 된다. 그리고 나는 어떤 의미에서도 철학이 실재에 직접적으로 접근할 수 있다고 생각하지 않으며, 따라서 나는 울펜데일 자신과 달리 철학은 **필로소피아**고 직접적 지식에 대한 어떤 주장과도 정반대라고 반복해서 주장한다. 울펜데일은 OOO가 "과학에 알려지지 않은 특별한 종류의 직관을 [추구한다]"(104)라는 좀 더 상세한 주장을 통해 자신의 견해를 더 의심스러운 것으로 만든다. 이게 무슨 소리인가? 나에게 있어 과학이든, 수학이든, 시든, 철학이든 어떤 분야도 실재에 직접적으로 접근할 수 없다. 그런데 바로 이 점 때문에, OOO보다 과학주의가 오히려 신비주의에 가까워진다고 할 수 있다. 왜냐하면 과학주의는 진리에 직접적으로 접근할 수 있다고 주장하기 때문이다. OOO는 베르그손주의적, 혹은 심지어 후설주의적인 직접적인 "실재적인 것에 대한 직관" 같은 것을 주장하지 않으며, 나는 심지어 내가 메이야수의 저작 속 지적 직관에 관한 브라시에의 비판을 지지한다고 밝힌 적이 있다고 기억한다.[59]

대리적 인과관계에 관한 장의 끝에서 울펜데일은 OOO가 "내관적 형이상학의 실천에 해당"(104)하고 심지어 "정서적 강도를 모델로 세운 인과관계에 관한 내관적 이론을 제공한다"(105)라는 이상한 주장으로 돌아간다. 반복하자면 OOO는 일인칭, 내관적 경험의 우선성을 맹렬히 반대—이것이 샤비로에 대항하는 나의 논증 중 하나였음을 기억하라—하며, 칸트와 함께 미학이 일차적으로 정서에 관한 것이라는 점을 거부한다. 좀 더 최근의 글에서, 나는 모든 예술을 근본적으로 수행으로 취급했지만, 이것은 정서와 동일한 것이 아니다. 딱딱한 회계사 또는 변호사도 자신이 하는 일을 수행하지만 가능한 한 정서를 배제하는 방식으로 수행한다. 또 차분한 예술과 과장적 예술의 매우 분명한 차이는 『비극의 탄생』에서 니체가 탐구한 여러 주제 중 하나이다.[60] 울펜데일 저서의 이 절에서 다시 드러나고 있는 것은 그가 자신의 논증에 너무 자신이 없어서 모욕으로 절을 끝내는 "수사적" 방법을

---

59. Ray Brassier, *Nihil Unbound*, 83~94.
60. Graham Harman, *Art and Objects* [그레이엄 하먼, 『예술과 객체』] ; Friedrich Nietzsche, *The Birth of Tragedy* [프리드리히 니체, 『비극의 탄생·반시대적 고찰』].

채택한다는 것이다. "하먼의 형이상학적 내관이 가장하는 현상학적 함정은 기껏해야 나쁜 위장, 마치 유별나게 수심에 잠긴 사기꾼이 보류 기간 자신의 익명성을 지키기 위해 고무로 된 후설 가면을 쓰는 것과 같다"(105). OOO가 현상학이기보다는 실재론이라는 점이 사실이 아니었더라면, 그리고 울펜데일이 반복해서 반대 주장을 펼쳤음에도 불구하고 OOO가 내관의 특권을 부정한다는 점이 사실이 아니었더라면, 그것은 훌륭하고 재미있는 이미지였을 것이다.

총평

아직도 울펜데일의 저서의 끝까지 가려면 먼 길이 남아있다. 그는 거의 300페이지를 더 진행하며, 여러 가지의 철학적 실수로 추정되는 것에 대해 나를 책망하고, 내 착상이 지배력을 얻으면 초래될 철학적 황무지에 관한 암울한 묘사를 제공한다. 나는 겉만 번지르르한 조작자이자 철학적 광대로 묘사될 뿐만 아니라, 현재 진행 중인 계몽주의 기획에 대한 사회적으로 위험한 위협으로 묘사된다. 비록 울펜데일은 내가 말하는 거의 모든 것이 틀렸다고 생각하는 것 같지만, 그는 또한 나를 그림자 속에 숨어 있는 매우 교활하고 강력한 인물로도 보고 있어 때때로 절망에 빠지는 것처럼 보인다. 책이 끝날 무렵, 나는 그의 신랄한 묘사와 내가 나 스스로에 관해 알고 있는 것 사이의 유사성을 더는 인식하지 못한다. 즉, 나는 나 자신을 과학만이 비생명 우주에 관해 말할 자격을 가지고 있다는 견해를 거부하며, 또한 울펜데일의 여러 영웅(브랜덤, 윌러드 밴 오먼 콰인)에게서 찾아볼 수 있는 지루한 철학적 산문을 싫어하고, 따라서 독자를 깨어 있게 하고, 주의하게 하고, 참여하게 만들기 위해 다양한 문체 수단을 채택하는 자, 실체론에 대한 상대적으로 고전적인 성향을 가지고 철학사를 열심히 공부하는 학생으로 묘사한다. 나는 이것이 대부분의 독자가 내 책들 속에서 찾는 나와도 잘 부합한다고 생각한다. 그저 OOO의 기본 원리에 동의하지 않는 것으로 만족하지 않고, 울펜데일은 나를 임박한 새로운 어둠의 시대의 암울한 기병으로 묘사하기로 했다. 나의 은밀한 책략에 대한 그의 폭로가 복잡하고 상세해 보일 수 있지만, 모든 것은 근대 존재-분류학의 두 가지 기본 특징, 즉 (a) 상관주의적 순환 및 철학을 위한 인식론적 출발점, 그리고 (b) 과학 숭배, 즉 과학이 인간의 사고 외부에 놓여 있는 모든 것에 대한 최종 결론을 내릴 뿐만 아니라 그것에 관해 **유일하게** 말할 자격이 있다는 의미에서의 숭배를 그가 수용한다는 것 — 그리고 내가 거부한다는 것 — 으로 요약된다. 만약 당신이 이 두 가지 원리를 받아들인다면, 당신은 논쟁에서 울펜데일의 진영에 속하는 근대주의자다. 그러나 나는 처음부터 그것들을 받아들이지 않기에, 나에게 그의 저서 속 대부분의 세부사항은 잘못된 공리로부터 무자비한 추론을 시도하는 것처럼 읽힌다.

이러한 이유로 나는 의미론, 감각질, 관계, 존재론적 자유주의, 형이상학의 정의와 같은 주제에 관한 특정한 논의를 포함하는 3장을 분석하지 않을 것이다. 비록 울펜데일이 간헐적으로 몇 가지 흥미로운 주장을 하며 나는 다른 곳에서 그것들을 다룰 것이지만, 나는 경기장을 돌아다니며 2장에서 그토록 좋지 않은 출발을 한 그를 추적하며 일일이 적절한 대답을 제공할 공간도 관심도 없다. 대신, 이 장의 마지막 절에서는 그가 "모조 학제간 연구"(377)라고 부르는 것에 OOO가 관여하고 있다는 혐의를 다룰 것이다. 브라시에 자신과 마찬가지로, 울펜데일은 OOO가 철학 외부의 다양한 분야에서 선택되고 활용되고 있음을 의식하고 있는 것처럼 보이고, 그 점에 관해서 우려하는 것처럼 보인다. 이것은 통상적으로 한 철학 이론의 풍요로움을 보여주는 훌륭한 신호이기에, 어바노믹Urbanomic 출판사 주변 그룹들은 이 잘 알려진 OOO의 강점을 공격하고 약점의 징후로 묘사할 수밖에 없을 것이다. 울펜데일은 과학(377~9), 정치(379~83), 예술(383~90)과 관련하여 그 전략을 수행하며, OOO가 이 세 영역 모두에 재앙적인 영향을 미쳤다고 말한다. 이 주제들을 순서대로 다루어 보자.

과학을 향한 OOO의 태도에서 OOO의 타락적 영향으로 추정되는 것에 관한 그의 논의는 짧다. 아마도 그가 이미 자신의 책에서 그 점을 분명하게 했다고 생각하기 때문일 것이다. 지금까지 그러했듯이 그것은 이중 불만에 해당한다. 첫째로, OOO는 경험론적 결과에 대해 "내관"에 특권을 부여하려고 하며, 그러므로 "전통적인 형이상학적 주제(예를 들어, 공간/시간, 질서/혼돈, 인과성 등)에 관한 물리학자들의 통찰력 넘치는 연구에서 뒤처진 사람들에게 도피 경로 이상의 것을 〔제공한다〕"(378). 여담이지만 이것은 온라인과 다른 곳에서 "과학주의"가 "공허한" 용어라는 울펜데일의 불평을 듣는 것이 얼마나 지겨운 일인지 보여주는 또 다른 예시이다. 철학을 옆으로 밀쳐내며 물리학이 이제 공간/시간, 질서/혼돈, 인과성에 관한 모든 고찰을 인수할 수 있다는 그의 가정이 바로 과학주의가 의미하는 바이기 때문이다. 물론 나는 반대로 철학이 물리학으로부터 배울 것이 아무것도 없다고 주장하지 않을 것이다. 그런데 한 분과학문이 "지배"해야 한다는 암묵적인 견해는 과학주의가 지닌 본질적으로 정치적인 성격을 보여준다. 과학에 "최대한의 권위"가 부여되어야 한다는 브라시에의 요구는 그저 특히 명료한 예시에 불과하다.[61] 둘째로, 울펜데일은 OOO가 "물리학에

---

61. Ray Brassier, "Concepts and Objects," in *The Speculative Turn*, 64.

넌지시 손대보기 위한 정교한 변명"을 제공한다고 불평한다(378). 이것이 의미하는 바는, "한편으로 자신의 견해를 물리학과 정합적으로 만들어야 하는 상호적 책임을 피하면서, 다른 한편으로 자신의 견해와 일관적인 것처럼 보이는 곳이라면 어디에서나 물리학의 지지를 주장할 수 있게 만든다"라는 것이다(379). 결과적으로, OOO에서는 "물리학의 여러 귀결에 관한 이해를 발전시키는 것보다 물리학 속 기묘하고 경이로운 것에 대한 취향을 배양하는 것이 더 중요해진다"(379).

OOO가 스스로 "내관"에 몰두한다는 비난부터 다루겠다. 우리는 이것이 순환논법의 완벽한 예시임을 보았는데, 만약 철학이 사고-세계 관계의 "인식론적" 영역에 좌초되어 있다고 사전에 결정했다면, 철학은 오직 "내관"이라고밖에 불릴 수 없기 때문이다. 울펜데일은 사고의 외부로 나아가기 위해 우리에게는 **과학**이 필요하다고 가정하는데, 왜냐하면 과학만이, 인간이 하나의 활동적 항으로 들어가지 않는 객체-객체 관계에 관해 말할 수 있기 때문이다. 물론 현상학 또한 실재 전체를 포괄한다고 주장하지만, 현상학이 실재 전체를 가능한 지향적 객체들의 장으로 제한한다는 점에서 현상학을 "내관적"이라고 부르는 것은 부당하지 않다. OOO는 그러한 제한성을 받아들이지 않으며, 후설이 금지할 따름인 물러난 실재적 객체를 포함하여 실재 전체를 주제로 삼는다. 이 책에서 반복적으로 보았듯이, OOO는 일인칭 내관적 접근법에 관해 날카롭게 비판적이며, 울펜데일 자신이 막대한 애착을 가지고 있는 삼인칭 과학적 입각점에 관해서도 동등하게 비판적이다. 두 가지 모두 그것들의 기저에 있는 영인칭 실재를 설명할 수 없는 기술 형식이다. 물론, 과대평가된 "현시적" 이미지와 "과학적" 이미지 사이의 셀러스주의적 구분, 즉 냉철한 방법론적 신중함이라는 겉치장에도 불구하고『물질과 기억』의 베르그손만큼 극단적인 이미지의 존재론에 대해서도 같은 것을 말할 수 있다.62 울펜데일이 하는 것처럼 셀러스의 "소여의 신화"를 끌어들이는 것은 흄에게 가장 효과적이고, 후설에게는 그다지 효과가 없으며, OOO의 경우에는 사실 형편없을 정도로 효과가 없다. OOO는 이론과 지각의 얽힘을 인정하는 데 완벽하게 만족한다. 그것이 정확히 감각적 영역이 의미하는 바이기 때문이다. 감각적인 것은 감각-지각보다는 감각적 향유를 가리키며, 그 기준 아래에 이론도 포함된다는 것을 기억하라.63 울펜데일은 "인지과학이 약속한, 뇌의 기능 구조로 의식을 (신경)심리학적으로 환원하는 것"(377)을 가지고 OOO를 반박할 때 훨씬 더 위험한 다리를 건너고 있다. "약속"이라는 단어는 이 문장에서 범상치 않은 역할을 수행하며, 아직 벌지 않은 돈으로 우리의 신뢰를 매수한다는 것을 뜻한다. 울펜데일은 분명 내가 세운 지적 "약속"에 대한 신임을 승인할 마지막 사람이 될 것이다. 또한, 뇌의 기능 구조로 의식을 환원하는 것은 거의 불가능하다는 점에 유의해야 한다. 의도적으로 불길하게 쓰인 토머스 메칭거의 저서 『아무것도 아닌 자로 있기』를 읽어보면, 그가 의식의 여러 특성에 대해서 "최소한의 충분한 신경 상관항"이 아직 발견되지 않았다는 점을 차례차례 인정하게 되는 희극적 규칙성을 발견하게 될 것이다.64 나는 과학을 종교와 비교하고 싶지 않지만, **과학주의는 칼뱅주의적 광신에서 예상할 수 있는 것과 똑같은 특징을 보인다**. 선택받은 자들에게는 신경과학 성부의 궁극적인 은혜가 이미 보

---

62. Wilfrid Sellars, "Philosophy and the Scientific Image of Man," in *In the Space of Reasons*.
63. Wilfrid Sellars, *Empiricism and the Philosophy of Mind*.
64. Thomas Metzinger, *Being No One* ; Graham Harman, "The Problem with Metzinger," *Cosmos and History*.

장된 반면, 다른 사람들은 사전에 저주받았고 구원받을 가치도 없다.

우리는 이제 과학과의 "기회주의적" 관계에 대한 혐의를 고찰해야 한다. 그 관계는 오직 자신의 주장을 뒷받침하기 위해서만 가끔 과학을 사용하는 것으로 정의된다. 동일한 혐의가 종종 메이야수에게도 적용된다. 여기서 모든 문제는 울펜데일 자신의 자의적인 가정 중 하나, 즉 철학자가 "〔자신의〕 견해를 물리학과 정합적으로 만들어야 할"(379) 책임이 있다는 존재-분류학적 도그마에 의해 초래된다. 문제는, 아무도 기본 물리학에 직접적으로 반대되는 철학을 제안하고 싶어 하지 않는 반면, 울펜데일은 "물리학과의 정합성"이 **최대한의** 의미에서 철학에 적용된다는 추가적인 암묵적 격언을 밀수한다는 것이다. 자, 철학자가 뉴턴이 틀렸고, 천체와 지상의 운동이 중력이라는 통일된 힘이 아니라 두 가지 다른 종류의 힘에 의해 지배된다고 제안하는 것은 참으로 어리석은 행동일 것이다. 이런 점에서 뉴턴은 철학에 중요한 영향을 미쳤고, 생명 형태의 수와 동일성은 항상 같았다는 철학자들의 가정을 파괴한 이론을 제시한 다윈에 대해서도 같은 것을 말할 수 있다. 물리학의 발견에 의해 **직접적으로** 영향을 받은 철학자의 또 다른 사례는 우리가 아인슈타인의 말을 들어야 하고 더 이상 다양한 사건의 동시성을 직설적으로 말하지 말아야 한다는 화이트헤드의 결론이다. "근대 상대성 견해에 따르면, 우리는 〔계기 M을 포함하는〕 지속이 많다는 것을 인정해야 한다 ― 사실상 무한한 수의 지속이 있을 것이며, 그래서 그중 어떤 지속도 M과 동시적인 계기들을 모두 포함하지 못할 것이다."65 철학과 과학이 서로 영향을 미치는 방식의 정확

---

65. Alfred North Whitehead, *Process and Reality*, 320 [알프레드 노스 화이트헤드, 『과정과 실재』].

한 본성은 흥미롭지만 여전히 다소 모호한 주제이며, 오직 가장 독단적으로 과학주의적인 철학자만이 철학자가 현대 주류 과학과 정확히 발을 맞추어 나아가야 한다고 주장할 것이다. "우리가 가진 최고의 과학"에 대한 끊임없는 호소는 최고의 과학이 우리가 가진 합의된 과학과 언제나 같은 것은 아니며, 때로는 문제를 해결하는 데 수 세기까지는 아니더라도 수십 년은 걸린다는 점을 잊고 있다.

한 가지 좋은 예시가 떠오른다. 비록 나는 이 주제에 관해 글을 쓴 적이 없지만, 나는 — "우리가 가진 최고의 과학"이 아니라 OOO 자체에 기반하여 — 나 자신이 시간과 공간은 창조될 수 없었으리라는 주장에 기울어 있다고 상상할 수 있다. 결국, 나에게 이러한 것들은 객체의 내적 불화에서 비롯된 결과이며, 나는 **무로부터의** 객체의 최초 창조를 가정할 이유가 없다고 본다. 울펜데일의 눈에 이것은 자동적 부조리일 것인데, 왜냐하면 그것은 현재 우리에게 우주가 언제나 현재했던 것이 아니라 특이점 또는 빅뱅을 통해 창조되었다고 말하는 "우리가 가진 최고의 과학"의 일부에 대항하는 사변을 수반하기 때문이다. 그러나 철학이 자신의 용어를 가지고 개념적 가능성, 과학이 언젠가는 결국 필요로 할지도 모르는 가능성을 탐구하기보다는 **현재**의 "최고의" 과학에 그 사변을 제한해야 하는 이유는 무엇인가? 라이프니츠와 뉴턴의 대리인 새뮤얼 클라크 사이의 유명한 논쟁에서, 텅 빈 용기로서의 뉴턴의 공간과 시간 이론이 당시의 "우리가 가진 최고의 과학"에 좀 더 가까웠다는 것은 의심의 여지가 없다. 문제로 삼고 있는 최고의 과학은 결국 뉴턴의 과학이었다. 그러나 라이프니츠주의적인 관계론적 이론은 당시에 한 예언자가 "지금부터 2세기 후에 아인슈타인이 뉴턴을 전복시키면 우리가 갖게 **될** 최고의 과학"이라고 부를 수 있었던 것에 훨씬 더 가까웠다.[66] 나는 또한 울펜데일이 수학을 "우리가 가진 최고의 과학"에 제한하라고 요구할 것인지 매우 의심스럽다. 만약 베른하르트 리만이 아인슈타인이 곡선-공간의 물리학적 관련성을 입증할 때까지 곡선-공간 기하학을 발전시키는 일을 기다렸다면, 리만과 아인슈타인 모두 자신들의 발견에 도달하지 못했을 것인데, 왜냐하면 애초에 아인슈타인이 자신의 발견에 도달하기 위해 리만을 필요로 했기 때문이다. 어찌 된 일인지 오직 철학만이 지난 몇 년 동안 과학이 해온 모든 것을 좇아, 언제나 뒤에서 결코 앞서는 법이 없이 절뚝거리며 따라가야만 한다고 여겨졌다.

5장에서 나는 내 철학과 라투르의 철학과 같은 "신-단자론적" 철학에 관한 토스카노의 이의를 고찰하며 이탈리아 물리학자 카를로 로벨리에게서 반대 논증을 인용할 것이다. 여기서는 대신, 종종 철학자들에게 더 대담하고 공개적으로 물리학자들에게 도전할 것을 요청하는 물리학자 리 스몰린의 전형적인 발언을 인용하겠다. 스몰린은 2012년에 리처드 우잇의 블로그 댓글 타래를 통해 열띤 토론을 벌이는 동안 철학에 관해 다음과 같이 말했다.

> 나는 우리 (물리학자) 중 대부분이, 양자 중력, 양자 이론의 기초, 그리고 법칙의 선택과 우주론적 초기 조건에 관한 물음과 같은 물리학이 직면하는 핵심적 문제들에 대한 심각한 공격에 철학과의 관계가 크게 도움이 된다는 것을 배웠기에 여론이 되돌아가고 있다고 생각한다.[67]

이것은 울펜데일과 브라시에가 요구하는 과학에 대한 "최대한의 권

---

66. G.W. Leibniz and Samuel Clarke, *Correspondence*.
67. 리처드 우잇에 대한 리 스몰린의 댓글은 "Much Ado about Nothing," *Not Even Wrong*을 보라.

위"의 정반대이다. 분명히 다른 과학자들은 자연의 문제에 관해 철학이 상대적으로 무익하다는 이 두 사람에 동의했다 — 가장 최근에는 스티븐 호킹이 있었지만, 초기에는 리처드 파인만과 프리먼 다이슨과 같은 저명인사가 있었다.[68] 그러나 이 논쟁은 계속될 것이고, 울펜데일이 스스로 고수하며 나에게도 강요하려고 하는 근대 존재-분류학을 통해서는 해결될 수 없다. 이것은 현대 물리학에서는 고려조차 되지 않은 문제에 의해 동기가 부여된 대리적/간접적 인과관계와 같이 과학이 어떤 것도 말하지 못하는 주제에 관해서도 참이다.

또 다른 요점은 OOO가 물리학을 "기회주의적"으로 사용한다고 가정하는 것과 관련이 있다. 여기서 울펜데일은 나의 저서로부터는 인용조차 하지 않는 점이 눈에 띄는데, 아마도 내가 자연과학의 현재 발견들에 호소하는 데 있어서 신중해지는 경향이 있음을 그가 알아차렸기 때문일 것이다. 대신, 그는 티머시 모턴의 『실재론적 마술』을 인용하는데, 그 경이로운 책은 인과관계를 매혹의 문학적 형태와 유사하게 취급하기에 사변적 실재론의 과학주의적 진영으로부터 미움을 받는다. 나는 울펜데일이 모턴을 겨냥한 전체적으로 모욕적인 트윗을 최소 한 번 보았지만, 그의 책에서 그는 내 OOO 동료의 다음 구절에 가장 기분이 상한 것 같다. "양자 이론과 상대성 이론이 유효한 물리 이론일 수 있는 것은 그것들이 객체지향적인 한에서 그렇다."[69] 울펜데일은 이 진술에 대한 약간의 맥락을 더 잘 제공할 수 있었을 것이다. 그가 알고 있는 것처럼, 통상적으로 철학에서 양자 이론의 "기회

---

68. Matt Warman, "Stephen Hawking Tells Google 'Philosophy Is Dead'," *The Telegraph*. 호킹에 대한 응답으로는 Graham Harman, "Concerning Stephen Hawking's Claim That Philosophy Is Dead," *Filozofski Vestnik*를 보라.
69. Timothy Morton, *Realist Magic*, 30 [티머시 모턴, 『실재론적 마술』].

주의적" 사용은 보통 빛의 파동/입자 이중성에 관한 유명한 이중 슬릿 실험에 준거하여 그것을 상관주의 또는 완전한 관념론적 존재론(버라드, 지젝)의 증거로 취급하는 것이다.[70] 이러한 반실재론적 독해에 반대해서, 모턴은 양자 이론이 우리에게 실재가 이산적 단위들로 구성되어 있음을 알려주며, 따라서 이 이론은 사물의 **특성**이 사물 그 자체보다는 측정을 통해 정의된다는 이론으로서 더 읽기 쉽다는 완벽하게 타당한 요점을 세운다.[71] 게다가, 애초에 양자 이론을 "기회주의적이지 않은" 방식으로 사용하는 것은 어떤 모습인가? 울펜데일에게, 그것은 우리가 양자 이론가들이 스스로 한 말을 보고하는 것 이상을 하지 않는 것이다. 그러나 이것은 양자 이론가들이 그들 사이에서도 핵심 쟁점에 대해서 서로 동의하지 않으며, 그래서 "우리가 가진 최고의 과학"은 존재론적으로뿐만 아니라 **물리학적**으로도 결정적이지 않다는 사실로 인해 사태를 오히려 어렵게 만든다.

정치에 관해서, 울펜데일은 다음과 같이 OOO가 정치라는 주제와 맺는 관계를 소개한다. "대륙 진영에는 정치적 적용 가능성을 입증함으로써 철학적 통찰력의 가치를 확보해야 한다는 특유의 압력이 있다"(379). 그가 언급하지 않는 것은, 문제의 "특유의 압력"이 인식 가능한 약간의 좌파주의 판단을 향한 압력이며, 그 점에 관해서 조금이라도 좌파의 기미를 보이는 어떤 이론도 다른 이론보다 대륙 진영에서 동조적인 호응을 받을 개연성이 높다는 것이다. 유감스럽게도, 이것은 문제로 삼고 있는 좌파 입장이 전체로서의 그 철학에 따른 자연스러운 결과인지, 아니면 마치 베식타스와 맨체스터 유나이티드 중 어

---

70. Karen Barad, *Meeting the Universe Halfway* ; Slavoj Zizek, *The Parallax View* [슬라보예 지젝, 『시차적 관점』].
71. 또한 Timothy Morton, *Hyperobjects* [티머시 모턴, 『하이퍼객체』]를 보라.

느 하나를 자의적으로 선택하는 문제처럼 누군가가 팀의 충성을 보여주기 위해 막연하게 흑기 또는 적기를 흔드는 것인지에 상관없이 동등하게 적용된다. 올펜데일의 인도자 브라시에는 브뤼노 라투르를 "신자유주의자"라고 부르고 대신 막연하게 "혁명"을 외칠 때 이 전술이 특히 지독해지는 표본을 제공한다.72 라투르는 신자유주의자가 아니라 오히려 호모 에코노미쿠스에 관한 가혹한 비판자라는 사실은 제쳐두고, 여기서 주된 문제는 정치적 행위로서의 "혁명"이 결코 브라시에의 책 속에서 명시적으로 정당화되지 않으며, 그의 비판적 허무주의에 결코 자연스럽게 뒤따르지 않는다는 것이다.73 요컨대, 브라시에는 "대륙 진영 특유의 압력"에 굴복하고 맨체스터 유나이티드의 깃발을 흔들며 팀원들의 비위를 맞추었을 따름이다. 현재까지 브라시에의 글 어디에서도 실질적인 정치적 논증을 찾을 수 없으므로, 좌파에 대한 그의 지지는 철학적 의의를 지니지 않은 순전한 억견doxa으로 남는다. 이와 대조적으로, OOO는 재빠르게 낯익은 좌파주의적 결과를 내놓을 것에 대한 요구에 굴하지 않는 인내와 용기를 보여주었다.

당연히 올펜데일은 그의 친구와 관련된 이 "특유의" 사건에 관해 아무 말도 하지 않지만, 대신 나와 라투르를 향해 정치적으로 손가락질한다. 나는 올펜데일이 OOO를 "현대 존재론적 자유주의의 귀감"(380)이라고 부르는 것에 대해 반박할 생각이 없는데, 특히 그가 곧바로 뒤이어서 — 나는 그가 진심이라고 추정한다 — 존재론적 자유주

---

72. Ray Brassier, "Concepts and Objects," 53.
73. Bruno Latour, *An Inquiry into Modes of Existence* [브뤼노 라투르, 『존재양식의 탐구』]의 상당 분량이 경제학을 [ATT](애착), [ORG](조직), [MOR](도덕성)의 세 가지 이산적 양태로 분해하는 데 전념한다. 적어도 이것은 "신자유주의적" 몸짓이 아니라 최근 철학에서 신자유주의에 관한 가장 혹독한 비판 중 하나이다.

의와 정치적 자유주의 사이에는 직접적인 연결고리가 없다고 덧붙이기 때문이다. 그는 정치를 향한 나의 태도에 대해 직접적인 비판을 하지는 않으며, "한 영역에서의 방법론적 돌연변이가 사회과학 전반에 걸친 완전한 방법론적 전이metastasis로 폭발하도록 위협하는 라투르의 사회 이론의 발전과 전유를 〔촉진〕"(380)하는 것으로 나를 비난하는 데 만족한다. 나와 암 생존자 라투르를 암 자체의 공포에 비유하기 위해 고안된 엽기적인 수사적 조작인 "전이"라는 지적 욕설은 제쳐두고, 울펜데일은 우리에 관해 두 가지 특정한 정치적 불만을 품고 있다. 첫 번째는 우리가 "정치 영역에 어떤 형태의 **존재론적 평등주의**를 투사하려고"(381) 시도한다는 것, 즉 비생명 사물을 정확히 인간과 같은 "행위자"로서 취급한다는 것이다. 울펜데일에 따르면, 이것은 "이 쓸모없는 유비를 무질서한 비유로 〔바꾸며〕 우리가 해결해야 했을 문제 자체에 관한 우리의 이해를 혼란스럽게 하는 것"(383)에 해당한다. 두 번째는 우리가 "모든 사회적 상황을 일련의 서로 맞물린 힘의 시련(즉, **권력의지의 부활이자 쇄신**)으로 환원하며 정치적 편의"(380)에 몰두한다는 것이다. 비록 울펜데일은 자신의 정치적 의도를 거의 드러내지 않지만—블로그 영역에서 우리가 도널드 트럼프를 향한 경멸을 공유한다는 점은 알고 있지만—우리는 라투르와 나에 관한 그의 두 가지 비판을 그저 뒤집음으로써 그의 가장 깊은 정치적 입장을 추론할 수 있다. 즉, 울펜데일은 정치가 동등하게 모든 행위자를 둘러싸고 벌어지는 것이 아니라 인간을 중심으로 돌아가는 것으로 보고, 힘과 권리가 혼합되어서는 안 된다고 주장한다. 즉, 윤리학과 과학에서와 마찬가지로 정치학에도 "당위"가 있다. 이러한 입장을 어떻게 라투르와 나의 입장과 비교할 수 있을까?

정치학과 평평한 존재론의 관계에서 시작해 보자. 정치 이론에 대한 라투르의 가장 중요한 기여 중 하나는 "사회"가 단지 인간으로 구성된 것이 아니라 이질적인 행위자 계열들로 구성되어 있다는 그의 착상이다. 우리는 라투르가 초기 경력 속에서 영장류 동물학자 셜리 스트럼과 공동 집필한 중요한 논문에서 이것을 볼 수 있다. 여기서 그들은 인간 사회가 운전면허증, 결혼반지, 총기 등과 같은 비생명 존재자를 통해 대체로 안정되어 있다는 점을 고려할 때, 개코원숭이는 우리보다 훨씬 더 사회적인 현존을 강요받고 있다고 결론짓는다.74 1999년 그의 저서 『자연의 정치』에서, 라투르는 과학에 의해 발견된 새로운 존재자를, 도덕주의자들이 억압받은 인간 및 비체 인간 아웃사이더에 우리의 주의를 불러일으키는 것과 같은 토대에서, 정치적 영역에 포함하려고 시도한다.75 좀 더 최근에 그는 기후학자 제임스 러브록의 가이아 이론에서 영감을 받아 위협적인 인류세에 직면하여 인간과 비인간의 새로운 집단을 회집할 것을 촉구했다.76 나는 라투르가 이미 이 길을 따라 흥미로운 결과에 도달했다고 생각하지만, 아마도 그것의 가장 위대한 의의는 그 역사적 새로움에서 비롯된다. 울펜데일은 라투르주의적 행위자-네트워크 이론과 OOO 모두가 정치적 행위성을 평평하게 한다고 불평하면서 실제로 정치가 인간 합리성을 중심으로 돌아가는 것으로 정의되어야 하는 인간의 관심사라고 말하고 있는 것이다. 이는 정치라는 상황에 관한 완전히 존재-분류학적인 견해이다. 아마도 울펜데일이 깨닫지 못한 사이에 이것은 그를 안락한 주류 근대 정치 이론, 인간의 본성이 본질적으로 선한가 악한가에 관한

---

74. S. S. Strum and Bruno Latour, "Redefining the Social Link," *Social Science Information*.
75. Bruno Latour, *Politics of Nature*.
76. James Lovelock, *The Ages of Gaia* ; Bruno Latour, *Facing Gaia* ; Bruno Latour, *Down to Earth* [브뤼노 라투르, 『지구와 충돌하지 않고 착륙하는 방법』].

물음에 중심을 둔 정치 이론으로 그를 되돌려 놓는다. 장-자크 루소는 우리의 부패를 사회의 탓으로 돌리는 "인간은 선하다" 이론가의 고전적 예시이며, 토머스 홉스는 반대 견해의 좋은 예시이다.77 이 두 입장 사이의 상충은 아마도 칼 슈미트가 가장 잘 포착했을 것이다. "모든 국가 이론과 정치사상은 그것이 지닌 인류학에 따라 시험될 수 있고, 그러므로 인간이 위험한 존재자인가 무해한 피조물인가라는 물음에 대한 그것의 대답을 [통해] 그것이 의식적으로 혹은 무의식적으로 인간을 본성적으로 악하거나 선한 것으로 전제하고 있는지에 따라 분류될 수 있다."78 비록 라투르가 자신의 정치 이론을 위해 홉스에게 크게 의존하고, 더 작은 규모에서 슈미트에게도 의존하지만, 그의 이론에는 홉스, 슈미트, 루소가 모두 동등하게 요점을 놓치고 있다는 점을 수반하는 지점이 있다. 인간의 본성이 선하다고 생각하든 실제로는 악하다고 생각하든, 두 경우 모두 정치는 일차적으로 인간 본성에 관한 것이라고 가정한다. 그러나 이것은 결코 설득력이 있었던 적이 없으며, 기술 및 그 외 매개 수단이 증가하기 시작함에 따라 더욱 그렇다. 울펜데일은 근대인들과 함께 정치가 비인간 오염 물질이 전혀 없는 정화된 인간 영역으로 남아 있어야 한다고 주장함으로써, 새로운 각도에서 정치철학에 접근할 기회를 놓친다.

다른 요점은 라투르주의적인 행위소들의 평평한 존재론이, 옳고 그름에 관한 우선적인 원리가 없는, 다양한 인간과 비인간 존재자 사이의 권력 투쟁에 불과할 것이라는 울펜데일의 두려움과 관련이 있다. 이것은 내 책 『브뤼노 라투르: 정치적인 것을 다시 회집하기』의 핵

---

77. Jean-Jacques Rousseau, *Discourse on the Origin of Inequality* [장 자크 루소, 『인간 불평등 기원론』]; Thomas Hobbes, *Leviathan* [토머스 홉스, 『리바이어던』].
78. Carl Schmitt, *The Concept of the Political*, 58 [칼 슈미트, 『정치적인 것의 개념』].

심 주제 중 하나이다. 그 책은 울펜데일의 저서가 출판되기 직전에 출판되었기에, 비록 간략한 요약만으로 적어도 그가 놓친 부분이 무엇인지 보여주긴 하지만, 울펜데일은 내가 거기서 무슨 말을 할지 알 수 없었을 것이다. 『브뤼노 라투르』 초반에 언급했듯이, 내 책의 제안서를 검토한 네 명의 심사 위원 중 한 명은 "가서 책을 쓰고 무슨 일이 일어나는지 보라, 나는 당신이 라투르의 정치에서 '힘이 정의다' 이상의 것을 찾을 수 있을지 의심스럽다"라고 말하며 울펜데일과 똑같은 우려를 표현했다.[79] 1970년대와 1980년대의 라투르는 실제로 도덕을 조롱하고, 어떤 일이 실현되게 할 힘은 없으면서 올바르게 있을 뿐인 "측은한" 인물을 압박하는 것을 즐긴다. 이것은 1981년 동료 청년 미셸 칼롱과 함께 저술한 논문 「거대 리바이어던을 풀어주기」에서 가장 상징적으로 나타난다.[80] 그런데 1991년 『우리는 결코 근대인이었던 적이 없다』와 함께 모든 것이 바뀐다.[81] 여기서 그는 공개적으로 홉스가 옳고 보일이 틀렸다는 스티븐 셰핀과 사이먼 셰퍼의 논증, 즉 사회 자체가 좋은 과학으로 간주되는 것의 정의를 결정하기 때문에 사회가 과학을 능가한다는 논증에 공개적으로 맞선다.[82] 그리고 이것은 라투르 자신이 이전에 세웠던 것과 같은 종류의 논증이지만, 그는 갑자기 그것의 비대칭성에 소름을 느낀다. 따라서 그는 이제 과학과 권력을 동등한 토대 위에 위치시키며 만약 우리가 과학을 해체한다면, 우리는 마찬가지로 "권력"을 해체할 준비가 되어 있어야 한다고 주장한

---

79. Graham Harman, *Bruno Latour*, 13 [그레이엄 하먼, 『브뤼노 라투르』].
80. Michel Callon and Bruno Latour, "Unscrewing the Big Leviathan," in *Advances in Social Theory and Methodology*.
81. Bruno Latour, *We Have Never Been Modern* [브뤼노 라투르, 『우리는 결코 근대인이었던 적이 없다』].
82. Steven Shapin and Simon Schaffer, *Leviathan and the Air-Pump*.

다. 1991년 이래로 라투르는 "힘이 정의다"를 옹호하지 않으며, 오히려 현재 갖추어진 권력 네트워크 외부에 놓여 있는 것에 관해 언제나 경계한다. 그런 점에서, 우리는 심지어 라투르의 정치학이 그의 철학에서 존재론적으로 가장 실재론적인 측면이 되었다고 말할 수 있다. 우리는 『자연의 정치』에서 문제가 정치 회집체로부터 잘못 배제된 새로운 인간과 비인간 존재자를 탐지하는 것이었음을 보았다. 몇 년 후, 누츠레 마레의 리프먼/듀이 논쟁 재해석에서 영향을 받은 라투르는 결코 완전히 보이지 않는 정치 객체를 감지했고, 그의 주요 저서 『존재양식의 탐구』에서 "객체지향 정치"라고 부르게 되는 것을 통해 절정에 달한다.83 기후에 관한 라투르의 후기 저작에서는 슈미트의 근대성으로의 회귀가 있지만, 그것은 오직 그가 우리는 지구 온난화 부정론자들과의 실존적 투쟁에 직면해 있다고 생각하기 때문이다. 초기 슈미트주의적 몸짓으로 이 좁스러운 상대를 "적"으로서 잘라낸 후, 그는 비도덕적인 권력 투쟁을 불러내지 않고 인간과 비인간 행위자의 네트워크를 제안하는 방향으로 돌아간다.84 정치의 객체들은 결코 완전히 투명해지지 않는다는 듀이에 대한 라투르의 동의를 감안할 때, 그는 울펜데일이 의심할 여지 없이 선호하는 합리주의적 철학보다는 비합리주의적 정치철학을 추구한다. 그런데 만약 합리주의가 실패할 수밖에 없는 영역이 하나 있다면, 그것은 분명 정치학이다. 과학이 정치보다 더 해체 가능한 것은 아니지만, 어떤 상황에서든 "합리적인" 것이 무엇인지에 관한 결단은 정확히 정치적 투쟁을 통해 종종 결정된다는

---

83. Noortje Marres, "No Issue, No Public," PhD diss. ; Walter Lippmann, *The Phantom Public* ; John Dewey, *The Public and Its Problems* [존 듀이, 『공공성과 그 문제들』] ; Latour, *An Inquiry into Modes of Existence*, 337 [라투르, 『존재양식의 탐구』].
84. Latour, *Facing Gaia*.

사실은 여전히 남는다. 어떤 인식론자도, 심지어 브랜덤 자신조차 결코 카슈미르 분쟁, 합법적인 임신중지, 혹은 노벨상을 정리할 수 있는 입장에 있지 않을 것이다. 이것들은 언제나 다양한 수준의 강도를 가지고 정치적 수단을 통해 해결될 정치적 투쟁이 될 것이다.

우리는 울펜데일에게서 찾을 수 있는 가장 약하고 가장 냉소적인 주제, OOO와 예술의 관계에 관한 그의 논평으로 마무리할 것이다. 여기서 그는 광범위하게 출간된 예술에 관한 내 견해를 거의 언급하지 않고, 대신 내 저작이 예술 및 큐레이터 실천에 미친 암울한 영향으로 추정되는 것에 초점을 맞춘다. "OOP〔객체지향 철학〕의 가장 큰 효과는 의심할 여지 없이 예술가, 건축가, 큐레이터, 그리고 그들의 이론적 욕구에 맞추어 주는 담론에 의해 전유되었다는 점이다"(383~4). "맞추어 주는"cater이라는 단어는 조작적인데, 왜냐하면 그것은 — 증거 없이 — 이러한 미적 전문직의 뿌리 깊은 편견에 대한 원칙 없는 비위 맞춤을 함의하기 때문이다. 브라시에와 마찬가지로 울펜데일은 예술 속에서 특별한 인지적 가치를 보지 못하며, 그러므로 예술에 관한 자신의 견해가 얼마나 공격적일 수 있을지 신경 쓰지 않는 것 같다. 그는 논증이나 문헌적 근거 없이 OOO가 미학에 부여하는 "토대적 지위"가 "예술가는 **단지 예술을 함으로써** 철학을 할 수 있다"(384)라는 것을 시사한다고 대담하게 진술한다. 이 포괄적인 선언에 대한 내 글 속 출처는 제공되지 않는데, 내가 결코 그런 말을 한 적도, 심지어 순간적으로도 생각한 적이 없다는 단순한 이유 때문이다. 이 주제에 관해 내가 기억하는 것은 소크라테스주의적인 **필로소피아**라는 근원적 의미의 철학 — 나에게 소크라테스 이전의 철학자들은 훌륭하지만 완전한 의미의 철학자들이라기보다는 철학의 선구자들이다 — 은, 모든 지식이 일종의 아래로-환원, 위로-환원, 혹은 이중-환원에 해당한다는 점을 감안할 때,

지식의 어떤 형태보다도 미학과 더 밀접한 관련성이 있다는 것이다. 나는 어디에서도 예술작품이 철학의 작품이라고 제시한 적이 없다. 에두아르 마네나 파블로 피카소의 위대한 작품들은 철학이 아니라 예술이라고 불려야 한다. 또한 나는 심지어 철학자라고 불리기를 갈망하는 실천 예술가를 알지 못하며, 따라서 학문적 경계를 모호하게 하는 존재하지도 않는 작용이 예술가들을 OOO로 끌어들이는 요소라는 주장을 강하게 의심한다.

그러나 상관은 없다. 언급했듯이, 울펜데일은 예술에 관한 나의 개념화를 비판하는 것보다는 오히려 예술가들이 OOO가 무엇에 관한 것인지 명확히 알지 못한다고 모욕적으로 주장하는 것에 더 관심을 가진다. 특히 그는 예술계 인물들이 나의 명시적으로 비관계론적인 철학을 큐레이터 니꼴라 부리요의 **관계론적 미학**에 맞서는 수단으로 활용했다고 생각한다.[85] 이것 또한 그는 "기회주의적"이라고 부르는데, "관계의 개념은 각각의 경우에 다르게 전개되고 있기"(385) 때문이다. 이는 실제로 좋은 지적이지만,「관계없는 예술」이라는 표제의 논문에서 이미 나 자신이 더 분명히 밝혔다.[86] 울펜데일은 "관계론적"이라는 용어의 다양한 "전개"를 설명하는 데 신경을 쓰지 않기 때문에, 내가 그를 대신해서 설명할 것이다. 부리요가 관계론적 미학을 예찬할 때 그는 갤러리 방문객들 사이에서 사회적 상호작용을 일으키도록 설계된 예술을 언급하고 있는 것이기에, 그는 "유쾌한 미학"convivial aesthetics이라고 불리는 편이 더 적절한 무언가에 관해 이야기하고 있는 것이다. 나는 그런 예술작품에 대해 **선험적**으로 반대하지 않는데, 내

---

85. Nicolas Bourriaud, *Relational Aesthetics* [니콜라 부리오,『관계의 미학』].
86. Graham Harman, "Art without Relations," *ArtReview*.

가 반대하는 유일한 "관계론적" 접근법은 예술이 전적으로 그것의 사회-정치적 효과나 감상자의 정확한 반응에 있다고 생각하는 종류이기 때문이다. 울펜데일은 이러한 뉘앙스에 대한 예술가와 큐레이터의 커다란 오해를 시사하지만, 그는 자신의 주장에 대한 증거를 제공하지 않으며 제한된 일화적 증거에 의존하는 것으로 보인다.

그가 "뒤샹주의적 제스처의 개념적 혁신성이 시들해진 이후로, OOP[객체지향 철학]는 뒤샹주의적 제스처에 대한 유사-미학적 정당화를 제공한다"(386)라고 말했을 때 문제는 더 흐릿해진다. 먼저, 울펜데일이 내가 내 저작 속에서 목적적으로 "뒤샹주의적 제스처"를 보였다고 주장하는 것인지, 아니면 의도하지 않은 나쁜 영향을 미쳤을 따름이라고 주장하는 것인지는 분명하지 않다. 만약 그가 예술에 관한 나의 글을 조금 더 잘 알았다면, 그는 내가 클레멘트 그린버그와 마이클 프리드의 글에서 구현된 형식주의적 비평이 지닌 명시적으로 반-뒤샹주의적 흐름을 좀 더 지지한다는 명백한 요점을 인식했을 것이다.[87] 이 두 비평가의 영향력이 1960년대부터 현재에 이르기까지 예술계에서 매우 소외되어 왔다고 말하는 것은 완곡한 표현일 것이며, 따라서 현대 예술적 실천이 지난 50년 동안 요구해온 것에 대해 내가 정반대의 것을 제공함으로써 현대 예술적 실천에 "맞추어 준다"고 함의하는 것은 이상하다. 오히려, 나는 현대의 관행에 도전장을 던진다. 이것은 적어도 한 명의 활동 중인 예술가, 뮌헨의 하산 베슬리가 나에게 보낸 편지에서 분명히 드러난다.

---

87. Graham Harman, "Greenberg, Duchamp, and the Next Avant-Garde," in *Speculations V*; Harman, *Art and Objects* [하먼, 『예술과 객체』].

저의 예술가 친구들과 저는 당신이 그린버그에 관해 계속해서 이야기하는 이유를 이해할 수 없습니다. 비록 당신의 요점(배경, 평평함)은 이해하지만요. 돌이켜보면, 그가 글을 썼을 때 이미 그의 글은 유효 기간이 지정된 것처럼 느껴졌던 것 같습니다(아마도 주제에 관해서 그가 지닌 문제점, 즉 예술을 그저 형식주의적 운동으로 만드는 점 때문일 것입니다). 오늘날의 관점에서 주목할 만한 비평가는 로잘린드 크라우스, 데이비드 조슬릿, 할 포스터, 아서 단토와 같은 사람들입니다.88

게다가 OOO는 울펜데일이 "원래의 맥락에서 이식된 흥미로운 객체들의 다양한 진열에 대한 큐레이터의 흥미"(388)라고 부르는 것을 결코 조장하거나 장려하지 않는다. 다시 말하지만 나는 그러한 전시에 대해 **선험적**으로 반대하는 것이 없다. 모든 장르와 마찬가지로 여기서도 성공과 실패가 모두 있을 수 있다. 울펜데일은 OOO 의미에서의 "객체"와 예술작품의 일부로 사용될 수 있는 중간-규모의 물리적 존재자라는 의미에서의 "객체"를 혼동하는 것에 탐닉하고 있을 뿐이며, 나는 출판된 문헌에서 이 점에 관해 자주 경고해 왔다. 그러므로 중간-규모의 탈맥락화된 객체를 예술에 사용하는 사람들에게 "하먼은 자기 브랜드의 설탕 알약을 공급하게 되어 매우 기뻐한다"(388)라고 추가로 주장할 때 그는 논쟁적인 공상의 영역으로 일탈한 것이다. 한술 더 떠서 그는 그러한 노력을 통해 "놀라운 액수의 돈을 벌 수 있다"(388)라는 공허하게 냉소적인 빈정거림을 덧붙인다. 그러나 나는 아직 이 재정적인 횡재로 추정되는 것의 맛을 많이 보지 못했다. 더 중요한 점은, 울펜데일은 전문적인 예술가들과 나의 소통 이력에 관해 전

---

88. Hasan Veseli, 2016년 11월 4일 개인적 소통.

혀 알지 못한다는 것이며, 이 소통에서 나는 선생이기보다는 학생이다. 유감스럽게도, 그의 철학적 편향은 배울 점이 많은 예술가와의 소통으로부터 그를 배제할 개연성이 높다. 왜냐하면 그가 나에게 하듯이 그들을 경시하는 그런 습관을 즐길 사람은 아무도 없기 때문이다.

설상가상으로, 울펜데일은 예술의 "개념적" 측면에 대한 자신의 집착이 나의 접근법보다 자신을 현대 예술계의 편향에 훨씬 더 가깝게 만든다는 사실을 완전히 놓치고 있다. 비록 그가 현대 미술에서 개념적 초점이 "시들었다"고 재빨리 덧붙이기는 하지만, "망막 예술"에 반대하는 뒤샹의 편견을 공유하며 "우리를 생각하게 만드는" 예술을 선호하는 사람은 내가 아니라 그이기 때문이다. 그는 예술이 일차적으로 "사고"의 자극제여야 한다는 그의 개념이 나와 내가 그토록 존경하는 형식주의 비평가들의 견해뿐만 아니라 『판단력 비판』 속 칸트 자신의 견해에도 위반된다는 사실을 모르는 것 같다. 설상가상으로 그는 개념에 기반한 예술이 어쨌든 좋은 생각이라고 보지 않는다. 브랜덤주의적 도그마에 대한 그의 전념에 따라, 예술에 의해 유발된 모든 사고는 기껏해야 "암묵적인" 것에 지나지 않으며, 아마도 인식론의 도움을 받아 "명시적인" 개념성으로 전환될 필요가 있을 것이다.[89] 그러나 이것은 별로 문제가 되지 않는데, 왜냐하면 이러한 편견들의 집합에 많은 관심을 두거나 주목할 예술가는 소수일 것이기 때문이다.

---

89. Robert B. Brandom, *Making It Explicit*.

2부

5장 알베르토 토스카노
6장 크리스토퍼 노리스
7장 단 자하비
8장 스티븐 멀홀

5장

알베르토 토스카노

뚜렷한 좌파 성향의 생산적인 연구자 알베르토 토스카노가 런던 대학교 골드스미스 학회에서 OOO를 몹시 간략하게 비판한 것에 대한 응답으로 2부를 시작하겠다. 비록 토스카노는 브라시에 및 그의 진영과 가까운 사이지만, 그는 의견이 불일치할 때도 그들에게서는 볼 수 없는 대응을 보여줌으로써 언제나 일정 수준의 전문성을 유지해 왔다. 토스카노의 2006년 데뷔작 『생산의 극장』은 사변적 재능과 당시의 최신 철학에 관한 진보된 인식을 보여준다. 특히, 그것은 아직 번역되지 않은 질베르 시몽동의 주요 저작을 프랑스어로 읽을 수 없는 사람들을 위한 질베르 시몽동 철학의 참고 자료로 남아 있다.[1] 앞서 언급했듯이, 골드스미스에서 2007년 사변적 실재론 학회를 조직한 사람은 토스카노였으며, 퀑탱 메이야수가 2009년에 브리스틀에서 열리는 후속 학회의 참석을 거부했을 때 그 자리를 채운 사람도 토스카노였다.[2] 같은 해에 토스카노는 알랭 바디우의 중요한 저작 『세계의 논

---

1. Alberto Toscano, *The Theatre of Production*.
2. Alberto Toscano, "Against Speculation, or, a Critique of the Critique of Critique," in *The Speculative Turn*.

리』를 영어로 번역하여 출간했다.3 토스카노는 또한 2008년 2월에 내
가 런던 경제 대학에서 브뤼노 라투르와 나눈 토론의 게스트[초청받은
청중] 목록에 있었으며, 이 토론은 이후『군주와 늑대』로 출판되었다.4
게스트로서 토스카노는 우리의 서면 질의 제출 권유를 수락한 열 명
의 게스트 중 한 명이었다. 여기서는 토스카노의 질의에서 두 개의 특
정 구절에 초점을 맞출 것이며, 토스카노의 질의 전체에 관심 있는 독
자는『군주와 늑대』139~140쪽에서 확인할 수 있다.

> 신단자론적인 행위소 이론을 위해 추상화, 분리, 환원주의라는 "근대
> 주의" 관행을 피하려는 노력이 "실재의 구조"에 관해 사변하고자 하
> 는 시도를 저해하지는 않는가?
> 다소 가볍게 의인관적인 용어들을 가지고 행위소들의 동맹을 범심론
> 적으로 극화하는 것은, 기계론자와 결정론자의 "환원주의적" 설명보
> 다 훨씬 덜 도전적이거나 덜 놀라운 방식으로, 객체와 사물을 인간 행
> 위의 유비로 간주하는 궁극적인 환원을 구현하지는 않는가?5

이러한 이의를 순서대로 다루어 보겠다. 이어지는 응답은 전적으로
나의 것이라는 점을 염두에 두어야 한다. 라투르는 토스카노의 발언
에 다른 방식으로 응답할 가능성이 크다.

"신단자론적"이라는 토스카노의 용어가 지닌 첫 번째 문제는 접두
사가 너무 많은 일을 수행하도록 요구된다는 것이다. 그는 라투르의
입장과 나의 입장을 그저 "단자론적"이라고 언급하고, 그렇게 함으로

---

3. Alain Badiou, *Logics of World*.
4. Bruno Latour, Graham Harman, and Peter Erdelyi, *The Prince and the Wolf*.
5. 같은 책, 140.

써 우리와 라이프니츠 사이의 몇 가지 유사점에 관한 정확한 정보를 전달할 수 있었다.6 그는 사전에 "신-"을 밀수함으로써, 우리가 타당하게 죽고 묻힌 역사적 철학을 재활용하고 있을 뿐이라는 빗댐과 함께 조롱하는 요소를 덧붙인다. 그렇게 함으로써 그는 두 가지 별개의 측면에서 비평가로서 실패한다. 첫 번째는 나와 라투르의 입장과 라이프니츠의 입장 사이에는 매우 중대한 차이가 있다는 것인데, 이는 우리가 위대한 독일 사상가와 어떤 종류의 "신-" 관계를 맺고 있다는 주장에 강력하게 반대할 만큼 충분히 중대하다. 결국, 라이프니츠가 실체의 철학자인 것에 비해 라투르는 상상할 수 있는 가장 반-실체적인 철학자인데, 왜냐하면 그는 임의의 행위소의 삶을 구성하는 끝이 없는 일련의 행위를 넘어서는 어떤 존속하는 존재자도 허용하지 않기 때문이다. 라투르와 달리 나는 실체의 철학자이며, 라이프니츠가 속한 아리스토텔레스 전통과 기꺼이 동맹을 맺는다. 그럼에도 불구하고, 라이프니츠는 자연적으로 발생하는 "실체"와 인공적으로 생산된 "집합체"를 다소 엄격하게 구분하여 내가 하는 방식으로 복합체, 기계, 혹은 사건을 객체라고 말하는 것을 불가능하게 만든다. 또한, 신에게 불필요한 노동을 할당하기 위해 라이프니츠의 모나드는 모두 시간의 시작에 만들어져 있었다는 사소하지 않은 사실이 있다. 이는 종교에 대해 나와 라투르가 격정적이지 않은 태도를 공유함에도 둘 다 영원한 존재자를 인정하지 않는다는 점에서, 라투르의 존재론 및 나 자신의 존재론과는 유사점이 없는 착상이다. 게다가, 라이프니츠의 창 없는 모나드는 "예정조화"라는 그의 변종 학설에도 불구하고 항상적

---

6. G. W. Leibniz, "The Principles of Philosophy, or, the Monadology," in *Philosophical Essays*.

으로 개입하는 신의 기회원인론 전통을 떠올리게 하는 반면, 라투르와 나는 모두 두 존재자 사이의 접촉이 언제나 세 번째 존재자에 의해 매개되는 방식이라는 세속적 접근법을 취한다. 라이프니츠는 또한 그의 철학에서 자유의지를 위한 여지를 거의 남기지 않았고, 비록 라투르와 나 모두 이 중심적인 철학적 주제에 관한 완전한 이론을 출간하지는 않았지만, 우리의 저작에서 결정론과 유사한 것을 찾기는 어려울 것이다. 적어도 내가 보기에는 어떤 이론이 이보다는 라이프니츠에 훨씬 더 가까울 때만 그것을 "신단자론적"이라고 불러야 한다.

두 번째 문제는, 토스카노가 단자론들이 모두 이름에 "신-"new을 붙일 자격이 있다고 가정하는 것처럼 보이면서 왜 이런 종류의 철학이 라이프니츠 이후 3세기 후에 타당하게 되돌아올 수 있는지 이해하지 못한다는 점이다. 내가 보기에 단자론적 철학의 주요 미덕은 오늘날까지 존속하며, 그 미덕은 다음과 같다. 첫째로, 그것은 인간 사고가 다른 모든 것과 근본적으로 종류가 다르다는 성급한 근대적 가정 없이 우리가 모든 개체적 사물의 특징을 고찰할 수 있게 해주는 방식으로 세계를 평평하게 만든다. 라이프니츠가 인공적으로 존재하는 존재자가 아닌 자연적으로 존재하는 존재자를 넘어서 모나드를 확장하는 것을 꺼린다는 점을 감안할 때, 라투르와 나는 화이트헤드와 마찬가지로 라이프니츠의 단자론보다 훨씬 더 평평한 단자론을 제공한다. 이것은 이미 라이프니츠주의적 철학에 대한 중대한 개정이다. 둘째로, 단자론은 사물의 핵심적인 개체성과 그 사물이 다른 존재자와의 관계에 포함되는 것 사이에 효과적인 균형을 맞추려고 한다. 이러한 종류의 이론 일부는 모나드의 "창 없는" 특징을 크게 강조하는 반면(라이프니츠), 다른 이론은 존재자들 사이의 관계를 생산하기 훨씬 더 쉬운 것으로 취급한다(라투르). 라투르의 경우 매개자의 현전 없이는 그 무엇도 다른 것을 만질 수 없는데, 그것은 마치 물리학자 프레데릭 졸리오 퀴르의 매개를 통해서만 전쟁 전 프랑스에서 정치와 중성자를 묶을 수 있었던 것과 같다.7 이것이 단자론이 가진 두 가지 주요 미덕이므로, 그러한 이론을 맹렬하게 일축하는 사람은 이러한 미덕의 요점을 보지 못하는 것이 틀림없다. 그런 비평가는 평평한 존재론의 요점을 보지 못하거나 관계를 설명하기 위해 왜 그렇게 복잡한 이론이 필요한지 이해하지 못하거나 혹은 둘 다이다.

그런 사람은 의심의 여지 없이 **근대주의자**이며, 그것은 내가 열정적으로 지지하는 라투르의 근대성 비판에 관한 토스카노의 불평으로 이어진다.8 무엇보다도 근대주의자는 (a) 인간 사고와 (b) 다른 모든 것이라는 두 가지, 오직 두 가지 기본 종류의 사물의 현존을 수용하는 **존재-분류학자**이다. 일반적으로, 이러한 형태로 진술될 때 근대주의자의 입장은 들리는 것만큼 우스꽝스럽지 않다. 존재-분류학은 인간의 허영심 — 물론 이것도 한 역할을 하지만 — 뿐만 아니라 강력한 수학적 엄격함의 철학을 생산하려는 르네 데카르트의 노력에도 기반을 두고 있다.9 내가 외부 세계에서 관찰하는 모든 것은 순전히 환상일 수 있지만, 내가 생각하고 있다는 사실은 논박될 수 없는데, 왜냐하면 내가 망상에 빠지려면 생각하고 있어야 하기 때문이다 : 유명한 "나는 생각한다, 고로 존재한다." 따라서 근대 분류학은 다음과 같이 다시 쓰일 수 있는데, (a) 즉각적으로 명백한 것과 (b) 매개된 방식으로 그 현존이

---

7. Bruno Latour, "Science's Blood Flow," in *Pandora's Hope* [브뤼노 라투르, 「3장 과학의 혈류」, 『판도라의 희망』].
8. Bruno Latour, *We Have Never Been Modern* [브뤼노 라투르, 『우리는 결코 근대인이었던 적이 없다』].
9. René Descartes, *Meditations on First Philosophy* [르네 데카르트, 『제일철학에 관한 성찰』].

알려진 것이다. 우리가 그것을 어떻게 쓰든, 결과는 같다. 인간 사고가 다른 모든 것이 기반하는 즉각적으로 명백한 존재자로서 특별한 지위를 갖는다고 가정하기 때문에, 어떤 평평한 존재론도 이제 어리석게 보일 것이다. 따라서 그것은 랍스터, 바위, 유니콘, 네모난 원과 같은 잡동사니와 존재론을 공유하도록 강요받음이 없이 그 자체의 존재론을 수여받을 가치가 있다. 그리고 우리가 "인간 사고"에서 "다른 모든 것"으로 주의를 돌리는 순간, 자연과학이 이미 비생명 실재를 다루는 데서 의심의 여지 없는 성공을 누리고 있기에 철학은 중요한 역할을 하지 못한다. 그러므로 철학은 이제부터 인간과 세계의 관계에만 관심을 가져야 하고, 인간을 포함하지 않는 관계는 과학을 위해 비축될 것이다. 이중 분류는 이중 분업이 된다. 그리하여 철학이, 토스카노 자신이 매우 전념하고 있는 비판적 이론으로 전환될 때, 철학자의 주요 임무 중 하나는 한 영역에서 다른 영역으로 부적절하게 전이되는 것으로 인해 발생하는 불법적인 의인관과 물신을 탐지하는 것이다. 잘못된 평평한 존재론과 존재자들 사이의 관계에 관한 존재하지 않는 문제를 채택한 단자론은 철학적 농담의 완벽한 예시가 된다.

그러나 다음과 같은 반론을 제기할 수 있다. 첫째로, 내가 한 명의 인간으로서 인간의 경험만을 겪을 수 있다는 사실이 내가 인간을 포함하지 않는 객체-객체 관계에 관해 아무것도 말할 수 없다는 것을 수반하지는 않는다. 왜냐하면 내가 나의 유한성이나 존재자의 객체-극과 성질-극 분리를 아는 것이 내가 인간 경험에 거주하는 덕분이 아니기 때문이다. 이것들은 철학적 논증을 통해 추론되며, 그러한 논증은 나 자신의 사고 활동에 관한 나의 반성과 마찬가지로 비생명 상호작용에 대해서도 잘 작동한다. 다르게 진술하자면, 나는 불길과 면직물이 상호작용을 통해 서로를 소진하지 못한다는 것을 알기 위해 불길이나 면직물이 될 필요가 없다. 둘째로, 그러한 존재자들을 다루는 자연과학의 성공처럼 보이는 것은 철학이 그 존재자들을 자신의 방식으로 논할 권리가 없다는 것을 의미하지는 않는다. 과학이 주로 시공간을 점유하는 존재자들의 수학화될 수 있는 특성을 다룬다는 것을 주의하라. 이는 과학이 주로 사물의 내적 특성보다는 사물의 **관계론적 특성**을 다룬다는 것을 의미한다. 콜먼은 특정 시기에 버트런드 러셀을 따라 이 점에 관해 다음과 같이 말한다. "물리학의 개념은 그것이 가리키는 항목의 외적 본성을 표현할 뿐이다 … 그 내적 본성에 관한 문제는 이론에 의해 답을 얻지 못한 채로 남으며, 미시적 존재론에 관한 순전히 형식적인 기술만이 있을 따름이다."[10] 근대 존재-분류학은 지식인들 사이의 주류 입장에 머물러 있다는 것 외에는 사실 별로 긍정적일 것이 없으며, 이는 흄과 칸트 시대로 그 역사가 거슬러 올라가는 상황이다.

그것은 우리를 근대주의자 토스카노가 명백하게 부정적으로 보는 라투르의 근대성 비판으로 인도한다. 근래의 프랑스 철학이 가진 가장 흥미로운 특징 중 하나는, 라투르와 메이야수가 칸트를 철학적 재앙으로 본다는 점에서는 일치하지만, 서로 **정반대**의 이유로 그렇게 말한다는 것이다.[11] 메이야수에게서 칸트는 사고와 세계를 과도하게 묶으면서 동시에 우리가 그것들을 독립적으로 취급하는 것을 금지하여 세계에 대한 우리의 접근을 상대적이거나 신앙적인 것 이상일 수 없게 만든 상관주의자이다. 이와 대조적으로, 라투르에게서 칸트의 문제는, 우리가 자연적 요소와 문화적 요소를 분리하기 어려운 **혼성체**

---

10. Sam Coleman, "Being Realistic," in *Consciousness and Its Place in Nature*, 52.
11. 또한 Graham Harman, "The Only Exit from Modern Philosophy," *Open Philosophy*를 보라.

를 어디에서나 찾을 수 있음에도 사고와 세계를 인공적으로 **분리**했다는 점이다. 나는 라투르의 견해가 이 점에 관해서 우수하다고 생각하는데, 왜냐하면 인간 존재자는 우주에서 아주 작은 요소이며, 인간 존재자들에게 존재론의 50퍼센트 이상의 지배권을 부여하는 것에는 거의 의미가 없기 때문이다. 그러나 문제에 대한 그의 특수한 해결책은 유감스러운 것이다. 라투르에게 자연과 문화 사이의 칸트주의적 분리를 극복하는 방법은 자연과 문화가 언제나 결합되어 있어서 **모든 것이 혼성체**라고 주장하는 것이다. 그 결과, 그는 때때로 이상한 주장으로 자신을 몰아넣게 된다. 예를 들어 람세스 2세는 결핵으로 죽었을 리가 없는데, 이는 결핵이 고대 이집트에서 아직 발견되지 않았기 때문이다. 이런 주장은 마치 결핵이 문화-과학적 과정에 출현하여 "혼성화" 되기 전에는 그 자체로 존재할 수 없었다는 것처럼 들린다.12

그럼에도 불구하고, 근대성에 관한 라투르의 진단은 여전히 정확하다. 인간 영역과 비인간 영역을, 결합하면 죽음의 형벌을 받을 것처럼 두 개의 상호 금지된 영토로 취급할 이유는 없다. 토스카노는 분명히 이러한 시도를 의인관의 위험으로 보는 사람들 중 하나이다. 예를 들어, 새로운 단자론적 이론들이 비생명 존재자들이 "협상"하거나 "힘의 시련"에 참여한다고 말할 때가 바로 그런 경우이다. 그러나 이것은 만약 우리가 청교도적인 직서적 언어 사용, 그리고 인간과 비인간의 완전한 통약 불가능성을 둘 다 고집할 때만 문제가 된다. 이 우려에 대한 최선의 응답을 제공한 것은 제인 베넷이다. "아마도 의인관과 관련된 위험은 감수할 가치가 있을 것인데 … 그것이 이상하게도 인간

---

12. Bruno Latour, "On the Partial Existence of Existing and Non-existing Objects," in *Biographies of Scientific Objects*.

중심주의에 대항해서 작용하기 때문이다."[13] 토스카노는 또한 단자론적 이론이 필연적으로 범심론으로 우리를 이끈다고 성급하게 가정하지만, 이것은 전적으로 우리가 "프시케"로 의미하는 바에 달려 있다. 앞에서 언급한 바와 같이, 스커비나는 서양철학에서 범심론이 통상적으로 여겨지는 것보다 더 일반적이라는 점과 프시케가 신중하게 구별되고 열거되어야 하는 여러 다른 능력을 가리킬 수 있음을 보여주었다.[14] 나는 비생명 객체들이 행위를 하면서 인간이 그러는 만큼 서로를 과도하게 단순화한다고 생각하며, 범심론에 관해 토스카노와 다른 사람들만큼 알레르기가 있지는 않지만, 우리는 샤비로의 사례에서 내가 스스로를 범심론자라고 생각하지 않는 중요한 이유가 있음을 보았다. 즉, 범심론과 반-범심론 사이의 논쟁 전체에서, 인간 사고는 존재론적으로 매우 중추적인 것이어서 (a) 빈틈없이 인간만을 위해 비축되거나 (b) 코스모스 속 모든 지점에 편재하는 특성으로 만들어져야 한다는 유감스러운 가정이 양측에 의해 공유된다. 인간과 비인간 객체가 서로를 실재적 객체가 아닌 **감각적** 객체로서 조우한다는 다소 다른 OOO 원리는 어떤 종류의 사고, 지각, 혹은 다른 형태의 명시적 표상을 요구하지 않는다. 따라서 OOO가 범심론적이라는 비난은 OOO 자체의 실제 내용보다는 비평가의 두려움에 관해 더 많은 것을 말해준다.

마지막으로, 토스카노는 내가 비인간 사물에 관해 의인관적 용어를 사용한다고 비난할 따름이 아니라 "가벼운"jaunty 방식으로 그렇게 한다고 비난한다는 사실이 남아 있다. 이 단어는 영국과는 달리 북미

---

13. Jane Bennett, *Vibrant Matter*, 120 [제인 베넷, 『생동하는 물질』].
14. David Skrbina, *Panpsychism in the West*.

에서는 자주 사용되지 않지만, 나는 그가 의미하는 바가 의인관으로 추정되는 것이 경솔하고 안일하게 성급한 방식으로 전개되었다는 것임을 이해한다. 내가 할 수 있는 대답은 OOO가 수년간의 성찰과 수만 페이지의 해설에 따른 산물이라는 점을 그에게 상기시키는 것뿐이다. 그것은 익살스러운 역설적 묘기가 아니라, 평평한 존재론과 관계의 문제적 지위가 제기하는 공통의 "신단자론적" 도전에 부응하려는 시도이다. 토스카노의 근대주의적 존재-분류학은 여전히 나의 입장보다 훨씬 더 일반적이지만, 이것은 존재-분류학이 OOO보다 지적으로 진지하다고 생각할 근거가 될 수는 없다. 객체에 대한 우리의 접근법이 자연과학의 접근법보다 "덜 도전적이거나 덜 놀랍다"는 그의 추가적 주장은 철학적 사변을 거의 믿지 않는 사람의 말일 뿐이다. 다행히도, 물리학자 카를로 로벨리의 말에서 볼 수 있듯이 모든 활동 중인 과학자가 이에 동의하지는 않는다. "나는 세계의 과학적 개념화에 관심이 있는 철학자들이 현재의 단편적인 물리 이론을 논평하고 다듬는 데 자신을 국한하지 않고 그 앞을 내다보려는 위험을 감수하기를 바란다."[15] 근대 존재-분류학이 현대철학의 형태로 채택될 때 우리는 바로 그러한 내다보기를 잃게 된다.

---

15. Carlo Rovelli, "Halfway through the Woods," in *The Cosmos of Science*, 182.

6장

크리스토퍼 노리스

크리스토퍼 노리스는 웨일스의 카디프 대학에 근무하고 있으며, 독특하게도 데리다주의적 해체주의와 과학적 실재론이라는 이중적 관심을 가지고 있다. 내가 아는 한, 사변적 실재론에 관한 그의 가장 심도 있는 논의는 폴 에니스가 창간하고 그의 동료들이 공동 편집한 저널 『사변들』속 그의 논문에서 찾을 수 있다.[1] 대부분의 실재론자는 맨눈이나 상대적으로 단순한 기술적 확장을 통해서만 보일 수 있는 것만이 실재적인 것으로 간주될 수 있다는 바스 반 프레센의 주장을 "부조리한 입장"이라고 일축한, 프레센의 경험주의에 대한 노리스의 가차 없는 비판 등 글의 일부에 빠르게 동의할 것이다(39).[2] 유감스럽게도, 노리스는 퀑탱 메이야수를 두 가지 중요하고 상호-관련된 방식으로 오해하는데, 즉 한편으로 "원-화석"과 관련해서, 다른 한편으로는 "상관주의"와 관련해서 잘못 이해한다. 원-화석은 자연과학에 의해 연구된 모든 의식적 생명의 창발에 앞서는 객체에 대한 메이야수

---

1. Christopher Norris, "Speculative Realism," in *Speculations IV*. 이하 본문에서 페이지 참조는 괄호로 표기됨.
2. Bas C. van Fraassen, *The Scientific Image*.

의 용어이다. 메이야수에 관한 노리스의 해석에 따르면, 메이야수는 원-화석을, "진리가 획득 가능한 인간 지식의 범위 및 한계와 함께 존재하는 것이거나 인지-언어적 표상의 경계를 초과할 수 없는 것이라는 기본적인 반실재론적 착상에 대한 확고한 논박을 제공"(38)하는 것으로 여긴다. 또한, 그는 메이야수에게 원-화석은 "인간 존재자와 인간 존재자의 특수한 … 감각, 지각, 혹은 인지 파악 능력이 결코 자연, 혹은 인간 존재자가 때때로 인지해 내는 것의 구조 또는 특성의 전제 조건이 아니라는 기본적인 실재론적 주장에 대한 증언을〔포함한다〕"라고 주장한다(39).

노리스는 이러한 실재론적 감성이, 메이야수가 "포스트구조주의와 포스트모더니즘의 전성기 시절에 '실재론'이라는 용어에 붙었던 연민과 환멸이 섞인 어조를 가지고 사변적 실재론자들의 입에 오르내리고" 있는 "상관주의"라는 용어를 경멸적으로 도입한 이유라고 생각한다. 노리스는 이러한 노선의 논증을 과학철학자들 사이에 있었던 오래된 소식으로 취급하며 대수롭지 않게 여긴다. 메이야수의 『유한성 이후』의 전반부는 "진정으로 급진적이거나 독창적이기보다는 아마도 더 충격적이고 강력한 방식으로 실재론-객관주의 사례를〔제시한다〕"(41). 그는 책의 후반부가 초반부의 실재론으로 추정되는 것과 상충하는 근거 없는 사변에 빠져들고 있다고 생각한다. 자연법칙의 순수한 우연성에 관한 메이야수의 이론은 "회의적-상대주의자, 구성주의자, 인습주의자, 혹은 반실재론자 진영의 잘 다듬어진 다양한 공격 노선에 다시 맞설 수 있는 '실재론'의 어떤 의미에서도 분명 실재론-호환적이지 않으며", 노리스는 이것이 "가추법"과 "최선의 설명 추론"에 대한 전통적인 호소를 통해 더 효과적으로 수행되었다고 생각한다(44). 이를 바탕으로 하면, "『유한성 이후』의 초반에서 발견되는 논증을 지지하는 모든 독자는 후반부에서 제시된 논증에 의아해하거나 완전히 당혹스러워해야 한다"(45). 노리스는 책 속 긴장으로 추정되는 것을 가리키기 위해 "망가진-뒷부분"이라는 용어를 한 번 이상 사용하는데, 이 용어는 분명 찬사를 의미하지는 않는다(41, 45). 그는 이 내적 모순이 평범한 낡은 과학적 실재론에 맞선 전후 프랑스 철학적 편견에 따른 환경적 효과라고 사변하고, 메이야수가 휘황찬란하게 입장들 사이를 건너는 방식을 다채롭게 한탄한다.

> 한 권의 짧은 책 속에서, 메이야수는 두 얼굴을 한 상대 진영으로부터 도망치지 않는 강경한 객관주의 혹은 존재론적 실재론으로부터, 개념적이고 설명적으로 공허한 실재론 외에는 어떤 것도 지지하지 않는 과격한 헤라클레이토스주의적 유동의 사변적 (유사) 존재론으로 경솔하게 넘어간다. (45~46)

또한, 그는 의식의 창발에 **선행**하는 것에 대한 메이야수의 요점이 레이 브라시에의 주장에 의해 보완된다고 지나가듯 주장한다. 머나먼 미래의 어느 지점에서 일어나는 우주의 궁극적 멸종에 관한 브라시에의 관심을 고려할 때, 과학에 대한 상관주의적 접근법은 시간-척도의 "반대쪽 끝"에서 일어나는 일에 관한 어떤 지식도 마찬가지로 금지하기 때문이다(44).

그런데 『객체지향 교전』의 중심 관심사는 전체로서의 사변적 실재론이 아니라 OOO의 비평가들에게 답하는 것이다. 그러나 메이야수의 논증들을 비판하기 전에 먼저 재구성해 보는 책 전체를 쓴 사람으로서, 나는 노리스의 해석이 놀라울 정도로 엉성하다는 사실에 충격을 받았다. 노리스의 오해가 지닌 좀 더 기본적인 문제를 다루기 전에 그가 저지른 두 가지 사실적 오류부터 다루겠다. 첫 번째 오류는, 메이야수가 의식에 우선되는 실재에만 집중하고, 모든 물질의 소멸에 따른 우주에 관한 미래적 요점을 추가한 것은 브라시에라는 노리스의 주장이다. 브라시에의 저작에는 『유한성 이후』에서 찾을 수 없는 많은 과학적 요점이 포함된 것은 사실이지만, 그것은 그중 하나가 아니다. 노리스는 사고의 창발 이전과 사고의 소멸 이후의 사건을 모두 다루기 위해 5장의 시작 부분에 도입된 메이야수주의적 용어 "통–시대성"dia-chronicity을 완전히 놓친 것 같다.3 이 요점은 사소한 것이 아니며, 노리스가 매우 가혹하게 말하는 책의 후반부에 대해 그가 얼마나 잘 알고 있는지에 대한 의구심을 불러일으킨다. 메이야수가 "과격한 헤라클레이토스주의적 유동의 사변적 (유사) 존재론"을 제공한다는 그의 주장에서는 더욱 의심스러운 증거가 나온다. 메이야수는 그것과는 거리가 멀다. 메이야수는 우연성이 유동으로 이어질 필요는 없으며, 동결된 우주적 안정성으로 이어질 수도 있다고 명시적으로 주장한다. 그 프랑스 철학자가 말하듯이, "이것은 헤라클레이토스주의적 시간이 아닌데, 그것이 생성의 영원한 법칙이 아니라 모든 법칙의 영원하고 무법적인 가능한 생성이기 때문이다. 그것은 **아마도 영원히 고정, 정태, 죽음을 가져옴으로써 생성 자체조차 파괴할 수 있는 시간이다.**"4 다시 한번, 이것은 『유한성 이후』의 사소한 구절이 아니라 메이야수가 그의 우연성 개념에 대한 명백한 가능적 오해를 피하려고 시도하는 중추적 순간이다. 메이야수가 사전에 명료하고 능숙하게 구멍을 수습했음에도 불구하고, 노리스가 이 구멍에 너무 서투르게 빠진다는 사

---

3. Quentin Meillassoux, *After Finitude*, 112~13 [퀑탱 메이야수, 『유한성 이후』].
4. 같은 책, 64. 강조는 하먼.

실은 다시 신중함이라는 측면에서 노리스의 독해에 의문을 제기하고 더 나아가 해석자로서의 그의 권위를 약화시킨다. 실제로, 그것은 너무도 노골적으로 부정확해서 그 저널의 편집자인 에니스의 빨간 펜을 어떻게 피했는지 궁금할 정도이다.

그러나 이러한 실수는 『유한성 이후』가 논증을 전개하는 방식에 관한 노리스의 전체적인 오해와 비교할 때 사소한 것이다. 노리스에 따르면, 메이야수는 정신 외부 세계의 객관적 현존을 "증명"하기 위해 원-화석을 사용하고, 이를 바탕으로 사변적 실재론을 서글픈 상관주의자에 대한 연민과 경멸로 이끌다가, 사변적 실재론이 분석적 과학철학을 완전히 건너뛰어 환각적인 사변의 땅으로 떨어지게 한다. 이 해석은 엉성하기 그지없는데, 아주 간단하게 말해서 그것은 형편이 없다. 『유한성 이후』에서 선조적인 원-화석을 도입하는 요점은 과학적 탐구의 차갑고 단단한 사실을 가지고 상관주의자의 뺨을 때리는 것이 아니라 오히려 **아포리아**를 지적하는 데 있다. 『유한성 이후』의 기초는 과학적 실재론자와 상관론자 모두 일리가 있고, 메이야수는 그들의 논쟁을 해결하기 위해 자신의 철학을 전개한다는 개념이다. 그렇지 않으면 그는 노리스 자신과 매우 비슷한 또 다른 과학적 실재론자가 될 수 있었을 것이며, 그 경우 그의 저서는 덜 흥미로웠을 것이다. 이 점에 관해 지속적으로 의구심이 드는 사람은 2007년 골드스미스 학회에서 전달된 메이야수의 발표문을 다시 읽어보면 된다. 그 발표 전체는 메이야수가 상관주의자의 타의 추종을 불허하는 논증이라고 여기는 것, 즉 우리가 어떤 것을 생각한다면 그것은 우리에게 주어진 것이고, 그러므로 우리는 그것을 엄밀하게 "사고 외부에 있는 것"으로서 생각하고 있지 않다는 논증에 대한 **옹호**이다.[5] 이것은 원-화석에도 마찬가지로 적용되는데, 메이야수는 『유한성 이후』에서조차 상관주의자가 그것을 "우리에-대한-그 자체"로 쉽게 환원할 수 있음을 인정한다.6 요컨대, 메이야수는 책의 초반 "존재론적 실재론"에서 후반의 야생 사변으로 방향을 바꾸지 않는다. 왜냐하면 그가 직설적인 실재론을 애초부터 결코 선택지로 고려하지 않기 때문이다. 그가 말하듯, "이 점에서 우리는 칸트주의의 후계자일 수밖에 없다."7 노리스의 권유대로 메이야수가 과학적 실재론의 표준 문헌을 면밀히 탐구하게 만드는 것이 무익한 이유가 바로 여기에 있다. 대신, 메이야수는 자신이 강한 상관주의라고 부르는 것을 자신의 사변적 유물론 입장으로 뒤집기 위해 복잡하고 독창적인 논증에 에너지를 쏟는다. 나는 이것이 궁극적으로 메이야수에게 관념론밖에 제공하지 않는다고 글에서 주장한 바 있다. 그러나 노리스는 그 논증을 이해하려고 시도하지 않았으며, 그가 "사변적 유물론"이라는 핵심적 구절 자체는 말할 것도 없고, 약한 상관주의와 강한 상관주의의 구별조차 언급하지 않는다는 것은 충격적이다.8 즉, 『유한성 이후』의 중심적 논증은 노리스의 논문에 결코 등장하지 않으며, 따라서 그의 논문에서 볼 수 있는 거만한 어조는 참을 수 없다기보다는 곤혹스럽다.

곤혹스럽다기보다는 참을 수 없는 것은 노리스가 나의 객체지향적 입장을 다루는 방식인데, 여기서는 그가 때때로 메이야수에게 보여주는 일말의 존중조차 없다. 예를 들어, "SR[사변적 실재론]이 다소 폐쇄된 연구 환경에서 성장했다는 한 가지 신호는, 그레이엄 하먼의

---

5. Ray Brassier, Iain Hamilton Grant, Graham Harman, and Quentin Meillassoux, "Speculative Realism," in *Collapse III*.
6. Meillassoux, *After Finitude*, 3~4 [메이야수, 『유한성 이후』].
7. 같은 책, 29.
8. Graham Harman, *Quentin Meillassoux*, 139~41.

글에서 가장 눈에 띄는, 실재-세계 객체 영역에 관해서 행위를 말로 대체하는 — 혹은 상세한 조사 작업을 슬로건으로 대체하는 — 위에서 언급한 경향이다"(46). 이 혐의에 대한 그의 증거는 정확히 무엇인가? 그것은 종종 여러 가지 객체의 목록을 제공하는 나의 문체적 습관에 지나지 않는다. 노리스의 불만에 따르면, "(그것의 외견대로) 무엇이 객체들을 객체들로 만드는지에 크게 관심을 두지 않고 단지 객체들의 극단적 다양성이나 비환원적 사물성에 관해 언급하는 것이 목적이라면, 방대하게 다양한 객체 목록을 계속 나열하는 것은 별로 의미가 없다"(46). 이상하게 화려한 구절을 통해 노리스는 이 기법이 하이데거 양식의 거만한 어두움으로부터 내가 거리를 둘 수 있게 해준다고 인정한다. "슈바르츠발트 시골 사람의 근엄한 현학보다는 하이데거를 다루는〔하먼의〕경쾌한 방식 — 각각 자신의 엄밀하게 비환원적인 **이것성**을 과시하는 객체의 순수한 다수성에 대한 그의 (다소 일상적인) 가벼운 예찬 — 이 훨씬 낫다"(46). 그러나 이 "슈바르츠발트 시골 사람"에 대한 나의 작은 우월성을 인정하면서도, 노리스는 내가 여전히 "**진정한**-하이데거주의 양태의 깊이-존재론"에 사로잡혀 있다고 생각하며, 거기서 "〔나는〕과학자(또는 과학-주도의 과학철학자)가 지식에 대한 기여로 여기는 것, 또는 진리-내용이나 유효성 측면에서 진지하게 평가될 가치가 있는 주장으로 여기는 것을 위한 여지를 찾지 못한다"(46)고 쓴다. 이것은 내 작업에 노리스가 던진 첫 번째 우려 묶음이다.

여기에는 두 가지 별개의 문제가 있는데, 첫째는 무엇이 객체들을 지금의 그것들로 만드는지에 관한 현실적 조사를 내가 객체 목록으로 대체한다고 추정하는 것이고, 둘째는 깊이-존재론에 찬성하여 과학의 단순한 "존재적" 특징을 일축하는 하이데거에 대한 나의 과도한 근접성으로 전제된 것이다. 노리스는 객체 목록을 싫어하는 첫 번째 사람이 아니다. 혹은, 나는 그가 목록을 싫어하는 척 가장한다고 말해야 하는데, 왜냐하면 그는 목록이 하이데거의 어조에 반격하는 방식에 있어서 다른 사람들만큼 재미를 느끼는 것처럼 보이기 때문이다. 이언 보고스트는 이 목록에 "라투르 열거"Latour Litanies라는 이름을 붙였는데, 이는 브뤼노 라투르가 그의 많은 출판물을 통해 그것을 탁월하게 직조했기 때문이다. 목록은 "논증"을 의미하는 것이 아니다. 만약 "수사학"이 — 아리스토텔레스와 다른 고대의 사상가들에게서처럼 — 더 이상 진지한 방식으로 여겨지지 않고 엄격한 과학적 탐구에 반대되는 것으로 추정되는 "단순한 수사"라는 경멸적인 구절로 바뀌지 않았다면, 이 목록은 "논증"이 아니라 수사학적이라고 불러도 될 만큼 유용한 철학적 효과를 가지고 있다. 아리스토텔레스가 보여주듯, 수사학의 요점은 청자가 전제하는 무언의 삼단논법("생략삼단논법")으로 주의를 옮겨 논증을 위한 전장을 준비하는 것이다.9 내 목록은 노리스가 통찰력 없이 주장하는 것처럼 순전히 다양성이나 이것성을 의미하는 것이 아니라, 일반적으로 인간, 동물, 식물, 자연적 요소, 그리고 인공적 요소를 같은 맥락 속에 섞는다. 이것의 수사학적 목적은, 인간을 한 종류의 존재자로 두고 "자연적인" 것을 또 다른 종류의 존재자로 두며, 플라스틱, 정유소, 잡종 옥수수, 전함과 같은 "인공적인" 객체는 인간이 생산한 것이기에 일반적으로 "인간" 쪽에 엉성하게 배치하는 근대 분류학을 전제하기보다는, 모든 객체를 동등하게 객체로서 취급하는 평평한 존재론의 관점에서 독자들이 생각하게 하는 것이다. 이 근대 분류학은 직접적으로, 유일하게 과학만이 "자연" 측면에 관해서 말해야 한다는 노리스가 승인한 분업으로 이어진다. OOO의 초기 관심

---

9. Aristotle, *Rhetoric* [아리스토텔레스, 『수사학』].

은 인간과 비인간의 차이가 아니라 객체들 사이의 예비적 평등에 있으며, 따라서 다양한 객체 목록은 객체가 다양한 영역으로 배분되는 방식에 관한 독자의 개념화를 재구성함으로써 **진실한** 철학적 작업을 수행한다.[10] 이 요점을 일찍 포착하고 목록에 싫증이 난 사람은 언제든지 자유롭게 건너뛸 수 있다. 객체에 관한 OOO의 조사에 그것 이상이 없다는 노리스는 틀렸다. 객체를 정당하게 다루는 과정에서의 새로운 전진 단계를 표시하는 객체와 성질의 사중적 OOO 형이상학에 관해 그가 언급하지 않은 것은 주목을 요한다.[11]

두 번째는 과학에 대해 깊이-존재론을 선호한다는 점에서 내가 하이데거와 너무 가깝다는 노리스의 암시이다. 나는 "과학은 생각하지 않는다"라는 하이데거의 유감스러운 진술을 비난했으며 결코 과학을 단순한 "존재적" 절차로 간주하지 않는다.[12] 학부 시절부터 나는 열정적인 과학사 학생이었고, 이 분야의 특별한 기술적 전문성을 주장하지 않으면서 언제나 최신 과학적 발전을 따라가기 위해 최선을 다했다. 나는 시적 언어의 특별한 힘에 관하여 하이데거와 동의하지만, 이것이 과학적 언어에 대한 시적 언어의 우월성을 수반할 필요는 없다. 그러나 과학은 지식을 지향하며, 나는 지식이 인식의 유일한 형태가 아니고 철학과 예술은 지식의 형태로 이해되어서는 안 된다는 주장을 자주 제기했다. 지식은 오직 두 가지 형태로 발생한다. 즉, 그것은 객체를 그 구성요소나 인과적 배경 이야기로 환원하는 "아래로-환원"과 객체를 그 효과 또는 경험론적 관찰 가능성으로 환원하는 "위로-환

---

10. Levi R. Bryant, *The Democracy of Objects* [레비 브라이언트, 『객체들의 민주주의』]도 보라.
11. Graham Harman, *The Quadruple Object* [그레이엄 하먼, 『쿼드러플 오브젝트』].
12. Graham Harman, *Heidegger Explained*, 146~47.

원"의 형태로 발생한다.13 나는 객체 그 자체가 그것에 관한 어떤 지식으로도 완전히 대체될 수 없다고 생각하기에 **실재론자**이며, 이런 측면에서 로이 바스카와 낸시 카트라이트를 포함하지만 이에 국한되지 않는 과학적 실재론자, 노리스 스스로 높이 평가하는 여러 과학적 실재론자와 몇 가지 공통점을 가지고 있다.14 또한, 비록 그 설명이 결코 완전하지는 않지만, 나는 과학과 시학의 관계에 관해서 하이데거 자신보다 좀 더 상세한 설명이라고 생각되는 것을 전개하였다.15 근대 존재-분류학자의 빛나는 예시인 노리스는 근대의 분업이 유감스럽게도 "자연"이라고 불리는 실재의 영역을 논할 수 있는 유일한 권리를 과학에 부여한다고 확신하고 있는 것처럼 보이며, 그에 반해 나는 자연과학이 아닌 철학만이 다룰 수 있는 객체의 형이상학적 특징이 존재한다고 주장한다. 이 점을 제쳐두더라도, 많은 객체가 인공적이거나 혼성적이거나 다소 규정하기 힘든 것이기에 이미 적합한 과학적 처리를 벗어나 있다. 무엇보다도, 내 저작의 중심적 주제인 객체와 그 성질 사이의 긴박한 분리는, 물리적 물질과 장의 시공간적 행동에 일차적으로 관심을 두는 자연과학으로는 도저히 다룰 수 없다. 내가 보기에 이것들은 모두 객체의 관계론적 특성인 반면, OOO는 전자와 후자 사이의 상호작용과 함께 객체의 비관계론적 특성을 고립시키는 데 관심을 둔다. 철학이 물리적 우주를 자연과학과 다른 용어로 다룬다는 사실은 철학이 진지하지 않다는 의미도, 심지어 메이야수가 잘못 주장

---

13. Graham Harman, "The Third Table," in *The Book of Books*.
14. Roy Bhaskar, *A Realist Theory of Science* ; Nancy Cartwright, *How the Laws of Physics Lie*.
15. Graham Harman, "Aesthetics Is the Root of All Philosophy," in *Object-Oriented Ontology*.

한 것처럼 과학을 사변적 존재론으로 대체하고자 한다는 의미도 아니다.16 여기서 노리스는 그가 자세히 알지 못하는 것처럼 보이는 저작에 관해 더 많은 인내와 열린 마음을 가졌다면 더 양질의 결과물을 제공할 수 있었을 것이다. OOO와 주류 과학철학 사이의 대화가 결실을 볼 수 있다는 것은 분명 참이지만, 그것은 노리스의 일정이 아닌 내 일정에 따라 진행될 것이다.

또 다른 오해는 내가 "인과성의 문제에 관해서 … 문제에 봉착한다"라고 말하면서, 내가 "오래된 기회원인론적 학설의 한 버전—'대리적 인과관계'의 개념으로 재구성되는 것—에 다소 필사적으로 호소"한다고 말할 때 생긴다. 노리스는 대리적 인과관계라는 개념을 "엉뚱하고" "과장된-신빙성"을 가진 것으로 묘사한다(47). 여기서 그는 내가 그보다 훨씬 더 진지하게 작업한 주제를 왜곡하고 하찮게 만든다. 우선 내가 인과성과 관련해 "문제에 봉착한다"는 노리스의 말은 과학과 과학철학이 인과관계에 관해 알아야 할 모든 것을 이미 알고 있으며—양자 이론과 그것이 일반 상대성 이론과 가진 오랜 긴장의 시대에 이것은 이상한 감성이다—내가 이 신뢰할 수 있는 길에서 벗어남으로써 "문제에 봉착"한다는 의미인 것처럼 보인다. 요점은 내가 인과성에 관해 거의 제기된 적이 없는 문제를 제기한다는 것이다. 즉, 실재적 객체들은 서로를 감각적 캐리커처로서만 직면할 수 있다는—노리스는 결코 언급하거나 인용하지 않는—나의 논증을 고려할 때, 감각적 영향이 어떻게 실재적 효과로 이어질 수 있는지를 이해하는 것에 대한 문제가 있다는

---

16. 메이야수는 "Iteration, Reiteration, Repetition"에서 나와 이에인 해밀턴 그랜트를 과학의 적절한 영역을 위반하는 "초물리학"으로 비난한다. 그러나 이것은 분류학적 도그마에서 비롯된 특정 노동 분업에 대한 그의 충성을 입증할 뿐이다. Quentin Meillassoux, "Iteration, Reiteration, Repetition," in *Genealogies of Speculation*.

것이다. 나는 그러한 실재적 효과가 발생한다는 것을 의심하지 않는다. 단지 문제가 이러한 형태로 제기된 적이 있다는 것을 의심할 뿐이다. 인정컨대, 인과관계 문제에 관한 이 특수한 구상은 오늘날의 과학자들의 즉각적인 관심을 끌 것처럼 보이지는 않는다. 그러나 이전 장에서 인용한 카를로 로벨리의 구절에서 볼 수 있듯이, 철학자들이 현대과학 찬양 노래를 부르며 현대과학을 좇아 절뚝거리며 따라가야 하는지는 결코 분명하지 않다. 우리는 우리 자신의 관심을 추구할 때 유용해질 가능성이 더 크며, 그러한 관심 추구가 미래의 과학 상태에 유용한 것으로 밝혀질 수도 있다. 앞서 언급한 바와 같이, 아인슈타인의 일반 상대성 이론이 세상에 등장하기까지는 라이프니츠의 공간과 시간의 관계론적 이론 이후 거의 2세기가 걸렸다. 이와 대조적으로, 노리스의 애완동물 "가추법"과 "최선의 설명 추론"은 미래의 물리학에 유사한 상상적 영향을 미칠 것 같지 않다. 이러한 관념들은 현존하는 과학의 성취를 설명하기 위한 전문 철학자들의 훌륭한 노력이다. 그러나 그러한 종류의 **사후적** 성공은 정확히 임레 라카토스가 "퇴보하는 연구 기획"(때때로 OOO 자체에 부정확하게 적용되는 용어)과 연관시키는 종류이며, 어떤 활동 중인 과학자도 그것으로부터 많은 것을 배우지는 못할 것이다.[17]

두 번째 문제는 노리스가 "오래된 기회원인론적 학설"에 대한 나의 "다소 절박한 호소"를 언급할 때 발생한다(47). 그는 내가 그것을 "대리적 인과관계"로 "재구성"했다고 언급하지만, "오래된" 기회원인론적 학설에 대한 그의 언급은 둘 사이의 차이에 관한 그의 이해가 부

---

17. Imre Lakatos, *Philosophical Papers*. 또한 Graham Harman, "On Progressive and Degenerating Research Programs with Respect to Philosophy," *Revista Portuguesa de Filosofia*를 보라.

족하다는 것을 시사한다. 그가 내 이론을 "엉뚱하고" "과장된-신빙성"이라고 부를 때, 그는 이에 관해 알지 못하는 독자들이 내가 스스로 만든 곤경에서 벗어나기 위해 신을 보편적 인과적 행위자로 끌어들인다고 상상하도록 유도한다. 이것이 "오래된" 기회원인론적 학설이 결국 한 일이라는 것은 모두가 알고 있다. 여기서도 다시, 노리스는 대리적 인과관계에 관한 나의 논증이나 "오래된" 기회원인론자에 관한 나의 역사적 언급을 인용하지 않음으로써 독자에게 시련을 준다.[18] 이 이론들과 나의 이론 사이의 차이는 명료할 뿐만 아니라, 그 주제를 다루는 나의 글 속에 치열하게 열거되어 있다. 20세기의 알프레드 노스 화이트헤드와 마찬가지로, 전통적인 이슬람과 초기 근대 유럽의 기회원인론자들은 보편적 행위자로서의 신에게 호소한다. 오늘날 우리는 이 이론을 수용할 필요가 없지만—나는 분명히 수용하지 않는다—이 견해가 노리스가 확인 없이 처리하는 것보다 더 나은 취급을 받을 가치가 있다는 주장들이 이미 있었다. 그는 또한 흄과 칸트가 오래된 기회원인론자의 신을 대체하는 인간 정신을 가지고 그들 스스로 기회원인론의 후계자가 된다는 나의 논증을 언급하지 않기로 한다. 이런 의미에서 노리스를 포함한 모든 근대철학자는 그들이 생각하는 것보다 더 많은 것을 기회원인론자들에게 빚지고 있다. "오래된" 기회원인론과 근대 흄-칸트 변종 양쪽에 대한 나의 거부는 양쪽이 모두 인과적 힘을 단일한 종류의 존재자에 제한한다는 것이다. 비록 오늘날에는 정신이 신보다 더 일반적으로 존중받는 인과적 매개체이고 인식론이 신학보다 더 높은 평가를 받고 있지만, 두 경우 모두 하나의 **특별한** 존재자가 직접적 인과관계를 맺을 수 있는 반면에 다른 모든

---

18. 예를 들어 Graham Harman, "A New Occasionalism?" in *Reset Modernity!*를 보라.

것은 그렇지 않다고 상정한다. 내 해결책은 좀 더 일관적이다. 어떤 것도 다른 어떤 것과 직접적 관계를 맺지 않으며, 실재적인 모든 것은 감각적 객체를 통해 상호관계를 맺고, 감각적인 모든 것은 실재적인 것을 통해 상호 관계를 맺는다. 만약 노리스가 여전히 이것에 반대한다면, 그는 주류 철학의 품격을 수호하는 심판자로 자청하기 전에 적어도 그 주제에 관한 내 관련 글들을 읽는 시련을 겪어야만 한다.

유감스럽게도, 신경질적인 방식으로만 사변적 실재론을 언급하는 그의 태도는 어린 제자들로까지 번진 것 같다. 노리스의 최 박사과정 학생 파비오 지로니는 각주에 은밀하게 다음과 내용을 넣어둔다.

> 라투르주의적 "비환원주의"를 급진화하는 그레이엄 하먼은 "실재를 단일한 뿌리로 환원하고 다른 모든 것은 먼지로 환원하는 … " 모든 반-객체 입각점을 한탄하는데, 이는 그것들이 일반적으로 실재의 "기묘함"을 온전히 전달하는 데 실패하기 때문이다. 그는 현대의 환원주의적 과학이 설명할 수 있는 것보다는 "전기적 및 지질학적 사실이 더 깊은 형이상학적 진동에 의해 지배된다"라고 생각하는 편에 만족한다고 선언한다. "기묘함"이 어떤 종류의 이론적 미덕을 지시해야 하는지는 식별하기 어려우며, 독자는 그것을 **"불합리하기에 믿는다"** credo quia absurdum의 세속화된 최신 형태로 일축해도 될 것이다.[19]

이 부당한 경멸 — 다양한 분과학문에 혁명을 일으킨 라투르에 관해서도 마찬가지이다 — 은 노리스의 문체를 연상시키지만, 한 가지 측면에서 지

---

19. Fabio Gironi, "Between Naturalism and Realism," *Journal of Critical Realism*, 383, 주석 79.

로니의 구절은 더 악질이다. 그것이 대부분 악의를 가지고 쓰였기 때문이다. 왜냐하면, 비록 그는 "'기묘함'이 어떤 종류의 이론적 미덕을 지시해야 하는지"에 관해 무지한 척하지만, 그는 이 물음에 대한 대답을 사전에 알고 있을 정도로 내 작업에 충분히 익숙하기 때문에 나는 그가 주로 웃음을 위해 연출하고 결론지었다. 지로니가 잘 알고 있듯이, "기묘함"은 내 철학에서 정확한 전문 용어로, 확고한 어원적 역사를 가지고 있는 동시에 윌리엄 셰익스피어라는 인상적인 모범적 사용자의 전례가 있다.[20] OOO에서 기묘한 것의 경험은 객체와 그 성질 사이의 균열, 내 이론의 중심에 있는 그 균열과의 중요한 조우를 표시한다. 그것은 "부조리하기에" 믿어야 할 것이 아니라 설득력 있게 낯설기 때문에 믿어야 하는 것이며, 이는 종종 지속력을 가진 관념의 표식이다. 노리스와 지로니가 과학적 합리주의의 깃발을 흔들면서 비꼬는 저열한 말투로, 해체주의의 주의 환기용 인용부호 남용을 흉내 내기보다는 라이프니츠와 후설의 저명한 글에서 부분적으로 가져온 객체/성질 갈라짐에 관한 나의 **주장**을 직접적으로 언급한다면 모두에게 더 낫지 않을까? 이 경우 노리스가 선생이기 때문에, 나는 두 사람 모두의 엉성한 발언과 나쁜 형식에 대해 노리스에게 개인적인 책임이 있다고 말하겠다.

---

20. Graham Harman, *Weird Realism* ; William Shakespeare, *Macbeth* [윌리엄 셰익스피어, 『맥베스』].

7장

단 자하비

이제 단 자하비에 관해 이야기할 것이다. 사변적 실재론을 대표하는 모든 것을 향한 그의 비판적 자세에 있어서 그는 노리스와 닮았는데, 이는 톰 스패로의 『현상학의 종말』에 대한 그의 경멸적 평론에서 볼 수 있다.[1] 그 책의 표제는 내용을 그대로 따른 것이다. 스패로는 언제나 어떤 부정적인 피드백을 받게 될 운명이었고, 그 또한 이 위험을 잘 알고 있었다. 현상학은 진행 관리자, 정보 관리자gatekeepers, 전문 기술자 등이 총괄하는 학회와 출판 시리즈를 갖춘, 세련된 관료 기구를 완비한 학파로, 그중 누구도 자신이 유효 기간이 지난 이론을 옹호한다는 주장을 즐겁게 듣지 않을 것이다. 현상학이 현상학에 관한 새로운 비평가들과 충돌하는 것은 많은 경우에 세대 전쟁의 통상적 특징을 보여줄 따름이다. 이러한 이유에서 사변적 실재론은, 어떤 새로운 이론이든 예민하게 자신이 모든 것을 안다고 주장하는 반대자들을 정면으로 공격하기보다는 기다리는 것이 가장 좋다는 막스 플랑크의 판

---

1. Dan Zahavi, "The End of What? Phenomenology vs. Speculative Realism," *International Journal of Philosophical Studies*. 이하 본문에서 페이지 참조는 괄호로 표기됨.

단에 따라 진행될 수도 있을 것이다. 그러나 이 방법은 자하비에게 통용되지 않을 것이다. 공개된 정보에 따르면 그는 1967년 11월 6일에 태어났는데, 이는 그를 퀑탱 메이야수 및 나와 같은 고등학교 졸업반에 소속시킨다. 자하비는 상대적으로 젊음에도 불구하고 야심 차고 다작한 작가이며, 오랫동안 현상학 분야에서 세계 최고의 전문가 중 한 명으로 여겨졌다. 스패로의 저서에 대한 리뷰에서 그는 원조 사변적 실재론 작가들 각각을 공격하는데, 정확히 크리스토퍼 노리스와 마찬가지로 여기서도 비판을 정면으로 받는 것은 OOO였다. 여기서 나는 그의 공격이 지닌 핵심 요점을 요약한 다음에 그가 사변적 실재론에 관해서 좀 더 일반적으로 놓치고 있는 점을 설명할 것이다.

자하비의 논문 대부분은 스패로에 대한 비판이다. 지면상의 이유로 나는 스패로를 옹호하는 데 많은 시간을 할애하지 않을 것이며, 그는 스스로 자신을 완벽하게 방어할 수 있다. 나는 자하비의 다음 구절을 인용할 것인데, 이는 스패로에 대한 나의 주된 동의와 반대가 모두 포함되어 있기 때문이다. "[스패로에 따르면] 사변적 실재론은 현상학이 언제나 약속해 왔지만 결코 제공하지 않은 것, 즉 실재론에 대한 본격적 옹호를 제공한다. 그러나 다른 한편으로, 스패로는 또한 현상학의 어떤 지지자도 현상학의 방법, 범위, 그리고 형이상학적 책임을 적합하게 밝히지 못했기 때문에 … 현상학이 결코 실제로 시작된 적이 없다고도 주장한다"(290). 나는 이미 실재론에 관한 스패로의 주장에 동의했다. 에드먼드 후설은 "사물들 그 자체"로 돌아가야 한다고 주장할 때 매우 진지했지만, 어떤 지향적 행위의 상관항도 될 수 없는 객체를 원리상 허용할 수 없었기에 그렇게 하지 못했다. 그러나 칸트가 물자체라고 부르고 나는 실재적 객체라고 부르는 그러한 객체가 OOO의 핵심 주제이다. 우리는 초월론적 입각점에서 시작해야 한다는 의무감을 느끼면서 동시에 사물들 그 자체가 어떻게든 이미 자연과학에 의해 충분히 그리고 철저하게 다루어졌다고 결정하는 근대주의적 존재-분류학을 거부한다. 아무도 현상학이 무엇인지 완전히 확립한 적이 없다는 스패로의 주장에 관해서, 나는 "기술"이 속임수의 역할을 맡기에는 너무 모호하다는 그의 주장에는 동의했지만, 또한 — 자하비 역시 나와 같은 생각임이 분명한데(305, 주석 2) — 빈틈없는 정의가 어떤 철학 학파도 충족시키기 힘든 너무 엄격한 기준이라고 생각한다. 내가 보기에, 우리는 실재 세계의 현실성을 유보하고(현상학적 환원) 지향적 객체의 본질적 성질에 도달하기 위한 노력 속에서 지향적 객체와 그 음영들 사이의 긴장에 초점을 맞추자마자(형상적 환원) 현상학의 내부에 있게 된다.

후설과 그의 후계자들에 대한 나의 깊은 공감에도 불구하고 내가 현상학자가 아닌 이유는, 내가 실재적인 것의 판단 유보에 반대하고 감각보다 지성이 본질직관으로 우리를 더 잘 인도할 수 있다는 데 동의하지 않기 때문이다. 요컨대, 본질은 감각적으로나 지적으로나 직관될 수 없으며, 오히려 암시와 그 외 간접적인 수단을 통해 접근될 수 있을 뿐이다. 자하비는 전문적인 현상학자이기에, 그가 내 관점과 스패로의 관점 모두에 적대적이라는 것은 놀라운 일이 아니다. 나에게 문제는 자하비가 모리스 메를로-퐁티의 도움을 받아 끌어내는 관점, "환원이 결코 완성될 수 없다"라는 것이 아니다(291). 오히려 문제는 자하비가 요약한 것처럼, "가장 급진적인 반성조차도 반성되지 않은 삶에 의존하고 그것과 연결되어 있다"(291)라는 면책적 발언에도 불구하고, 메를로-퐁티가 실제로는 그것을 완성해 버린다는 데 있다(291). 이것은 사실 진정한 요점이 아닌데, 왜냐하면 급진적 반성과 반성되지 않은 삶 사이의 차이는 전적으로 인간 영역 내부에서 펼쳐지며, 따라서 메를로-퐁티는 실재적인 것을 위한 여지를 만들지 않기 때문이다. 이에 대한 증거로, 『보이는 것과 보이지 않는 것』의 "살"에 관한 그의 가장 미래적인 학설로 추정되는 것이 단지 우리가 세계를 볼 때 세계가 우리를 본다고 말하는 방식임을 고려하라. **진실한 실재론**이 지닌 핵심적 측면, 즉 세계의 각 부분 사이의 상호작용에 관해서는 아무것도 말해지지 않았다. 이와 같은 단순한 "잔여의 실재론"은 실재론이 아니라 알리바이를 내세우는 관념론일 뿐이다. 자하비와 메를로-퐁티는 둘 다 심지어 "하이데거의 세계-내-존재 분석이 현상학적 환원을 전제로 한다"(291)라고 말했을 때 옳았지만, 이는 그들이 생각하는 것의 정반대를 증명한다. 즉, 그것은 하이데거가 초월론적-현상학적 입각점에 갇혀 있음을 보여준다. 이는 실천과 이론의 차이가 실재적 사물을 감각적 사물로 전환하는 두 가지 다른 방식이 아니라 일종의 중대한 존재론적 균열이라는 하이데거의 가정에서 알 수 있다.

이제 사변적 실재론으로 주의를 돌리자면, 자하비는 그것을 칸트와 격렬하게 대립하는 것으로 특징짓는다는 점에서 과녁을 약간 빗나간다(293). 이것은 대체로 메이야수에게 적용되지만, 자하비는 오직 『유한성 이후』만 알고 있는 것처럼 보이며, 따라서 메이야수가 이후에 조건을 데이비드 흄으로까지 확장한 점을 놓친다.[2] 메이야수가 "칸트주의적 재앙"을 한탄한다는 것은 분명 사실이며, 이것은 그를 칸트-사건이 "철학을 오염시켰다"라는 알랭 바디우 자신의 주장에 근접하게 만든다.[3] 이것은 의심의 여지 없이 르네 데카르트로부터 대안적인 영감을 받으며 부활한 프랑스 합리주의에 대한 국가적 선호와 관련이

---

2. Quentin Meillassoux, "Iteration, Reiteration, Repetition," in *Genealogies of Speculation*.
3. Alain Badiou, *Logics of Worlds*, 535.

있다. 데카르트에게 유한성은 칸트의 방식에서 중요한 요인이 아니다.[4] 자하비는 후설이 상관주의자였다고 자랑스럽게 인정하는 방식으로 후설의 다섯 가지 모범적인 구절을 인용한다(293~4). 그는 또한 객체들 사이의 관계는 사고와 세계 사이의 관계와 종류가 다르지 않다고 말하는 이언 보고스트와 나의 말을 충분히 정확하게 인용한다.[5] 이 입장과 철학적 자연주의 사이의 피상적인 유사성을 먼저 지적한 후, 그는 재빠르게 티머시 모턴을 인용하며 둘 사이에 사실 거대한 차이가 있음을 보여준다. 자하비의 말에 따르면, "오히려 목표는 [자연주의의] 역전인데, 즉 벽난로, 잔디 깎는 기계, 썩어가는 돼지고기를 포함한 모든 객체가 그 자신의 내적 무한성을 소유하고 있음을 최종적으로 인식하는 것이다"(295).[6] 자하비는 그러한 움직임이 실제로 상관주의를 중지하는지 아니면 우주 전체로 상관주의를 퍼뜨릴 따름인지 궁금해한다. 다행히도 자하비는 앞의 스티븐 샤비로 장에서 언급한 구절에서 이 반론에 대한 나의 응답을 읽고 이해했다. 거기서 나는 인간 프시케가 매우 중요한 존재론적 차원이며 모든 존재자에서 배아적 형태로 발견되어야 한다고 범심론이 계속 가정하는 것을 우려했다. 그러나 자하비는 내가 쟁점은 프시케가 아니라 **진실성**이라고 말할 때, 그리고 이것이 **기묘한 실재론**을 수반한다고 덧붙일 때 그가 겪는 "당혹감"을 지적한다(295). 그러나 당혹해할 이유는 어디에도 없다. 왜냐하면 나는 종종 진실성sincerity과 기묘함weirdness을 전문 용어라고 정의

---

[4]. Quentin Meillassoux, *After Finitude*, 124 [퀑탱 메이야수, 『유한성 이후』] ; Badiou, *Logics of Worlds*, 535.
[5]. Graham Harman, *Guerrilla Metaphysics*, 75 ; Ian Bogost, *Alien Phenomenology*, 30 [이언 보고스트, 『에일리언 현상학』].
[6]. Timothy Morton, "Art in the Age of Asymmetry," *Eventual Aesthetics*, 132.

해 왔기 때문이다. 자하비가 그것들에 친숙하지 않다는 단순한 사실은 그것들에 맞선 논증이 아니다. 진실성이란 모든 것이 그저 스스로 그러한 것이며, 어느 순간 주어진 범위의 감각적 객체와 대면하는 동시에 다른 객체들과는 마주하지 않는다는 것을 의미한다. 나는 이 관념을 에마뉘엘 레비나스로부터 가져왔으며, 여기에 화이트헤드주의적인 우주적 차원을 추가했다. 여기서 나는 한 명의 인간 존재자로서 일정한 현상적 경험을 하고, 저 너머에는 범심론적 방식으로 "의식적"일 필요는 없지만, 실재적 객체보다는 감각적 객체와 대면하는 돌덩어리가 있다. 그 이유는 그저 어떤 인간 혹은 비인간 관계도 그 이상의 것은 아무것도 할 수 없기 때문이다. 기묘한 실재론에 관해서 말하자면, 형이상학적 실재론이 실재적인 것에 관한 직접적 지식이 가능하다는 것을 수반하지 않으며 오히려 그 반대라는 개념이다. 정확히 객체가 실재적이기 **때문에**, 객체는 그것이 맺는 모든 인간 또는 비인간 관계뿐만 아니라 심지어 그 자신의 성질과도 다르다. 『기묘한 실재론』이라는 책에서 나는 H. P. 러브크래프트의 소설을 참조하여 이 개념을 탐구한다.

자하비는 내 이론에 관해서, 피터 울펜데일의 설명보다 덜 비판적이라고는 하기 힘들지만 훨씬 더 명쾌한 설명을 계속해서 제공한다. 예를 들어, "〔하먼의〕 설명에 따르면, 과학적 자연주의는 그 자체로 상관주의의 한 형태이다"(295). 그리고 더 나아가, "하먼의 설명에 따르면 실재적 객체, 물자체는 영원히 접근할 수 없는 상태로 남는다"(295). 그리고 마지막으로, 『게릴라 형이상학』의 두 구절을 적절하게 인용하며 다음과 같이 말한다. "모든 것은 다른 모든 것으로부터 고립되어 있다. 그 무엇도 다른 무엇과 결코 직접적 접촉을 가지지 못한다. 이 원리는 상호-사물적inter-objective 수준뿐만 아니라 내부-사물적intra-objective 수준에서도 적용된다. 객체는 자신의 구성요소로부터도 물러나며 직접적 접촉을 하지 않는다"(295). 이로부터 그는, 비록 내가 현상학이 우리를 현상적인 것에 속박시킨다고 비난하지만, 실제로는 이것을 하는 것이 나이며, "이 접근할 수 없는 영역의 구조와 본성에 관해 다양한 주장을 함으로써" 나 자신과 모순을 이룬다고 결론을 내린다(295). 여기서 자하비는 두 개의 중요한 요점을 간과한다. 첫 번째로, 나는 우리가 현상적인 것에 제한되어 있다고 말하는 것이 아니라 오직 사물에 대한 **직접적** 접근이 현상적인 것에 제한된다고 말하는 것이다. 실재적인 것에 대한 간접적 관계는 빈번하게 일어나고, 간접적으로만 접근할 수 있는 것에 간접적으로 접근하는 것은 모순이 아니다. 두 번째 요점으로, 그는 "우리의"(인간) 접근이 현상적인 것에 제한된다는 주장으로 다시 전환하며 비인간 객체들도 서로 직접적으로 접근할 수 없다는 나의 더 넓은 주장을 잊는다. 그러나 OOO의 요점은, 매혹과 대리적 인과관계에 관한 나의 다양한 논의에서 볼 수 있듯이, 감각적 매개체를 통해 실재적 객체들 사이에서 실재적 관계가 **간접적**으로 발생한다는 것이다. 내가 접근 불가능한 것의 본성에 관해 주장한다는 그의 마지막 불만에 관해 말하자면, 이것은 우리가 오직 현상적인 것에 관해서만 말할 수 있고 실재적인 것을 논하려는 어떤 시도도 그 자체로 사고이며, 즉시 현상적인 것으로 붕괴되어 되돌아간다는 강한 상관주의적 가정을 반복하는 것일 뿐이다. 그러나 누군가가 실재적인 것의 본성에 관한 진술을 세운다는 사실은, 실재적인 것이 또한 그 진술을 통해 현상적으로 접근 가능한 것이어야 한다고 주장하는 것과 같은 것이 아니다. 이것은 우리가 오직 현상적인 것에만 직접적으로 접근할 수 있다는 칸트의 학설과 우리가 오직 인간과 세계 사이의 관계에 관해서만 이야기할 수 있다는 잘못된 귀결을 독자들이 혼동하게 만드는 동일한 분류학적 오류이다. 이것들은 서로 다른 두 개의 요점이며, 나는 첫 번째 요점은 긍정하지만 두 번째는 거부한다.

덧붙이자면, 나는 자하비가 노리스와 대부분의 다른 비평가와 같은 방식으로 메이야수를 오독한다는 점을 지적해야 한다. "[메이야수는] 과학에 충실하려면 과학적 진술을 액면 그대로 받아들이고 상관주의를 거부해야 한다고 주장한다. 어떤 타협도 불가능하다"(296). 결코 그렇지 않다. 이것은 메이야수 자신이 아닌 폴 보고시안과 존 놀트와 같은 직설적인 실재론자의 견해이다. 전자는 상관주의자에게도 요점이 있다는 점을 분명히 하며, 그의 전체 철학적 입장은 강한 상관주의를 자신의 사변적 유물론으로 급진화하려는 복잡한 노력을 통해 과학과 상관주의 사이의 바늘구멍에 실을 꿰려는 시도이다. 비록 나는 메이야수의 방법과 결과 모두에 강하게 반대하지만, 그의 입장을 올바르게 이해하고 그를 표준 과학적 실재론자로 잘못 식별하지 않는 것이 중요하다. 자하비는 계몽주의의 목표를 현시적 이미지의 파괴로 취급하는 "브라시에의 저작에서 훨씬 더 극단적인 형태의 반상관주의적 과학주의를 발견할 수 있다"라고 말하며 잘못된 식별을 이어간다 (296). 이것은 사변적 실재론자들 사이에서 현상학의 가장 강렬한 반대자인 레이 브라시에에 관해서는 참이지만, "더 극단적인 형태"라는 구절은 그와 메이야수 사이에 연속성이 있다는 잘못된 인상을 준다. 그들은 서로 간에 동의하는 바가 있지만, 이것은 그중 하나가 아니다. 왜냐하면 우리는 메이야수가 반상관주의자가 아니며, 또한 그의 입장이 과학주의라기보다 수학주의라 불릴 만하다는 것을 (골드스미스에서 가장 분명하게) 보았기 때문이다. 피터 그래튼은 메이야수가 자신의 철학에서 과학을 다소 제한적으로 사용한다고 올바르게 지적했다.

이상하게도 자하비는 자신의 논문 끝부분에서 논쟁적인 목적을 위해 동일한 점을 지적한다. "〔하랄〕 윌쉬가 최근 메이야수의 저작에 관한 비판적 논의에서 지적했듯이, 메이야수가 과학과의 관계를 다루는 경우는 놀라울 정도로 드물다"(302).[7] 그러나 선조성과 원-화석에 관한 구절이 과학적 실재론의 한 형태라고 가정하지 않는 한, 여기에는 모순이 없다. 어쨌든, 나는 현시적 이미지의 파괴에 관해서는 자하비와 함께 브라시에에게 매우 반대하는데, 특히 브라시에가 단지 그것을 다른 종류의 이미지, 즉 과학적 이미지로 대체하기를 원하기 때문이다. 그러므로 브라시에는 일차적으로 **이미지의 철학자**이며, 이런 한에서 그는 자신이 인정하고 싶을 것보다 현상학과 더 많은 공통점을 가지고 있다.

나는 나에 관한 자하비의 마지막 비판을 논하고 그가 우리 사이에 있는 몇 가지 중요한 동의를 과소평가하고 있음을 보여줌으로써 이 장을 마무리하겠다. 그는 먼저 많은 지향적 객체가 조금도 실재적이지 않다는 사실에 의해 현상학의 관념론이 증명된다고 주장하는 『쿼드러플 오브젝트』의 한 구절을 인용한다. 이 사례에서, 아마도 나는 더 적절하게, 모든 객체가 필연적으로 지향성을 통해 이용 가능한 것이라고 가정할 이유가 없다고 덧붙였을 것이다 — 그리고 사실, 나는 그러므로 모든 **실재적** 객체가 접근 불가능하다고 주장한다. 그의 응답은 다음과 같다. "이 비판은 설득력이 없다. 일부 지향성의 객체가 비-현존이기에 모든 지향성의 객체가 비-현존이라고 주장하는 것은 명백히 불합리한 추론이다"(298). 그러나 이것은 그 논증이 아니며 자

---

[7]. Harald A. Wiltsche, "Science, Realism, and Correlationism," *European Journal of Philosophy*.

하비가 문맥에서 한 구절을 취했기 때문에 그렇게 보일 뿐이다. 그 대신, 그 논증에 따르면 지향적 객체는 우리가 직접적으로 관계하는 어떤 것이기에, 어떤 지향적 객체가 어떤 실재적 객체와 우연히 연결되어 있다면 그것과 종류가 달라야 한다는 것이다. 실제로 방 안에 있는 실재적 동물과 연결되는 흰색 개를 내가 지향하는 동시에 그 동물이 녹색 개라는 환각을 겪는 특이한 경우를 상상해 보자. 자하비는 후설이 이 문제를 해결할 자원을 가지고 있다고 주장한다. 그는 『논리연구』에서 다음의 구절을 인용한다. "현시의 지향적 객체는 그것의 현실적 객체와 같고, 때로는 그것의 외적 객체와 같으며, … 그것들 사이를 구별하는 것은 부조리한 것이다"(298).[8]

"부조리"라는 단어의 사용은 의미가 있는데, 왜냐하면 이 단어는 종종 논증이 아니라 격분을 나타내는 용어이기 때문이다. 설상가상으로, 그는 경찰에 신고가 접수되었다 해도 이상하지 않을 만큼 무리하게 순환논법을 구사한다. 그는 후설과 함께 지향적 행위의 객체가 될 수 없는 객체가 있을 수 있다는 것의 "부조리함"으로 여겨진 것을 주장할 따름이기 때문이다. 이것은 「지향적 객체」라는 논문에서 볼 수 있는 1890년대 후설의 초기 관념론적 전환으로 거슬러 올라간다. 이 논문은 카지미에시 트바르도프스키가 정신 외부의 객체를 정신 내부의 내용과 함께 이중화한 것에 대한 답변이다. 그 논문에서 후설의 동기는, (내가 수많은 현상학적 통찰을 포함했음에도 불구하고) 내 버전의 사변적 실재론을 최악의 갈래로 거부한 자하비와 마찬가지로 "회의론"을 피하는 것이었다. 즉, 후설은 지향적 베를린이 정신 외부의 실

---

8. Edmund Husserl, *Logical Investigations*, 2 : 127 [에드문트 후설, 『논리 연구』 2-1 · 2-2]. 강조 삭제는 하먼.

재적 베를린과 분할되면 베를린에 관한 어떤 지식도 불가능할 것이라고 우려한다. 그러나 이것이 지식에 관한 복잡한 문제를 초래한다는 사실은 그것이 참일 수 없다는 것을 의미하지 않으며, 따라서 트바르도프스키에 대한 후설의 거부는 설득력이 전혀 없다. 비록 그의 결과적인 관념론은 그가 그 이전의 어떤 관념론자보다도 더 완전하게 관념적 영역의 구체성을 탐구할 수 있게 해주지만 말이다. (추가 사항 : 자하비는 일관되게 "구체적"concrete과 "실재적"real을 같은 것으로 취급하지만, 그것들은 같은 것이 아니다.) 다르게 말하자면, 후설이 앞의 인용문에서 사용한 미묘하고 다층적인 용법처럼 보이는 것 — 지향적 객체, 현실적 객체, 외적 객체의 삼중 구분 — 은 자신의 모델이 모든 경우를 포괄하고 있다는 잘못된 인상을 주지만, 이는 참이 아니다. 만약 후설이 원하는 대로 이론이 작동하려면, **더 말할 것도 없이** 그가 현상학으로부터 배제해야 하는 것은 잠재적으로도 지향적인 것이 아닌 실재적 객체의 가능성이다. 자하비는 이 점에 관한 논증을 세우기보다는 단지 후설과 함께 다른 선택지를 "부조리"한 것(독일 관념론자들이 **물자체**에 한 것과 정확히 같은데, 적어도 그들은 후설이 제공했을 것보다 더 많은 논증을 제공했다)으로 일축하고, 그의 지식 이론을 "비표상주의적"이라고 부른다(301). 이 용어는 분명 후설에 관한 적절한 기술이지만, 후설과 자하비 중 어느 쪽도 비표상적 영역으로부터 떨어져서 표상할 수 있는 무언가가 있을 수 있는지 묻는 것이 "부조리"한 이유를 설명하는 문제에서 벗어나지 못한다. 앞의 구절에서 후설이 "외적" 객체라고 부르는 것은 우리가 아직 그것에 대한 우리의 지향을 이행하지 못했다는 의미에서 외적일 뿐이며, 원리상 우리는 지향할 수 있다. 이것은 실재적 객체가 아니며, 실재적 객체는 앞서 언급한 그의 삼중 도식에서 완전히 빠져 있다. 그러면 다시 자하비는 실재적 객체를 "부조리한" 것으로 일축할 수 있으며, 우리는 그것이 정당한지와 관계없이 "회의론"과 "표상주의"를 피할 수 있다는 보장에 쉽게 안주하며 총체적 관념론으로 나아갈 수 있다.

자하비의 다음 요점은 그를 더 파악하기 힘든 형태로 제시한다. 그는 "일부 현상학자가 실재론/반실재론(관념론) 논쟁을 피해야 한다고 제안한 것은 사실이지만, 분명 그것은 모든 현상학자가 공유하는 입장은 아니다"(298)라고 말하며 시작한다. 이것은 이미 다소 회피적인데, 자하비는 적어도 그것이 현상학자들 사이에서 발견되는 통상적인 입장이며, 그 움직임의 두 주요 인물인 후설과 하이데거에 의해 종종 명시적으로 진술되는 입장이라는 것을 잘 알고 있기 때문이다. 실제로, 모든 지향적 접근을 넘어서는 객체를 상정하는 것의 "부조리함"에 그가 동의한다는 점을 감안할 때, 그것은 자하비 자신이 공유하는 것처럼 보이는 입장이다. 현상학이 어떤 형태의 실재론과 양립할 수 있는지에 대한 물음이 "논쟁의 여지가 있다"는 자신의 논문 두 개를 인용한 속임수에도 불구하고 이는 여전히 참이다.[9] 그러나 이러한 인용문들을 제시한 뒤 그는 이 문제에 관한 자신의 생각을 말하기보다는 곧바로 "더 중요한" 주제로 넘어간다. 그 주제는 다음과 같다.

많은 초기 현상학자(뮌헨과 괴팅겐 현상학파의 구성원, 즉 판더, 셸러, 스타인, 가이거, 힐데브란트, 그리고 잉가르덴과 같은 인물을 포함해서)는 그들이 후설의 초월론적 관념론으로의 전환으로 본 것에 실망한 헌신적인 실재론자였다. 그들은 이 전환을 현상학의 실재론적

---

9. Dan Zahavi, "Phenomenology," in *The Routledge Companion to Twentieth- Century Philosophy* ; Dan Zahavi, "Husserl and the 'Absolute'," in *Philosophy, Phenomenology, Sciences*.

추진력에 대한 배반으로 간주했고, 자신들은 실재론을 옹호하는 것으로 여겼다. (298)

이름을 나열하는 것은 결코 논증을 마무리하는 효과적인 방법이 아니다. 그러나 그것은 자하비가 "궁극적으로 (사변적 실재론자들이) 그들의 비판 대상으로 삼고 있는 전통에 대한 신뢰할 수 있고 박식한 해석가인지 궁금해해야 한다"라는 불필요하게 오만한 결론으로 **넘어가도록** 허용한다(299). 나는 대신 궁극적으로 자하비가 "실재론"이 의미하는 바에 관해 충분히 확고한 의미를 가졌는지를 궁금해해야 한다고 말할 것이다. 후설의 관념론은 1차 세계대전 당시 초월론적 현상학으로 전환하며 시작된 것이 아니라, 20여 년 전에 지향적 행위의 상관항이 될 수 없는 실재적 베를린의 "부조리함"을 선언하며 시작되었다. 대부분의 실재론자가 물자체와 같은 것을 받아들이지 않는다는 것은 사실이지만, 우리는 여기서 그것을 받아들이는 OOO에 관해 말하고 있다(304). 자하비의 "실재론적 현상학자" 목록에 있는 다양한 인물은, 비록 그들 모두—그리고 그는 여기에 하이데거를 추가할 수 있었을 것이다—가 『이념들 1』에 만연한 관념론보다 『논리연구』를 선호했지만, 실재론에 대한 전념의 강도에 있어서 서로 크게 다르다.[10] 그러나 적어도 그중 누구도 모든 지향성을 넘어서는 객체의 "부조리함"에 관한 후설의 주장에는 반대하지 않았을 개연성이 높다. 그러나 그러한 객체에 대한 분명한 전념이 객체지향 실재론이며, 자하비가 힐러리 퍼트넘과 묶어서 의문시하는 "과학적 실재론"이 아니다(299~301). 게다가,

---

10. Edmund Husserl, *Ideas for a Pure Phenomenology and Phenomenological Philosophy* [에드문트 후설, 『순수현상학과 현상학적 철학의 이념들』 1· 2].

자하비는 OOO에 관해서, 때로는 그것이 야생적이고 환상적인 사변적 회의론이라고 주장하고 다른 때는 그것이 "구식"이라고 주장하며 두 가지 방식으로 모두 말할 수는 없다(303). 또 다른 지점에서 그는 잘못 겨냥할 따름이다.

> 하이데거는 종종 사변적 실재론자들에 의해 후설보다 훨씬 더 맹렬한 관념론자이자 상관주의자로 묘사된다. 그러나 이러한 규정은 결코 하이데거 학자들에 의해 보편적으로 받아들여지지 않는다. 많은 이가 그를 실재론자로 본다. 심지어는 그를 과학적 실재론자로 해석하는 이도 있다. 최근에는 심지어 후설도 유사한 방식으로 해석되어 왔다. (299)

후설에 관한 요점은 앞에서 다루었다. "심지어 후설도" 실재론자로서 "해석되어 왔다"고 말하는 것은 후설에 대한 실재론자 사례, 자하비도 결국 믿지 않는다고 인정하는 사례가 아니다. 그것은 다음과 같이 말하는 것에 지나지 않는다. "당신은 같은 붓으로 모든 현상학자를 그릴 수는 없어요. 우리 사이에는 엄청난 다양성이 있다고요!" 그러나 그는 동시에 하이데거에 관한 다양한 사변적 실재론적 접근법의 어떤 다양성도 지우면서 일부 사람이 후설과 하이데거를 실재론자로 취급했으므로 현상학 저자들에 의해 실재론적 관심이 적절하게 다루어졌다고 암시한다. 하이데거에 관해 말하자면, 자하비는 내가 하이데거를 상관주의에 대한 가장 위대한 실재론적 도전 중 하나를 제기하는 인물로 해석한다는 점을 전혀 모르는 것 같다. 자하비는 전반적으로 주요 사변적 실재론 텍스트를 읽으면서 숙제를 한 것 같지만 그의 참고문헌에서 눈에 띄게 누락된 한 가지는 내 데뷔작인 『도구-존재』이다. 그러므로 적어도 하이데거에 관련된 한에서, 우리는 궁극적으로 자하비가 그의 비판 대상으로 삼고 있는 사변적 실재론적 전통에 대한 "신뢰할 수 있고 박식한 해석가인지" 궁금해해야 한다. 이 밖에도 나를 제외한 많은 하이데거 주석가가 하이데거를 실재론자라고 부른다는 사실(나는 그 문헌들을 상당히 잘 알고 있다)은 그들이 어떤 종류의 실재론을 옹호하는지에 대해 아무것도 알려주지 않으며, 소위 실재론의 대부분은 그 학설의 다소 허술한 버전이라는 사실도 알려주지 않는다. 예를 들어, 자크 라캉의 실재계는 상징적 질서에 대한 트라우마로서만 기능한다는 사실에도 불구하고 자크 라캉을 "실재론자"라고 부르는 사람들이 있다. 또한, 수많은 "잔여의 실재론"이 있는데, 이는 사고 외부에 무언가가 현존한다는 일회성 양보가 실재론으로 간주되기에 충분함을 함의한다. 바디우는 때때로 이러한 속임수를 범하며, 스패로는 메를로-퐁티에 서 같은 것을 보여주었다. 또한 장-뤽 마리옹와 같은 "소여성"의 현상학도 있는데, 이는 인간을 주어진 것의 능동적 형식 결정자가 아니라 수동적 수신자라고 부르는 것이 실재론자로 만들기에 충분하다는 것을 함의한다. 그리고 우리는 이미 리 브레이버의 "파계적 실재론"을 만났는데, 그것은 오직 충격이나 저항이 우리에게 실재를 일깨워준다는 의미에서만 실재론이다. 그러나 제인 베넷이 효과적으로 주장했듯이, 그러한 형태의 "반항"recalcitrance은 실재적인 것을 위한 여지를 만들기에 충분하지 않다.[11]

자하비는 자신이 종사하는 일에서 뛰어난 성취를 이룬 선도적 학자이다. 나는 그의 논문이 그래튼과 울펜데일의 책보다 그 정신에 있어서 훨씬 더 명료하고 공정하다고 말하겠다. 그는 자신의 활동 일정

---

11. Jane Bennett, *Vibrant Matter*, 61 [제인 베넷, 『생동하는 물질』].

에서 시간을 내어 상당량의 사변적 실재론 문헌을 읽고 우리에 대한 반론을 제기했다. 그러나 그의 논문은 좀 더 신중하게 접근하여 자신이 실재론자라고 주장하는 다양한 사상가 사이에서 발견되는 실재론의 다양한 강도에 관한 더 세심한 인식을 가졌다면 더 좋았을 것이다. 나아가, 그는 가설적인 현상학적 실재론을 미리 여러 화려한 제삼자에게 떠넘기려 하기보다는 그저 자신의 명백한 관념론적 전념을 인정했어야 했다. 하이데거의 실재론적 충동에 관한 나의 수많은 출판물에 대한 그의 무지 — 그리고 그에 따른 헛수고 — 처럼 보이는 것을 고려할 때, 그는 사변적 실재론자들이 부당한 일반화를 한다고 반복적으로 주장하면서 하이데거를 향한 사변적 실재론자의 태도에 관해 부당하게 일반화하지 말았어야 했다. 자하비는 또한 자신의 논문에서 이미 인용한 책 속에서 후설 독해를 제공한 유일한 원조 사변적 실재론자의 후설 독해를 다루었더라면 더 좋았을 것이다.[12] 그것은 풍부한 대화가 될 수 있었을 것이다.

마지막으로, 설령 사변적 실재론자들이 현상학에 내재한 관념론을 비판할 때 일리가 있다고 하더라도 우리는 여전히 현상학이 수많은 학문 분야에 미치는 유익한 영향을 예찬해야 한다는 자하비의 이상한 결론적 한탄이 있다(302). 이것은 현상학이 지구상에서 사라지는 것을 보고 완벽하게 기뻐할 브라시에에게는 말할 가치가 있을 것이다. 그러나 자하비가 브라시에의 발언 배후에 있는 복잡한 인간 상황을 알지 못한 채 사변적 실재론의 "온라인 바보들의 향연"이라는 브라시에의 야비한 발언을 어설프게 인용할 때, 그러한 필요한 대면은 불가능해졌다(304). 더 중요한 점은, 어떻게 자하비는 내 책 『게릴라

---

12. Harman, *Guerrilla Metaphysics*.

형이상학』을 읽고 난 후에도 — 그는 그 책을 인용한다 — 내가 현상학에서 아무런 가치를 보지 못한다고 생각할 수가 있는가? 게다가, 그가 현상학의 결실에 대한 인정을 요구한다면, 아직 수명이 훨씬 짧음에도 불구하고 거의 현상학만큼 여러 학문 분야에 영향을 미치고 있는 사변적 실재론의 유사한 영향은 왜 인정하려 하지 않는가? 내 생각에는 스패로의 책이 자하비를 방어적인 기분으로 몰아넣었고, 그 결과 그는 경계를 풀고 옛날식으로 쌍방 교류를 할 수 없었던 것 같다. 언젠가 자하비와 더 실질적인 논의를 할 기회가 있기를 바란다. 왜냐하면, 현상학에 관한 내 의구심이 무엇이 되었든, 나 또한 자하비만큼 현상학을 사랑하기 때문이다.

8장

스티븐 멀홀

내 책 『객체지향 존재론: 새로운 모든 것의 이론』은 2018년 봄 펠리컨 출판사에서 출판되었다. 그해 9월 27일, 그것은 『런던 리뷰 오브 북스』에서 옥스퍼드의 스티븐 멀홀로부터 비판적 평가를 받았다.[1] 멀홀은 마르틴 하이데거와 루트비히 비트겐슈타인에 관한 연구와 더불어, 독자들에게는 『캐벌 리더』의 편집자로서도 알려져 있을 수 있다.[2]

바로 멀홀의 서평으로 넘어가자. 이 평론은 5천 단어 조금 넘는 분량이지만, 내가 『객체지향 존재론』에서 제시한 이론에 대해 여러 가지 반론을 제기하고 있다. 『철학적 탐구』의 비트겐슈타인을 인용하며, 멀홀은 OOO가 약속한 것과 같은 "모든 것의 이론"이 지닌 가치에 의문을 제기하는 것으로 시작한다.[3] 만약 모든 도구가 "무언가를 수정한다"고 말한다면, 망치나 톱의 경우에는 이해하기가 충분히 쉽지만, 아

---

1. Stephen Mulhall, "How Complex is a Lemon?" *London Review of Books*. 이 글은 인쇄본이 아닌 온라인에서 인용하는 것이므로 페이지 번호는 기재하지 않는다.
2. Stephen Mulhall, ed. *The Cavell Reader*.
3. Ludwig Wittgenstein, *Philosophical Investigations*.

교 냄비나 자는 도대체 어떤 의미에서 무언가를 "수정"하는가? 더 많은 수의 경우를 다루기 위해 "수정"의 의미를 확장하면서 단어의 의미는 "점점 느슨해지고 헐렁해지며", 그래서 우리는 "이론의 어떤 내용도 비우게 되는" 것으로 끝을 맺는다. 이 불만이 OOO에 적용될 수 있는 두 가지 방법이 있다. 멀홀이 직접 알고 있는 것처럼 보이는 책 『도구-존재』에서, 내 방법은 정확히 비트겐슈타인이 불평하는 종류의 것과 같았다. 그곳에서 나는 하이데거의 "도구 분석"이 망치, 톱, 아교 냄비, 자, 혹은 그 외 친숙한 "도구"에 국한될 수 없다고 주장하기 때문이다. 대신 나는 하이데거의 분석이 어떤 객체에 관해서도 유효하다고 주장한다. 16년 후 『객체지향 존재론』에서 나는 포괄적인 객체 이론을 제시했고, 그것이 바로 OOO였다. 멀홀은 그러한 노력에 대해 전면적인 회의론으로 응답한다. "이것이 바로 '모든 것의 철학적 이론'theories of everything이 가진 문제다. 그것이 특정 영역(예컨대 도구나 언어)에 관한 것이든, 절대적으로 세상 모든 것을 아우르려는 이론이든 말이다. 그것의 일반성이 여러 잘못된 주장을 통합할 위험을 증가시킨다는 것이 아니다. 그것이 전혀 주장하지 못하는 위험이 있는 것이다." 그러나 이것은 사실이 아니다. 만약 그랬다면, 철학(혹은 적어도 존재론)은 불가능했을 것이다. 이론이 넓을수록, 특정한 영역의 섬세한 세부사항으로부터 더 많이 추상화해야 한다. 롱비치 시내에 있는 나의 집에서 로스앤젤레스 시내에 있는 사무실까지 운전할 때 지구본이 필요하지 않듯이, 나무 위에 집을 짓는 데 하이데거의 도구-분석이 필요하지는 않다. 그러나 지구본이 우리를 다른 수준으로 이동시킨다고 해서 지구본이 "공허한" 것은 아니며 도구-분석도 내가 모든 존재자에 적용할 때 "공허"하지 않다. 나의 도구-분석 독해에서 존재자들은 하이데거가 말한 것처럼 단지 우리의 이론적 알아차림으로부터 물러날 뿐만 아니라, 우리의 실천적 취급으로부터 물러나고 심지어는 인과적 접촉에 있어서 서로로부터도 물러난다. 멀홀이 그의 서평의 다른 곳에서 주장한 것처럼 이 이론이 **틀렸**다고 주장할 수는 있지만, 그것이 아무것도 말하지 않는다고 주장하기는 어려울 것이다. 만약 그랬다면, 내가 말하는 것을 완벽하게 이해하고 나서 반대되는 것을 주장하는 브뤼노 라투르나 스티븐 샤비로 같은 관계론적 존재론자들로부터 나는 반복적인 도전을 받지 않았을 것이다.

예증을 위해 멀홀이 임마누엘 칸트에 관해 같은 종류의 평결을 내린다고 상상해 보라. "모든 것이 물자체가 아니라 공간, 시간, 그리고 범주에 따른 나타남이라고 주장함으로써, 칸트는 그 무엇도 주장하지 못할 위험이 있다. 그렇게 함으로써, 그는 의자나 개와 같이 매우 쉽게 직접 볼 수 있는 것들과 신, 블랙홀 내부, 혹은 사후에 일어나는 일과 같이 우리의 지성을 초월하는 다른 것들 사이의 구별을 잃어버리기 때문이다." 이렇게 말하는 것은 이상할 것이다. 좋은 칸트주의자는 본체/현상이 다양한 사물을 얼마나 쉽게 알 수 있는지에 관한 경험론적 질문을 아득히 넘어서는 구별이라고 딱딱하게 응수할 것이다. 만약 철학이 존재하는 모든 것이 공유하는 기본적인 배경 특징을 탐구하도록 허용되지 않는다면, 철학이 무엇을 해야 하는지, 심지어 멀홀이 철학이 무엇을 해야 한다고 생각하는지 확신할 수 없다. 언젠가 블로그 영역의 한 평론가가 "만약 모든 것이 객체라면 어떤 것도 객체가 아니다"라고 말한 적이 있지만, 이것은 진부하고 거짓이다. 우리가 다른 사물과의 대조를 통해서만 사물이 무엇인지 알 수 있다는 것은 사실이 아닐 따름이다. 존재론의 첫 번째 단계는 일차적으로 대조를 만드는 것이 아니라, 모든 사물이 사물로서 공유하는 것이 무엇인지 물음으로써 작동한다.

그렇다면 만물, 혹은 OOO의 용법으로 모든 객체가 공유하는 것은 무엇인가? 멀홀은 "('객체'가) 의미하는 바를 특정하려는 하먼의 최초의 시도는 유망해 보인다"라는 너그러운 언급으로 시작한다. 이러한 시도에 대한 그의 요약에 따르면, "하먼에게 객체는 환원에 저항하는 모든 것, 그것의 구성요소 부분이나 세계에 미치는 영향, 다른 객체와의 관계로 환원함으로써 둘러낼 수 없는 자율적이고 단일한 본성과 현존일 따름이다." 멀홀은 결코 나의 아래로-환원/위로-환원/이중-환원 용법을 언급하지 않지만, 그것이 그가 의미하는 바이다. 대부분의 비평가는 "부정신학"과 유사하다는 불만으로 즉시 연결 짓기 위해 객체에 관한 나의 "환원 불가능성" 정의를 인용하며, 피터 올펜데일이 좋은 예시다. 즉, OOO는 오직 객체가 아닌 것만을 말할 수 있으며 객체가 무엇인지를 말하지 못한다는 것이다. 그러나 무언가가 아닌지를 말하는 것은 적어도 좋은 시작이며, 특히 250년 동안 너무나 많은 철학이 내가 잘못된 것이라고 여기는 종류의 답변, 모든 것을 물이나 원자나 **아페이론**으로 아래로-환원하거나 모든 것을 관념이나 관계나 변증법적 과정으로 위로-환원하는 답변을 제공해 왔음을 감안할 때 특히 그렇다. 게다가, 그러한 예비적 부정은 결코 OOO가 객체에 관해 말하는 전부가 아니다. 우리는 또한 다음과 같은 점을 주장한다. 실재적 객체는 복수이고, 실재적 성질과 감각적 성질을 모두 가지고 있으며, 감각적 객체의 매개를 통해 상호작용하고, 부분의 모든 특징을 포괄함이 없이 부분을 가지며, 파괴될 수 있다. 그러나 "부정신학" 불만 노선은 멀홀의 리뷰에서 두드러지게 나타나지 않는다. 대신, 객체에 관한 OOO의 정의와 관련하여 그가 우려하는 두 가지 다른 문제가 있다.

첫 번째는 이 정의가 유용한지와 관련이 있다. "심지어는 이 초기 단계에서조차 ⋯ 우리는 객체를 향한 하먼의 전략적 지향이 보기보다 덜 독특하다고 우려할 수 있다. 예를 들어, 사회 이론에서 그의 존재론적 개방성이 독특한 사회적 객체의 본성과 역사에 관한 통찰을 가져다주는 방식으로 대단히 독창적인 무언가를 생성하는지는 분명하지 않다." 또는 그가 그 직후에 말하듯이, "(하먼의) 방식으로 문제를 개념화하는 것이 활동하는 역사가에게 얼마나 도움이 되는지 알기 어렵다." 그렇다면 그의 가정은 역사는 역사가들이 다루는 무언가이며, 내 이론이 어떻게 그들에게 도움이 될 수 있는지는 불분명하다는 것이다. 멀홀의 주장은 앞에서 울펜데일과 크리스토퍼 노리스가 채택한 분류학적 논증과 등가인데, 즉 자연은 과학자들이 다루며 OOO는 과학자들에게 명백한 도움을 줄 수 없기에 그 자신의 차선에 머물며 다른 포스트칸트주의 철학자들과 마찬가지로 사고-세계 관계에 관해서만 말하라는 것과 같다. 그러나 우선, 이것이 사실인지 분명하지 않다. OOO는 광범위한 학제적 성공을 누렸는데, 다양한 분과학문의 실천가들이 내 글 속에서 유용성을 발견했기 때문이다. 레스터의 조직 이론가 집단이 나의 저서 『단테의 망가진 망치』에 관한 특별 학회를 열었을 때 놀랍지 않았던 것처럼, 어딘가의 역사가 집단이 『비유물론』을 마음에 새기고 그것을 어떤 공동 기획에 활용할 방법을 찾았다는 소식을 듣는 것은 전혀 놀라운 일이 아닐 것이다.[4] 멀홀, 울펜데일, 노리스가 들었을지도 모르지만, 최근 수십 년 동안 곤경에 처해 있던 물리학에도 유사한 것이 적용된다. 대리적 인과관계나 객체의 사중 구조와 같은 OOO 개념이 미래의 과학에 유용할 수 있는지 여부를 알 방법은 없을 따름이다. 그러나 그것은 심지어 요점이 아니다. 요점은 각

---

4. Graham Harman, *Dante's Broken Hammer*. 이 책에 대한 컨퍼런스는 2017년 6월 19일 레스터 대학교에서 열렸다.

종류의 객체가 특정한 하나의 분과학문에 의해 독점되어야 한다고 주장할 합당한 이유가 없다는 것이다. 우리는 예술가, 예술 비평가, 예술 역사가, 그리고 예술 철학자들이 모두 예술을 다루고, 비록 이것이 그들 사이에서 일어나는 상당량의 소통적 중첩을 배제하지는 않지만, 그들이 각자 다른 방식으로 그렇게 한다는 것을 안다. 멀홀 또한 읽은 것으로 보이는 『비유물론』에서 분명히 밝혀진 바와 같이, 그 책은 네덜란드 동인도 회사의 역사가 아니라 **존재론**을 전개하고 있으며, 이 점이 의미하는 바에 대해서 모호한 것은 없다. 역사가는 실제로 일어난 일과 다양한 요인 사이의 현실적인 인과적 관계를 포착하는 데 관심을 가지며, 그러므로 사건에 관한 우리의 지식을 늘리려고 시도한다. 이와 대조적으로, 존재론자는 당시에 일어난 일보다는 일어났을 **수도 있는** 모든 일의 기본적 매개변수에 관심을 가진다. 이러한 가능성의 체계는 내가 "공생"이라고 부르는 것인데, 이는 멀홀이 말하는 것처럼 "신조어"가 아니라 그저 린 마굴리스의 진화론에서 차용한 용어이다.5 역사가와 달리, 존재론자는 네덜란드 동인도 회사의 수많은 역사적 세부사항에서 진정으로 중요한 변형 대여섯 가지에 주목하기 위해 실제로 일어난 일의 세부사항을 경시하려고 한다. 이것이 역사가에게 어떻게 유용할 수 있는지 증명하는 것은 어렵지 않다. 그것은 중요한 사건과 중요하지 않은 사건 사이의 구별에 더 많이 주목함으로써, 그리고 주요 역사적 행위자가 자신의 환경이 지닌 대부분의 양상에 대해 가지는 불침투성에 관한 좀 더 강력한 의미를 장려함으로써, 그리고 역사적 객체가 그 생애에서 상당히 이른 시기에 성숙한 형태에 도달하는 경향이 있다는 사실에 대한 주의를 강화함으로써, 그

---

5. Lynn Margulis, *Symbiotic Planet* [린 마굴리스, 『공생자 행성』].

리고 역사적 객체가 (널리 존경받는 아네마리 몰의 방법과는 대조적으로) 다양하기보다는 통합되어 있음을 긍정함으로써 증명될 수 있다.6 이중 무엇도 가설적이지 않다. 나는 『비유물론』에서 행위자-네트워크-이론에 맞선 내 논증을 명시적으로 표현했고, 그것이 역사가들에게 가져올 매우 실제적인 여러 귀결을 탐구했다.

멀홀의 두 번째 우려는 객체에 대한 나의 정의가 이 정의가 반대하는 것과 크게 다르지 않다는 점이다. 내가 실재적 객체라고 생각하는 사물이 결국에는 환원 가능하다는 것이 밝혀질 수도 있다는 것이다. 나 자신의 예시를 들자면, OOO에서 영감을 받은 한 사회학자가 밀레니얼 세대를 하나의 객체로 다루는 연구를 쓸 수 있다. 그러나 이후의 인구 통계학 연구들이 그 이름 아래 두 개의 별개 세대가 섞여 있다는 것을 확실히 보여주면 밀레니얼 세대는 실제로는 현존하지 않았던 것이 된다. 이와 같은 일이 쉽게 일어날 수 있다는 것은 사실이지만, 멀홀은 불필요하게 가혹한 결론을 내린다. "객체지향 존재론의 실제 범위와 다양성은 항상 그것의 반대자들이 자신의 열망을 실현할 수 있는 능력에 의해 좌우된다 … 따라서 환원주의자로 있는 것과 OOO의 지지자로 있는 것은 완전히 양립 가능하다. OOO의 유일한 고유 특징은 아무것도 아닌 것으로 밝혀진다." 멀홀의 평론에서 단 두 번뿐인 진정으로 거만한 순간 중 하나에서, 그는 내 논증을 사소한 문제로 요약되는 것으로 묘사한다.

우리에게 남은 것은 다음과 같은 원리이다. 즉, 주어진 실재의 영역을 채우는 것처럼 보이는 단일한 현상이 환원될 수 있다고 사전에 가정

---

6. Annemarie Mol, *The Body Multiple* [아네마리 몰, 『바디 멀티플』].

하지 말되, 환원될 수 없다고도 사전에 가정하지 마라. 다른 말로 하자면, 당신의 가정假定이 진정으로 거기 있는 것을 보는 데 방해가 되지 않도록 하라. 좋은 충고입니다, 폴로니우스. 하지만 급진적 발견이라고 보기는 어렵네요.

기막힌 농담이 따로 없다! 문제는 아래로-환원, 위로-환원, 이중-환원에 관한 나의 해설이 모두 사전에 동일한 요점을 세운다는 것이다. 우리는 여러 환원을 정당화할 수 있다. 나는 "샛별"과 "개밥바라기"를 단일한 행성인 금성으로 아래로-환원하는 데 완벽하게 만족하고, "마녀"를 불태워야 하는 사악한 여성 흑마법사에 의해 야기된 것이 아닌 여러 우연적 사건으로 위로-환원하는 데도 동등하게 만족한다. 우리가 무엇을 환원하고 무엇을 환원하지 않을지 신중을 기하는 것은 실제로 조심성 있는 원리이며, 멀홀이 가정하는 것처럼 보이는 대로 보편적으로 적용될 것이 아니다. 그러나 환원에 관한 OOO 접근법은 그저 "보리스 존슨은 실재적이고 셜록 홈즈는 실재적이지 않음"이라고 말하는 것이 아니다. OOO의 독창성은 환원과 비환원에 오류가 있을 수 있다는 인식에 있는 것이 아니라, 환원 불가능하다고 간주되는 것의 **본성**에 관한 이론에 있다. 왜냐하면 가령 어떤 환원주의자가 보리스 존슨이 현존한다고 인정하더라도, 환원주의자는 여전히 그를 (그의 배경, 역사, DNA로) 아래로-환원하고 (그가 초래한 소란, 그가 토리당 연합에 미칠 다양한 가능적 영향으로) 위로-환원하는 방식으로 취급할 것이기 때문이다. 그러나 이것이 바로 객체지향 존재론자가 하지 않을 일이다. 요컨대, 환원은 그저 우리가 어떤 것이 현존한다고 생각하는지의 여부에 관한 것이 아니라, 그것이 **현존한다**는 우리의 견해로부터 내리는 결론에 관한 것이다.

나의 객체와 성질 사중 존재론에 관한 간략한 설명을 제공한 후, 멀홀은 이 존재론이 "또한 여기서 깊이 다루어 볼 가치가 있는, 더 풍부하게 만들어진 두 가지 다른 형이상학적 제안을 생성한다"라고 언급한다. 이는 그가 그것들에 동의한다는 의미가 아니다. 그에 따르면 "첫 번째는, 진정으로 실재론적인 존재론은 실재적 객체들 사이의 관계보다 실재적 객체와 주체 사이의 관계에 특권을 부여해서는 안 된다는 겉보기에 무해한 주장에서 비롯된 것이다." 여담으로 내 주장을 "무해하다"라고는 결코 말할 수 없다. 왜냐하면 그것이 근대 존재-분류학의 근간을 정면으로 겨냥하기 때문이며, 바로 이 때문에 OOO가 그토록 논쟁적이었던 것이다. 예를 들어, 실재론에 대한 통상적 정의가 "**정신 외부의** 실재에 대한 믿음"이라는 점은 나를 곤란하게 한다. 이것은 이미 관념론자나 상관주의자의 입장에 너무 많은 것을 양보한 것이다. 왜냐하면 그것은 우리가 먼저 **우리의 정신 속**을 확보한 다음에 어떻게든 **우리 정신 외부**로 도약한다는 것을 함의하기 때문이다. 그러나 정신은 외부를 가진 유일한 사물이 아니며 심지어는 외부를 가진 최초의 사물도 아니므로, 우리는 **모든 관계** 외부에 실재가 있다는 관점에서 실재론을 재정의해야 한다. 멀홀은 이것이 나를 범심론에 위험할 정도로 가깝게 만든다는 통상적 논증을 세우지만, 그는 내가 범심론과 다심론polypsychism을 구분한다는 것을 잘 알고 있다.

멀홀이 다룬 OOO의 두 번째 결과는 호세 오르테가 이 가세트에 대한 나의 해석이 불러일으킨 비유와 미학에 관한 논의이다.[7] 오르테가의 비유 이론에서 발전된 OOO 비유 이론에서, 하나의 항은 객체-

---

[7] Jose Ortega y Gasset, "An Essay in Esthetics by Way of a Preface," in *Phenomenology and Art*.

극을 점유하고 다른 항은 성질을 제공한다. 오르테가의 예시 "사이프러스 나무는 죽은 화염의 유령과 같다"에서 볼 수 있듯이, 이 둘의 결합은 역설적인 결합을 생성한다고 말할 때 멀홀은 옳다. 여기서 멀홀의 유일한 오류는 세부사항에 있다. 즉, 오르테가 또한 실재적 사이프러스 나무를 어떤 이미지로도 번역될 수 없는 "실행적" 실재로 취급함에도, 그는 "하먼은 (오르테가와 달리) 실재적 사이프러스 나무에 필연적으로 접근할 수 없다고 생각하기 때문"이라고 말한다. 멀홀이 지적하듯이, 비유적 사이프러스 나무의 접근 불가능성으로부터 나는 독자 스스로 연극적으로 개입하고 화염의 성질과 융합함으로써 부재한 객체를 수행해야 한다고 결론을 내린다. 나는 이 강제된 수행이 직서적 언어 및 일상적 경험과 대조되는 미학의 위대한 힘을 설명한다고 주장한다.

이는 멀홀이 다음과 같이 말하도록 이끈다. "우리가 우리의 존재론적 특권화를 점검해야 한다는 진부한 알림에서, 형이상학적으로 계시적인 비유적 연극성으로서의 예술과 다심론을 향한 열정적 투자로 얼마나 빨리 이동했는지 놀랍다." 여기서 멀홀은 재치 있는 발언을 하는 데 너무 급한 나머지 도중에 두 가지 거짓을 말한다. 첫째로, 우리는 객체에 관한 OOO의 "진부한" 관점이라고 추정되는 것이 오로지 환원주의자와 나 모두 기본적으로 동일한 방법론에 따라 진행한다는 멀홀의 부적합한 주장에서 비롯된 것임을 보았다. 그것은 사실이 아니다. 왜냐하면 주어진 객체가 실제로 현존한다는 점에 관해 환원주의자가 나와 동의할 때도, 환원주의자는 여전히 그것을 환원주의적 관점에서 구상할 것이지만 나는 그렇지 않을 것이기 때문이다. 둘째로, 객체의 정의에서 다심론과 비유 이론으로의 "빠른" 이행은 오로지 멀홀의 평론 자체 속에만, 그것들에 관한 불가피하게 압축된 설명과 함께 있을 뿐이다. 내 책에는 그런 빠름이 없으며, 이 구절에서 멀훌의 능글맞은 태도가 함의하는 거친 논리적 비약도 확실히 없다.

어쨌든, 멀훌은 다심론적 주제나 비유적 주제에 관한 나의 견해에 동의하지 않는다. 첫 번째에 관해서 그는 다음과 같이 올바르게 지적한다.

> 하먼의 다심론은 객체-객체 관계보다 주체-객체 관계에 특권을 부여하는 것을 거부하는 데 근거한다 … 그러나 객체-객체 관계는 모두 실재적이고 진정으로 현존하는 현상이라고 생각하면서도 … 동시에 두 가지 종류의 조우는 종류에 있어 서로 매우 다르며, 특히 주체-객체 조우는 객체-객체 조우가 결여한 감각과 지성을 포함하는 존재론적 가능성을 가지고 있다고 생각할 수 있다.

이것은 이상한데, 왜냐하면 나 역시 주체-객체의 조우가 "감각과 지성을 포함하는 존재론적 가능성을 가지고 있다"고 생각하기 때문이다. 그러나 만약 여기서 "존재론적"이라는 단어로 그가 의미하는 바가 그 둘 사이의 차이는 존재론의 토대로 구축되어야 한다는 것이라면 나는 반대할 것이다. 나는 돌덩어리와 먼지 알갱이가 생각하고, 꿈꾸며, 미래를 계획하고, 금지된 바람을 억누르며, 다른 고등한 인지 기능에 접근할 수 있다고 결코 주장한 적이 없다. 실제로 이것이 내가 "범심론"이라는 용어를 기피하는 이유 중 하나이다. 당신이 이 단어를 사용하자마자, 모든 사람이 당신은 인간과 비생명 객체 사이의 **모든** 차이를 제거하고 싶어 한다고 재빨리 가정한다. 대신 내가 시도하는 것은 두 종류의 객체 사이의 최소 공통분모를 찾는 것이며, 이는 두 객체가 서로 **관계**하고, 그 관계는 다른 객체와 직접적으로 연결되는 것이 아니라 그것의 감각적 번역을 경유해서만 가능하다는 사실 속에서 찾을 수 있다. 내가 솜뭉치를 만질 때, 나는 그것이 가지고 있는 제한된 범위의 특징만을 조우하며, 이는 그 솜뭉치를 태우는 불꽃에 대해서도 참이다. 멀홀과 마찬가지로, 나는 솜뭉치가 인간이 솜뭉치를 느낄 때와 동일한 범위의 복잡한 오묘함을 느낄 수 있다고 주장할 이유가 없다고 생각한다. 그러나 인간과 솜뭉치 사이의 균열이 너무 깊고 날카로우므로 우주에는 오직 두 종류의 사물, 즉 (a) 인간 사고와 (b) 다른 모든 것만이 존재한다고 말함으로써 인간과 솜뭉치 사이의 차이를 **존재론화**할 타당한 이유도 없다. 이 점에서 멀홀은 그저 또 다른 근대 존재-분류학자일 뿐이다.

    내 미학 이론에 관한 그의 반론은 요점에서 다소 멀리 떨어져 있다. 내가 실재적 객체를 접근 가능한 것으로 생각하는지의 여부를 묻고 나서, 그는 내 논증을 명확하게 요약한다. 유감스럽게도, 그는 마치 성급하게 직조된 모순들의 불가능한 얽힘을 시사하려는 듯, 그 논증의 여러 단계를 인내심 없는 불신의 기류를 풍기며 나열한다. "첫째로, [하먼은] 사이프러스 나무가 실재적이기에 우리에게 접근 불가능한 것이라고 말한다. 그런 다음, 실재적 객체인 주체는 부재한 실재적 사이프러스를 대신할 수 있도록 언제나 미적 경험 속에 진정으로 그리고 참으로 현재한다. 그리고 그런 다음, 그러한 경험 속에 포함된 유일한 실재적 객체는 주체가 아니라, 주체가 부분이 되는 새롭게 병합된 객체라는 것이다." 그렇다. 멀홀은 나를 잘 포착했지만, 나는 어째서 그가 이 단계들로부터 모순을 탐지하는지 알지 못한다. 실재적 사이프러스 나무는 물러난다. 나, 즉 독자는 다른 실재적 객체로서 그것을 대신한다. 마지막으로, 이것은 사이프러스 나무에 대한 비유에 의해 귀속된 화염-성질을 내가 수행함으로써 새로운 실재적 객체를 초래한다. 혼란스러운 작가에게 우스꽝스럽고 불가능한 작업을 수행하도록 요청받은 누군가처럼 자신을 보여주려는 과장적 몸짓에도 불구하고, 멀홀은 큰 어려움 없이 처음으로 제대로 포착한다.

명백하게, 멀홀의 물음은 우리가 선재하는 객체에 관한 지식을 얻는 것이 아니라―내 연극적 모델이 시사하는 것처럼―오래된 객체 위에 새로운 객체를 세우는 것일 따름이라면 어떻게 철학이 있을 수 있는지에 관한 것이다. 그에 대한 대답은 다음과 같다. 나는 아래로-환원, 위로-환원, 이중-환원의 양태를 통해 선재하는 객체에 관한 지식이 있다고 생각하지만, 철학이나 예술이 지식의 형태라는 데는 동의하지 않는다는 것이다. 이것은 예술의 경우에 쉽게 볼 수 있다. 예술가가 직접 등판해서 자신이 말하고자 하는 바를 말하지 않는다고 해서 아무도 화를 내지 않는데, 왜냐하면 모든 사람이 예술 객체에 관해 많은 가능한 해석이 있으며 어떤 해석도 그 예술 객체와 등가가 아님을 알기 때문이다. 오직 **철학**과 관련해서만 사람들은 내 모델에 관해 화를 내는 경향이 있는데, 그들은 철학이 "과학"이라고 불리는 경이롭고 위대하고 기적적인 추구의 연장선이 되기를 원하며, 철학이 지식을 생산하지 않는다면 그것은 과학이 될 수 없기 때문이다. 이에 대해 나는 철학은 **과학이 아니라고** 응답한다. 결국, 철학은 **필로소피아**, 그것의 객체를 결코 손에 넣지 못하는 욕망이다. 파스칼, 키르케고르, 니체, 그리고 라캉과 같은 실존주의와 유사-실존주의 사상가의 통찰 덕분에, 우리는 그 객체가 철학자 자신의 철학 수행에 "선재"하는지를 의심할 몇몇 이유가 있다. 그들 모두에게 철학은 그저 선재하는 외부 세계를 드러내는 이론적 내용이 아니라 **행위**를 전제한다. 이러한 행위에 대한 초점은 알랭 바디우가 "반-철학"이라고 부르는 것이며, 바디우 자신이 진리의 철학과 진리에 대한 인간 충실성의 철학을 결합하려고 시도한 점을 감안할 때, 그의 저작은 철학과 반-철학의 융합으로 읽힐 수 있다.8 궁극적으로, 나는 그러한 융합의 형태가 불가피하다고 생각한다. 막스 셸러가 윤리의 단위체를 자율적 인간에서 인간과 인간이 사랑하는 객체로 구성된 혼성체로 전환하는 것처럼, 바디우는 진리의 단위체를 정신 외부의 사실에서 사건과 그에 대한 인간의 전념으로 구성된 혼성체로 전환한다.9 그렇기에 나는 진리의 연극적 모델로 쉽게 확장될 수 있는 나의 아름다움의 연극적 모델에 따른 귀결에 관해 크게 우려하지 않는다.

유감스럽게도, 멀홀은 내가 한 요점에서 다른 요점으로 끊임없이 비약한다는 비유를 연장하기로 선택했다. "그러한 불명료함은, 객체를 환원주의에 저항하는 모든 것으로 보는 성급한 개념화로부터 우리가 어떻게, 정확히 두 종류의 객체와 두 종류의 성질이 있고 그것들이 구별되지만 내적으로 관련되어 함께 일상생활의 평평하고 다원적인 존재론을 생성하는 네 가지 균열을 산출한다는 주장에 도달하게 되는지에 관한 더 거대한 수수께끼로 우리를 돌려보낸다." 반복하자면, OOO가 객체를 — 긍정적 특징들 없이 — "환원주의에 저항하는 모든 것"으로 정의한다는 착상은 이 상황에 관한 멀홀 자신의 불충분한 독해에 지나지 않는다. 우리는 또한 환원주의자와 OOO 반환원주의자가 같은 입장으로 끝난다는 그의 잘못된 주장을 기억한다. 이 모든 것과는 별개로, 멀홀은 사중 구조에 의해 실제로는 그다지 "수수께끼"에 빠진 것처럼 보이지 않는데, 그의 논문 전반에 걸쳐 그는 많은 수고 없이 계속해서 올바르게 포착하기 때문이다. 나는 대부분의 독자

---

8. Alain Badiou, *Lacan* ; Graham Harman, "Alain Badiou, Lacan," *Notre Dame Philosophical Review*.
9. Max Scheler, "Ordo Amoris," in *Selected Philosophical Essays*.

가 마찬가지로 잘 포착할 것으로 생각하는데, 왜냐하면 심지어 적대적인 울펜데일조차 그랬기 때문이다. 멀홀이 말하듯이, "핵심적 동기는 오직 실재적 객체에 대한 인간 주체의 접근 가능성을 거부해야만 실재적 객체의 실재성을 적절하게 인식할 수 있다는 하먼의 믿음이다. 이것이 그가 감각적 객체라는 두 번째 범주를 도입하고 그것을 필연적으로 실재적 객체를 은폐하는 것으로 정의하도록 이끄는 것이기 때문이다. 그러나 어째서 객체의 접근 가능성이 객체의 실재성을 위협해야 하는가?" 마지막 질문에 먼저 대답하자면, 사물에 접근한다는 것은 사물과 관계를 맺는 것이며, 어떤 사물과 우리의 관계는 정의상 그 사물 자체가 아니다. 관계에는 두 개의 항이 있는 반면에 사물 자체는 그저 하나이며, 레몬에 대한 나의 지각을 레몬 그 자체와 동일시하는 것은 마치 물과 수소를 동일시하는 것과 같다. 레몬에 대한 나의 관계(두 항)와 이 관계 속에서 나에게 나타나는 것으로서의 레몬(한 항) 사이에는 틀림없이 차이가 있다. 그러나 이 나타나는 레몬은 세계 속에 현존하는 실재적 레몬과 같지 않은데, 왜냐하면 실재적 레몬은 신맛이 나고 산성이고 나타나는 레몬은 둘 다 아니기 때문이다. 기껏해야 둘 사이의 동일성이 아닌 일정한 상응이나 연결성을 주장할 수 있을 뿐이다. 윌리엄 제임스는 『물질과 기억』의 앙리 베르그손과 마찬가지로 개의 이미지를 세계 속 실재적 개와 동일한 것처럼 취급하려고 시도하지만, 이는 실패했다.[10]

이 문제는 멀홀의 논문 끝에서 내가 지식에 대한 기준을 너무 높게

---

10. William James, "A World of Pure Experience," in *Essays in Radical Empiricism* [윌리엄 제임스, 「2장 순수경험의 세계」, 『근본적 경험론에 관한 시론』]; Henri Bergson, *Matter and Memory* [앙리 베르그손, 『물질과 기억』]; Graham Harman, "Object-Oriented Philosophy vs. Radical Empiricism," in *Bells and Whistles*.

설정했다고 그가 비난할 때 다시 등장할 것이다. 우리는 지식에 대한 그의 기준이 너무 낮다는 점을 먼저 지적한 후에 이 문제를 처리할 수 있다. 그가 접근 불가능한 것과 접근 가능한 것의 상호작용으로 의미하는 바는 다음과 같기 때문이다.

> 우리는 내 책상 위의 사과가 내가 그것을 지각하지 못할 때도 계속 현존한다고 생각한다. 특정한 조건 아래에서 나는 사과의 어떤 속성을 잘못 지각할 수 있으며, 다른 사람이 나를 바로잡을 수 있는 입장에 있을 수도 있고 그렇지 않을 수도 있다. 우리가 사과에 관해 얼마나 많은 지식을 얻든 상관없이 발견할 것이 더 많을 수 있다. 사과의 본성에 관해 우리가 가지고 있는 현재 최고의 이론은 작은 세부사항이나 큰 사항에서 잘못된 것으로 판명될 수 있다 … 그리고 심지어 실재의 어떤 양상은 우리의 지성에 무한정적으로 저항할 수도 있다.

그는 이 모든 것이 "실재적 객체의 자율성과 독립성에 관한 상당히 강력한 인식처럼 보이지만", OOO 버전의 자율성과 달리 덜 까다로운 이 버전은 우리가 "때때로 그것의 본성과 실재적 특성을 포착"하게 허용한다는 이점을 가지고 있다고 결론짓는다. "적어도 사과에 대한 우리의 표상 중 일부는 때때로 정확"하며, 그리고 "하면은 아는 자로서의 우리의 유한성에 대한 이러한 종류의 냉정한 인식이 어째서 … 사과의 독립적 실재성에 그렇게 위협적인지는 결코 설명하지 않는다."

나는 대신 어떤 것에 관한 지식은 그것의 실재성에 전혀 위협이 되지 않는다고 말할 것인데, 왜냐하면 어떤 것과 그것에 관한 지식은 완전히 분리된 두 가지 질서이기 때문이다. 어떤 의미에서는 이 점이, 내가 볼 때와 보지 않을 때의 내 책상 위의 사과에 관한 멀홀의 구별보다 더 중요하다. 만약 그가 조금만 더 밀고 나갔다면, 그는 모든 의식의 창발에 우선하는 선조적 사과 또는 원-사과와 지금 여기 우리에 대한 사과 사이의 퀑탱 메이야수의 구별을 반복했을 것이다. 그럼에도 불구하고, 자율성은 단순히 내가 보고 있지 않을 때의 사물의 현존을 가리킬 뿐만 아니라 내가 보고 있을 때의 사물의 현존도 가리킨다. 멀홀은 이것이 나의 입장임을 알고 있는데, 왜냐하면 그는 내가 바로 이 요점을 세운 『객체지향 존재론』의 구절을 인용하기 때문이다.

> 내가 지각한 것으로서의 실재적 오렌지나 레몬은, 인간 감각과 인간 뇌에 의한 투박한 번역에 따른 것, 세계 속의 실재적 감귤류 객체를 막대하게 과-단순화한 것이다. … 우리가 경험하는 객체의 모든 것은 단순히 허구, 내가 잠을 자거나 죽을 때는 물론 내가 고개를 돌려도 계속해서 현존해 가는 훨씬 더 복잡한 객체에 대한 단순화된 모델이다.[11]

유감스럽게도 이것은 멀홀의 두 번째 비하적 발언의 계기가 된다. 그는 플루트를 꺼내 친숙한 학문적 곡조를 연주한다. 곡명은 "상대방이 너무 혼돈이어서 어디서부터 시작해야 할지 거의 모르겠음"이다. 노래에 대한 멀홀의 가사는 다음과 같다. "너무 많은 수상한 관념이 이러한 발언들에 압축되어 있어서 그것들을 [풀기 위해] 어디서부터 시작해야 할지 알기 어렵다." 앞의 구절에서 멀홀은 "많은" 수상쩍은 관념을 찾았다고 주장하지만, 내가 세어 보니 그는 그저 네 개의 관념을 찾았을 뿐이다. 수상한 첫 번째 관념은, 레몬에 대한 우리의 경험에 포함된 단순화를 지적함으로써 우리가 레몬을 지각할 때 여전히 그것

---

11. Graham Harman, "A New Theory of Everything," in *Object-Oriented Ontology*, 34.

에 관해 몇 가지 옳은 점을 포착하고 있다는 점을 내가 누락하고 있으며, 따라서 "객체에 대한 절대적으로 완전한 표상에 미치지 못하는 것은 무엇이든 객체를 절대적으로 잘못 표상한다는 이상한 관념"에 내가 전념하고 있는 것처럼 보인다는 것이다. 수상한 두 번째 관념은, 세계의 무엇과도 상응하지 않는 명백하게 허구적인 셜록 홈즈라는 사실이 있음에도 불구하고, 내가 레몬에 대한 우리의 지각을 "허구적"이라고 부른다는 것이다. 여기서 멀홀은 다음과 같이 논평한다. "'단순화-번역-왜곡-가짜-허구적'을 동의어의 연쇄로 취급하는 하먼의 정책은 중요하게 구별되는 관념들을 혼합하며, 그 결과로 우리는 연쇄의 앞쪽에 위치한 존경할 만한 관념들을, 우리가 결함과 연합시키는 연쇄의 끝에 위치한 관념과 연관 짓게 된다." 수상한 세 번째 관념은 앞의 구절에서 인간 감각과 뇌를 언급함으로써, 내가 "지지한다고 〔주장하는〕 존재론적 다원성의 가정을 유지하기보다는 암묵적으로 물질적 객체의 사례에 특권을 부여한다"는 것이다. 그러나 "하먼이 가장 존경하는 현상학자들에게서, 모델 제작 또는 표상이 세계에 대한 우리의 가장 기본적인 관계라는 가정은 뚜렷하게 근대적인 오류이다. 그리고 좀 더 일반적으로, 물리학을 기반으로 형이상학을 세우는 것은 … 하먼이 비난하면서 자신의 저서를 시작하는 과학주의의 한 버전이다." 수상한 네 번째이자 마지막 관념은 내 주장에 수행적 모순이 있는 것처럼 보인다는 것인데, 왜냐하면 나는 "〔내〕 견해에 따를 때 인간 지각은 완전히 허구적임에도 〔내〕 이론을 인간 지각의 실재성에 관한 진실한 설명"으로 취급하기 때문이다. 이것은 그에게 내가 니체의 유명한 논문 「도덕-외적 의미에서의 진실과 거짓」에서 은밀하게 영향을 받았다고 사변하게 한다.[12] (분명히 말하는데, 그렇지 않다.)

수상한 요점으로 추정된 것들을 반대 순서로 다루어 보자. 진리에 대한 직접적 접근을 인정하지 않는 어떤 철학에도 수행적 모순이 있다는 착상은 이 주장 자체가 진리에 대한 직접적 접근을 상정해야 한다는 가정에서 비롯된다. 그런데 이것은 순환논법일 뿐이다. 나를 조롱하며 멀홀은 하이데거가 존재 그 자체는 숨는다는 그의 견해에도 불구하고 실제로 도구의 존재론에 관한 구체적인 분석을 제공한 것을 예찬하지만, 다른 사람들은 그 독일 사상가에게 그 정도로 친절하지 않다. 예를 들어, 하이데거의 존재 은폐가 존재에 관한 책을 쓸 수 있는 하이데거의 능력과 공개적으로 모순된다는 말을 듣는 것은 드문 일이 아니다. 그러나 이 비판은 잘못된 것인데, 하이데거가 자신의 도구-분석이 진리를 직접적으로 제시하는 형태를 취한다고 주장하지 않고, 그 분석이 해석학적 특징을 가지고 있으며 역사적으로 뿌리를 둔 특정한 순간부터 착수된다고 신중을 기하며 말하기 때문이다. 요컨대, 진리에 대한 부인이 그 자체로 진리로서 제시되어야 한다는 합리주의적 가정은 우리가 나타나지 않는 것에 관해 이야기하기 위해서는 나타나지 않는 것이 나타나야 한다는 상관주의적 주장의 또 다른 버전일 뿐이다. 그러나 우리가 무언가에 관해 이야기한다는 사실이 그것이 우리에게 **직접적으로** 나타난다는 것을 증명하지는 않는다. 나는 "멀홀이 내 책에 관한 평론에 따른 여러 결과를 맞이하게 될 것이다"라고 말할 수 있지만, 그것은 그러한 결과의 직접적인 목록과는 거리가 멀다. 이는 마치 〈대부〉의 비토 콜레오네가 누군가에게 "거절할 수 없는 제안"을 한다고 말하는 것과 비슷하다. 따라서 OOO가 실재와 전혀 관련이 없다는 의미에서 허구일 뿐이라는 것은 거짓일 따름

---

12. Friedrich Nietzsche, "On Truth and Lying in an Extra-Moral Sense," in *Friedrich Nietzsche on Rhetoric and Language*.

이다. 멀홀이 인용한 구절에서 내가 사용하는 용어 "허구적"이 OOO에 적용된다면, 이것은 실재와 우리가 그것에 관해 말하는 것 사이에 동형이나 형상의 동일성이 없다는 것을 의미할 따름이다. 어떤 진술 체계도 실재와의 직접적 접촉이라는 초기 공리에 기반할 필요는 없다.

수상한 세 번째 관념은 단순히 멀홀의 오해이다. 그가 인용한 구절이 뇌와 감각의 작용에 관해 말하고 있다는 사실은 단지 내가 선택한 임시$^{\text{ad hoc}}$ 예시일 뿐이며 OOO가 과학주의에 기반한다는 것을 반영하지 않는다. 적어도 이 비난은 새롭다! 그러나 나는 우주 공간에서 두 개의 암석이 충돌하여 서로에 대한 왜곡된 버전을 조우했다는 예시를 사용할 수도 있었다. 그렇다면 과학주의라는 비난은 없었을 것이고, 멀홀은 재빨리 말을 바꿔 나를 야생적 범심론자라고 불렀을 것이다. 그는 현상이 결코 도달할 수 없는 실재적 물자체의 현존에 대한 현상학의 부정을 인용하면서, 내가 현상학을 "존중한다"고 지적한 다음에 현상학으로써 나에게 맞선다. 그렇다. 현상학은 진리에 관한 비표상주의적 개념을 가지고 있지만, 나는 이 개념의 대가가 관념론이라는 것을 보여주려고 노력했다. 나처럼 실재론적이고 표상주의적인 모델을 제공하는 것은 과학적 유물론과 아무 관련이 없다. 멀홀의 평론 이전에 누구도 나를 그렇게 비난하지 않은 데는 타당한 이유가 있다.

수상한 두 번째 관념은 내가 "단순화된", "번역된", "왜곡된", "거짓된", "허구적"이라는 단어를 동의어로 사용하여 이 모든 용어 사이의 중요한 의미 차이를 가리고 있다는 멀홀의 불만과 관련이 있다. 먼저, 나는 타당한 이유가 있는 경우에만 용어들의 의미를 정확하게 구별하는 것을 선호한다고 말하겠다. 그렇지 않을 때 단어들 사이의 불필요한 구별은 현학적일 뿐만 아니라 유의어를 잘 사용하는 작가—이는 독자의 피로를 방지하기 위해서 중요한 문체적 자원이다—의 권리를 빼

앉는다. 즉, 단순화, 번역, 왜곡, 거짓, 허구는 멀홀이 인용한 구절에서 전문 용어로 기능하고 있지 않다. 혹은 차라리, 마치 하나의 신이 수천 개의 경칭으로 묘사되는 것처럼, 그 단어들은 모두 하나의 동일한 전문 용어로 기능하고 있다. 만약 그 상황이 허구적 등장인물의 존재론에 관한 실제 논의를 포함한다면 나는 이렇게 말했을 것이다. "나는 실재적 인물이라는 말로 다음을 의미한다 … 나는 허구적 등장인물이라는 말로 다음을 의미한다 … ." 그러나 진실을 말하자면, 멀홀은 소위 용어들의 혼동으로 추정된 것보다는 내가 허구에서든 이론에서든 실재적 객체를 그 어떤 현현과도 종류가 완전히 다른 것으로 취급한다는 단순한 사실 때문에 불편한 것처럼 보인다. 그리고 이것은 수상하다고 추정된 마지막 요점으로 우리를 이끈다.

수상한 첫 번째 관념이자 가장 중요한 관념은 멀홀이 "객체에 대한 절대적으로 완전한 표상에 미치지 못하는 것은 무엇이든 객체를 절대적으로 잘못 표상한다는 기묘한 관념"이라고 나에게 타당하게 귀속하는 견해이다. 내 관념은 사실 그보다도 훨씬 더 이상한데, 멀홀이 이미 알고 있듯이, 나는 객체에 대한 **완전한** 표상조차도 그것을 절대적으로 잘못 표상할 것으로 생각하기 때문이다. 그는 서평의 두 번째 단락에서 이 문제에 초점을 맞춘다.

하먼의 사유를 형성하는 그림은 그 고유성이 분명해지려면 솔직하게 표현되어야 한다. 실재의 타고난 접근 불가능성에 관한 그의 확신은 궁극적으로 객체에 관한 진정한 지식이 그 객체와 완전히 그리고 온전히 동일해져야 한다는 가정에 의존하고 있는 것처럼 보인다. 즉, 그것은 그 객체와 융합하는 것, 그가 비유의 경험에 내적이라고 주장하는 연극적 메소드-연기 열망을 현실로 실현하는 것이다 … 이것은 추정적으로 실재론적인 존재론으로서는 이상하게 관념론적인 가정이며, 실현된다면 주체와 객체의 독립적 실재성을 폐지할 가정이다.

여기서 멀홀은 기본적으로 이론을 올바르게 포착하지만, 그의 묘사에는 중대한 문제가 있다. 어떤 의미에서도 나는 객체에 관한 진정한 지식이 객체와 융합되고 동일해질 것을 요구한다고 생각하지 않는다. 내 요점은 대신 어떤 것에 관한 가능한 최고의 지식조차도 그러한 융합이 아니라는 것인데, 그 지식은 여전히 메울 수 없는 격차에 의해 그 사물과 분리될 것이기 때문이다. 이렇게 말하는 것은 의미 있는 효과 없이 "사물"과 "지식"을 의도적으로 통약 불가능한 방식으로 정의하는 공허한 게임이 아니다. 대신, 그것은 궁극적으로 형상과 질료[물질] 사이의 고전적 상충에 대한 공격을 의미한다. 즉, 사물의 일차 성질은 수학화를 통해 접근할 수 있다고 생각하는 메이야수 같은 사람들은 자신들이 피타고라스학파가 아니며, 수학은 단지 수학적 정식 외부의 실재를 지시하는 무의미한 기호들의 집합이라는 등 자신들이 원하는 대로 말할 수 있다. 그러나 결국, 레몬과 레몬에 관한 완벽한 지식 사이의 차이에 관한 그들의 견해는 전자가 "죽은 물질에 내재하고" 후자는 그렇지 않다는 것이다. 요컨대, 과학의 끝없는 과제나 (에드먼드 후설의 경우처럼) 지향적 행위의 이행 불가능성에 관해 다양한 오류가능주의적 조건이 추가되더라도, 레몬-형상은 원리상 레몬에서 내 정신으로 수송될 수 있다. OOO 모델은 그 대신 물질 같은 것은 없으며, 오직 형상, 모든 곳에 더 많은 형상만이 있다는 것이다. 일백 개의 실재적 탈러[독일의 옛 화폐]와 일백 개의 이미지적 탈러 사이의 차이는 그저 "위치"의 차이가 아니라 형상의 차이다. 겉보기에는 완전히 동일하더라도, 실재적 탈러와 이미지적 탈러는 다른 부분과 다른 인과적 배경 이야기로 구성되어 있어 완전히 다른 객체가 된다. 여기서 존재론적 논증을 다루기 위한 새로운 전략 또한 제시된다. 그러나 어떤 경우에도 OOO는 자신을 과학의 좋은 이웃으로 여기고 싶어 하는 멀홀과 다른 근대인들이 집착하는 지식에 반대한 적이 없다. 반대로 OOO는 자신을 미학과 소크라테스주의적 **필로소피아**의 가까운 이웃으로 여긴다. 이 분과학문들은 지식이 아니라 결코 지식으로 전환될 수 없는 형상을 추구한다.

이것은 앞에서 인용된 구절 속 두 번째 관련 오류로 우리를 이끈다. 멀홀은 내가 "비유의 경험에 내적이라고 (주장하는) 연극적 메소드-연기 열망을 현실로 (실현하는)" 지식을 요구한다고 말할 때 두 가지 점에서 틀렸다. 첫째, 연극적 모델은 언제나 직서적으로 남아 있는 지식이 아니라 미학에 속한다. 그리고 둘째, 비유 속의 객체 — 예를 들어 사이프러스 나무 — 와의 연극적 융합은 그것과 "하나가 되는 것"이 아니라, 오직 그것의 화염-성질과 융합할 목적으로 그것과 일시적으로 동일화하는 것이다. 미학에서, 나는 선재하는 객체와 융합하지 않고 완전히 다른 객체를 창조하기 위해 그러한 객체를 연기한다.

이 지점에서 "추정적으로 실재론적인 존재론으로서는 이상하게 관념론적인 가정 … 실현된다면 주체와 객체의 독립적 실재성을 폐지할 가정"에 기반하고 있다며 멀홀이 나를 비난하는 것이 틀린 이유 또한 명료해진다. 왜냐하면 나는 지식을 지식이 객체와 융합하는 방식이라고 여기지 않기 때문이다. 그리고 미적 영역에서조차도, 예술작품과 감상자의 융합은 없다. 작품은 작품이고 작품을 감상하는 것은 작품을 자신의 요소 중 하나로 포함하는 것이다. 이는 마치 물이 수소가 되지 않으면서 수소를 자신의 요소 중 하나로 포함하는 것과 같다.

:: 옮긴이 후기

　나는 한 번쯤 그레이엄 하먼의 저서를 작업해 보고 싶었다. 이런 생각이 들었던 시기에는 티머시 모턴의 저서들을 작업하고 있었고, 그 저서들을 작업하는 데 참조할 많은 자료를 찾아 돌아다녔다. 모턴 자신이 쓴 여러 논문뿐 아니라 그레이엄 하먼과 이언 보고스트, 니키 영, 그 외 작가들의 글도 포함되었다. 나는 모턴의 사유에 나름대로 여러 각도에서 접근하기 위해 하먼의 사중체를 포함해서 이 글들이 전개하는 온갖 개념과 언어를 동원했다. 이 책 속 여러 작가와 하먼의 결투는 아마도 하먼 자신의 사유를 서서히 드러내기 위해 동원된 여러 연극일 것이다. 때때로, 어떤 철학자의 입장을 다른 철학자들의 입장과 대조하는 일은 그것이 그 철학자에 관한 오해를 불러일으키는 만큼 그 철학자를 이해하는 데 도움이 된다. 예를 들어, 알프레드 노스 화이트헤드는 자신의 사유를 전개하며 플라톤, 르네 데카르트, 존 로크, 데이비드 흄 등 여러 철학자의 사유를 언급한다. 한 철학자가 자신의 사유를 다른 철학자들의 사유와 비교하는 일은, 그에 대한 독해를 독자나 논평가가 어떻게 평가하든, 그 철학자를 이해하는 데 대체로 유익해지는 경향이 있다(그리고 때로는 방해가 된다). 나는 이 책의 출간 소식을 확인하자마자 갈무리 출판사에 연락을 취했다.
　이 책의 원서 뒤표지 소개 글을 읽어보면 이 책에서 후설주의, 하이데거주의, 데리다주의적 비판이 마련해 둔 여러 함정을 하먼이 헤쳐 나간다는 점을 쉽게 알 수 있다. 그러나 실제로는 정도는 달라도 더 많은 철학자의 목록이 여기에 추가되어야 한다. 아마도 에마뉘엘 레비나스, 질베르 시몽동, 질 들뢰즈, 화이트헤드, 브뤼노 라투르, 레비 브라이언트, 퀑탱 메이야수 등이 그 목록에 포함될 수 있을 것이다. 일단 이 철학자들을 목록에 추가하고 나면 내가 이 책을 번역하기로 한 좀 더 비밀스러운 이유가 드러난다. 이 책의 1부 2장에서 하먼은 스티븐 샤비로의 『사물들의 우주』와 교전을 벌이는데, 이는 샤비로를 매개로 드러나는 화이트헤드와 라투르에 대한 응답이기도 하다. 그리고 『사물들의 우주』 한국어판의 옮긴이로 기재되어 있는 나는, 이제 『객체지향 교전』 한국어판의 옮긴이로서 옮긴이 후기를 남긴다. 지금에 비판적이었던 그때를 지금 속에서 다시 다루는 일은, 그것을 패러디하든 이스터에그로 활용하든 해체하든, 나로서는 흥미롭지 않을 수 없었다.

화이트헤드의 사유와 객체지향 존재론의 관계는 내게 오랫동안 골칫거리로 남아있는 주제 중 하나였다. 그리고 이제는 그만큼 관심있게 여기고 있는 주제로 하먼과 모턴, 데리다의 관계를 들 수 있다.[1] 샤비로에 대한 하먼의 응답, 하먼의 「화이트헤드와 X, Y, Z 학파」[2], 보고스트의 「과정 대 절차」[3] 등 이 주제를 생각하는 데 여러 좋은 참고 자료가 있었고, 이 책 또한 그중 하나였다. 이 책을 작업하는 것은 그 주제에 대한 하먼의 입장을 이해하는 데 유용했지만, 내 여러 혼란을

---

1. 이 주제에 관한 탁월한 글로는 니키 영의 「객체지향 철학과 해체주의: 그레이엄 하먼과 자크 데리다의 작업 속 실재론」이 있다. 이 글은 이 책 1장 3부의 연장선처럼 읽을 수 있으면서도 하먼에 대한 응답으로도 읽을 수 있다. 영은 동일성과 차이에 관해서 하먼의 견해와 다른 유용한 분석과 견해를 제공한다. Niki Young, "Object-oriented philosophy and deconstruction", PhD diss.
2. Graham Harman, "Whitehead and Schools X, Y, and Z," in *The Lure of Whitehead*.
3. Ian Bogost, "Process vs. Procedure", Fourth International Conference of the Whitehead Research Project.

명확히 해주는 만큼 혼란을 가중하기도 했다. 내 머릿속은 여전히 거미줄처럼 뒤엉켜 있으며, 이 주제에 관해서 망설임으로 가득하다. 따라서 나는 이 긴장을 해소하기보다는 유지하면서 내가 식별한 문제들에 집중하고 싶다.

문제들

내가 기억하기로 화이트헤드와 들뢰즈의 지적 연관성을 내가 처음 인지한 것은 학부 시절 후반이었다. 당시 나는 들뢰즈에 관해서 거의 알지 못했고, 『사물들의 우주』 일본어판을 통해 처음 그의 사상을 접했다. 그 후로도 화이트헤드와 들뢰즈의 지적 연관성은 내게 어느 정도 모호함을 유지하는 주제였지만, 하먼의 독해는 명백하게 이 주제에 어떤 균열을 냈다. 이미 본문에서 이 균열의 정체가 상세히 기술되어 있으므로 여기서는 반복하지 않겠지만, 그것은 연속성과 이산성의 결투로 투박하게 요약될 수 있을 것 같다. "영속적 소멸"과 "영원한 객체"의 학설이 화이트헤드를 라투르와 함께 이산성의 극단으로 몰아넣는다면, 전-개체적 흐름은 시몽동과 들뢰즈를 연속성의 극단으로 몰아넣는다. 그리고 개별 도구들을 삼켜 버리는 하이데거식 도구-체계의 전체론적 경향에 관한 하먼의 반론은 이탈리아의 철학자 페데리코 캄파냐에 의해서 다른 방식으로도 수행된다.

시몽동은 (결정체에서 개인, 나아가 거대한 사회 집단에 이르기까지) 어떤 사물이든 결코 '그' 사물로서 정태적으로 개체화되어 있지 않고, 고유의 범람하는 잠재성을 현실화하는 연속적 과정에 있다고 말한다. 개체화 과정이 전개됨에 따라 우리는 '개체들'의 기나긴 계열의 진행

procession을 목격하게 되며, 각 개체는 그 개별 단계에서 자신의 주변을 구성하는 것들과 가지는 상호작용의 특정한 제한성에 의해 정의된다. 그러나 현실화된 개체들의 계열 너머에는 언제나 실현되지 않은 잠재성의 끝없는 풍부함이 놓여 있다. 이 체계 내에서 기술은 본질적으로 개체와 그 주변 사이의 매개체로 기능한다. 기술은 개체가, 그것을 둘러싼 세계와의 상호 관계라는 맥락 속에서 자신의 제한성, 즉 자신의 형상을 협상하는 바로 그 과정이다. 따라서 기술은 관계들의 네트워크이면서 동시에 개체들을 정의하는 과정 자체다. … 시몽동의 관점은 모든 형식적 선이 무한정 '생성'becoming의 장으로 허물어진다는 것을 시사한다. 이는 형이상학적 수준에서 해방된 진정한 파우스트식 임페투스impetus와 유사하다. 모든 것은 무한한 성장을 가장 심오하게 구현하는 방식으로 끝없이 자기 자신의 다른 사례instance들이 '되어 간다'become. … 기술과 개체성을 병합하려는 시몽동의 프로젝트는, '문법적 위치'의 끝없는 생산에 다름 아닌 현존의 개념을 드러내며, 그 속에서 현존 자체는 궁극적으로 제거된다.[4]

사례instance와 사례화instantiation라는 단어는 컴퓨터 과학, 특히 객체지향 프로그래밍에서 고유의 기술적 의미를 지니고 있다. 객체지향 프로그래밍에서 객체는, 일종의 청사진 및 형식적 틀이라고 할 수 있는 클래스class의 "사례화"를 통해 그 클래스의 "사례"가 된다. 예를 들어 특수한 소포는 소포 클래스의 사례다. 특수한 소포가 택배 서비스의 컴퓨터 체계에서 객체로 표상된다면, 소포 클래스는 이 체계에서 소포와 연관될 수 있는 모든 데이터를 기술하며, 여기에는 그 데이터에 접근

---

[4]. Federico Campagna, *Technic and Magic*.

하고 그 데이터를 업데이트하는 메서드들methods(사전에 정의된 객체가 수행할 수 있는 행동들)이 포함될 것이다.[5] 명백하게 이것은, 그 명칭의 유사성에도 불구하고, 객체지향 존재론이 물러난 객체로 의미하는 바가 아니며, 이 클래스의 바깥에 실재적인 무언가가 있을 가능성이 전혀 없다면, 환상도 마술도 없다. 객체지향 "프로그래밍적" 의미의 객체는 "물러난" 객체가 아니라 "지향적" 객체, 감각적 객체와 관련이 있는데, 그것이 클래스를 통해 설계된 객체이며, 세계에 대한 직접적 모델링을 구현하고 실행하려 하기 때문이다.[6] 그것은 객체-부여 행위에 따른 산물이다. 전-개체적 흐름은 모든 형식적 선을 허무는 바로 그 제스처를 통해 빠르게 형식화된다. 이에 대한 잠정적으로 객체지향적인 "비유적" 답변은 다음과 같다. 클래스는 그 정의에도 불구하고 그 자체로 하나의 객체이며, 클래스는 자신의 사례들과 불안정한 관계를 맺고 있어, 클래스의 사례들은 오류가능주의에 따라 사례이거나 객체였던 것으로 밝혀진다(나는 담론적 의미의 사례와 컴퓨터 과학적 의미의 인스턴스를 의도적으로 혼용하여 쓰고 있다.). 그리고 사례로 여겨졌던 객체들은 클래스에 가지런히 소속되어 있었던 것이 아니라 삐딱하게 포함되어 있을 뿐이었던 집합들 속의 집합들 속의 집합들임이 드러난다.[7]

---

[5]. Nick Montfort, *Exploratory Programming for the Arts and Humanities*.
[6]. Ian Bogost, "Object-Oriented P*," ⟨Ian Bogost's blog⟩.
[7]. 여담이지만, 프로그래밍 분야에서는 정적(static) 타이핑 언어(예를 들어 자바)의 경우 사례가 클래스에 강하게 종속되는 반면 동적(dynamic) 타이핑 언어(예를 들어 파이썬)의 경우 사례가 클래스로부터 훨씬 더 유연하게 독립적으로 행동할 수 있다(동적 언어에서는 클래스 자체가 하나의 객체로 취급된다는 점은 말할 필요도 없다). 이것이 프로그래밍에서의 객체는 물러난 객체와 등가가 아니고 앞서 내가 진술한 것은 비유일 뿐이며 특정 프로그래밍 언어에 대한 가치평가를 수반하지 않는다는 점을 혼란스럽게 만들면 안 되겠지만, 관계에서 물러난 하면의 객체가 통상적으로 변화와 생성의 지지

그렇다면 화이트헤드의 경우에는 어떤가? 나는 하먼이 "영속적 소멸"과 "영원한 객체"의 학설을 시간적·공간적 기회원인론과 관련지어 독해한 것이 대체로 타당하다고 생각하며, 이러한 계기들 간 단절성에도 불구하고 화이트헤드가 전체론 혐의로부터 완전히 자유롭지는 않다는 점에도 동의하는 편이다. 화이트헤드의 사물이 사건들의 얽힘이라는 파악들 속에서 드러나더라도, 그것이 관계의 총합에 지나지 않는다면, 결국 그 사밀성은 어디에 있는가? 물론 화이트헤드는 주체적 지향의 수정이나 동시적 계기들 간 독립성을 말하기는 한다. 그렇지만 화이트헤드는 때때로 우주의 무한성이나 전체 맥락과의 불가분성을 언급하며 개체성을 추상화와 동일시하는 인상을 줄 때도 있다. 그리고 하먼에게 "위로-환원"의 한 변형으로서의 "관계주의"는 불가피하고 은밀한 방식으로 이미 전체론이다. 죽음과 부활마저 일상적 사건이 되는 화이트헤드주의적 단속성에도 불구하고, 거기에는 어떤 애매함이 있다. 화이트헤드의 사건은 스타카토staccato, 짧은 간격으로 끊기는 연속성이다. 왜냐하면 무언가가 고유하다고 말할 때 그 고유성은 그 사물의 순간순간 위치가 아니라 그것이 작동하는 방식에 있기 때문이다. "전진progression은 단순한 연속성을 생산적 쇄신으로 오해한다."[8]

이런 의미에서 화이트헤드와 들뢰즈의 지적 연관성이라는 주제에 생긴 균열은 다시 한번 닫히는 것처럼 보인다. 하먼과 화이트헤드, 들뢰즈라는 삼파전은 다시 한번 일대일의 접전처럼 느껴진다. 어떤 의미에서 하먼과 라투르의 관계는, 훨씬 더 온건한 방식이기는 하지만

자들로부터 정적이라는 비판을 받는다는 점을 생각할 때 재미있는 역설의 신호가 아닐 수 없다.

8. Bogost, "Process vs. Procedure."

알랭 바디우와 들뢰즈의 관계를 연상시키기까지 한다. 왜냐하면 들뢰즈에 대한 바디우의 비판에 놓인 핵심은, 연속성에 대한 들뢰즈의 주장이 동일자로의 영원회귀, 즉 일자의 발생을 함의한다는 것이기 때문이다.9 앞선 인용문의 시몽동에 관한 캄파냐의 견해를 고려하면 이는 상당히 타당해 보인다. 그러나 화이트헤드에게서 찾아볼 수 있는 단속성처럼, "들뢰즈와 과타리는 노마드의 전진에 간혹 간극이나 중지가 있을 수 있다고 말한다. … 들뢰즈와 과타리는 운동과 정지 사이의 진동을 노마드 공간 대 상태 공간, 매끈한 공간 대 홈이 파인 공간, 탈영토화 대 재영토화 등 여러 명칭으로 부른다. 그러나 결국 이러한 사상가들을 매료하는 것은 한쪽에서 다른 쪽을 향하는 움직임 또는 다른 쪽에 대항하는 움직임이 아니다."10 바디우에게도 연속성이 있다. 바디우에게 연속성은 사건에 대한 충실성fidelity을 통해 형성된다. 그러나 이때의 연속성은 시몽동의 전-개체적 흐름보다는 "생성의 연속성이 아닌 연속성의 생성이 있을 따름"이라고 말할 때의 화이트헤드에 더 가깝다.11 이산적인 단위 제스처들이 연속성을 형성하는 것이지 그 반대가 아니다.

후기

우리는 화이트헤드와 들뢰즈의 지적 연관성이라는 주제에서 출발하여 그 둘 사이의 균열을 발견한 것 같은 바로 그 순간에 출발지로

---

9. Alain Badiou, *Gilles Deleuze* [알랭 바디우,『질 들뢰즈』].
10. Ian Bogost, *Unit Operations*.
11. Alfred North Whitehead, *Process and Reality* [알프레드 노스 화이트헤드,『과정과 실재』].

돌아온다. 이 둘은 결국 같은 점에서 다시 만나는 것처럼 보인다. 그러나 거기에 도달하기까지는 궤적상의 변화가 있었다. 하먼에게 화이트헤드가 전체론으로 미끄러지게 되는 것은 객체들을 관계로 환원하는 "위로-환원"을 통해서이다. 반면 들뢰즈가 전체론이 되는 것은 객체들을 더 깊은 흐름으로 환원하는 "아래로-환원"을 통해서이다. 이 둘이 형성하는 벡터는 각각 위로 기울어진 곡선과 아래로 기울어진 곡선과 같아서, 같은 점에서 만남으로써 하나의 매끄러운 원을 형성한다. 이 원 안에서는 사물들의 우주가 만개한다. 그러나 아마도 사물들의 우주는 휴면 중인 초월적 침으로 가득할 것이다.

컵에 침을 뱉어보세요. 이제 그 침을 마셔보세요. 왜 할 수 없으신가요? 조금 전까지만 해도 입안에 있었잖아요. 아시겠나요? 우리에게는 문제가 있습니다.[12]

생명은 생명과 죽음의 차이를 일으키는 죽음을 받아들이지 못한다. 객체지향 존재론은 원 안에 죽음의 그림자를 추가한다. 이는 죽음이 생명보다 생명에 더 가깝기 때문이며, "'죽음 이후의 생명'life after death이 있기 때문이다."[13] "이 관점에서 임박한 죽음near-death 경험은 항상 일어나는 표준 양태"이다. 객체지향 존재론은 생명의 존재신론적 경계를 넘어서 "비생명의 산송장 영역, 좀비들이 배회하는 납골당

---

12. 2009년 8월 크레스톤 콜로라도에서 열린, 푼다리카 재단(Pundarika Foundation)이 주관하는 관정 수련회에서의 초크니 린포체(Tsoknyi Rinpoche)의 발언. Timothy Morton, "Thinking the Charnel Ground (the Charnel Ground Thinking)", *Glossator*에서 재인용.
13. Morton, "Thinking the Charnel Ground (the Charnel Ground Thinking)."

Charnel Ground"으로 나아간다. "그렇다면 깨달음Enlightenment이란 좀비화zombification, 내면의 좀비와 화해하는 것이다."14 여기서 우리는 소문자 생명life과 저월subscendence에서 멀지 않다.

철학자들 사이의 충돌을 낙관적으로 바라보는 태도는 종종 그 충돌이 철학자들 서로에 대한 단순 오해에서 비롯된다고 여기는 경향이 있다. 이 책을 작업하면서, 하먼과 다른 작가들 사이의 충돌이 대체로 서로에 대한 오해에서 비롯되는 것은 아님을 알아차리기까지는 그렇게 오래 걸리지 않았다. 그럼에도 여기에는 긍정적인 측면이 있다. 사유의 전선에서 충돌을 구성하는 항들이 서로에 맞서서 실행되도록 허용하는 것은, 의미작용의 실패가 아니라 논쟁에 관한 성찰을 낳는다. 이 번역서는 언제나 그렇듯 갈무리 출판사가 없었다면 세상에 나올 수 없었다. 이 책을 펴내는 데 많은 도움을 주신 갈무리 출판사에 감사드린다.

2025년 10월
옮긴이 안호성

---

14. 같은 글.

:: 참고문헌

Acuto, Michele, and Simon Curtis, eds. *Reassembling International Theory : Assemblage Thinking and International Relations*. Basingstoke : Palgrave Macmillan, 2014.

Ameriks, Karl. "Husserl's Realism." *The Philosophical Review* 86, no. 4 (October 1997) : 498~519.

Andersen, Hans Christian. "The Emperor's New Clothes." In *Stories and Tales*, translated by H.W. Dulcken, 81~84. London : Routledge, 2002. [한스 크리스티안 안데르센, 『안데르센』, 이미애 옮김, 미래엔아이세움, 2011.]

Aristotle. *Physics*. Translated by Robin Waterfield. Oxford : World's Classics, 1996. [아리스토텔레스, 『자연학』, 허지현 옮김, 허지현연구소, 2022.]

_____. *Rhetoric*. Translated by C.D.C. Reeve. Indianapolis : Hackett Publishing Company, 2018. [아리스토텔레스, 『수사학』, 박문재 옮김, 현대지성, 2020.]

_____. *The Metaphysics*. Translated by Hugh Lawson-Tancred. London : Penguin, 2004. [아리스토텔레스, 『형이상학』, 이종훈 옮김, 동서문화사, 2016.]

Austin, Michael. "To Exist Is to Change : A Friendly Disagreement with Graham Harman on Why Things Happen." In *Speculations I*, edited by Paul Ennis, 66~83. Earth : punctum books, 2010.

Auxier, Randall E., and Gary L. Herstein. *The Quantum of Explanation : Whitehead's Radical Empiricism*. London : Routledge, 2017.

Badiou, Alain. *Being and Event*. Translated by Oliver Feltham. London : Continuum, 2005. [알랭 바디우, 『존재와 사건』, 조형준 옮김, 새물결, 2013.]

_____. *Lacan : Anti-Philosophy 3*. Edited by Kenneth Reinhard. Translated by Susan Spitzer. New York : Columbia University Press, 2018.

_____. *Logics of Worlds : Being and Event II*. Translated by Alberto Toscano. London : Continuum, 2009.

Barad, Karen. *Meeting the Universe Halfway : Quantum Physics and the Entanglement of Matter and Meaning*. Durham : Duke University Press, 2007.

Barcan Marcus, Ruth. "Modalities and Intensional Languages." *Synthese 13*, no. 4 (1961) : 303~22. DOI : 10.1007/BF00486629.

Bateson, Gregory. *Steps to an Ecology of Mind : Collected Essays in Anthropology, Psychiatry, Evolution, and Epistemology*. Chicago : University of Chicago Press, 2000.

Baudrillard, Jean. *Seduction*. Translated by Brian Singer. London : Palgrave Macmillan, 1991. [장 보드리야르, 『유혹에 대하여』, 배영달 옮김, 백의, 2002.]

Beiser, Frederick C. *German Idealism : The Struggle Against Subjectivism, 1781-1801*. Cambridge : Harvard

University Press, 2008.

Bennett, Jane. *Vibrant Matter : A Political Ecology of Things*. Durham : Duke University Press, 2010. [제인 베넷, 『생동하는 물질 : 사물에 대한 정치생태학』, 문성재 옮김, 현실문화, 2020.]

Bergson, Henri. *Matter and Memory*. Translated by Nancy Margaret Paul and W. Scott Palmer. Mineola : Dover, 2004. [앙리 베르그손, 『물질과 기억』, 박종원 옮김, 아카넷, 2005.]

_____. *Time and Free Will : An Essay on the Immediate Data of Consciousness*. Translated by F.L. Pogson : Mineola : Dover, 2001.

Berkeley, George. *A Treatise Concerning the Principles of Human Knowledge*. Edited by Kenneth P. Winkler. Indianapolis : Hackett Publishing Company, 1982. [조지 버클리, 『인간 지식의 원리론』, 문성화 옮김, 계명대학교출판부, 2010.]

Bhaskar, Roy. *A Realist Theory of Science*. London : Verso, 2008.

Bloom, Harold. *The Anxiety of Influence : A Theory of Poetry*. 2nd ed. Oxford : Oxford University Press, 1997. [해럴드 블룸, 『영향에 대한 불안』, 양석원 옮김, 문학과지성사, 2012.]

Boghossian, Paul. *Fear of Knowledge : Against Relativism and Constructivism*. Oxford : Oxford University Press, 2006.

Bogost, Ian. *Alien Phenomenology, or What It's Like to Be a Thing*. Minneapolis : University of Minnesota Press, 2012. [이언 보고스트, 『에일리언 현상학, 혹은 사물의 경험은 어떠한 것인가』, 김효진 옮김, 갈무리, 2022.]

_____. "Time, Relation, Ethics, Experience : Some Responses to the Alien Phenomenology Reading Group." July 4, 2012. http://bogost.com/blog/time_relation_ethics_experienc/.

Bohme, Gernot. *The Aesthetics of Atmospheres*. Edited by Jean-Paul Thibaud. New York : Routledge, 2017.

Bourriaud, Nicolas. *Relational Aesthetics*. Dijon : Les Presses du reel, 1998.

Brandom, Robert B. *Making It Explicit : Reasoning, Representing, and Discursive Commitment*. Cambridge : Harvard University Press, 1998.

_____. *Reason in Philosophy : Animating Ideas*. Cambridge : Belknap Press, 2009.

Brassier, Ray. "Concepts and Objects." In *The Speculative Turn : Continental Materialism and Realism*, edited by Levi R. Bryant, Nick Srnicek, and Graham Harman, 47~65. Melbourne : re.press, 2011.

_____. "I Am A Nihilist Because I Still Believe in Truth." Interview by Marcin Rychter. *Kronos*, March 4, 2011. http://www.kronos.org.pl/index.php?23151,896.

_____. *Nihil Unbound : Enlightenment and Extinction*. New York : Palgrave, 2007.

_____. "Postscript : Speculative Autopsy." In Peter Wolfendale, *Object-Oriented Philosophy*, 407~21. Falstaff : Urbanomic, 2014.

Brassier, Ray, Iain Hamilton Grant, Graham Harman, and Quentin Meillassoux. "Speculative Realism." In *Collapse III*, edited by Robin Mackay, 306~449. Falstaff : Urbanomic, 2007.

Braver, Lee. *A Thing of This World : A History of Continental Anti-Realism*. Evanston : Northwestern University Press, 2007.

_____. "A Brief History of Continental Realism." *Continental Philosophy Review* 45, no. 2 (2012) : 261~89. DOI : 10.1007/S11007-012-9220-2.

_____. "On Not Settling the Issue of Realism." In *Speculations IV*, edited by Michael Austin, Paul J. Ennis, Fabio Gironi, Thomas Gokey, and Robert Jackson, 9~14. Earth : punctum books, 2013.

Brentano, Franz. *Psychology from an Empirical Standpoint*. Edited by Linda L. McAlister. Translated by Antos C. Rancurello, D.B. Terrell, and Linda L. McAlister. London : Routledge, 1995.

Bruno, Giordano. *Cause, Principle, and Unity*. Edited and translated by Robert de Lucca. Cambridge : Cambridge University Press, 1998.

Bryant, Levi R. *Difference and Givenness : Deleuze's Transcendental Empiricism and the Ontology of Immanence*. Evanston : Northwestern University Press, 2008.

_____. *The Democracy of Objects*. Ann Arbor : Open Humanities Press, 2011. [레비 브라이언트, 『객체들의 민주주의』, 김효진 옮김, 갈무리, 2021.]

_____. "The Time of the Object : Derrida, Luhmann, and the Processual Nature of Objects." In *The Allure of Things : Process and Object in Contemporary Philosophy*, edited by Roland Faber and Andrew Goffey, 71~91. London : Bloomsbury Academic, 2014.

_____. "The Interior of Things : The Origami of Being." *Przegląd Kulturoznawczy* 29, no. 3 (2016) : 290~304.

Callon, Michel, and Bruno Latour. "Unscrewing the Big Leviathan : How Actors Macrostructure Reality and How Sociologists Help Them to Do So." In *Advances in Social Theory and Methodology : Toward an Integration of Micro- and Macro-Sociologies*, edited by Karin Knorr Celina and Aaron V. Cicourel, 277~303. Boston : Routledge and Kegan Paul, 1981.

Cartwright, Nancy. *How the Laws of Physics Lie*. Oxford : Clarendon Press, 1983.

Chalmers, David J. *The Conscious Mind : In Search of a Fundamental Theory*. Oxford : Oxford University Press, 1996.

Chandler, Raymond. *The Long Goodbye*. In *Later Novels and Other Writings*, 417~734. New York : Library of America, 1995. [레이먼드 챈들러, 『기나긴 이별』, 김진준 옮김, 열린책들, 2022.]

Coleman, Sam. "Being Realistic : Why Physicalism May Entail Panexperientialism." In *Consciousness and Its Place in Nature : Does Physicalism Entail Panphychism?*, edited by Anthony Freeman, 40~52. Exter : Imprint Academic, 2006.

de Saussure, Ferdinand. *Course in General Linguistics*. Translated by Wade Baskin. New York : Columbia University Press, 1994. [페르디낭 드 소쉬르, 『일반언어학 강의』, 김현권 옮김, 지식을만드는지식, 2012.]

DeLanda, Manuel. *A New Philosophy of Society : Assemblage Theory and Social Complexity*. London : Continuum, 2006. [마누엘 데란다, 『새로운 사회철학』, 김영범 옮김, 그린비, 2019.]

_____. *Intensive Science and Virtual Philosophy*. London : Continuum, 2002. [마누엘 데란다, 『강도의 과학과 잠재성의 철학』, 김영범, 이정우 옮김, 그린비, 2009.]

DeLanda, Manuel, and Graham Harman. *The Rise of Realism*. Malden : Polity Press, 2017.

Deleuze, Gilles. *Bergsonism*. Translated by Hugh Tomlinson and Barbara Habberjam. New York : Zone Books, 1990. [질 들뢰즈, 『베르그손주의』, 김재인 옮김, 그린비, 2021.]

_____. *The Fold : Leibniz and the Baroque*. Translated by Tom Conley. Minneapolis : University of Minnesota Press, 1992. [질 들뢰즈, 『주름, 라이프니츠와 바로크』, 이찬웅 옮김, 문학과지성사, 2004.]

_____. *The Logic of Sense*. Edited by Constantin V. Boundas. Translated by Mark Lester. New York : Columbia University Press, 1993. [질 들뢰즈, 『감각의 논리』, 하태환 옮김, 민음사, 2008.]

Deleuze, Gilles, and Felix Guattari. *A Thousand Plateaus : Capitalism and Schizophrenia*. Translated by Brian Massumi. London : Continuum, 2004. [질 들뢰즈, 펠릭스 과타리, 『천개의 고원』, 김재인 옮김, 새물결, 2003.]

Derrida, Jacques. "Difference." In *Margins of Philosophy*, translated by Alan Bass, 1~27. Chicago : University of Chicago Press, 1982.

_____. *Of Grammatology*. Translated by Gayatri Chakravorty Spivak. Baltimore : Johns Hopkins University Press, 2016. [자크 데리다, 『그라마톨로지』, 김성도 옮김, 민음사, 2010.]

_____. "*Ousia* and *Gramme* : A Note on a Note from *Being and Time*." In *Margins of Philosophy*, translated by Alan Bass, 29~67. Chicago : University of Chicago Press, 1982.

_____. "Signature Event Context." In *Margins of Philosophy*, translated by Alan Bass, 307~30. Chicago : University of Chicago Press, 1982.

_____. "Violence and Metaphysics : An Essay on the Thought of Emmanuel Levinas." In *Writing and Difference*, translated by Alan Bass, 79~158. Chicago : University of Chicago Press, 1978. [자크 데리다, 『글쓰기와 차이』, 남수인 옮김, 동문선, 2001.]

_____. *Voice and Phenomenon : Introduction to the Problem of the Sign in Husserl's Phenomenology*. Translated by Leonard Lawlor. Evanston : Northwestern University Press, 2010. [자크 데리다, 『목소리와 현상』, 김상록 옮김, 인간사랑, 2006.]

_____. "White Mythology : Metaphor in the Text of Philosophy." In *Margins of Philosophy*, translated by Alan Bass, 207~71. Chicago : University of Chicago Press, 1982.

Descartes, René. *Meditations on First Philosophy*. Translated by Donald A. Cress. 3rd ed. Indianapolis : Hackett Publishing Company, 1993. [르네 데카르트, 『제일철학에 관한 성찰 : 자연의 빛에 의한 진리 탐구』, 이현복 옮김, 문예출판사, 2021.]

Devitt, Michael. *Realism and Truth*. 2nd ed. Princeton : Princeton University Press, 1997.

Dewey, John. *The Public and Its Problems : An Essay in Political Inquiry*. Edited by Melvin L. Rogers. University Park : Penn State University Press, 2012. [존 듀이, 『공공성과 그 문제들』, 이유선 옮김, 한국문화사, 2014.]

Dickens, Charles. *Bleak House*. Edited by Nicola Bradbury. London : Penguin Books, 2003. [찰스 디킨스, 『황폐한 집』, 김현숙 옮김, 지식을만드는지식, 2011.]

Doyle, Arthur Conan. *The Sign of Four*. Scotts Valley : CreateSpace Independent Publishing Platform, 2018. [아서 코난 도일, 『네 개의 서명』, 공경희 옮김, 더클래식, 2020.]

Dreyfus, Hubert. *Being-in-the-World : A Commentary on Heidegger's Being and Time, Division I*. Cambridge : MIT Press, 1991.

Dunham, Jeremy, Iain Hamilton Grant, and Sean Watson. *Idealism : The History of a Philosophy*. Montreal : McGill-Queen's University Press, 2011.

Eldredge, Niles, and Stephen Jay Gould. "Punctuated Equilibria : An Alternative to Phyletic Gradualism." In *Models in Paleobiology*, edited by Thomas J.M. Scopf, 82~115. New York : Doubleday, 1972.

Faber, Roland, and Andrew Goffey, eds. *The Allure of Things : Process and Object in Contemporary Phi-

losophy. London : Bloomsbury Academic, 2014.

Fakhry, Majid. *Islamic Occasionalism and Its Critique by Averroes and Aquinas*. London : Allen & Unwin, 1958.

Ferraris, Maurizio. *Manifesto of New Realism*. Translated by Sarah De Sanctis. Albany : SUNY Press, 2014.

Fichte, J.G. *The Science of Knowledge*. Edited and translated by Peter Heath and John Lachs. Cambridge : Cambridge University Press, 1982.

Frey, Gottlob. "Uber Sinn und Bedeutung." *Zeitschrift fur Philosophie und Philosophische Kritik* 100 (1892) : 25~50.

Gabriel, Markus. Fields of Sense : *A New Realist Ontology*. Edinburgh : Edinburgh University Press, 2015.

Gadamer, Hans-Georg. *Truth and Method*. Translated by Joel Weinsheimer and Donald G. Marshall. 2nd ed. London : Continuum, 2004. [한스게오르크 가다머, 『진리와 방법』 1·2, 이길우, 이선관, 임호일, 임홍배 옮김, 문학동네, 2012.]

Galloway, Alexander R. "The Poverty of Philosophy : Realism and Post-Fordism." *Critical Inquiry* 39, no. 2 (Winter 2013) : 347~66. DOI : 10.1086/668529.

Garcia, Tristan. *Form and Object : A Treatise on Things*. Translated by Mark Allan Ohm and Jon Cogburn. Edinburgh : Edinburgh University Press, 2014.

Gironi, Fabio. "Between Naturalism and Realism : A New Realist Landscape." *Journal of Critical Realism* 11, no. 3 (2012) : 361~87. DOI : 10.1558/jcr.v11i3.361.

Golumbia, David. " 'Correlationism' : The Dogma That Never Was." *boundary 2* 43, no. 2 (May 2016) : 1~25. DOI : 10.1215/01903659-34691189.

Grant, Iain Hamilton. "Mining Conditions : A Response to Harman." In *The Speculative Turn : Continental Materialism and Realism*, edited by Levi R. Bryant, Nick Srnicek, and Graham Hannan, 41~46. Melbourne : re.press, 2011.

_____. *Philosophies of Nature after Schelling*. London : Continuum, 2008.

Gratton, Peter. "Interviews : Graham Harman, Jane Bennett, Tim Morton, Ian Bogost, Levi Bryant, and Paul Ennis." In *Speculations I*, edited by Paul Ennis, 84~134. Earth : punctum books, 2010.

_____. *Speculative Realism : Problems and Prospects*. London : Bloomsbury Academic, 2014.

Hallward, Peter. "Anything Is Possible : A Reading of Quentin Meillassoux's 'After Finitude'." In *The Speculative Turn : Continental Materialism and Realism*, edited by Levi R. Bryant, Nick Srnicek, and Graham Harman, 130~41. Melbourne : re.press, 2011.

Harman, Graham. "Aesthetics as First Philosophy : Levinas and the Non-Human." *Naked Punch* 9 (Summer/Fall 2007) : 21~30.

_____. "Aesthetics Is the Root of All Philosophy." In *Object-Oriented Ontology : A New Theory of Everything*, 59~102. London : Pelican, 2018.

_____. "A Festival of Anti-Realism : Braver's History of Continental Thought." *Philosophy Today* 52, no. 2 (Summer 2008) : 197~210. DOI : 10.5840/philtoday200852234.

_____. "Alain Badiou, Lacan : Anti-Philosophy 3." *Notre Dame Philosophical Reviews*, May 27, 2019. https://ndpr.nd.edu/news/lacan-anti-philosophy-3/.

_____. "A New Occasionalism?" In *Reset Modernity!*, edited by Bruno Latour and Christophe Leclercq, 129~38. Cambridge : MIT Press, 2016.

_____. "A New Theory of Everything." In *Object-Oriented Ontology : A New Theory of Everything*, 19~58. London : Pelican, 2018.

_____. *Art and Objects*. Cambridge : Polity, 2020. [그레이엄 하먼, 『예술과 객체』, 김효진 옮김, 갈무리, 2022.]

_____. "Art without Relations," *ArtReview*, November 4, 2014. https://artreview.com/september-2014-graham-harman-relations/.

_____. *Bruno Latour : Reassembling the Political*. London : Pluto Books, 2014. [그레이엄 하먼, 『브뤼노 라투르 : 정치적인 것을 다시 회집하기』, 김효진 옮김, 갈무리, 2021.]

_____. "Concerning Stephen Hawking's Claim That Philosophy Is Dead." *Filozofski Vestnik* 33, no. 2 (2012) : 11~22.

_____. "Conclusions : Assemblage Theory and Its Future." In *Reassembling International Theory*, edited by Michele Acuto and Simon Curtis, 118~31. New York : Palgrave Macmillan, 2014.

_____. *Dante's Broken Hammer : The Ethics, Aesthetics, and Metaphysics of Love*. London : Repeater Books, 2016.

_____. "Fear of Reality : Realism and Infra-Realism." *The Monist* 98, no. 2 (April 2015) : 126~44. DOI : 10.1093/monist/onv001.

_____. "Greenberg, Duchamp, and the Next Avant-Garde." In *Speculations* V, edited by Ridvan Askin, Paul J. Ennis, Andreas Hagler, Philipp Schweighauser, 251~74. Earth : punctum books, 2013.

_____. *Guerrilla Metaphysics : Phenomenology and the Carpentry of Things*. Chicago : Open Court, 2005.

_____. *Heidegger Explained : From Phenomenon to Thing*. Chicago : Open Court, 2007.

_____. "I Am Also of the Opinion That Materialism Must Be Destroyed." *Environment and Planning D : Society and Space* 28, no. 5 (2010) : 772~90. DOI : 10.1080/1600910X.2017.1373686.

_____. *Immaterialism : Objects and Social Theory*. Cambridge : Polity 2016. [그레이엄 하먼, 『비유물론』, 김효진 옮김, 갈무리, 2020.]

_____. "Levinas and the Triple Critique of Heidegger." *Philosophy Today* 53, no. 4 (Winter 2009) : 407~13. DOI : 10.5840/ philtoday20095348.

_____. "Materialism Is Not the Solution : On Matter, Form, and Mimesis." *The Nordic Journal of Aesthetics* 47 (2016) : 94~110. DOI : 10.7146/nja.v24i47.23057.

_____. "Object-Oriented Philosophy vs. Radical Empiricism." In *Bells and Whistles : More Speculative Realism*, 40~59. Winchester : Zero Books, 2013.

_____. "On Interface : Nancy's Weights and Masses." In *Jean-Luc Nancy and Plural Thinking Expositions of World, Ontology, Politics, and Sense*, edited by Peter Gratton and Marie-Eve Morin, 95~108. Albany : SUNY Press, 2012.

_____. "On Progressive and Degenerating Research Programs with Respect to Philosophy." *Revista Portuguesa de Filosofia* 75, no. 4 (2019) : 2067~102.

_____. "On the Undermining of Objects : Grant, Bruno, and Radical Philosophy." In *The Speculative*

_____. *Turn : Continental Materialism and Realism*, edited by Levi Bryant, Nick Srnicek, and Graham Harman, 21~40. Melbourne : re.press, 2011.

_____. "On Vicarious Causation." In *Collapse II*, edited by Robin Mackay, 171~205. Falstaff : Urbanomic, 2007.

_____. *Quentin Meillassoux Philosophy in the Making*. 2nd ed. Edinburgh : Edinburgh University Press, 2015.

_____. "Response to Shaviro." In *The Speculative Turn : Continental Materialism and Realism*, edited by Levi Bryant, Nick Srnicek, and Graham Harman, 270~90. Melbourne : re.press, 2011.

_____. *Speculative Realism : An Introduction*. Cambridge : Polity, 2018.

_____. "Strange Realism : On Behalf of Objects." *St John's University Humanities Review* 12, no. 1 (Spring 2015) : 3~18.

_____. "The Current State of Speculative Realism." In *Speculations* IV, edited by Michael Austin, Paul J. Ennis, Fabio Gironi, Thomas Gokey, and Robert Jackson, 22~28. Earth : punctum books, 2013.

_____. "The Enduring Importance of the Analytic/Continental Split." *Gavagai* 3 (2017) : 358~60.

_____. "The Only Exit from Modern Philosophy." *Open Philosophy* 3 (2020) : 132~146.

_____. "The Problem with Metzinger." *Cosmos and History* 7, no. 1 (2011) : 7~36.

_____. *The Quadruple Object*. Winchester : Zero Books, 2011. [그레이엄 하먼, 『쿼드러플 오브젝트』, 주대중 옮김, 현실문화, 2019.]

_____. "The Road to Objects." *continent* 1, no. 3 (2011) : 171~79.

_____. "The Third Table." In *The Book of Books*, edited by Carolyn Christov-Bakargiev, 540~42. Ostfildern : Hatje Cantz Verlag, 2012.

_____. "Time, Space, Essence, and Eidos : A New Theory of Causation." *Cosmos and History* 6, no. 1 (2010) : 1~17.

_____. *Tool-Being : Heidegger and the Metaphysics of Objects*. Chicago : Open Court, 2002.

_____. *Towards Speculative Realism : Essays and Lectures*. Winchester : Zero Books, 2010.

_____. "Undermining, Overmining, and Duomining : A Critique." In *ADD Metaphysics*, edited by Jenna Sutela, 40~51. Aalto : Aalto University Design Research Laboratory, 2013.

_____. *Weird Realism : Lovecraft and Philosophy*. Winchester : Zero Books, 2012.

_____. "Whitehead and Schools X, Y, and Z." In *The Lure of Whitehead*, edited by Nicholas Gaskill and A.J. Nocek, 231~48. Minneapolis : University of Minnesota Press, 2014.

_____. "Zero-Person and the Psyche." In *Mind That Abides : Panpsychism in the New Millennium*, edited by David Skrbina, 253~82. Amsterdam : John Benjamins, 2009.

Hegel, G.W.F. *Phenomenology of Spirit*. Translated by A.V. Miller. Oxford : Oxford University Press, 1977. [게오르크 빌헬름 프리드리히 헤겔, 『정신현상학』, 김양순 옮김, 동서문화사, 2011.]

Heidegger, Martin. *Contributions to Philosophy : Of the Event*. Translated by Richard Rojcewicz and Daniela Vallega-Neu. Bloomington : Indiana University Press, 2012. [마르틴 하이데거, 『철학에의 기여』, 이선일 옮김, 새물결, 2015.]

_____. *Being and Time*. Translated by Joan Stambaugh. N.Y : State University Press, 1996. [마르틴 하이데거, 『존재와 시간』, 전양범 옮김, 동서문화사, 2015.]

_____. *History of the Concept of Time : Prolegomena*. Translated by Theodore Kisiel. Bloomington : Indiana University Press, 1985.

_____. *Identity and Difference*. Translated by Joan Stambaugh. Chicago : University of Chicago Press, 2002. [마르틴 하이데거, 『동일성과 차이』, 신상희 옮김, 민음사, 2000.]

_____. "Insight into That Which Is." In *Bremen and Freiburg Lectures : Insight into That Which Is and Basic Principles of Thinking*, translated by Andrew J. Mitchell, 3~73. Bloomington : Indiana University Press, 2012.

_____. *Introduction to Metaphysics*. Translated by Gregory Fried and Richard Polt. New Haven : Yale University Press, 2014. [마르틴 하이데거, 『형이상학입문』, 박휘근 옮김, 문예출판사, 1994.]

_____. *Kant and the Problem of Metaphysics*. Translated by James S. Churchill. Bloomington : Indiana University Press, 1965. [마르틴 하이데거, 『칸트와 형이상학의 문제』, 이선일 옮김, 한길사, 2001.]

_____. *Nietzsches Metaphysik/Einleitung in die Philosophie*. Frankfurt am Main : Vittorio Klostermann, 2007.

_____. *Nietzsche, Vol.1 : The Will to Power as Art*. Translated by David Farrell Krell. New York : Harper & Row, 1979. [마르틴 하이데거, 『니체 1』, 박찬국 옮김, 길, 2010.]

_____. *Nietzsche, Vol. 2 : The Eternal Recurrence of the Same*. Translated by David Farrell Krell. New York : Harper & Row, 1984.

_____. *Nietzsche, Vol. 3 : The Will to Power As Knowledge and As Metaphysics*. Translated by David Farrell Krell. New York : Harper & Row, 1987.

_____. *Nietzsche, Vol. 4 : Nihilism*. Translated by David Farrell Krell. New York : Harper & Row, 1982.

_____. "On the Essence of Ground." In *Pathmarks*, edited by William McNeill, 97~135. Cambridge : Cambridge University Press, 1998.

_____. "The Anaximander Fragment." In *Early Greek Thinking : The Dawn of Western Philosophy*, translated by D.F. Krell and Frank A. Capuzzi, 13~58. New York : Harper & Row, 1984.

_____. *The Basic Problems of Phenomenology*. Translated by Albert Hofstadter. Bloomington : Indiana University Press, 1988. [마르틴 하이데거, 『현상학의 근본문제들』, 이기상 옮김, 문예출판사, 1994.]

_____. *The Fundamental Concepts of Metaphysics : World-Finitude-Solitude*. Translated by William McNeil and Nicholas Walker. Bloomington : Indiana University Press, 1995. [마르틴 하이데거, 『형이상학의 근본개념들』, 이기상 옮김, 까치, 2001.]

_____. "The Origin of the Work of Art." In *Off the Beaten Track*, edited and translated by Julian Young and Kenneth Haynes, 1~56. Cambridge : Cambridge University Press, 2002.

_____. "The Thing." In *Poetry, Language, Thought*, translated by Albert Hofstadter. New York : Harper & Row, 1971.

_____. *Towards the Definition of Philosophy*. Translated by Ted Sadler. London : Continuum, 2008.

_____. "What Is Metaphysics?" In *Pathmarks*, edited by William McNeil, 82~96. Cambridge : Cambridge University Press, 1998.

Hobbes, Thomas. *Leviathan*. Edited by J.C.A. Gaskin. Oxford : Oxford University Press, 1996. [토머스 홉스, 『리바이어던』, 최공웅·최진원 옮김, 동서문화사, 2021.]

Hopkins, Burt C. *Intentionality in Husserl and Heidegger : The Problem of the Original Method and Phe-

nomenon of Phenomenology. Dordrecht : Kluwer Academic Publishers, 1993.

Husserl, Edmund. *Ideas for a Pure Phenomenology and Phenomenological Philosophy*. Translated by Daniel O. Dahlstrom. Indianapolis : Hackett Publishing Company, 2014. [에드문트 후설,『순수현상학과 현상학적 철학의 이념들』1·2, 이종훈 옮김, 한길사, 2021.]

_____. "Intentional Objects." In *Early Writings in the Philosophy of Logic and Mathematics*. Translated by Dallas Willard, 345~87. Dordrecht : Kluwer Academic Publishers, 1994.

_____. *Logical Investigations*, 2 vols. Translated by J.N. Findlay. London : Routledge, 1970.

_____. *Logical Investigations*, 2 vols., edited by Dermot Moran. Translated by J.N. Findlay. London : Routledge, 2001. [에드문트 후설,『논리 연구』2-1·2-2, 이종훈 옮김, 민음사, 2018.]

_____. *The Phenomenology of Internal Time-Consciousness*. Edited by Martin Heidegger. Translated by James S. Churchill. Bloomington : Indiana University Press, 2019. [에드문트 후설,『에드문트 후설의 내적 시간의식의 현상학』, 이남인, 김태희 옮김, 서광사, 2020.]

Ippolit Belinski. "Slavoj Zizek & Graham Harman Duel + Duet (Mar. 2017)." *YouTube*, March 2, 2017. http://www.youtube.com/watch?v=rIPJo_-n2vI.

Ivakhiv, Adrian. *Shadowing the Anthropocene : Eco-Realism for Turbulent Times*. Earth : punctum books, 2018.

James, Ian. "The Relational Universe." In *The Technique of Thought : Nancy, Laruelle, Malabou, and Stiegler after Naturalism*, 55~120. Minneapolis : University of Minnesota Press, 2019.

James, William. "A World of Pure Experience." In *Essays in Radical Empiricism*. Lincoln : University of Nebraska Press, 1996. [윌리엄 제임스,『근본적 경험론에 관한 시론』, 정유경 옮김, 갈무리, 2018.]

Johnston, Adrian. *Adventures in Transcendental Materialism : Dialogues with Contemporary Thinkers*. Edinburgh : Edinburgh University Press, 2014.

_____. "Points of Forced Freedom : Eleven (More) Theses on Materialism." In *Speculations IV*, edited by Michael Austin, Paul J. Ennis, Fabio Gironi, Thomas Gokey, and Robert Jackson, 91~98. Earth : punctum books, 2013.

Joyce, James. *Ulysses*. Scotts Valley : CreateSpace Independent Publishing Platform, 2017. [제임스 조이스,『율리시스』1·2, 김성숙 옮김, 동서문화사, 2016.]

Kant, Immanuel. *Critique of Judgment*. Translated by Werner S. Pluhar. Indianapolis : Hackett Publishing Company, 1987. [임마누엘 칸트,『판단력 비판』, 백종현 옮김, 아카넷, 2009.]

_____. *Critique of Practical Reason*. Translated by Mary Gregor. 2nd ed. Cambridge : Cambridge University Press, 2015. [임마누엘 칸트,『실천이성 비판』, 백종현 옮김, 아카넷, 2019.]

_____. *Dreams of a Spirit-Seer : Illustrated by Dreams of Metaphysics*. Edited by Frank Sewall. Translated by Emanuel F. Goerwitz, London : Forgotten Books, 2012.

Kisiel, Theodore. *The Genesis of Heidegger's Being and Time*. Berkeley : University of California Press, 1995.

Knorr Cetina, Karin, and A.V. Cicourel, eds. *Advances in Social Theory and Methodology : Toward an Integration of Micro-and Macro-Sociologies*. London : Routledge, 1981.

Kripke, Saul A. *Naming and Necessity*. Cambridge : Harvard University Press, 1980. [솔 크립키,『이름과 필연』, 정대현·김영주 옮김, 서광사, 2014.]

Lacan, Jacques. *The Sinthome : The Seminar of Jacques Lacan*, Book XXIII. Edited by Jacques-Alain Miller. Translated by A.R. Price. Malden : Polity, 2016.

Ladyman, James, and Don Ross. *Every Thing Must Go : Metaphysics Naturalized*. Oxford : Oxford University Press, 2007.

Lagebesprechungen. "Graham Harman and Slavoj Zizek talk and debate : On Object Oriented Ontology." *YouTube*, December 6, 2018. https://www.youtube.com/watch?v=6GHiV4tuRt8.

Lakatos, Imre. *Philosophical Papers*, Vol. 1. *The Methodology of Scientific Research Programmes*. Edited by John Worrall and Gregory Currie. Cambridge : Cambridge University Press, 1978.

Latour, Bruno. *An Inquiry into Modes of Existence : An Anthropology of the Moderns*. Translated by Catherine Porter. Cambridge : Harvard University Press, 2013. [브뤼노 라투르, 『존재양식의 탐구 : 근대인의 인류학』, 황장진 옮김, 사월의책, 2024.]

_____. *Down to Earth : Politics in the New Climatic Regime*. Cambridge : Polity, 2018. [브뤼노 라투르, 『지구와 충돌하지 않고 착륙하는 방법 : 신기후체제의 정치』, 박범순 옮김, 이음, 2021.]

_____. *Facing Gaia : Eight Lectures on the New Climatic Regime*. Translated by Catherine Porter. Cambridge : Polity, 2017.

_____. "Irreductions." Translated by John Law. In *The Pasteurization of France*, translated by Alan Sheridan and John Law, 153~238. Cambridge : Harvard University Press, 1988. [브뤼노 라투르, 『프랑스의 파스퇴르화』, 이상원 옮김, 한울, 2024.]

_____. "On the Partial Existence of Existing and Non-existing Objects." In *Biographies of Scientific Objects*, edited by Lorraine Daston, 247~69. Chicago : University of Chicago Press, 2000.

_____. *Politics of Nature : How to Bring the Sciences into Democracy*. Translated by Catherine Porter. Cambridge : Harvard University Press, 2004.

_____. "Science's Blood Flow : An Example from Joliot's Scientific Intelligence." In *Pandora's Hope : Essays on the Reality of Science Studies*, 80~112. Cambridge : Harvard University Press, 1999. [브뤼노 라투르, 『판도라의 희망 : 과학기술학의 참모습에 관한 에세이』, 장하원·홍성욱 옮김, 휴머니스트, 2018.]

_____. *We Have Never Been Modern*. Translated by Catherine Porter. Cambridge : Harvard University Press, 1993. [브뤼노 라투르, 『우리는 결코 근대인이었던 적이 없다』, 홍철기 옮김, 갈무리, 2009.]

Latour, Bruno, Graham Harman, and Peter Erdelyi. *The Prince and the Wolf : Latour and Harman at the LSE*. Winchester : Zero Books, 2011. [그레이엄 하먼, 『네트워크의 군주 : 브뤼노 라투르의 객체지향 철학』, 김효진 옮김, 갈무리, 2019.]

Latour, Bruno, and Steve Woolgar. *Laboratory Life : The Construction of Scientific Facts*. Princeton : Princeton University Press, 2013. [브뤼노 라투르·스티브 울거, 『실험실 생활 : 과학적 사실의 구성』, 이상원 옮김, 한울아카데미, 2019.]

Leibniz, G.W. "The Principles of Philosophy, or, the Monadology." In *Philosophical Essays*, translated by Roger Ariew and Daniel Garber, 213~25. Indianapolis : Hackett Publishing Company, 1989.

Leibniz, G.W., and Samuel Clarke. *Correspondence*. Edited by Roger Ariew. Indianapolis : Hackett Publishing Company, 2000.

Levinas, Emmanuel. *Basic Philosophical Writings*. Edited by Adriaan Peperzak, Simon Critchley, and Robert Bernasconi. Bloomington : Indiana University Press, 1996.

_____. *Discovering Existence with Husserl*. Translated by Richard A. Cohen and Michael B. Smith. Evanston : Northwestern University Press, 1998.

_____. *Existence and Existents*. Translated by Alphonso Lingis. Pittsburgh : Duquesne University Press, 2001. [에마뉘엘 레비나스, 『존재에서 존재자로』, 서동욱 옮김, 민음사, 2004.]

_____. *Otherwise Than Being, or Beyond Essence*. Translated by Alphonso Lingis. Pittsburgh : Duquesne University Press, 1998. [에마뉘엘 레비나스, 『존재와 달리 또는 존재성을 넘어』, 문성원 옮김, 그린비, 2021.]

_____. *Totality and Infinity : An Essay on Exteriority*. Translated by Alphonso Lingis. Pittsburgh : Duquesne University Press, 1969. [에마뉘엘 레비나스, 『전체성과 무한 : 외재성에 대한 에세이』, 김도형·문성원·손영창 옮김, 그린비, 2018.]

Lingis, Alphonso. "A Phenomenology of Substances." *American Catholic Philosophical Quarterly* 71, no. 4 (Autumn 1997) : 505~21.

_____. "The Levels." In *The Imperative*, 25~38. Bloomington : Indiana University Press, 1998.

Lippmann, Walter. *The Phantom Public*. New Brunswick : Transaction Publishers, 1993.

Locke, John. *An Essay Concerning Human Understanding*. 2 vols. New York : Dover, 1959. [존 로크, 『인간지성론』 1·2, 추영현 옮김, 동서문화사, 2017.]

Lovelock, James. *The Ages of Gaia : A Biography of Our Living Earth*. New York : Norton, 1995.

Luhmann, Niklas. *Social Systems*. Translated by John Bednarz Jr. with Dirk Baecker. Stanford : Stanford University Press, 1996. [니클라스 루만, 『체계이론 입문』, 윤재왕 옮김, 새물결, 2014.]

_____. *Theory of Society*. 2 vols. Translated by Rhodes Barrett. Stanford : Stanford University Press, 2012.

MacDonnell, Kevin. "Interview : Some Differences Between Object-Oriented Philosophy and Onticology." Interview by Levi R. Bryant. *St. John's University Humanities Review* no. 1 (Spring 2015) : 65~72.

Margulis, Lynn. *Symbiotic Planet : A New Look at Evolution*. New York : Basic Books, 1998. [린 마굴리스, 『공생자 행성』, 이한음 옮김, 사이언스북스, 2014.]

Marion, Jean-Luc. *Being Given : Toward a Phenomenology of Givenness*. Translated by J.L. Kosky. Stanford : Stanford University Press, 2002.

Marres, Noortje. "No Issue, No Public : Democratic Deficits after the Displacement of Politics." PhD diss., University of Amsterdam, Amsterdam, 2005.

Mattel, Jean-Francois. *Heidegger et Holderlin : Le quadriparti*. Paris : Presses Universitaires de France, 2001.

Maturana, Humberto. *Autopoiesis and Cognition : The Realization of the Living*. Dordrecht : Kluwer Academic Publishers, 1980.

McGinn, Colin. "Hard Questions : Comments on Galen Strawson." In *Consciousness and Its Places in Nature : Does Physicalism Entail Panpsychism?*, edited by Anthony Freeman, 90~99. Exeter : Imprint Academic, 2006.

McLuhan, Marshall. *The Gutenberg Galaxy : The Making of Typographic Man*. Toronto : University of Toronto Press, 1962. [마셜 맥클루언, 『구텐베르크 은하계』, 임상원 옮김, 커뮤니케이션북스, 2001.]

_____. *Understanding Media : The Extensions of Man*. Cambridge : MIT Press, 1994. [마셜 매클루언, 『미디어의 이해 : 인간의 확장』, 김상호 옮김, 커뮤니케이션북스, 2011.]

Meillassoux, Quentin. *After Finitude : An Essay on the Necessity of Contingency*. Translated by Ray Brassier. London : Continuum, 2008. [퀑탱 메이야수, 『유한성 이후 : 우연성과 필연성에 관한 시론』, 정지은 옮김, b, 2010.]

_____. "Appendix : Excerpts from *L'Inexistence divine*." In Graham Harman, *Quentin Meillanoux : Philosophy in the Making*, 175~238. Edinburgh : Edinburgh University Press, 2015.

_____. "Iteration, Reiteration, Repetition : A Speculative Analysis of the Meaningless Sign." Translated by Robin Mackay and M. Gansen. In *Genealogies of Speculation : Materialism and Subjectivity since Structuralism*, edited by Armen Avanessian and Suhail Malik, 117~97. London : Bloomsbury, 2016.

Merleau-Ponty, Maurice. *Phenomenology of Perception*. Translated by Colin Smith. London : Routledge, 2002. [모리스 메를로-퐁티, 『지각의 현상학』, 류의근 옮김, 문학과지성사, 2002.]

_____. *The Visible and the Invisible*. Translated by Alphonso Lingis. Evanston : Northwestern University Press, 1968. [모리스 메를로-퐁티, 『보이는 것과 보이지 않는 것』, 남수인 옮김, 동문선, 2004.]

Metzinger, Thomas. *Being No One : The Self-model Theory of Subjectivity*. Cambridge : MIT Press, 2004.

Mol, Annemarie. *The Body Multiple : Ontology in Medical Practice*. Durham : Duke University Press, 2003. [아네마리 몰, 『바디 멀티플 : 의료실천에서의 존재론』, 송은주 · 임소연 옮김, 그린비, 2022.]

Molnar, George. *Powers : A Study in Metaphysics*. Edited by Stephen Mumford. Oxford : Oxford University Press, 2003.

Moran, Dermot. *Introduction to Phenomenology*. London : Routledge, 2000.

Morton, Timothy. "Art in the Age of Asymmetry : Hegel, Objects, Aesthetics." *Evental Aesthetics* 1, no. 1 (2012) : 121~42.

_____. *Hyperobjects : Philosophy and Ecology After the End of the World*. Minneapolis : University of Minnesota Press, 2013.

_____. *Realist Magic : Objects, Ontology, Causality*. Ann Arbor : Open Humanities Press, 2013.

Mulhall, Stephen, ed. *The Cavell Reader*. London : Wiley-Blackwell, 1996.

_____. "How Complex Is a Lemon?" *London Review of Books*, September 27, 2018. https://www.lrb.co.uk/the-paper/v40/n18/stephen-mulhall/how-complex-is-a-lemon.

Nadler, Steven. " 'No Necessary Connection' : The Medieval Roots of the Occasionalist Roots of Humen." In *Occasionalism : Causation among the Cartesians*. Oxford : Oxford University Press, 2011.

Nagel, Thomas. "What Is It Like to Be a Bat?" In *Mortal Questions*, 165~80. Cambridge : Cambridge University Press, 1991.

Nietzsche, Friedrich. "On Truth and Lying in an Extra-Moral Sense." In *Friedrich Nietzsche on Rhetoric and Language*, translated by Sander L Gilman, Carole Blair, and David J. Parent. Oxford : Oxford University Press, 1989.

_____. *The Birth of Tragedy*. Translated by Douglas Smith. Oxford : Oxford University Press, 2008. [프리드리히 니체, 『비극의 탄생 · 반시대적 고찰』, 이진우 옮김, 책세상, 2005.]

Molt, John. "An Argument for Metaphysical Realism." *Journal for General Philosophy of Science* 35

(2004) : 71~90. DOI : 10.1023/B:JGPS.0000035149.31235.79.

Norris, Christopher. "Speculative Realism : Interim Report with Just a Few Caveats." In *Speculations IV*, edited by Michael Austin, Paul J. Ennis, Fabio Gironi, Thomas Gokey, and Robert Jackson, 38~47. Earth : punctum books, 2013.

Ortega y Gasset, Jose. "An Essay in Esthetics by Way of a Preface." In *Phenomenology and Art*, translated by Philip W. Silver, 127~50. New York : Norton, 1975.

_____. "Preface for Germans." In *Phenomenology and Art*, translated by Phillip W. Silver, 24~70. New York : Norton, 1975.

Penas Lopez, Miguel. "Speculative Experiments : What If Harman and Simondon Individuate Together?" In *Speculations V*, edited by Ridvan Askin, Paul J. Ennis, Andreas Hagler, and Philipp Scweighauser, 225~47. Earth : punctum books, 2014.

Perler, Dominik, and Ulrich Rudolph. *Occasionalismus : Theorien der Kausalitat im arabisch-islamischen und im europaischen Denken*. Gottingen : Vandenhoeck & Ruprecht, 2000.

Plato. *Euthyphro, Apology, Crito, Phaedo*. Translated by G.M.A. Grube. In *Complete Works*, edited by J.M. Cooper, 49~100 Indianapolis : Hackett Publishing Company, 1997.

_____. *Meno*. Translated by G.M.A. Grube. In *Plato : Complete Works*, edited by John M. Cooper, 870~97. Indianapolis : Hackett Publishing Company, 1997. [플라톤, 『메논』, 이상인 옮김, 아카넷, 2019.]

Povinelli, Elizabeth. *Geontologies : A Requiem to Late Liberalism*. Durham : Duke University Press, 2016.

Ranciere, Jacques. *The Emancipated Spectator*. Translated by Gregory Elliott. London : Verso, 2011. [자크 랑시에르, 『해방된 관객 : 지적 해방과 관객에 관한 물음』, 양창렬 옮김, 현실문화, 2016.]

Rousseau, Jean-Jacques. *Discourse on the Origin of Inequality*. Translated by Donald A. Cress. Indianapolis : Hackett Publishing Company, 1992. [장 자크 루소, 『인간 불평등 기원론』, 이충훈 옮김, 도서출판 b, 2020.]

Rovelli, Carlo. "Halfway through the Woods." In *The Cosmos of Science : Essays of Exploration*, edited by John Earman and John D. Norton, 180~223. Pittsburgh : University of Pittsburgh Press, 1997.

Sallis, John. "Levinas and the Elemental." *Research in Phenomenology* 28 (1998) : 152~59. DOI : 10.1163/156916498X00092.

Scheler, Max. "Ordo Amoris." In *Selected Philosophical Essays*, translated by David R. Lachterman, 98~135. Evanston : Northwestern University Press, 1992.

Schmitt, Carl. *The Concept of the Political*. Translated by George Schwab. Chicago : University of Chicago Press, 1996.

Seager, William. "The 'Intrinsic Nature' Argument for Panpsychism." In *Consciousness and Its Place in Nature : Does Physicalism Entail Panpsychism?*, edited by Anthony Freeman, 129~45. Exeter : Imprint Academic, 2006.

Sellars, Wilfrid. *Empiricism and the Philosophy of Mind*. Cambridge : Harvard University Press, 1997.

_____. "Philosophy and the Scientific Image of Man." In *In the Space of Reasons*, edited by Kevin Scharp and Robert B. Brandom, 369~408. Cambridge : Harvard University Press, 2007.

Shakespeare, William. *Macbeth*. Third Series (The Arden Shakespeare), edited by S. Clark and P. Mason.

London : Bloomsbury, 2015. [윌리엄 셰익스피어, 『맥베스』, 최종철 옮김, 민음사, 2004.]

Shapin, Steven, and Simon Schaffer. *Leviathan and the Air-Pump : Hobbes, Boyle, and the Experimental Life*. Princeton : Princeton University Press, 1985.

Shaviro, Steven. *Discognition*. London : Repeater Books, 2015. [스티븐 샤비로, 『탈인지 : SF로 철학하기 그리고 아무도 아니지 않은 자로 있기』, 안호성 옮김, 갈무리, 2022.]

_____. *The Universe of Things : On Speculative Realism*. Minneapolis : University of Minnesota Press, 2014. [스티븐 샤비로, 『사물들의 우주 : 화이트헤드와 사변적 실재론』, 안호성 옮김, 갈무리, 2021.]

_____. *Without Criteria : Kant, Whitehead, Deleuze, and Aesthetics*. Cambridge : MIT Press, 2009.

Simondon, Gilbert. *L'individuation à la lumière des notions de forme et d'information*. Grenoble : Jerome Millon, 2005. [질베르 시몽동, 『형태와 정보 개념에 비추어 본 개체화』, 황수영 옮김, 그린비, 2017.]

Skrbina, David. *Panpsychism in the West*. Cambridge : MIT Press, 2005.

_____. "Zero-Person and the Psyche." In *Mind That Abides : Panpsychism in the New Millennium*, edited by David Skrbina, 253~82. Amsterdam : John Benjamins, 2009.

Smith, Barry. *Austrian Philosophy : The Legacy of Franz Brentano*. Chicago : Open Court, 1994.

Smolin, Lee. Comment to Richard Woit, "Much Ado About Nothing," *Not Even Wrong*, April 27, 2012. https://www.math.columbia.edu/~woit/wordpress/?p=4623&cpage=1.

Sparrow, Tom. *Levinas Unhinged*. Winchester : Zero Books, 2013.

_____. *Plastic Bodies : Rebuilding Sensation after Phenomenology*. Ann Arbor : Open Humanities Press, 2015.

_____, ed. *The Alphonso Lingis Reader*. Minneapolis : University of Minnesota Press, 2018.

_____. *The End of Phenomenology : Metaphysics and the New Realism*. Edinburgh : Edinburgh University Press, 2014.

Spencer-Brown, George. *Laws of Form*. Leipzig : Bohmeier Verlag, 2008.

Stengers, Isabelle. *Thinking with Whitehead : A Free and Wild Creation of Concepts*. Translated by M. Chase. Cambridge : Harvard University Press, 2011.

Stern, Robert. *Hegel, Kant and the Structure of the Object*. New York : Routledge, 1990.

Stern, William. "Psychische Prasenzzeit." *New Yearbook for Phenomenology and Phenomenological Research* 5 (2007) : 310~51.

Stove, David C. *The Plato Cult and Other Philosophical Follies*. Oxford : Blackwell, 1991.

Strawson, Galen. "Realistic Monism : Why Physicalism Entails Panpsychism." In *Consciousness and Its Place in Nature : Does Physicalism Entail Panpsychism?*, edited by Anthony Freeman, 3~31. Exeter : Imprint Academic, 2006.

Strum, S.S., and Bruno Latour. "Redefining the Social Link From Baboons to Humans." *Social Science Information* 26, no. 4 (1987) : 783~802. DOI : 10.1177/053901887026004004.

Suarez, Francis. *On Individuation : Metaphysical Disputation V : Individual Unity and Its Principle*. Translated by Jorge J.E. Gracia. Milwaukee : Marquette University Press, 1982.

Thacker, Eugene. *In the Dust of This Planet : The Horror of Philosophy*. Winchester : Zero Books, 2011.

Toadvine, Ted. *Merleau-Ponty's Philosophy of Nature*. Evanston : Northwestern University Press, 2009.

Toscano, Alberto. "Against Speculation, or, a Critique of the Critique of Critique : A Remark on Quentin

Meillassoux's *After Finitude* (after Coiled)." In *The Speculative Turn : Continental Materialism and Realism*, edited by Levi R. Bryant, Nick Srnicek, and Graham Harman, 84~91. Melbourne : re.press, 2011.

_____. *The Theatre of Production : Philosophy and Individuation Between Kant and Deleuze*. London : Palgrave Macmillan, 2006.

Twardowski, Kazimierz. *On the Content and Object of Presentations : A Psychological Investigation*. Translated by R. Grossmann. The Hague : Martinus Nijhoft 1977.

van Fraassen, Bas C. *The Scientific Image*. Oxford : Clarendon Press, 1980.

Warman, Matt. "Stephen Hawking Tells Google 'Philosophy Is Dead'." *The Telegraph*, May 17, 2011. https://www.telegraph.co.uk/technology/google/8520033/Stephen-Hawking-tells-Google-philosophy-is-dead.html.

Weisman, Alan. *The World without Us*. New York : Picador, 2008. [앨런 와이즈먼, 『관념의 모험』, 이한중 옮김, 알에이치코리아, 2020.]

Whitehead, Alfred North. *Adventures of Ideas*. New York : Free Press, 1967. [알프레드 노스 화이트헤드, 『관념의 모험』, 오영환 옮김, 한길사, 1997.]

_____. *Modes of Thought*. New York : Free Press, 1938. [알프레드 노스 화이트헤드, 『사고의 양태』, 오영환 · 문창옥 옮김, 치우, 2012.]

_____. *Process and Reality*. New York : Free Press, 1978. [알프레드 노스 화이트헤드, 『과정과 실재 : 유기체적 세계관의 구상』, 오영환 옮김, 민음사, 2003.]

_____. *The Concept of Nature*. Amherst : Prometheus Books, 1920. [알프레드 노스 화이트헤드, 『자연의 개념』, 안호성 옮김, 갈무리, 2025.]

Whorf, Benjamin Lee. *Language, Thought, and Reality*. Edited by John B. Carroll. Cambridge : MIT Press, 1956.

Wiltsche, Harald A. "Science, Realism, and Correlationism : A Phenomenological Critique of Meillassoux's Argument from Ancestrality." *European Journal of Philosophy* 25, no. 3 (September 2017) : 808~32. DOI : 10.1111/ejop.12159.

Wittgenstein, Ludwig. *Philosophical Investigations*. Translated by G.E.M. Anscombe. 3rd ed. London : Pearson, 1973. [루트비히 비트겐슈타인, 『철학적 탐구』, 이영철 옮김, 책세상, 2019.]

_____. *Tractatus Logico-Philosophicus*. Translated by D.F. Pears and B.F. McGuiness. London : Routledge, 1974. [루드비히 비트겐슈타인, 『논리-철학 논고』, 이영철 옮김, 책세상, 2006.]

Wolfendale, Peter. *Object-Oriented Philosophy : The Noumenon's New Clothes*. Falmouth : Urbanomic, 2014.

Young, Niki. "On Correlationism and the Philosophy of (Human) Access : Meillassoux and Harman." *Open Philosophy* 3 (2020) : 42~52. DOI : 10.1515/opphil-2020-0003.

Zahavi, Dan. "The End of What? Phenomenology vs. Speculative Realism." *International Journal of Philosophical Studies* 24, no. 3 (2016) : 289~309. DOI:10.1080/09672559.2016.1175101.

_____. "Husserl and the 'Absolute'." In *Philosophy, Phenomenology, Sciences : Essays in Commemoration of Husserl*, edited by Carlo Ierna, Hanne Jacobs, and Filip Mattens, 71~92. Dordrecht : Springer, 2010.

_____. *Husserl's Phenomenology*. Stanford : Stanford UniverSky Press, 2003. [단 자하비, 『후설의 현상학』, 박지영 옮김, 한길사, 2017.]

_____. "Phenomenology." In *The Routledge Companion to Twentieth-Century Philosophy*, edited by Dermot Moran, 661~92. London : Routledge, 2008.

Zizek, Slavoj. *Less Than Nothing : Hegel and the Shadow of Dialectical Materialism*. London : Verso, 2012. [슬라보예 지젝,『헤겔 레스토랑, 라캉 카페』, 조형준 옮김, 새물결, 2013.]

_____. *The Parallax View*. Cambridge : MIT Press, 2006. [슬라보예 지젝,『시차적 관점』, 김서영 옮김, 마티, 2009.]

Zubiri, Xavier. *Dynamic Structure of Reality*. Translated by Nelson R. Orringer. Urbana : University of Illinois Press, 2003.

_____. *On Essence*. Translated by A. Robert Caponigri. Washington, DC : The Catholic University of America Press, 1980.

옮긴이 후기 참고문헌

Badiou, Alain. *Gilles Deleuze : The Clamor of Being*, trans. Louise Burchill. Minneapolis : University of Minnesota Press, 2000. [알랭 바디우,『질 들뢰즈 : 존재의 함성』, 박정태 옮김, 이학사, 2001.]

Bogost, Ian. "Object-Oriented P*," Blog post, 2009, https://bogost.com/writing/blog/objectoriented_p/.

_____. "Process vs. Procedure", Fourth International Conference of the Whitehead Research Project, 2010. https://bogost.com/writing/process_vs_procedure/.

_____. *Unit Operations : An Approach to Videogame Criticism*. Cambridge : The MIT Press, 2006.

Campagna, Federico. *Technic and Magic : The Reconstruction of Reality*. Bloomsbury Academic, 2018.

Harman, Graham. "Whitehead and Schools X, Y, and Z." In Nicholas Gaskill & A. J. Nocek, *The Lure of Whitehead*. Minneapolis, 2014.

Montfort, Nick. *Exploratory Programming for the Arts and Humanities*, 2nd ed. Cambridge : The MIT Press, 2021.

Morton, Timothy. "Thinking the Charnel Ground (the Charnel Ground Thinking) : Auto-Commentary and Death in Esoteric Buddhism", *Glossator : Practice and Theory of the Commentary : The Mystical Text (Black Clouds Course Through Me Unending …)*. CreateSpace Independent Publishing Platform, 2013. https://www.academia.edu/2780085/Thinking_the_Charnel_Ground_the_Charnel_Ground_Thinking_Auto_Commentary_and_Death_in_Esoteric_Buddhism/.

Rinpoche, Tsoknyi. Empowerment Retreat, Crestone, Colorado, August 2009.

Whitehead, Alfred North. *Process and Reality*. New York : Free Press, 1978. [알프레드 노스 화이트헤드,『과정과 실재 : 유기체적 세계관의 구상』, 오영환 옮김, 민음사, 2003.]

Young, Niki. "Object-oriented philosophy and deconstruction : realism in the work of Graham Harman and Jacques Derrida", Doctoral dissertation, 2021.

:: 인명 찾아보기

ㄱ

골럼비아, 데이비드(Golumbia, David) 131
그래튼, 피터(Gratton, Peter) 5, 6, 8, 9, 116~130, 132, 133, 135~142, 144~155, 157~164, 166~169, 171, 172, 180~182, 184, 185, 188, 193, 198, 199, 202~206, 208, 210, 213~215, 217, 220, 224, 231, 268, 316, 320, 331, 400, 407
그랜트, 이에인 해밀턴(Grant, Iain Hamilton) 5, 15, 66, 72, 97, 110, 128, 141, 142, 144, 147, 383

ㄴ

낭시, 장-뤽(Nancy, Jean-Luc) 116
노리스, 크리스토퍼(Norris, Christopher) 6, 9, 128, 139, 378~394, 400, 414
니체, 프리드리히(Nietzsche, Friedrich) 311, 345, 422, 427

ㄷ

데란다, 마누엘(DeLanda, Manuel) 19~21, 34, 92, 110, 140, 141, 233
데리다, 자크(Derrida, Jacques) 10, 16, 28, 51, 116~118, 124, 138, 149, 153, 154, 156~159, 166~181, 189, 190, 198~201, 215~228, 230~232, 237, 246, 255, 268, 269, 286, 316, 331, 434
뒤샹, 마르셀(Duchamp, Marcel) 366
드라이저, 시어도어(Dreiser, Theodore) 17
들뢰즈, 질(Deleuze, Gilles) 6, 15, 56, 57, 65, 66, 72, 73, 84, 92, 93, 104, 105, 114, 142, 148, 165, 215, 219, 228, 263, 331, 434, 435, 438~440

ㄹ

라이프니츠, G.W.(Leibniz, G.W.) 6, 88, 89, 167, 268, 334, 336, 352, 353, 370, 371, 389, 392
라캉, 자크(Lacan, Jacques) 28, 45, 407, 422
라투르, 브뤼노(Latour, Bruno) 6, 27, 70, 72, 73, 76, 80, 96, 97, 123, 133, 139, 145, 146, 203, 220, 233, 235, 307, 353, 356~361, 369~372, 374, 375, 385, 390, 391, 412, 434, 435, 438
레비나스, 에마뉘엘(Lévinas, Emmanuel) 28, 35, 50, 52, 53, 94, 118, 133~135, 137, 150, 155, 163, 169, 171~200, 217, 218, 222, 268, 272, 330, 398, 434
로크, 존(Locke, John) 17, 36, 37, 80, 433
링기스, 알폰소(Lingis, Alphonso) 13, 14, 16, 28, 53, 134, 150, 180, 182, 184, 185, 189, 193, 195

ㅁ

마커스, 루스 바컨(Markus, Ruth Barcan) 19
멀홀, 스티븐(Mulhall, Stephen) 7, 9, 288, 306, 410~419, 421~426, 428~432
메를로-퐁티, 모리스(Merleau-Ponty, Maurice) 13, 29, 32~35, 127, 184, 192, 234, 304, 395, 396, 407
메이야수, 퀑탱(Meillassoux, Quentin) 5, 7, 13, 15, 21~24, 26, 29, 30, 31, 32, 46, 48, 55, 58, 59, 74, 75, 80, 102, 109, 122, 124~132, 166, 174, 201, 223, 224, 245, 252, 258, 286, 305~307, 332, 333, 345, 351, 368, 374, 378~383, 387,

388, 394, 396, 397, 400, 401, 426, 431, 434
모턴, 티머시(Morton, Timothy) 14, 16, 62, 98, 116, 304, 354, 355, 397, 433, 434, 440

ㅂ

바디우, 알랭(Badiou, Alain) 24, 59, 126, 128, 192, 263, 305, 332, 368, 369, 396, 397, 407, 422, 423, 439
버클리, 조지(Berkeley, George) 17, 94, 334, 336
베르그손, 앙리(Bergson, Henri) 65, 73, 134, 155, 176, 183, 215, 218, 219, 250, 349, 424
보고스트, 이언(Bogost, Ian) 14, 16, 18, 116, 161, 385, 397, 433, 434, 437~439
브라시에, 레이(Brassier, Ray) 5, 6, 14, 15, 75, 110, 120, 121, 126~130, 142, 144~146, 166, 224, 241, 243~245, 249, 251, 253, 254, 258, 264, 270, 286, 320, 329, 342, 345, 347, 348, 353, 356, 362, 368, 380, 381, 383, 397, 400, 401, 408
브라이언트, 레비 R.(Bryant, Levi R.) 14, 16, 57, 84~94, 97, 98, 116, 131, 141, 145, 165, 225~235, 237, 239, 245, 304, 348, 368, 386, 434
브레이버, 리(Braver, Lee) 13, 14, 20, 21, 42~55, 407
브렌타노, 프란츠(Brentano, Franz) 40, 41, 100, 101, 106, 185, 202, 205~209, 211, 213, 222

ㅅ

사르트르, 장 폴(Sartre, Jean-Paul) 117
샤비로, 스티븐(Shaviro, Steven) 5, 6, 8, 9, 56~68, 70, 72, 73, 75, 77~85, 92~99, 102~110, 112~116, 137, 148, 165, 194, 204, 210, 221, 226, 228, 264, 270, 279, 304, 345, 376, 397, 412, 434
셸러, 막스(Scheler, Max) 27, 45, 404, 423
소쉬르, 페르디낭 드(Saussure, Ferdinand de) 230
슈미트, 칼(Schmitt, Carl) 17, 359, 361
스탱거, 이사벨(Stengers, Isabelle) 6, 66

스패로, 톰(Sparrow, Tom) 5, 7~9, 12~16, 22, 27, 29~35, 38, 39, 41, 43, 45, 55, 101, 116, 393~395, 407, 409

ㅇ

영, 니키(Young, Niki) 22, 230, 327, 433, 434
오르테가 이 가세트, 호세(Ortega y Gasset, José) 10, 270, 418
울펜데일, 피터(Wolfendale, Peter) 5, 6, 9, 10, 27, 123, 126, 129, 133, 154, 160, 164, 166, 238, 239, 241, 242, 245~281, 283~312, 314~317, 319, 320, 322~329, 331~335, 337~361, 363, 365, 398, 407, 413, 414, 424

ㅈ

자하비, 단(Zahavi, Dan) 7, 9, 12, 16, 29, 34, 184, 393~397, 399~403, 405~408
제임스, 이언(James, Ian) 9
졸라, 에밀(Zola, Émile) 17

ㅋ

크립키, 솔(Kripke, Saul) 19, 135, 261, 322, 323, 325~329

ㅌ

토스카노, 알베르토(Toscano, Alberto) 6, 9, 245, 353, 368, 369, 371~376, 396

ㅍ

페라리스, 마우리치오(Ferraris, Maurizio) 19
푸코, 미셸(Foucault, Michel) 10, 15

ㅎ

하르트만, 니콜라이(Hartmann, Nicolai) 19

하먼, 그레이엄(Harman, Graham) 7, 13, 15, 16, 21, 22, 24, 25, 30, 32, 34, 40, 44, 50, 51, 57~59, 63~66, 68, 72, 75, 79, 80, 82, 85, 86, 89, 92~94, 96, 102, 103, 106, 109, 112~115, 118, 125, 128, 129, 131, 133, 136, 137, 141, 142, 144~147, 149, 151~153, 158, 160~162, 165, 170, 174, 181~187, 189~192, 194, 195, 197, 204, 210, 226, 230, 237, 243~245, 249, 251, 255~257, 259, 261, 262, 265, 266, 273, 275, 276, 278, 280, 284, 290, 295, 297, 300, 308, 309, 311, 313~315, 317, 318, 320, 323, 324, 326, 328, 331, 333, 334, 341~346, 348, 350, 354, 360, 363~365, 368, 374, 381, 383, 386, 387, 389, 391, 392, 397, 398, 408, 413, 414, 419~421, 423~427, 430, 433~435, 438, 440, 441

헤겔, G.W.F.(Hegel, G.W.F) 18, 21, 30, 33, 35, 36, 48, 49, 174, 215, 220, 254

홉스, 토머스(Hobbes, Thomas) 17, 359, 360

화이트헤드, 알프레드 노스(Whitehead, Alfred North) 6, 56~61, 64~70, 72~75, 77, 78, 80, 82~84, 102~105, 107, 110, 114, 146, 192, 194, 215, 220, 227, 268, 270, 284, 295, 335, 336, 351, 371, 390, 433~435, 438~440

후설, 에드먼드(Husserl, Edmund) 13, 15, 16, 18~21, 29, 31~33, 35~42, 51, 52, 85, 87, 101, 102, 133, 149~154, 157, 158, 160, 171~173, 176, 177, 185, 187, 198, 200, 202, 204~215, 217~219, 222, 231, 232, 251, 261, 268, 269, 273, 278, 292, 299, 314, 316~319, 322~325, 327, 329, 346, 349, 350, 392, 394, 395, 397, 402~406, 408, 431

:: 용어 찾아보기

ㄱ

감각적 객체(sensual object) 42, 63, 80, 82, 84, 86, 89, 94, 99, 103, 105, 108, 135, 137~139, 147, 150, 152, 159~161, 165, 187, 202~206, 213, 215, 259, 299, 301, 317, 319, 323~327, 331, 376, 391, 398, 413, 424, 437
감각적 성질(sensual quality) 42, 62, 63, 85, 87, 94, 138, 150, 153, 159, 161, 162, 187, 203, 204, 213, 215, 314, 317~319, 328, 413
개체화(individuation) 65, 143, 144, 276, 295, 317, 328, 435
객체(object) 16, 18, 21, 23, 28, 34~37, 39~42, 47, 50, 52, 53, 60, 61, 63, 68, 73, 75, 79, 80, 82~84, 86, 88, 89, 91~95, 97, 99~106, 108, 111, 112, 114, 125, 127, 135~139, 142~144, 146~148, 150, 152, 154, 157~162, 164, 165, 173, 176, 177, 182, 183, 185, 187, 188, 190, 198, 199, 201~203, 205, 206, 208, 209, 212, 213, 217, 226, 228, 229, 231, 233, 234, 236, 255, 256, 258, 259, 263, 270, 272, 278, 282, 284, 285, 287, 288, 290, 291, 299~302, 306~308, 313~315, 317, 319, 320, 322~325, 327, 329, 330, 332, 333, 335, 337, 339~341, 343, 344, 349, 352, 361, 365, 369, 370, 373, 376, 379, 384~388, 391, 392, 394, 395, 397, 398, 401~403, 405, 411~416, 418~427, 430, 432, 435, 436, 438, 440
객체-부여 행위(object-giving act) 41, 437
객체지향 존재론(Object-Oriented Ontology, OOO) 5, 8~10, 14, 15, 23, 25~29, 34, 39, 42, 46, 50, 57, 61~65, 67, 68, 74, 78, 83, 94, 96,
98, 103, 105, 107
과정철학(process philosophy) 6, 60, 73
과학적 실재론(scientific realism) 6, 24, 26, 378, 380, 383, 401, 405
관념론(idealism) 15, 18, 21, 23, 24, 30~33, 35, 38, 42, 43, 47, 48, 51, 52, 101, 125, 127, 128, 142, 154, 179, 192, 198, 205, 224, 225, 305, 318, 324, 383, 396, 401, 403~405, 408, 429
국소적 표현(local manifestation) 16, 86~90, 92, 226, 227, 230
기회원인론(occasionalism) 72, 74, 80, 88, 139, 155, 204, 215, 250, 334, 335, 338, 339, 371, 388~390

ㄴ

눈속임 실재론(Fig-Leaf Realism) 24, 28
눈-앞에-있음(present-at-hand) 76, 164, 215, 217, 218, 266, 267, 270, 272, 276, 277, 279, 280, 289~291, 299~301

ㄷ

대리적 인과관계(vicarious causation) 80, 85, 88~90, 139, 150, 159, 191, 249, 260, 261, 332~334, 341, 345, 388~390, 399, 414
도구-분석(tool-analysis) 76, 134, 163, 196, 230, 261, 262, 265~269, 274~276, 278, 281, 283, 284, 287~289, 291~295, 297, 298, 316, 411, 428

ㅁ

매혹(allure) 59~62, 88, 99, 104, 159, 162, 319, 322, 327, 329, 354, 399
명목적 행위(nominal act) 19, 323, 325
모나드론(monadology) 6
물러남(withdrawal) 63, 94, 114, 135, 157, 226, 238, 249, 260, 261, 285, 287, 291, 316, 320
물자체(thing-in-itself) 22, 23, 25, 26, 29~31, 48, 51, 187, 199, 252, 270, 286, 394, 398, 403, 405, 412

ㅂ

반실재론(anti-realism) 13, 16~21, 24, 28, 29, 32, 34, 35, 40, 43, 45~47, 49, 50, 94, 127, 129, 187, 231, 355, 379, 404
번역(translation) 27, 122, 187, 288, 421, 426, 427, 430
범심론(panpsychism) 57, 107~109, 111~113, 194, 264, 279, 299, 340, 369, 376, 397, 398, 418, 420
변태(metamorphosis) 60, 63
본질의 직관(intuition of essence) 38
본체(Noumenon) 18, 26~28, 34, 36, 40, 47~51, 246, 247, 412
부정신학(negative theology) 25, 176, 223, 258, 259, 299, 303, 322, 328, 330, 413

ㅅ

사변적 실재론(Speculative Realism) 5, 6, 8~10, 13~16, 21, 28, 34, 39, 43, 44, 48, 49, 116, 118~121, 123, 125~127, 166~168, 199, 243~245, 270, 320, 354, 368, 378, 380, 382, 383, 391, 393, 394, 396, 402, 406, 408
사중체(fourfold) 249, 260, 308~316, 414, 418, 423
살(flesh) 34, 35, 396
상관주의(correlationism) 21~23, 29~31, 51, 127, 131, 192, 199, 224, 225, 245, 252, 258, 263, 332, 355, 378, 379, 383, 397, 398, 400, 406
상관주의적 순환(correlational circle) 22, 23, 31, 46, 80, 81, 131, 132, 174, 180, 201, 224, 252, 258, 270, 286, 332, 334, 335, 343, 347
생략삼단논법(enthymeme) 287, 385
선험성(a priori) 39, 41
성향(disposition) 89, 106, 119, 249, 347, 368
소진(exhaust) 82, 180
손-안에-있음(ready-to-hand) 266, 267, 270, 271, 276, 277, 299
숭고(sublime) 52, 57~59, 61, 62, 188, 304
실재론(realism) 5, 6, 8, 13~21, 24~28, 30, 32~35, 39, 42~50, 52, 55, 116, 118~121, 123, 125~127, 162, 166~168, 199, 224, 225, 243~245, 252, 253, 257, 258, 270, 307, 318, 320, 321, 329, 339, 346, 354, 368, 378~380, 382, 383, 391, 393, 394, 396, 397, 401, 402, 404~409, 418
실재적 객체(real object) 42, 60, 61, 63, 86, 88, 89, 91, 93, 95, 99, 104~106, 135, 137~139, 146~148, 152, 154, 159, 161, 162, 165, 202, 203, 259, 272, 287, 301, 320, 322~324, 326, 327, 349, 376, 388, 394, 398, 401, 403, 413, 416, 418, 421, 424, 425, 430
실재적 성질(real quality) 42, 85, 137, 159~161, 317, 319, 322, 330, 413

ㅇ

아래로-환원(undermining) 136, 141, 146, 187, 259, 331, 362, 386, 413, 417, 422, 440
아름다움(beauty) 57~59, 61~63, 423
아페이론(apeiron) 52, 53, 69, 157, 175, 187, 188, 190, 193, 196, 201, 330, 413
연속체(the continuous) 70~73, 144, 155, 165, 204, 212, 215, 218, 219
영속적 소멸(perpetual perishing) 69, 73, 435, 438
영원한 객체(eternal object) 73, 83, 84, 105, 334, 435, 438

영인칭(zero-person) 115, 195, 221, 342, 349
영향에 대한 불안(anxiety of influence) 117, 118
예정조화(pre-established harmon) 88, 89, 336, 370
오류가능주의(fallibilism) 165, 431, 437
외양적 현재(specious present) 209
요소(element) 69, 70, 83, 135, 186, 187, 196, 207, 208, 226, 229, 246, 265, 319, 320, 322, 327, 330, 363, 370, 374, 385, 432
위로-환원(overmining) 136, 141, 146, 259, 331, 362, 386, 413, 417, 422, 438, 440
유물론(materialism) 23, 24, 26, 27, 32, 107, 136, 331, 383, 400, 429
유사-문제(pseudo-problem) 18
유한성의 철학(philosophy of finitude) 23
음영(adumbration) 16, 37, 40, 42, 86, 101, 151, 152, 157, 158, 185, 199, 213, 251, 314, 324, 395
이산체(the discrete) 70, 71, 72
이중-환원(duomining) 113, 136, 362, 413, 417, 422
이차 성질(secondary quality) 80, 87
일리아(il y a) 52, 183
일차 성질(primary quality) 46, 80, 87, 305, 306, 431

ㅈ

잔여 실재론(realism of the remainder) 27, 28, 47
잠재적 고유 존재(virtual proper being) 85~88, 227, 232, 233
전체론(holism) 78, 255, 295, 438, 440
존재론(ontology) 5, 8, 14, 47, 51, 59, 64, 68, 76, 98, 107, 123, 130, 144, 162, 165, 174, 197, 235, 253, 266, 279, 282, 299, 336, 340, 350, 355, 357, 359, 370, 372~375, 377, 380, 381, 384, 385, 388, 411, 412, 415, 416, 418, 420, 423, 428, 430~432, 434, 437, 440
존재-분류학(Onto-Taxonomy) 54, 58, 59, 108, 223, 252, 253, 258, 263, 264, 320, 332, 335, 341, 347, 354, 372, 374, 377, 395, 418

주관주의(subjectivism) 30, 179, 225, 293, 294
지각의 불투명성(opacity of perception) 34
지속(duration) 208~210, 212, 213, 351
지시 이론(theory of reference) 19, 322
지평(horizon) 52, 154, 174, 177, 178, 198, 199, 218, 266~268, 273, 292, 293, 332
지향적 객체(intentional object) 16, 21, 37~42, 86, 87, 102~106, 111, 114, 151, 157, 158, 185, 202, 203, 206, 208, 213, 214, 217, 231, 314, 325, 327, 349, 395, 401~403
진실성(sincerity) 184, 190, 191, 272, 330, 397, 398
질료(matter) 27, 431

ㅊ

차연(différance) 227, 228, 230
창발(emergence) 110, 146, 378, 380, 381, 426
초객체(hyperobject) 62, 63

ㅌ

타자성(alterity) 28, 35, 52, 53, 94, 118, 134, 150, 151, 155, 171, 176, 177, 180~189, 193, 196, 198, 200~202, 217, 268, 286

ㅍ

파계적 실재론(transgressive realism) 13, 14, 42~46, 48~50, 52, 55, 407
파악(prehension) 74, 81, 82, 85, 103, 295, 334, 379, 438
파지(retention) 210~212
판단중지(bracketing) 15, 205
패턴화된 대비(patterned contrast) 57, 59, 61
평평한 존재론(flat ontology) 59, 279, 357, 359, 372, 373, 377, 385
포화된 현상(saturated phenomenon) 28
표상(representation) 17, 103, 105, 185, 189, 220, 376, 379, 425, 427, 430

프시케(psyche) 108, 112, 196, 376, 397
필로소피아(philosophia) 25, 46, 50, 223, 259, 303, 321, 344, 362, 422, 432

ㅎ

해체주의(Deconstruction) 6, 117, 118, 124, 169, 378, 392
현상학(Phenomenology) 5, 7, 12~16, 22, 29, 30, 32~35, 38, 41, 45, 50, 51, 100~102, 105, 117, 135, 136, 151, 153, 163, 173, 174, 176, 177, 184, 188, 199, 206, 208, 214, 217, 251, 282, 283, 285, 297, 298, 301, 316, 346, 349, 393~395, 399~401, 403, 404, 406~408, 429
현전(presence) 39, 153, 154, 157, 158, 161, 174, 178, 185, 190, 199, 205, 215~218, 220~223, 225, 226, 266, 271, 280, 299, 316, 371
현존재(Dasein) 51, 76, 134, 156~158, 173, 179, 194, 196, 199, 214, 219, 222, 265~267, 269, 271, 272, 274, 276~279, 281, 282, 284, 287, 289, 294~301
형상(form) 26, 37, 40, 63, 69, 135, 137, 138, 148~150, 153, 159, 161, 164, 174, 183, 185, 188~190, 196, 197, 201, 305~308, 316~318, 320, 429, 431, 436
형상적 환원(eidetic reduction) 37, 41, 185, 395
형이상학(metaphysics) 25, 47, 153, 157, 158, 166, 172, 174, 176, 180, 190, 217, 222, 223, 225, 232, 252~254, 257, 282, 284, 301, 321, 333, 335, 345, 347, 386, 427
환원주의(reductionism) 369, 423
회화적 리얼리즘(pictorial realism) 17
흔적-구조(trace-structure) 28